遗珠 近世艺林

JINSHIYILIN
YIZHU

肖伊绯 著

团结出版社

© 团结出版社，2024 年

图书在版编目（ＣＩＰ）数据

　近世艺林遗珠 / 肖伊绯著 . -- 北京：团结出版社，
2024.11
　ISBN 978-7-5234-1009-7

　Ⅰ . ①近… Ⅱ . ①肖… Ⅲ . ①艺术家 - 生平事迹 - 世
界 Ⅳ . ① K815.7

　中国国家版本馆 CIP 数据核字 (2024) 第 101997 号

责任编辑：郭　强
封面设计：谭　浩

出　　版：团结出版社
　　　　　（北京市东城区东皇城根南街 84 号　邮编：100006）
电　　话：（010）65228880　65244790（出版社）
　　　　　（010）65238766　85113874　65133603（发行部）
　　　　　（010）65133603（邮购）
网　　址：http://www.tjpress.com
E-mail：zb65244790@vip.163.com
经　　销：全国新华书店
印　　装：三河市东方印刷有限公司

开　　本：170mm×240mm　　16 开
印　　张：35.25　　　　　　　字　数：435 千字
版　　次：2024 年 11 月第 1 版　　印　次：2024 年 11 月第 1 次印刷

书　　号：978-7-5234-1009-7
定　　价：98.00 元
　　　　　（版权所属，盗版必究）

"破案"与"猜谜"
——近世人物四种汇刊总序

20世纪上半叶，跨越清朝、民国、共和国。短短五十年间，波诡云谲，气象万千。俱往矣，往事如烟，或亦并不如烟。

闻人、名师、文坛、艺林，这四个特殊场域之中，穿梭其间的各色人等，各行其道地粉墨登场，不能不说亦是那个时代的一道风景线。翻检这一时期各地的报刊，京、津、宁、沪、粤、港等各大城市的公共文化场域里，总不乏一些后世读者耳熟能详的名字。

为这样的历史人物有所抒写，一直是笔者的研学旨趣所在。在故纸堆中经年累月地翻检，在漫漶字迹里如琢如磨地辨识，总希望能对这些人物多一分了解与理解，更希望能对这些现象少一分误读与误解。为了多一分了解与理解，不免要对一些流传已久的奇闻疑案产生兴趣，特别希望自己能够破解那些云山雾罩的奥秘，解答那些悬而未决的谜题。

不过，文史考证有时就如同小说里的侦探，好不容易获得了一点难得的线索，或者一个确凿的证据，但终因一些关键史料的匮乏，导致已有线索与证据始终无法形成完整的证据链，最终无法"定案"与"结案"。劳而无功、得失无常，是文史考证中经常遇到的状况——"破案"率本来就不高，一些"大案"与"要案"，想要"侦破"更是难上加难。甚至在一些"小案"与"附案"上，想要做一点小小的文章，也并不容易。

　　文史研学有时又如同"猜谜"，一个看似很清楚明白的"谜面"，也有诸如要么拆解、要么关联之类的解题方向，可是当一份新近发现、确凿无误的史料搁在面前，方才发现多年来一直以为早已破解的"谜底"，突然间又被彻彻底底地推翻了。或许，历史事实常常以一种令常人意想不到的方向与结果，呈现给那些终日以"合情合理"或"顺理成章"为原则，去揣度历史与猜测史实的后世研学者。笔者对此深有感触，向来并不擅长"猜谜"，更何况有时即便"猜"对了，又发现"谜题"本身是无意义的，或者说与之对应的"谜底"也是无意义的。

　　既然"破案"常常劳而无功，"猜谜"更是往往事与愿违，于是乎，笔者要求自己在"破案"的同时，尽可能不去"猜谜"；在"猜谜"的同时，尽可能不去"破案"。也就是说，要尽可能做到：

　　不提供史观，只提供史料；不提供史学，只提供史实。

　　这样的一个基本诉求与原则，既是笔者从事文史考证、研学与写作的前提，更是目标。当然，这更大程度只能算是一种自我期许与鞭策，因为笔者所提供的史料与史实，是否经得起时间与读者的考验，是否能以"确当"（确凿与适当）一词加冕，一切都还有待将来。

　　《近世闻人掌故》《近世名师讲谈》《近世文坛逸闻》《近世艺林遗珠》四部书稿，既不乏新近发现的原初史料，又有大量随之考证出来的相关史实，故而自然都有相当篇幅。这些曾经湮没已久、终于发掘出来的史料与史实究竟如何，一切都还有待读者诸君推敲琢磨，批评赐教。

肖伊绯

2024 年 6 月 3 日

目　录

康有为："钟声已渡海云东"

◎ "康圣人"寒山寺题诗布疑云

千古名刹姑苏寒山寺声名远播，历代名人到此游历之遗迹颇多，可谓不胜枚举。近现代著名学者、思想家、政治家康有为（1858—1927）也曾入寒山寺一游，并留下题诗一首，后为寺内住持摹刻上石，立碑一通。此诗碑遂与同为晚清名士、学者俞樾手书《枫桥夜泊》诗碑，交相辉映，并列于寺中碑廊。

康有为诗碑与俞樾诗碑，在寒山寺众多名人题写的诗碑中，格外引人注目，堪称此中近代名士诗碑"双璧"。康有为诗碑诗云：

钟声已渡海云东，冷尽寒山古寺风。

勿使丰干又饶舌，化人再到不空空。

题诗后有跋语曰：

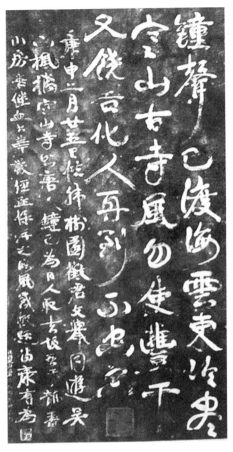

康有为寒山寺题诗碑（拓片）　　　　　康有为寒山寺题诗手迹之一

庚申二月廿五日，偕韩树园微君文举同游吴下枫桥寒山寺，则唐人钟已为日人取去，故吾于龙寿山房（观）善继血书《华严经》，亟保存之。临风感慨题诗。康有为。

诗碑左下角另起一行题记曰：

住持近舟得石，吴郡张仲森刻。

诗跋中提到的"庚申二月廿五日"，即1920年4月13日。康有为所偕同游者，乃其弟子韩文举。韩文举（1864—1944），字树园，号孔庵，笔名"扪虱谈虎客"，广东番禺人。1891年入广州万木草堂，师从康有为，曾协助其师编著《新学伪经考》《孔子改制考》等。他是康有为长兴里十大弟子之一，与梁启超同窗，亦是颇有学术成就的一代学者。

康有为

康有为师徒二人，同游寒山寺，并未就寺中景观若何抒写诗篇，而是同时关注着"唐人钟已为日人取去"这一事件。原来，当时著名的寒山寺古钟，即唐代所铸、张继《枫桥夜泊》诗中所写的那口古钟早已无存，康有为认为，此唐代古钟实为日本人窃取。为此，他的题诗及诗跋，皆在抒写寒山寺古钟被日本人窃取之后的愤慨与感叹。

既然寒山寺原有的唐代古钟已不存，那么，康有为此时"临风感慨"，所听到的寒山寺钟声（或者所看到的寒山寺钟），究竟又是什么年代所铸，何时用以替代寺中原存的唐代古钟呢？说起来，这口"新钟"，与康有为本人还有莫大的渊源。

◎伊藤博文赠钟寒山寺留话柄

原来，这口"新钟"乃日本各界于1905年前后铸赠（1914年运抵中国），钟体上铸有日本首相伊藤博文（1841—1909）的题辞。

伊藤博文曾于1898年9月访华，当时国内的维新变法运动如火如荼，维新派欲请其赞助新政，安排其面晤光绪皇帝和康有为，提供改革建议。戊戌变法失败后，伊藤博文还曾参与救援被捕的黄遵宪，并协助康有为和梁启超逃往日本。从某种意义上讲，伊藤博文所处的明治维新时代，正是康有为变法维新的理论来源之一；而其对康有为及中国维新派的赞助与支持，更可以异国知己与同道视之。二人在戊戌变法历程中的往来事迹，历年来已多有研究者披露。

值得注意的是，就在伊藤博文访华前夕，即1898年春夏间，他在日本曾写过两首关涉寒山寺的诗。原文如下：

寄题寒山寺

寒山存旧迹，有日复洪钟。问法天台上，应攀第一峰。

寒山寺钟铭

姑苏非异域，有路传钟声。勿说盛衰迹，法灯灭又明。

这两首诗，在其死后被收入《藤公诗存》，编入了"昭和三十一年"（1898），且列于《将赴清国有作（三十一年七月）》诗两首之前。除此之外，他这一年的诗文再无关涉中国事物者，即便是在中国赞助维新派、面晤光绪帝与康有为这等重要的"政事"，也未纳入其抒怀纪兴的诗笔之下。这就不能不让人去揣想，伊藤博文此次访华，是否与寒山寺有关联，此行是否与寒山寺钟有关了。

伊藤博文

《藤公诗存》，伊藤博文著，1910年
东京博文社印行

伊藤博文《寒山寺钟铭》，作于 1898 年

伊藤博文《寄题寒山寺》，作于 1898 年

令人感到不解的是，如今仍悬挂于寒山寺大雄宝殿内的那口来自日本的"新钟"，确实铸有伊藤博文所撰、落款时间为1905年的题辞，而这一题铭中又引用他写于1898年的《寒山寺钟铭》，引用诗文竟相隔七年之久，这又是为何？且看题辞，原文如下：

姑苏寒山寺历劫年久，唐时钟声空于张继诗中传耳。尝闻寺钟转入我邦，今失所在，山田寒山搜索甚力，而遂不能得焉，乃将新铸一钟，赍往愚之，来请余铭。寒山有诗，次韵以代铭：姑苏非异域，有路传钟声。勿说盛衰迹，法灯灭又明。明治三十八年四月，大日本侯爵伊藤博文撰。子爵杉重华书。大工：小林诚義，施主：十方檀那。

据题辞可知，伊藤博文自己也承认，"尝闻寺钟转入我邦"，即当时寒山寺古钟确实流入日本；但"今失所在"，山田寒山（1856—1918，本名山田润子，因其仰慕寒山寺，后改名山田寒山）在日本国内到处搜索，还是无法寻获。所以，只得仿铸"新钟"一口送到苏州寒山寺。

伊藤博文的言下之意，是如能在日本国内寻获古钟，应当归还给寒山寺；在无法寻获的情况下，只得仿铸"新钟"赠还；这种说法，颇有示好友邦之意。然而，这样的说辞，总会让人觉得闪烁其辞，内涵隐秘。因为在日本帝国主义发动全面侵华战争前后，也即伊藤题铭之后三十年间，日军侵华行径种种，对寒山寺的觊觎种种，早已见诸各种史料文献，本来也是历史事实。在这种历史背景之下，任何一位中国游客见到这口"新钟"上的钟铭之说辞，都难免会产生种种带有历史情绪的联想，往往认为伊藤博文所记述的内容应当别有用心，绝不可听信。

《苏州案内景观总图》，[日]石井静月制作

寒山寺（局部）

《苏州名所》之姑苏城外寒山寺古碑（枫桥夜泊碑与正在拓印者），日本制作之明信片

《苏州名所》之姑苏城外寒山寺全景，日本制作之明信片

　　无论如何，寒山寺钟的下落，自康有为1920年题诗之后，诗跋中那一句"唐人钟已为日人取去"，已然被国人视作定案与信史。而之后伊藤博文自铸"新钟"赠还寒山寺的做法，又很容易让国人产生种种联想，或将此举视作日

方"理亏"与赔偿之举，或将此举又视作日方掩饰与自圆其说之举，总之是留下了"话柄"。

康氏题诗次年（1921）开印的《苏州指南》，至1931年已印至第七版。这一本十年间印了七版的，专为苏州游客备用的小册子中，引用了康有为的说法。是书"寒山寺"条目中称：

旧钟为日人取去，近年日人摹铸一钟，归还本寺，悬殿之右室内。

之后编印的《旅苏必读》（1922）、《京沪路旅行指南》（1933）等书，均沿用了"日人盗古钟，铸新钟以还"的说法。这样的介绍与导游辞，主导着20世纪20年代至40年代的"社会共识"，几成不可置疑的历史事实。

值得一提的是，1927年在上海创刊的《旅行杂志》（季刊），于当年末"冬季号"中，刊发了一篇署名为"花侍"的《寒山寺游记》，随文附有康有为诗碑拓片，应为此诗碑首次在公共媒体上披露。因《旅行杂志》在业界及社会各界的持续影响力（办刊延续至1954年），康有为诗碑及题诗随之广为人知。

《苏州指南》，1921 年 5 月初版

《苏州指南》，1929 年 10 月第六版

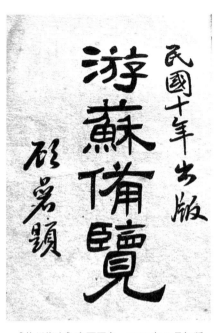

《苏州指南》扉页题字，1921 年 5 月初版

《苏州指南》，1935 年 2 月第九版

《旅行杂志》第 1 卷冬季号，1927 年

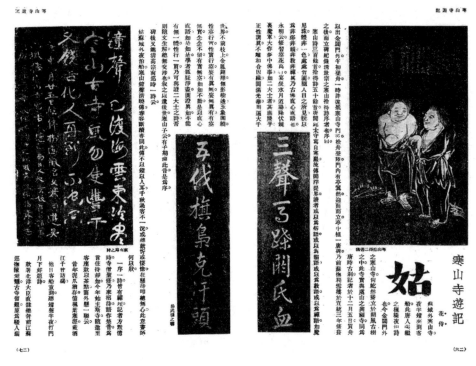

康有为诗碑拓片，原载《寒山寺游记》

花侍《寒山寺游记》，原载《旅行杂志》第 1 卷冬季号，1927 年

◎抗战胜利后，追还古钟呼声高涨

耐人寻味的是，在伊藤博文提及"尝闻寺钟转入我邦"四十年之后，在康有为诗云"钟声已渡海云东"二十五年之后，也即抗战胜利之年的 1945 年，国内开始出现对寒山寺古钟去向的大讨论，向日方追还古钟的呼声一浪高过一浪。

谨就笔者所见，上海《立报》是较早提及追还寒山寺钟的国内媒体，基本上是在抗战胜利后"第一时间"予以报道。1945 年 10 月 13 日，一位署名"一庵"的作者在《立报》发表了《从寒山寺的钟想到山海关的匾》一文。文中述及 1932 年"榆关事变"中，日军侵占山海关，关楼上所悬"天下第一关"匾遂被掠至东京博物馆，作者将此匾与寒山寺钟的下落相联系，提出现在"河山光复"，"希望我们的军政长官追究，找到原物"云云。

一年之后，1946年10月14日，又有署名"山民"的《追还寒山寺古钟》一文发表于《立报》，文风更为犀利。此文明确声称日本人"在民初勾通了地方上的不肖之徒王后伯、石俊人等盗买了去，运往日本"；还据此引用了康有为的题诗，称"所以康南海诗中曾有'钟声已渡海云东'之句"。至于当时古钟下落，此文更是给出了明确指向，称"后经追究下落，才知已落入该国大隈重信伯爵之手"，"交涉之下，总算另铸一口铜钟偿还，了此一重公案"。最后，此文还指出了一个惊人线索，称"最近寒山寺住持僧培元因见报载古钟在日发现的消息，大为兴奋"，"特地具呈吴县临时参议会呈国府，请与日本政府交涉，追还这口古钟，以便物归原主，仍由该寺保存古迹"云云。

乍一看，《追还寒山寺古钟》一文言之凿凿，时间、地点、人物均记述得非常清楚，古钟追还之事，看似顺理成章。然而，只要稍微辨析一下此文所述内容，以之与前述康有为、伊藤博文的诗文相比较，不难发现，此文所述前后矛盾，很难令人信服。

首先，此文称古钟为"民初"时被盗卖，而"新钟"乃日本各界于1905年前后铸赠（1914年运抵中国），题写钟铭的伊藤博文也于1909年逝世，无论是"新钟"铸造时间，还是伊藤博文逝世时间，均为清末，根本未入民国，何来"民初"才被盗卖之说？

其次，此文又称古钟曾"落入该国大隈重信伯爵之手"，亦属无稽之谈。大隈重信（1838—1922），乃是日本第八任和第十七任内阁总理大臣（首相）；

分别于 1898 年与 1914 年两次出任首相，1916 年受封侯爵。此文称"伯爵"而非"侯爵"，已误；且大隈以一国首相之尊，终生忙于国内政务，从未远足中国，更无收藏古物之闲暇，何以可能为一口古钟，煞费苦心，远涉重洋？又称"交涉之下，总算另铸一口铜钟偿还"，意即撇开日方于 1905 年铸成"新钟"与伊藤博文撰题钟铭这一既有事实，又新造出一位日本要人曾染指此古钟并铸赠"新钟"的故事来，实在令人难以置信。

最后，此文声称"最近寒山寺住持僧培元因见报载古钟在日发现的消息"，这里提到的"报载"，具体是指哪一张报纸，又是在日本何处发现的，均未明确交代。所有这些记述内容，看似言之凿凿，却前后矛盾；关键处语焉不详，也无法确证。此文的出现，虽不能证明任何确凿的史实，却很能说明当时对追还寒山寺古钟的一个普遍的群体心态，即寒山寺钟的下落，大多数国人仍处于道听途说、凭空想象的状况。这样的群体心态，仍然与《苏州指南》等书始终以康有为之说为定案，直接抛出结论的情况，处在同一认识层次之上，并没有本质的区别。

◎ 1945—1948 年：跨国追寻终未果

两三年之后，国内报刊更为热烈地讨论寒山寺钟的下落，不过，可能也是意识到了"民初盗卖古钟"实在无法成立，于是，仍以伊藤博文钟铭为时间线索，重又认定清代即被窃去的说法。

1948 年 2 月 23 日，北平《世界日报》与《华北日报》正式抛出了这一说法，刊发了一条来自苏州的新闻通讯稿。报道原文如下：

寒山寺古钟向日追索中

僧人谈清季即被窃　赝品尚悬大雄宝殿

【中央社苏州二十二日电】因"姑苏城外寒山寺，夜半钟声到客船"而得传名后世之苏州寒山寺唐代古钟，于清季被人窃去，运往日本，现该寺大雄宝殿侧大觉钟楼所悬之两钟，一为日本赔偿之赝物，一为光绪三十二年所铸之新钟，皆非原物。抗战胜利后，寒山寺住持培元，根据历年证明文件，呈请政府向日本交涉，追回原钟。俾此历史性之古物得以保存。该案已由盟总命令日政府调查藏匿所在，归还我国。寺僧正搜集有关该钟形式、重量之照片、记载，以供参考。国际军事法庭顾问桂裕，与留日僧演如，亦协助征集证据，当不难返璧还珠。该寺知客觉心接谈，据告，本寺原为"大音昙寺"，额名"寒山"，外传古钟被窃，系在民国初年，日人大隈伯，串同窃贼，运往日本，实则清季光绪年间，即已被窃运日。日人伊藤博文所撰钟铭云："寺钟转入我邦，今失所在，山田寒山搜索甚力，而遂不能得焉，乃将新铸一钟，赍往悬之。明治三十八年四月"。（即光绪三十一年西历一九〇五年）由此可证原钟被窃至迟在一九〇五年以前，现日人所赔偿之铜钟，系铁质。光绪三十二年（一九〇六年），为陈筱石制，帅抚呈时所铸，蕃幕以下皆勒名其上，详见俞曲园先生记载。关于唐钟之形式重量，该钟上记述甚明。文中有云"唐钟炼冶甚精，云雷奇古，波磔飞动，扣之有棱，钟响似无懊恼来"，大概日本赔偿之新钟，系仿真铸造云。

此篇报道，以寒山寺僧人的说法，将寒山寺钟被盗时间确定为清代。且古钟形式、重量等数据，似已掌握，并由政府当局向当时的英美盟军总部呈请，确已向日方交涉，"当不难返璧还珠"。

约半年之后，1948年8月7日，北平《世界日报》刊发了一条简讯，称寒山寺古钟可能仍在日本，并且开始调查大隈重信的后人。此讯一发，似乎督促日方归还寒山寺钟的可能性更大了。且看简讯原文如下：

寒山寺古钟传仍在日本
盟总令日政府查询大隈伯孙

【中央社苏州六日电】姑苏城外寒山寺古钟，前被日人大隈伯窃去后，经我国政府向日交涉，因原物无着，始以伊藤博文铸钟赔偿，现存置在该寺大殿。惟据传原钟仍在日本，寒山寺住持培元前乃备具证件，呈请政府向日交涉索还。兹悉：驻日盟总已饬令日本政府，向大隈伯之孙等查询。

此条简讯，看似振奋人心，追还有望，实则又出现了道听途说、凭空想象的情况。前述以伊藤博文题铭为寒山寺钟被盗时间线索的基本事实，虽没有完全被否定，但因将古钟被盗案再次"嫁接"到大隈重信之手，则给人以大隈先盗古钟运日、伊藤后铸"新钟"赔偿的因果假设。这样的说法，实际上又回到了之前的"嫁接"手法，罔顾伊藤逝世的时间比大隈早了十三年的事实；对于知悉这一史实的读者而言，这样的说法无疑是想当然的。

无须多言，这些连基本史实都没搞清楚，也根本不愿意花工夫调查考证的新闻报道，无论是其记述的事实本身，还是其给读者某种期望的暗示，都是靠不住的。果不其然，十天之后，1948年8月16日，北平《世界日报》与《华北日报》即给国人带来了一个"坏消息"，寒山寺古钟根本与大隈重信扯不上

大隈重信

寒山寺枫桥夜泊碑旧影，原碑已毁，今存寺中者为复制品

关系，古钟本身在日本国内也遍寻无着。

据报道称，由中央社自东京十四日电，日本官方已经由盟总转告我国相关人士，声称大隈生前从未至中国，因而认为寒山寺钟不可能由其盗取。日方认为：

此钟确曾携来日本，但系极早，甚或可能在宋朝即由古董商运来，刻藏于日本何处，则无所悉。

日方还指出：

远在一八九八年，日人山田赴苏州游览，即发现寒山寺已成废墟，古钟亦不知去向，渠乃发愿心，重修古寺且在该寺任副方丈达十年，以求能完成愿心。当时山田曾将古钟失落之事告知日本首相伊藤博文，伊藤乃下令，在日本全境搜索此钟，后于一九〇五年春，证实此钟早已流入日本，惟该时业已消失无踪，伊藤乃发起另铸一钟，而于一九一〇年将此新钟赠予寒山寺。

应当说，日方自始至终均承认寒山寺钟已流入日本，乃是探讨此钟下落的基本前提。至于古钟是否早至宋代即流入日本，也只可存而不论，无从确考。山田发愿重建古寺，伊藤铸钟赠送还愿之事迹，因有钟铭、诗文集的存世，似乎也可以定案。然而，自康有为模棱两可的题诗感慨之后，寒山寺古钟下落遂成疑案。在中日双方均认定此钟曾流入日本的前提下，战后追还此钟的过程，却因中方佛教界、公共媒体、公众三大群体之间对于史实的模糊不清、凭空想象，最终成为无法破解的悬案。

需加说明的是，上述这些在北方报媒上刊发的相关报道，均来自中央社，均系转发南京的官方新闻通稿。与此同时，上海《申报》、苏州《明报》等南方报媒亦在转发。也就是说，这些报道在中国南北各地，以同样的声音在统一着社会舆论。也正因如此，中国民众基本被这样的舆论所左右，少有人对此提出异议，更谈不上深入充分地取证与调查了。

应当说，抗战胜利之际，出于民族情感，系于国家尊严，本来是可以合理合法地解决寒山寺古钟被盗疑案的，至少可以对其流入日本的历程做全盘考察。然而，因为始终缺乏严谨确实的考据，对古钟何时被盗、何人所盗、怎样外流等一系列细节问题均拿不出令人信服的证据，最终疑案演变成了悬案，是颇令人感到遗憾的。

◎《吴船集》中新线索

事实上，自1948年8月16日，北平《世界日报》与《华北日报》的报道之后，笔者再未能寻获任何关涉追寻寒山寺钟的后续报道。可以想见，随着数月之后国民党政权迅即溃亡，这一场由民间发起、向当局申请、经盟军总部交涉的跨国追寻寒山寺钟的"大案"，也必然随之偃旗息鼓，石沉大海。

无独有偶，笔者经年搜求这一"大案"的相关史料，又搜寻到一份足以纳入"案卷"，足可重新考量此案的重要史料。这一史料的出现，说明国人对寒山寺钟被盗疑案的考察与求证，早在八十年前即已有比较成熟的结论，并非所有国人对此案的评判，均如前述各篇报道那样道听途说，凭空想象，其中自有深察实证，不为舆论所左右者。

《替寒山寺钟下考证》，原载《吴船集》

《吴船集》，苏州新报社，1939年8月印行

原来，1939 年 8 月，由苏州《新报》社印行的《吴船集》一书中，起首的第一篇文章《替寒山寺下考证》，即是当年对寒山寺钟被盗疑案的另一种考察。此文基本廓清了坊间流行的各种以讹传讹、凭空想象的说法，给出了令人信服的合理实据。

文中首先强调，康有为题诗误导了公众，产生了长时期的以讹传讹，即便苏州本地人也搞不清楚事件的真相了。为此，有这样的解释与说明：

因是民国十年苏州文新印刷公司出版之《苏州指南》中，遂据此记载：谓"旧钟为日人取去，近年日人摹铸一钟，归还本寺"云云（自后各指南，均因袭其说）。其言极模糊不清，与康有为之诗跋，均非确论焉。

文中指出，所谓寒山寺古（旧）钟，根本不是什么唐代铸造的，有案可查、时代最早者不过是明代所铸。为此，有这样的考述：

考寒山寺之旧钟，既为明嘉靖年所铸，迥非唐代之物，而康氏之"唐钟已为日人取去"一语，其失考可知。《苏州指南》中，既不详纪失钟年月，又不明指今钟究从何而来？仅依康之诗跋，谓为"近年日人摹铸归还"。意者今钟殆为日人摹铸唐式，而于民国七八年间送来者乎？讵知事不尽然，而苏州人士上对此钟，实隔膜到万分！

此文还抛出一个更为特异的观点，即伊藤博文后赠之钟，亦并非"新铸"，而是直接取自日本国内一名刹所悬之"古钟"，此钟实际铸造年代竟早在清代康熙年间。文中对这一观点之抛出，是以谨严有度的考证为前提的，声称：

> 寒山寺之今钟……日人西晴云之《苏州与寒山寺》一文中，亦有记载，谓上刻"纪州海上郡，吹上白云山报恩寺，中兴开基，日顺大僧都，贞亨四年之铸造，钱塘弟子胡光墉敬助"云云。……日本纪州高野山，全山共有一百二十余寺院——寒山寺今钟款志之吹上白云山报恩寺，即系其中寺院之一。贞亨四年，即清康熙二十六年（一六八七），距今盖已二百五十二年矣。

据此不难揣摩得到，伊藤博文以日本名刹古钟远赠中国名刹寒山寺，似乎完全是出于某种友好融洽、珍重世缘的意愿。须知，这一口日本古钟本是"钱塘弟子胡光墉敬助"，乃是中国人当年捐铸给日本寺院的，如今此钟再渡重洋，又返归中国古刹之中，确乎是一桩象征"两国交好"的世代信物。这一殊胜因缘的促成者之事迹，更是一段世缘佳话。一位崇仰寒山寺而改名的日本僧人山田寒山，毅然远泊中国，到当时已经荒废的苏州寒山寺担任住职数月之后，又归国遍寻寒山寺古钟仍不得，方才促成将原中国人捐铸日本古钟返赠中国名刹的一桩佳话来。

于此，也就不难理解伊藤博文所撰钟铭所云"姑苏非异域，有路传钟声"之句，亦不难理解"勿说盛衰迹，法灯灭又明"之句。这些诗句皆是在概括上述殊胜因缘，而非后世某些研究者所理解的掺杂着抗战以来反日情绪的种种非理性解读。当然，考虑到《吴船集》印行之际，正值日军侵华、苏州沦陷期间，作者"白莲"身份究竟如何，是否有为日方"美言"之嫌等等相关问题，

寒山寺旧影

寒山寺近影

日本明治三十八年（1905），日人铸赠寒山
寺钟

苏州虎丘古钟（亦为日本古钟）

也需要细鉴明察，留待更多史料发掘之后再作审慎评判。

且看《替寒山寺下考证》一文，最后得出结论称：

是则伊藤博文所赠之寒山寺今钟，亦系日本名刹中之古物，而《苏州指
南》中所称，"近年日人摹铸一钟，归还本寺"之说，不攻自破矣。

此文作者署名"白莲"，不可确考其人，但极可能就是苏州本地人，落款
也有"二月廿一日，写于苏州"字样。且文末还发有一句感慨，更可见其乃苏
州本地人之身份。感言如此：

目前之苏州人士，颇不喜读书，大率人云亦云，以讹传讹，我颇为苏州人士所不取焉。

不过，“白莲”的看法，虽大体上论述严密，但也有以偏概全之处。譬如，文中一笔带过的“考寒山寺之旧钟，既为明嘉靖年所铸，迥非唐代之物”，这样的说法，很容易给人一种错觉，即寒山寺从来没有过唐代铸造的古钟，现存文献中只能考证出明代所铸者为最古。

据查，叶昌炽（1849—1917）所撰《寒山寺志》中即有记载称：

唐钟炼冶超精，云雷奇古，波磔飞动，扣之有棱。

清光绪三十二年（1906），江苏巡抚陈夔龙（1857—1948）督造的大铁钟，至今尚存，据称钟上所铸钟铭，亦引用叶氏对唐钟的评述。所有这些，自以为还算是苏州人士中尚喜读书者的“白莲”，不可能没有注意到。应当说，唐钟确实存有，寒山寺钟最古者也确为唐代所铸，这是无可否认的。

《寒山寺志》，叶昌炽撰

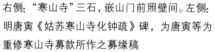

右侧："寒山寺"三石，嵌山门前照壁间。左侧：
明唐寅《姑苏寒山寺化钟疏》碑，为唐寅等为
重修寒山寺募款所作之募缘稿

明弘治九年（1496）铸古钟，今藏寒山寺

当然，除了早已不知所踪的唐钟之外，"考寒山寺之旧钟，既为明嘉靖年所铸"之说，也是成立的。明代著名画家唐寅（1470—1524）所撰《姑苏寒山寺化钟疏》，至今碑刻尚存，此疏即为寒山寺曾有明代所铸古钟的明证。只不过，此钟亦早在明末即被销毁。据清代初年成书的《百城烟水》载：

明嘉靖间，僧本寂铸钟建楼。钟遇倭变，销为炮。

这一记载，还附有按语称：

唐钟未详何时毁。寺钟年月可考者始此。

这一记载和按语，应当即是"白莲"行文所据，其人也因此断定寒山寺古钟年代最早只能溯至明代。

遗憾的是，即便只是明代所铸的寒山寺钟，也因遇"倭变"，被销熔铸炮，毁于一旦了。同样是因日本人侵掠之故，寒山寺明钟也毁于其手。那么，唐钟有没有可能也被日本人销熔所毁呢？因为作为战胜国向战败国追还其侵掠的本国古物，一般而言总是能实现的，两次世界大战结束之后，这样的实例不胜枚举；若始终遍寻无着，可能性只有两种，一是被藏匿得太过隐秘，一是已被销毁无存。试想，流入日本的中国珍宝古董、书画古籍数量之巨，无论官方或私人，恐不必为一口古钟大费周章，始终隐匿不报，甘去冒天下之大不韪罢。如果这一可能性排除掉了，另一种可能性的概率就更高了，寒山寺唐钟被销熔毁灭的可能性，应当是比较大的。

◎唐钟可能已销熔

据查，日本学者股野琢（1838—1921）所著《苇杭游记》[①]一书中，出现了关于寒山寺唐钟可能已被销熔的记载。原文如下：

午后又佣轿子，经二里抵寒山寺。小院荒废，有一钟系近时新铸。闻团匪之乱，古钟为恶汉所掠夺，落上海骨董商手，后转归我富山县某寺，寺僧当铸造大钟，投之炉中以充其用云。

---

① 此书中译本由中华书局于2007年出版。

据此记载，可知唐钟的流失之时，正值"团匪之乱"。这里提到的"团匪之乱"的时间，若是指义和团活动期间的话，则为1900年前后，较伊藤博文写成"新钟"钟铭的1898年更晚，显然是不可能的。若将"团匪之乱"的时间理解成几乎与太平天国运动同步的，咸丰与同治时期的"团练之乱"，则似有一定可能。

所谓"团练"，本是清代中期作为官方大力倡导推行、主要由绅士领导的民间武装组织。因太平天国运动及各地起义频繁发生，清廷频繁动员各地组织团练，以期"保民护国"。此举激发了当地士绅心中埋藏已久的地方主义，以致团练固然有协助官府积极抵御叛乱的一面，亦有时常与官府发生激烈冲突，以致"靖乱适所以致乱"的一面，明显违背了清廷对于其"无事则各安生业，有事则互卫身家"的期望。他们以抗粮和科派的方式谋求对乡村资源的掌控，以私设公堂乃至生杀自专来树立自身的权威，并对竞争者进行打击，其实力强大者则实现了对数县的控制，甚而最终转变为意图彻底取代官府统治的"叛乱者"。以致一旦地方安全形势好转，清廷便在尽可能大的范围内遣散团练。不过，无法遣散并激起兵乱者时有发生，即所谓团练之乱①。

清代咸同年间，苏州是否有过团练之乱，笔者非清史及地方史专家，无法对之详加考索。但若将《苇杭游记》所述团匪之乱理解为团练之乱，终觉有些牵强。因团练之乱，似只在山东等地较为激烈，江南地区及苏州则未闻。

当然，若将团练之乱的概念引入，则《苇杭游记》所述，不啻为一条极为重要的史料。据此或可推知，股野琢曾听闻，清代咸同年间，有无赖恶汉乘战

---

① 这部分内容的考述，可详参崔岷著：《山东"团匪"：咸同年间的团练之乱与地方主义》，中央民族大学出版社，2018年。

乱盗取了寒山寺古钟（唐钟），将其售卖给上海古董商人，之后又辗转售至日本富山县某寺。可日本僧人竟将寒山寺古钟销熔，用于铸造本寺的另一口大钟了。如果此说成立，至迟在清末，寒山寺唐钟就确已不存于世了，故而才有了后来山田寒山遍寻无着，伊藤博文铸"新钟"还赠的事迹。

不过，何以股野琢可以于无意中听闻此事，而长期专事于此的山田和贵为首相的伊藤，反倒对此毫无耳闻呢？此外，日本僧人何以无知无识如此，竟对一口远渡重洋舶来之中国古钟视作废铜烂铁，直接回炉销熔？难道外国盗舶之文物的花费，竟比直接购买铜铁所费更廉，才会有此古钟销铜之举？总之，寒山寺古钟被日本僧人销熔的传闻，疑点仍然很多。

据考，作为汉学家的股野琢，曾担任过日本帝室博物馆总长等职，在任期间曾到中国旅游，时间在1908年9月末到11月中旬，造访寒山寺是在这一年

寒山寺旧影，原载《东方杂志》

的11月2日。次年，即明治四十二年（1909），《苇杭游记》在日本出版。因为近百年来一直未有中译本，所以中国读者及研究者对此书不甚了解。书中关于寒山寺唐钟可能在清代咸同间就被销熔这一记载，自然少为人知。

◎百年悬案再回首

且把前述百年悬案暂搁。如今，寒山寺中的万千游客，匆匆过往，对那口高悬于寒山寺大雄宝殿内的"新钟"，恐怕并不十分关注。如果观看过康有为诗碑，尚可对之一感当年康氏"临风感慨"。

然而，不妨再细细观览康有为题诗，即可知除了寒山寺唐代古钟流失日本，确已无存，除了当年曾赞助与营救他的"恩公"伊藤博文在钟铭中的闪烁其辞之外，应当还有别的警醒。当年题诗已毕，康有为在诗跋中，确实又将一份新的警醒留于世人。

"故吾于龙寿山房（观）善继血书《华严经》，亟保存之"之句，应当漏写了一个"观"字，是康有为游览寒山寺之前，曾赴龙寿山房观善继血书的《华严经》。也正是因为想到了寒山寺古钟被日本人窃取，令康有为突然想起，龙寿山房的血书《华严经》，是与寒山寺古钟同样的国宝，绝不能再让他人窃取，故有"亟保存之"之叹。

龙寿山房位于苏州山塘彩云桥下塘，是晋代所建半塘寺的别院，半塘寺又称圣寿教寺。龙寿山房曾供奉元代至正年间（1341—1367）半塘寺善继和尚刺血抄写成的《华严经》。善继发愿抄写这部《华严经》时，从自己手指端刺出鲜血，蘸笔专心缮写。为写这部血经，他长期食淡斋，其字呈金黄色，后半部稍暗，可能因精神、体力不支，稍有盐分摄入所致。

纵观全经，六十余万字，一笔不苟，确是一片赤诚。他在卷一的自题中说："时至正乙巳仲春六日，半塘寿圣寺比丘善继为书始"。在卷八十一题曰："至正丙午季秋八日，半塘寿圣寺沙弥善继书毕"。推算下来，大约历时一年七个月，才完成此一莫大功德之举。血经每纸作五面，上下红单边，高24.7厘米，宽54厘米；每叶五行，行十七字，梵箧本装。血经后面有题跋七册，皆为元、明以来历代名家亲笔真迹，并钤有印记，如元代释德净曾题跋；明代有宋濂、安希范、朱鹭、李维桢、钟惺、毛晋等高僧名士题记；清代至近代则有徐树丕、归庄、曹溶、曹寅、黄丕烈、康有为、程德全、章太炎、吴荫培等众多名流的观经题记。

清咸丰十年（1860），太平军战火蔓延所至，寺院毁损殆尽。同治年间，寿圣教寺更名为龙寿山房，得以复建。民国六年（1917），清末探花吴荫培捐资建造经幢，分铁、石两套。建成后，将血经安置在铁幢内，再将铁幢置于石幢之中。石幢额题"元僧继公血书华严经龛"，两旁对联"绿字赤文烂然古色；金匮石室藏之名山"。康有为当年看到的血经，应当已是铁、石两幢所护藏着的状况了。之后，历经抗战烽火，终于在僧众的多方护守之下，得以幸存。至1956年，龙寿山房殿宇全部拆除，血经连同楠木橱、石龛，一并移至西园戒幢律寺保管，现藏于西园寺大雄宝殿后的藏经楼。康有为"亟保存之"的一番感叹，终于没有落空。

值得一提的是，2004年秋，寒山寺在组织整理典籍时，又发现了一幅深锁藏经楼里的康有为题诗，这幅题诗约作于1925年春，为前述诗碑上的题诗五年之后所作。只不过这一幅题诗不是自抒胸臆，而是赠予当时的寺院住持大休上人。诗云：

曾踏天台入化城，寒山频到听钟声。

大休又饶丰干舌，更建经楼续国清。

    题诗落款为"大休开士复主寒山寺，拟募建藏经楼以扬法化，天游化人康有为"。据考，大休上人原为杭州孤山照胆台住持。此前，康有为曾在西湖丁家山以四万余银圆营造别墅"康庄"，与大休上人早已成为友邻，有过交往。嗣后，大休上人移锡寒山寺，接替近舟法师成为住持，康有为闻之，又于1925年春来苏造访。此时的大休上人，正带领着众僧侣募修藏经楼，康有为触景生情，遂作题诗以赠[1]。

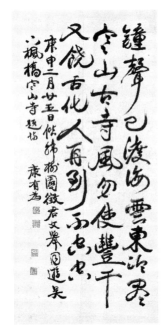

康有为寒山寺题诗手迹之一

康有为赠大隈重信之肖像照片，摄于1918年

　　最后，还有一点需要补充说明，康有为1920年所题寒山寺诗，除了有诗碑及拓片存世之外，还有多幅手迹传世。仅就笔者所见，除了寒山寺藏本之外，至少还有两幅纸本手迹传世。这些传世手迹诗句及跋文差异不大，似乎是康有为生前有意写好多幅分赠友人的；若这些手迹确为真迹，足见其对寒山寺之行的留恋与珍视的。应当说，康有为与寒山寺的因缘，以及寒山寺古钟去向的悬案，正因其题诗的流传，延绵近百年仍为后人所乐道。

王国维：从汉瓦灶到秦公簋

◎小引："重器"之外的一篇"异文"

近代著名学者王国维（1877—1927）所著《观堂别集》卷二，辑有《古瓦灶跋》一篇，与此集中众多商周时代"重器"拓片的题跋相比，不算特别引人注目，也鲜有研究者提及。

殊不知，此王国维"题灶"的手迹，曾登上《东方杂志》的"中国美术专号"，曾与这一件古瓦灶的拓片同时刊载，使当时的读者对古瓦灶的形态与价值一目了然。只是这本杂志印行之时，乃1930年1月25日，已是王国维死后三年，杂志中对王氏题跋没有另作录文与介绍，故而当年的读者大多只是随手翻阅到古瓦灶拓片，并未注意到拓片上方的小字题跋。

时隔约九十年后，笔者偶然翻检到了这张杂志图版，发现王氏题跋手迹的内容，与《观堂别集》中所录文本内容有较大差异，不啻为一篇"异文"，令人颇感意外。且看王氏题跋手迹，原文如下：

汉瓦灶一，前有甑，后有突，灶右绘一器，中陈鸡鹅羊鱼等馔，其前陈各器，有叉、有锥、有刀、有匕、有钩、有治馔之器，复有大鱼一、守宫一，则刻画以为饰者也。容甑之口，左有隶书阳识三行，曰"用此灶葬者，后世子孙富贵，长乐未央，□□万岁毋凶"。此瓦肆所刻以炫购者。与汉瓦槽上多刻"买槽者后无复有（句），大吉（句）"等语相同。又有阴识一行，云"死人不知用瓦阤"，则又陶工刻画以为戏也。平生所见汉瓦灶，唯上虞罗氏所藏四神灶图象最精，然无文字。此灶文字多至二十余，叔通先生藏汉陶当推此为巨擘也矣。甲子仲春王国维伯隅父识于京师履道坊寓庐。

为便于比较与考述，在此亦将《观堂别集》所录题跋转录如下：

古瓦灶跋

武林陈氏藏瓦灶一，前有甑，后有突，容甑之口，左有阳识隶书三行，曰"用此灶葬者，后世子孙富贵，长乐未央，□□万岁毋凶"，又有阴识一行，曰，"死人不知用瓦阤灶"。右绘一器，陈鸡、兔、羊、鱼等物。又其前绘用器，有叉、有锥、有刀、有匕、有钩，皆治馔器也。后有大鱼一，守宫一，则又陶者刻画以为戏也。此鬻以送葬之物，故为此语，犹汉马槽上刻"买曹者后无复有（句），大吉（句）"是也。平生所见汉瓦灶，唯上虞罗氏所藏四神灶，刻画最工，然无文字。此灶文字多至二十余，可宝也。甲子二月。

显然，两相比较之下，王国维题跋手迹原文比之《观堂别集》所辑录者，更为精审与雅驯，所透露的历史信息也更为准确与细致。据此可以推定，因

王国维

《观堂别集》乃罗振玉于1927年秋印成（《海宁王忠悫公遗书》之一种），而《东方杂志》刊发王氏题跋手迹及古瓦灶拓片时为1930年，罗氏应当是在没有看到原拓原跋的情况下，据王氏自存跋文底稿录入的。

遗憾的是，时至1940年2月，由商务印书馆初版印行的《海宁王静安先生遗书》，虽由其弟子赵万里精心校印，可对此题跋并无进一步校订与说明，忽视了手迹原文与稿本之间的文字差异，基本一仍其旧，仍以罗氏所辑文本为准。

陈叔通藏汉瓦灶全形拓之一，王国维题跋，原载1930年《东方杂志》之"中国美术专号"

陈叔通藏汉瓦灶平面拓之二

汉瓦灶全形拓本之三，原载《艺林旬刊》第24期，1928年

据题跋手迹"甲子仲春王国维伯隅父识于京师履道坊寓庐"之落款，可知题跋时间约为1924年3月。此时，正是王国维出任逊帝溥仪"南书房行走"一

职之时，生活渐次安定，对古物鉴赏与题跋酬唱之类的活动较为频繁。又据题跋手迹中所称"叔通先生藏汉陶当推此为巨擘也矣"云云，可知此汉瓦灶应为陈叔通所藏。

陈叔通（1876—1966），名敬第，浙江杭州人，清末翰林。甲午战争后留学日本，曾参加戊戌变法。辛亥革命后，任第一届国会众议院议员，后任上海商务印书馆董事、浙江兴业银行董事等。因家学渊源，工古文诗词，好金石古器，与沈曾植、张元济、黄宾虹、夏敬观、马叙伦等均有交谊。

陈叔通与王国维的交往，因相关文献的匮乏，历来披露无多，研究者也鲜有提及。令人欣喜的是，新近出版的《国家图书馆藏王国维往还书信集》①披

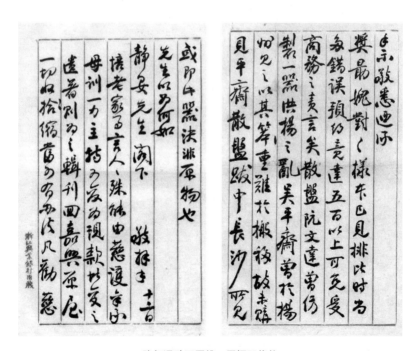

陈叔通致王国维、罗振玉信札

①　此书由国家图书馆出版社于2017年出版。

露了陈氏致王国维信札十余通，可约略管窥二人交往事迹。其中一通提及"国宝"散氏盘鉴定之事，力诚王国维与罗振玉切勿被民间仿品所误，于此足见陈氏古物鉴赏功底之深厚。至于陈、王二人交谊究竟如何，以及相关历史信息的更为细致确切的表述，则有待进一步的史料发掘与探研。

◎初题秦公簋，名品再度现身

2019年11月4日至10日，"大道：百年名人翰墨集萃"展览在上海宝龙美术馆举行。此次展览荟萃孙中山、廖仲恺、黄兴、康有为、梁启超、章太炎、严复、胡适、陈独秀、陈寅恪、王国维、罗振玉、周作人、刘半农、钱玄同、郭沫若等百余位名人的翰墨手泽，可谓群贤毕至，星光璀璨。

可以说，此次民间承办的新文化运动时期最全面、最重要、最具体系性和学术性的书法展，全面呈现了对晚近中国最激烈变革时代产生了重要影响的历史人物的风貌，为世人呈现了一场近现代知识精英书法的视觉与精神盛宴。

此次展览中，有一件罗振玉旧藏、王国维题跋的秦公簋（敦）拓片立轴。此件上一次现身，是在2017年，时逢王国维诞辰一百四十周年，清华大学艺术博物馆联合国学研究院、档案馆、校史馆、图书馆等单位，特别主办"独上高楼·王国维诞辰一百四十周年纪念展"，以志纪念。公立博物馆与民间机构举办的两次展览，均有此轴展出，京沪两地的观众，对此应有较深印象。

2019年，恰值甲骨文发现一百二十周年之际，"甲骨四堂"中的两堂，雪堂罗振玉与观堂王国维的手迹，均在此轴之上，怎不让人心怀追慕与珍重之意！名品既然再度现身，不妨品鉴个中细节，追索其在历史与学术价值方面可圈可点之处。在此，且将罗、王二人手迹全文酌加整理标点，照录如下：

秦敦。辛酉冬，拓奉永观先生亲家清鉴，明年正月题记，上虞罗振玉。

右秦公敦藏皖中张氏，器、盖俱全，铭辞分刻器、盖，语相衔接，与编钟之铭分刻数钟者同，为从来吉金中所罕见，其辞亦与吕与叔《考古图》所录刘原父所藏秦盄和钟大半相同，盖同时所铸。字迹雅近石鼓文，金文与石鼓相似者，惟虢季子白槃及此敦耳。虢槃出今凤翔府郿县礼村，乃西虢之物，《班志》所谓西虢在雍者也，此器及秦盄和钟，叙秦之先世云十有二公，欧阳公以为共公时作，薛尚功以为景公时作，近罗叔言参事跋此敦，复以为穆公时作，要皆在秦德公徙雍以后，此敦亦当从雍城出，其地与西虢均西去陈仓不远，故虢槃与此敦文字均与石鼓相同，盖上又有"□一斗七升大半升"，盖九字乃汉初所凿，如齐国差甔有"大官七斗一钧三斤"八字，均为至汉时尚为用器之证，亦他三代器中所罕见也。辛酉孟冬上虞罗叔言参事以此拓遗余，因记之如右。十二月十一日永观堂西庑书。

罗氏手迹题在天头上，王氏手迹则题在左侧的裱边上，立轴正中裱贴一幅王氏手书"敦盖文二"的拓片，实为秦公簋（敦）器盖边缘一侧刻铭的拓片。那么，据此可以判定，此轴应为残件，原件可能为秦公簋（敦）的全形拓＋器身铭文拓片＋器盖铭文拓片，或者至少也应当是器身铭文拓片＋器盖铭文拓片的组合裱件。

罗振玉赠王国维秦公簋（敦）拓片，王氏
自留自题者，是为"初题"秦公簋（敦）

王国维"初题"秦公簋（敦）

王国维与罗振玉（右），1916 年春合影
于日本京都净土寺

《湖社月刊》所刊"罗振玉
藏"秦公敦拓片影印图

秦公簋（敦）全形拓之一

值得注意的是，根据传世数幅秦公簋（敦）拓片全件来考察，这一残件可能还经过重新装裱，否则"敦盖文二"不太可能居于立轴现在的位置。当然，这一残件的核心价值并不在于秦公簋（敦）的器形与铭文拓片是否俱全，而在于王国维题跋的学术研究价值。

据罗振玉所题"辛酉冬"，可知罗氏曾于1921年末将秦公簋（敦）拓片寄呈王国维鉴赏品题。至于跋中提及"拓奉永观先生亲家清鉴"，以"亲家"相称，乃是因1919年罗振玉三女儿罗孝纯与王国维长子王潜明结亲，故罗、王二人就此成了儿女亲家。

◎王国维初题内容与时间，均与定本不同

因次年（1922）春节为1月28日，"明年正月题记"，即指罗氏于1922年1月28日之后不久题记。据此可知，王国维题跋所署"十二月十一日"，实为1922年1月18日。这一题跋时间，早于后世研究者惯常以为的王国维初观初题秦公簋（敦）拓片的时间（1923年8月前后），竟提前了大约一年半的时间。

也就是说，此初题原件的出现，推翻了通行已久的"经验之谈"。而之所以有这样的"经验之谈"，倒也并非是凭空揣测，乃是依据后世流传的所谓定本《观堂集林》。

且说1927年6月2日，王国维在颐和园内的鱼藻轩前，自沉于昆明湖。为纪念其人其学，友人罗振玉于1927—1929年编印《海宁王忠悫公遗书》（以下均简称"罗本"），弟子赵万里于1934—1936年着手编集，于1940年又印行了《海宁王静安先生遗书》（以下均简称"赵本"），均应时而生。在这两部卷帙浩繁的"遗书本"之中，王氏代表作《观堂集林》当然均已辑入，共计

二十四卷。

后世读者较易获见的《秦公敦跋》一文，均出自这两部遗书本，但此文在罗本与赵本的编选序列是有所不同的（二者文本内容相同）。罗振玉以此跋未见于王国维自藏《观堂集林》目录批注，认为应当是王氏生前未曾选入者，故尊重著者本意，并未将此文编入二十四卷本的《观堂集林》，而是将之编入《观堂别集》。所以，在罗本《观堂集林》中是见不到此跋的。而赵本《观堂集林》则将此跋编入卷第十八，理由是此跋见于王国维手订《观堂集林补编》目录中，赵氏认为本当编入收录《补编》在内的《观堂集林》。又因赵本后出，一般而言被认为是"后出转精"之作，据称其底本为王国维晚年校订过的，因之一度被学界内外视为"定本"。后来中华书局据此影印，台湾世界书局也据此影印，更冠之以《定本观堂集林》。出自赵本《观堂集林》卷第十八中的《秦公敦跋》一文，也因之广为流传。

如今，将所谓"定本"《秦公敦跋》与王氏题写在秦公簋（敦）拓片一侧的跋文相比较，不难发现，从文字措辞上的细微差异到研究结论上的微妙变迁，乃至一些重要历史信息的增删去留痕迹，都跃然纸上，一目了然。

为便于考述，且先转录此"定本"全文如下（原文无断句，笔者酌加标点）：

右秦公敦，出甘肃秦州，今藏合肥张氏。器、盖完具，铭辞分刻器、盖，语相衔接，与编钟之铭分刻数钟者同，为敦中所仅见。其辞亦与刘原父所藏秦盄和钟大半相同，盖一时所铸。字迹雅近石鼓文。金文中与石鼓相似者，惟虢季子白槃及此敦耳。虢槃出今凤翔府郿县礼村，乃西虢之物。班书《地理志》

所谓"西虢在雍"者也。此敦虽出甘肃，然其叙秦之先世曰"十有二公"，亦与秦盄和钟同。虽年代之说，欧、赵以下人各不同，要必在德公徙雍以后。雍与西虢壤土相接，其西去陈仓亦不甚远，故其文字体势，与宝鸡猎碣血脉相通，无足异也。此敦器、盖又各有秦汉间凿字一行，器云"卤元器一斗七升八奉敦"，盖云"卤一斗七升太半升盖"。"卤"者，汉陇西县名，即《史记·秦本纪》之西垂及西犬邱。秦自非子至文公，陵庙皆在西垂。此敦之作，虽在徙雍以后，然实以奉西垂陵庙，直至秦汉犹为西县官物，乃凿款于其上，犹齐国差罉上有"大官十斗一钧三斤"刻款，亦秦汉间尚为用器之证也。故此敦文字之近石鼓，得以其作于徙雍以后解之。其出于秦州，得以其为西垂陵庙器解之。（汉西县故址在今秦州东南百廿里）癸亥八月。

《观堂别集》所辑《秦公敦跋》，是为王国维所题秦公簋（敦）拓片之"定本"

两相比较，不难发现，此跋手迹未曾言秦公簋（敦）"出甘肃秦州"，而"定本"有言。手迹中曾言"盖上又有'□一斗七升大半升'，盖九字乃汉初所凿"云云，"定本"中则将那个器盖刻铭中未曾识别的首字（以□标示者），终于辨识了出来，称其为篆文"卤"字，同"西"，实指"汉陇西县名"。

据此又从《史记·秦本纪》中查考，将器盖刻铭的年代改定为"秦汉间"。

秦公簋（敦）器身刻铭拓片

通过对篆文"卤"字的辨识，秦公簋器身上的刻铭辨识也随之迎刃而解，共计十字"卤元器一斗七升八奉敦"。说明王国维在初次题跋之后，在一年多的时间里，对题跋中一些未解之处又有考察并逐一完善，遂成此"定本"。

值得一提的是，此跋"定本"删除了手迹中对秦公簋（敦）拓片来源的记载，还将题跋时间改为了"癸亥八月"，颇耐人寻味。因为手迹中末句"辛酉孟冬上虞罗叔言参事以此拓遗余，因记之如右。十二月十一日永观堂西庑书"，这一历史信息一旦删除，则很容易让后世研究者误以为王国维初观初题此拓时为"定本"上的时间"癸亥八月"，即1923年9月中旬，而非"辛酉孟冬"（1921年末初次得观，1922年初初次题跋）。

秦公簋（敦）器身铭文拓片　　　　　　　　秦公簋（敦）盖内铭文拓片

秦公簋（敦）盖内铭文（实物）

王国维《秦公敦跋尾》，原刊《弘毅》
月刊第 1 卷第 2 期，1926 年 6 月

◎王国维生前即已发表的《秦公敦跋尾》

特别值得一提的是，早在罗本与赵本印行之前，王国维生前就正式发表过

一篇《秦公敦跋尾》，时为1926年6月。

这篇文章发表在北京《弘毅》月刊（第1卷第2期）上，并不十分引人注目。如今检视，此文宛然已具"定本"之基础，文本细节上的差异也颇可玩味。为便于考述，在此也转录原文如下：

右秦公敦，出甘肃秦州，今藏合肥张氏。器盖完具，铭辞分刻器盖语相衔接；与编钟之铭分刻数钟者同，为敦中所仅见，其辞亦与刘原父所藏秦盨和钟大半相同，盖一时所铸。字迹雅近石鼓文，金文中与石鼓相似者，惟虢季子白盘及此敦耳。虢盘出今凤翔府郿县礼村，乃西虢之物。班书《地理志》所谓"西虢在雍"者也。此敦虽出甘肃然其叙秦之先世，曰"十有二公"。亦与秦盨和钟同；惟年代之说，欧、赵以下，人各不同；要必在德公徙雍以后。雍与西虢，壤土相接，其西去陈仓，亦不甚远；故其文字体势，与宝鸡猎碣，血脉相通，无足异也。此敦器盖间，又各有秦汉间凿字一行。器云："卤元器一斗七升八奉敦"。盖云："卤一斗七升太平升盖"。卤者，汉陇西县名，即《史记·秦本纪》之西垂及西太印，秦自非子至文公，陵庙皆在西垂，此敦之作，虽在徙雍以后，然实以奉西垂陵庙。直至秦汉，犹为西县官物，乃凿款于其上，犹齐国差蟾上有："大官十斗一钧三斤"刻款，亦秦汉间尚为用器之证也。故此敦文字之近石鼓，得以其作于徙雍以后解之。其出于秦州，得以其为西垂陵庙器解之。（西县故址在今秦州东南百廿里）癸亥八月永观堂西庑题记

曩见秦始皇瓦量刻辞，每四字为一范，刻辞凡四十字，集十范而成。此敦则一字为一范，用百范排列成文，殆如后世活字之式，亦他器所未见也。

并记。

如上所录，《秦公敦跋尾》一文，与今通行的赵本《秦公敦跋》，文本内容上几乎完全一致。偶有个别字的差讹，如"大半升"讹作"太平升"，又如"西犬邱"讹作"西太印"等，或可视作在刊印过程中的手民之误，而并非原作者之误。

此文与赵本《秦公敦跋》相比较，最为重要的差异，乃是末段"并记"，为今传"定本"所无，至可宝贵。

这一段"并记"的内容表明，王国维早已确证秦公簋（敦）器、盖内部的铭辞为"范铸"。且一字一范，为铸此铭，竟计有百字百范之多，已可视作中国古代活字之祖了。

此外，还需说明的是，《弘毅》月刊于1926年5月创刊于北京，由北京清华学校弘毅学会总会月刊社编辑部创办。此刊停刊于1927年，目前已知者计有1926年5月第1卷第1期至1927年3月第3卷第3期，共八期。发表《秦公敦跋尾》一文的为该杂志第1卷第2期，发刊时间为1926年6月。

此时，王国维任清华国学研究院导师，在《弘毅》月刊上发表文章，属顺理成章之事。也正是因此文的存世，王氏为秦公簋（敦）题跋的版本，其公开发表者又增加了一种，目前已知至少为三种，即罗本、赵本与弘毅本。

遗憾的是，罗本与赵本刊行之前，罗、赵二人应当均未寓目《秦公敦跋尾》一文，否则不可能在各自号称要为王氏遗著印行"定本"之际，将王氏生前即已发表的那一段"并记"遗漏。

◎罗振玉"无意中见一至宝"，秦公簋（敦）初露真容

无论如何，今既得观此跋初题，又获见弘毅本，是否可以据此以为，此跋所谓"定本"，即是王国维将先前为罗振玉所赠秦公簋（敦）拓片的题跋修订而成的呢？而罗氏此拓源自何处，罗氏本人对此拓评价若何，又是何时寄呈给王氏的等等，诸此种种疑问，也就颇有必要进一步考索了。通过查考存世的王国维往来书信，或许有助于解答一二。

据罗振玉1921年11月致王国维信中所言，当时罗氏赴甘肃公干，时任甘肃都督的张广建向其展示藏品，罗氏觉得"无甚奇品"，却"无意中见一至宝"。原信中有这样的表述：

张颇储铜器，率无可观，弟问以甘肃有出土者否，乃出一敦，形至拙（张所以不见示者以此），而文字精绝，中有"十有二公"语，知为秦穆公物，因是考知石鼓确为先秦制作。

看来，秦公簋（敦）原藏者张广建，起初并不觉得此器有何特别之处，甚至还因其"形至拙"，而不愿意拿出来让罗振玉品鉴。罗氏乍观之下，即发现此器铭刻"文字精绝"，甚至因为释读出铭文中有"十有二公"语，"知为秦穆公物，因是考知石鼓确为先秦制作"。可知，确实是"无意中见一至宝"。

随后，罗振玉"与商拓墨"，"初甚吝"，"后介一拓工，强请之，乃拓三分，彼留其二，以一本见畀"。可见，经罗氏"鉴宝"之后，秦公簋（敦）原藏者获知其独特价值之后，连拓片也不愿赠予，好不容易在"强请之"的情

况下拓了三份，只将一份给了罗氏。得此拓片之后，罗氏即刻函告王国维：

> 昨匆匆草一跋尾，当寄与易墨本二三纸，当可必得，得后当奉赠其一也。先将所得一本奉览（海内孤本，幸郑重收贮），拙跋亦附呈。此器文字，将来流传必少，何不影照付《亚洲学术》，印之卷首，以流传之（须照原大，不可缩小）。

罗氏计划将其题跋的秦公簋（敦）拓片寄呈张广建，希望以此再换取拓片"二三纸"，"得后当奉赠其一"，即可转赠其中一份给王国维。不过，在达成这一计划，寄呈张氏之前，罗氏先将那仅得的一份拓片与题跋寄呈王氏，建议其将拓片影印下来，交付《亚洲学术》印出，以广流传。此后，罗振玉于1921年11月27日致王国维信中，又再次郑重叮嘱道：

> 秦敦拓本存尊处者即以奉赠，影照后宜用玻璃板，石印不能用也。[①]

可能因某种原因，罗氏后来又获得了张氏奉赠的多张拓片，不必再将先前寄呈王国维的仅有的那一份拓片索回，所以就致信表示直接留赠。正是在获赠此拓之后，王氏为之题跋。

显然，王国维初题秦公簋（敦），乃是自留自题，不同于他人奉拓嘱题。至于罗振玉自题秦公簋（敦）的原件，可能后来辑入了罗氏自印本《金薤琳

---

① 以上信文均引自《罗振玉王国维往来书信》，东方出版社，2000年。

琅·书画刊传会甲集》。此集收秦公簋（敦）器、盖铸铭与刻铭全套拓本及罗氏手书释文与铭文临摹本。

从罗氏手书的内容来考察，只是做了铭文的初步释读，没有进一步的史实考证。不过在其手书的铭文临摹本之末，题记称：

秦公敦上承古文，下启小篆，前人所谓大篆之孙，小篆祖也。

这一评价对秦公簋（敦）铭文的历史地位与艺术价值给予了很高评价，也为后世书家所普遍认同。民国时期临摹秦公簋（敦）铭文的书法作品，至今仍有不少传世，足见罗氏这一评价在当时是颇具代表性的，被广为接受的。

罗振玉

秦公簋（敦）（器身与盖内铭文）

罗氏自印本《金薤琳琅·书画刊传会甲集》。此集收秦公簋（敦）器、盖铸铭与刻铭全套拓本及罗氏手书释文与铭文临摹本

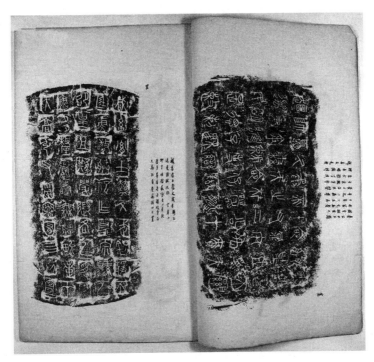

秦公簋（敦）器、盖铸铭与罗氏手书释文页面

◎王国维再三题拓，终成"定本"

在为自己收藏的罗氏所赠秦公簋（敦）拓片题跋之后不久，王国维可能还曾为马衡所藏秦公簋（敦）拓片题跋，且这一题跋可能才是"癸亥八月"之"定本"的来源所在。

1922年8月24日，王国维在致马衡的信中写道：

秦公敦拓本拜嘉，向闻此敦出于甘肃，颇疑此乃德公徙雍以后之器，何以出于陇右，颇不以估人之言为信。今观器中凿款首为"西"字，"西"为秦汉陇西县名，即秦本之西垂及西犬丘（在今秦州西南百廿里），为文公以前秦之故都。秦自非子至文公，陵庙皆在西垂。此器本为宗彝，乃徙雍以后作，以奉西垂陵庙者，故曰奉敦。是此款亦秦季所凿，非汉款也。盖上凿款第一字叢不可识，今审谛亦是"西"字，但不全耳。[①]

显而易见，当马衡将其所藏秦公簋（敦）拓片寄呈王国维之时，王氏在复信中即有了上述种种考述，这些信中考述之语，都是对初题的进一步修订。正是这些修订，最终形成了"癸亥八月"之"定本"。

无独有偶，在陈乃乾于1930年辑印的《观堂遗墨》（二卷本）中，还辑有王国维为徐乃昌（字积余，号随庵）所藏秦公簋（敦）拓片题跋一纸（题于"癸亥二月"，即1923年3月17日），这就意味着，除了自留的初题与可能为马衡的二题之外，王氏为秦公簋（敦）拓片的第三次题跋出现了。

此外，《观堂遗墨》中还辑有王氏为商议题跋事致徐氏的一通信札（约为1923年3月9日），读来饶有兴味。信文简短，不妨细读。为此，照录如下：

前日属题秦公敦拓本，正欲濡豪，苦无下笔之处。因此拓付装时文字必作三层分列，全角拓本之上方已不能容。若分装两幅，以文字为一幅，器形为一幅，则器之上方正可题字，然此装法却不甚合宜。最好付装后再题，则器形之下尽有题字之余地也。尊意如何？乞示。专肃，敬请

随庵先生大人撰安

国维顿首　廿二日

---

① 信文引自吴泽主编：《王国维全集·书信》，中华书局，1984年。

据此信可知，王国维为古器拓片题跋，不仅有着严谨精深的学术标准，对拓片装裱以及题跋位置也有周密考虑。约在1923年3月初，徐乃昌即以所藏秦公簋（敦）拓片嘱题，王氏因考虑到若将秦公簋（敦）的"全形拓"＋器身铭文拓片＋器盖铭文拓片同裱一轴，则题跋必不能直接题于拓纸之上，而应当题写于裱纸之上，所以提出"最好付装后再题"的建议。

王国维后来为徐氏所藏秦公簋（敦）拓片的题跋，据《观堂遗墨》所辑印者可知，实为单独题写的一长条纸本，这样做对于徐氏将之与拓片一同装裱，则更为便利。至于跋文内容，则已与"癸亥八月"所题"定本"内容几乎一致。

另据笔者所见，存世尚有王氏于"癸亥仲春"（1923年的农历二月）为徐氏题跋一件，与"癸亥二月"的题跋实为同一时间题写。如果确为王氏真迹，则可知王氏曾为徐氏两次题跋。

此跋跋尾有云"随庵先生出此拓属题，因节录旧跋并请正之"，此处所称"旧跋"，应当即是指1922年1月18日为罗氏所题。然而，细观此跋内容，与一年之前为罗氏所题已不尽相同，而与"癸亥

王国维题徐乃昌所藏秦公簋（敦）拓片

二月"的题跋内容如出一辙，自称"节录旧跋"，不妥。因此，此跋真伪，尚存疑点。此外，尚见有一轴秦公簋（敦）铭文临摹本，亦署为王氏赠徐氏者，真伪存疑。

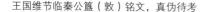

王国维节临秦公簋（敦）铭文，真伪待考　　王静安先生壮年小像，原载《王静安先生纪念号》

◎ "题"外余音

事实上，罗振玉先后所获张广建所赠秦公簋（敦）拓片，应有相当数量，马衡、徐乃昌所藏者，可能都来自罗氏转赠。

除却这些拓片传世实物之外，尚有1927年《湖社月刊》（第11卷第20期）所刊印的秦公敦拓片一幅，此图一旁标示有"罗振玉藏"字样。细观此拓片之影印图，可见幅面右上角有罗振玉书"秦公敦"三字，侧旁又有小字题为

"□□□嘱罗振玉书"字样，据此可知此拓片可能是罗振玉原藏，后又赠予友人者。当然，亦有可能是某友新获此拓，复请罗氏题字而已。

另有1929年《国立中山大学语言历史学研究所周刊》（第6卷第62期）上，亦刊印有"初拓秦公敦"影印图片一幅。此图没有题跋，无从知其原藏者何人，若果为"初拓"，或许也与罗振玉有所关联。

◎秦公簋简历

据考，秦公簋乃春秋时期秦景公时祭器，高19.8厘米，口径18.5厘米，足径19.5厘米。1917年出土于甘肃天水西南乡间（秦岭、红河两乡交界处），1919年为时任甘肃都督的张广建所藏，1935年张氏后人将其变卖，为北平书法家、收藏家冯恕购得珍藏。1950年，冯氏后人将其捐献国家，藏于故宫博物院。1959年移交中国历史博物馆，今藏中国国家博物馆。2003年，中国邮政发行《东周青铜器》邮票全套八枚，其中第二枚为秦公簋。

秦公簋（今藏中国国家博物馆）

2003 年，中国邮政印制发行的《东周青铜器》邮票，第二枚《秦公簋》

簋盖及器身均作细小盘螭纹，双耳上作兽首。簋盖上有铭文五十四字（含合文一、重文三），器身有铭文五十一字（含重文一），共一○五字，字体与石鼓文颇为相近。盖和器上又各有秦汉间刻款共计十九字，故知此簋乃西县官物，在秦汉时曾被当作容器使用。铭文内容记载秦国建都华夏，已历十二代，威名远震；秦景公继承其祖先功德，抚育万民，武士文臣，永保四方，乃作此器以为颂。铭文均由印模铸就，制作方法新颖，在古代青铜器中为仅见之例，开创了早期活字模印之先例。铭文较诸西周金文，字体稍短而多变化，实为秦石鼓文的滥觞。

因其独特重大的历史文化价值，时至今日，国内外诸多学者已对秦公簋作过研讨和考述，罗振玉、王国维、马衡、徐乃昌、商承祚、郭沫若、容庚、马叙伦、于省吾、吴其昌、杨树达、陈梦家、唐兰、闻一多等均于著述或论文中有所涉及。

陈寅恪：挽王国维，创敦煌学

◎小引：从对对子试题说起

话说1932年7月，清华大学及研究院招考新生，陈寅恪（1890—1969）受邀拟定国文试题，试题由对对子、命题作文和标点古文三部分组成。国文试卷一经公布，引起社会广泛关注和争议。其中，对对子试题分数虽然只占总分的十分之一，却最受质疑与批评。这一对对子试题，不过是评估一下考生的汉语基本功，在考试总体分值比例上也微乎其微，可因其出现在早已在新文化与新文学运动中完成洗礼的清华大学入学考试之中，还是在当时的社会舆论中呈现出了"一石激起千层浪"的态势，清华校方与出题者陈寅恪都在遭受前所未有的冲击。

其实，但凡出身门第略可，受过传统文化

史學系講師
陳寅恪先生

陈寅恪，青年时期存照

熏陶与古典汉语教习者，对这一对对子试题，不但不会感到莫名其妙，应当还会生发出难以言表的亲切。古来婚丧嫁娶之人生要事，殿堂门庭之雅俗空间，皆会用到对联，皆会张贴悬挂对联，为之构思编撰、逞才用巧，或见联思"对"、冥思默念，都是旧时世间读书人的社交活动、日常文化生活之一环节。本就出自书香门第的学者陈寅恪，自然也不例外。

在此，仅以陈氏拟出这一对对子试题五年之前的一桩事迹，加以说明。

◎世人周知却难得一见的挽联底稿惊现

时为1927年6月2日上午，著名学者王国维入颐和园，步行至排云殿西鱼藻轩，纵身投昆明湖而死。打捞遗体之后，发现其衣袋中有遗书一纸，是留给三子贞明的，遗书云：

五十之年，只欠一死；经此世变，义无再辱！我死后，当草草棺敛，即行藁葬于清华园茔地。汝等不能南归，亦可暂于城内居住。汝兄亦不必奔丧，因道路不通，渠又不曾出门故也。书籍可托陈（寅恪）、吴（宓）二先生处理。家人自有人料理，必不至不能南归。我虽无财产分文遗汝等，然苟谨慎勤俭，亦必不至饿死。五月初二日，父字。①

王国维的自沉身死，自然是20世纪中国学术界、思想界，乃至公共文化场域里的一大公案。殉清说、殉文化信念说、性格悲剧说、罗振玉逼迫说等

---

① 王国维投湖经过之记述及王氏遗嘱全文等，均辑自桥川时雄所撰：《王静安先生国维蹈昆明湖自杀》，原载《文字同盟》第3号，1927年6月。

等，各种说法层出不穷，一时莫衷一是。当然，无论死因究竟如何，王国维死后的悼念活动是极其隆重的，学界同仁纷纷致辞追挽，一时悼词唁电纷至沓来，无不流露着痛悼叹惜之情。

其中，与王氏同为清华国学研究院导师的陈寅恪的挽联，情真意挚，为世人周知。联云：

十七年家国久魂销，犹余剩水残山，留与累臣供一死！
五千卷牙签新手触，待拣纟文奇字，谬承遗命倍伤神！

关于这一挽联的深沉意蕴，后世研究者已多有探讨，在此不赘。只不过，这一挽联底稿之上，尚有陈寅恪手批的一些注释，却不太为后世读者所知晓，其含义亦久未有人道及。

当然，这份珍藏于清华大学的挽联底稿，要想亲睹细观，实在是不太容易的。有幸的是，由清华大学和香港城市大学联合主办的"尺素情怀：清华学人手札展"，于2017年9月9日在香港城市大学展览馆开幕，展出了普通读者很难寓目的，包括梁启超、陈寅恪、梅贻琦、胡适、王国维、钱穆在内的百余位有重要学术贡献和社会影响的清华学人多件手札。其中，就有著名的陈寅恪挽王国维联底稿一件。

细观手札，但见陈寅恪一笔瘦劲的小楷，书于"清华学校研究院用笺"之上。距今已整整九十年的这件底稿，笺纸边框的印迹已然漫漶，但陈氏手批依旧字迹清晰。可见联语"水"字边有注语"昆明湖"，"山"字边有注语"万寿山"，联后署"观堂先生灵鉴"与"后学陈寅恪拜挽"两行。

王静安先生遗像，原载《王忠悫
公遗墨》

联语中世人所熟悉的"累"字写作"纍"，"玄"字写作"幺"，且这两个字旁边皆标有双圈符号，意即提请注意。陈寅恪于笺纸框外写有两行小字注语，文曰：

字傍加圈者有纍及幺两字，若写作累字，恐人读仄声，幺若写作玄则犯庙讳，故也求书时注意。及之礼拜三日下午来取书联。

应当说，陈寅恪在挽联底稿中的手批注语

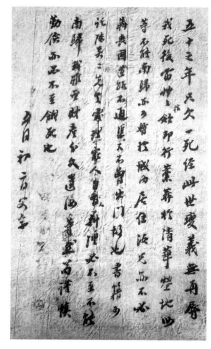

王国维遗嘱一纸，原载《王忠悫公遗墨》

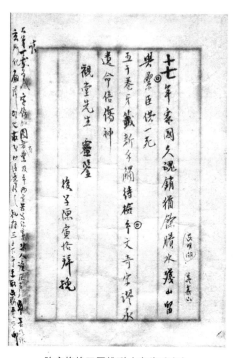

陈寅恪挽王国维联（底稿手迹）

相当重要，一方面体现了其人谨严缜密的文思，另一方面更体现了对王国维个人品格与生涯行止的深刻体悟。

◎挽联底稿里上联"纍"字写法及其意蕴

上联首句中，"十七年"指1911年至1927年，其间经多次重大世变。细数起来，大致如此：

辛亥革命与清帝退位（1911），民国建立不久又遇袁世凯称帝（1916）；护国战争爆发之后，张勋又拥立溥仪复辟（1917），一场闹剧数天即告终结；不久，冯玉祥发动逼宫（1924），溥仪被逐出紫禁城——在此期间，王国维已有"主辱臣死"之志，曾邀约柯劭忞①、罗振玉等约共投神武门外御河殉国而未果。之后，复有"东北王"张作霖入主北京（1926），北伐军进逼北京（1927）等等一系列剧变。

这十七年间的世变纷扰种种，使得遗民情结颇为沉重的王国维，自有"无可奈何花落去"的悲凉，故曰"家国久魂销"之句。次句"剩水残山"，陈寅恪业已指明——"水"指昆明湖，"山"指万寿山，均在颐和园内，这正是留与王氏的"只欠一死"之地。

上联最后一句，"纍臣"特指战国时代的楚国之臣屈原，这里当然是以沉江赴死的屈原来指代投湖自尽的王国维。"一死"则与王国维遗书中"只欠一死"相呼应。唐筼曾录陈寅恪对这一联语的解释称：

---

① 柯劭忞（1848—1933），字凤荪，又作凤荪等，光绪十二年（1886）进士，历任翰林院编修、侍读、侍讲等职，还曾任京师大学堂总监督。入民国，以逊清遗老自居，独力撰《新元史》，参与《清史稿》编修工作。北伐胜利后，被聘为故宫博物院理事。

王先生遗书以所藏书见托（书籍多有王先生批注），故联语及之。元裕之诗云："空馀韩偓伤时语，留与纍臣一断魂。"联语盖有取其词也。[1]

在篇末注语中，陈寅恪特别强调了"纍"字不能写作"累"字。因"累"字的读音为léi、lèi、lěi，可分别组成累赘、劳累、积累等词语，而"纍"字的读音为lēi，是平声，与通行的"累"字的读音是有区别的。且"纍臣"一词，有着特殊的历史含义，是专名，不可随意因笔画简繁而改易。

纍臣本有两个含义，一指古代被拘系于异国的臣子对所在国国君自称，泛指被拘系之臣。《左传·僖公三十三年》有云：

孟明稽首曰："君之惠，不以纍臣衅鼓，使归就戮于秦，寡君之以为戮，死且不朽。"

金代元好问《雪香亭杂咏》之十五，诗云：

白发纍臣几人在，就中愁杀庾兰成。

第二个含义就是特指战国楚屈原，后人因其无罪而死，故如此称谓。宋代方夔《重午》诗有云：

---

① 详参《陈寅恪集·诗集》，生活·读书·新知三联书店，2001年。

纍臣水底沉鱼塚，玉女钗头缀虎符。

明代汪道昆《高唐梦》剧本中亦有唱词云：

泽畔招魂，纍臣何处悲咽？

挽联中，陈寅恪为避免书写者删繁就简，特别加以注明，正是明确取用此第二义。

◎挽联底稿里下联"仝"字写法之深义

下联第一句，唐筼还录有陈寅恪自己的释义称：

韩昌黎诗云："邺侯家多书，插架三万轴。一一悬牙签，新若手未触。"《北史·魏书·魏赡传》，五千卷语所本也。①

所谓"韩昌黎诗"即韩愈所作《送诸葛觉往随州读书》一诗，诗中提到的"邺侯"乃李泌。所谓"牙签"，实乃"书签"，原指中国古代盛行卷轴装书籍之时（唐宋），在书卷上用作内容标识或阅读标记的签牌，这一签牌通常是用象牙、兽骨等制成，故称。

"五千卷牙签"，概指藏书规模颇丰。而"新手触"之语，乃指陈寅恪初次

---

① 详参《陈寅恪集·诗集》，生活·读书·新知三联书店，2001年。

接触到王国维遗留的藏书。因王氏遗书中，已经明确将陈氏视作了自己的"托命人"，将生前所有藏书交予其料理；"新手触"一语，将睹遗书思故人之情，承遗命怀故人之意，悄然流露。

下联次句中"纟文奇字"，是指王国维遗留下来的藏书内容上大多古奥奇特，大多属于艰深古学。王国维精于上古史与古文字研究（甲骨、金文、简帛），这样的概括是恰如其分的。但在联语书写中，陈寅恪特意将"玄"字写作"纟"，且在篇末注语中，特别强调了之所以写成这样的异体字形，是因为"若写作玄则犯庙讳"，并交代称"故也求书时注意"。如果直接写成"玄"字犯了什么忌讳呢？什么又是"庙讳"呢？

所谓庙讳，即中国古代当朝君主及其祖辈的名字，臣民大众必须避讳，即使已故的君主七世之内也须避讳，这在当时官方有明确的规定与严格的制度予以执行。民间避讳常用的做法大致有：改姓氏、改名字、改地名、改官名、改物名、改书名、改干支名、改方药名、改常语等等。陈寅恪在联语中特意将"玄"字写作"纟"，正是为避清圣祖康熙皇帝爱新觉罗·玄烨的"庙讳"。

依常理而言，陈寅恪书联之际，已是民国十六年（1927），清王朝早已不复存在，何故又要避庙讳呢？况且陈氏本人也从未以前清遗民自况，何必要再遵前朝旧制呢？这就不能不说是陈氏的一番深心了——既然王国维以前清遗民自居且舍身殉清，那么理应尊重其人这一心理与情怀归宿，仍依旧制来抒写其遗民风范。

事实上，王国维死后逊帝溥仪赐谥号"忠悫公"，其家属确实也照例得到了前清皇室的抚恤金；且下葬时由前清遗老杨钟羲撰文、袁励凖书丹的王国维墓志铭，墓志盖上赫然刻着"诰授奉政大夫　赏食五品俸　南书房行走　特谥

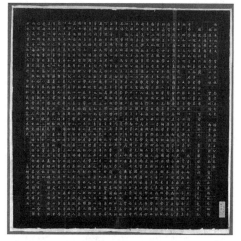

王国维墓志铭拓片

王国维墓志盖拓片

忠悫王公墓志铭"字样，俨然郑重其事，一仍旧制；遗民风范，一清二楚。

◎挽联的撰成及使用时间

值得一提的是，陈寅恪注语末尾处所称"礼拜三日下午来取书联"云云，透露了极其重要的历史信息。首先，据此可知，陈寅恪虽撰成挽联，却未亲自书联，而是请人代为书写的。再者，因为此挽联的撰成时间及使用时间，一般而言，皆以为是在王国维赴死之后不久（甚或当日即撰并书），这一注语则否定了长久以来的这种推定。

《陈寅恪先生年谱长编（初编）》[①]一书中，就将此挽联置于1927年6月3日当晚王国维遗体入殓之后，并引用姜亮夫《忆清华国学研究院》一文中所描述的场景，记载称"当天晚上殡葬后，研究院师生向静安先生最后告别"；并称"陈寅恪先生来后行三跪九叩大礼"。

①　卞僧慧：《陈寅恪先生年谱长编（初编）》，中华书局，2010年。

一般而言，在这样的最后告别仪式上，此挽联的出现似乎也是顺理成章之事，此挽联似乎也理应是陈氏当天得知王国维死讯之后，迅即草撰的"急就"之作，因此，年谱编者紧接着将此挽联置于姜氏忆述之后。

然而，仅从此次展出的挽联底稿，篇末注语所云"礼拜三日下午来取书联"的行文语气来判断，亦可知此挽联底稿乃是陈寅恪事前写好，注语实际上是写给代为书写挽联者看的，是嘱托其照此书写，本人稍晚（某个礼拜三）即要取走写成的挽联。

查1927年6月3日（王国维遗体入殓日），乃星期五而非星期三；如果依年谱编者的推定，就会生出一个无法解释的疑问：难道陈氏能未卜先知，事前即知晓王氏的赴死之举，竟能为之预写挽联不成？这不但匪夷所思，也绝无可能。因此，年谱编者将此挽联系于姜氏忆述之后的做法欠妥。

此外，尤可注意者，尚有北京《世界日报》于1927年6月4日刊发的，题为《国学家王国维一日自杀》之报道。这一报道，乃是目前所知的，关于这一事件的国内公共媒体报道最早者。

不过，与如今通行说法不同，报道中声称王氏自沉于颐和园昆明湖中的时间实为6月1日，其尸体为6月2日上午11时发现。当然，这一说法，当年付诸公开报道者，目前还仅见此例，或为"孤例"；所谓"孤例不立"，恐怕一时还难以成立。这虽是题外话，但亦足可从中窥见，关于王氏之死的细节（诸如死期、死因等等），即便当年在北京当地，也是众说纷纭，模棱两可。

再者，这篇报道还明确提及了6月3日这一天，清华学校"停课一日"，"以志哀悼"。这又恰可证实因王氏之死，清华校内的首度哀悼活动，确为6月3日星期五。这也再度确证，本文述及的这一通陈寅恪挽王国维联（手稿），不可能曾应用于此时。简言之，此联若曾书写悬挂，乃是应用于首度哀悼活动之后了。

据查，时为1927年8月14日，王国维葬于清华园东二里许西柳村七间房之原。这一天，是星期日，葬礼当天应有祭悼仪式，陈寅恪有无参加，无从确考。但这一天之前四日的星期三（8月10日），陈寅恪去取走自己事先写好的底稿，再请人代为书写的挽联，这是有可能的。

如果这一假设成立，那么，这应当是此挽联撰成及使用的时间上限。当然，其后对王国维的追悼活动还包括1929年6月3日（星期一），王国维逝世二周年之际，为其竖立纪念碑之时，是否也曾使用了此挽联，虽仍然不可确考，但亦不排除其可能性（因陈氏可能于此日之前的上个星期去请人代为书写挽联）。

总而言之，除非在此次展出的这份底稿之外，尚有另一份撰写时间更早的挽联底稿存在，抑或就真有由陈寅恪亲书"急就"的挽联实物存世，否则就只能以1927年8月10日前后这一时间上限来推定陈氏撰成以及使用此挽联的时间了。

王国维自沉处，在颐和园鱼藻轩栏外，系昆明湖石栏缺处，新置木门，并加以锁，志哀思也。原载《图画时报》第442期，1928年

王国维纪念碑文（拓片）

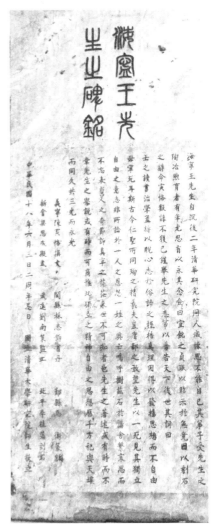

王国维纪念碑，陈寅恪撰文

　　无论如何，陈寅恪挽王国维联底稿手札的公开展出，为后世解读王氏之死提供了一次难得的旁证视角。当然，如果《陈寅恪集》尚有新版重印的机会，笔者以为，不妨也将陈寅恪底稿中的这些注语及标记一一辑录，甚至直接依底稿原件影印出来，在与广大读者共享这一珍贵文献的同时，也可为王、陈两位学术巨擘的生平事迹，再平添一段佳话。

◎首创敦煌学之时代契机与个人预见

说罢陈寅恪挽王国维联手稿里的玄文奇字，不妨再来看一看陈氏在拟定对对子试题两年之前，首创"敦煌学"这一学术概念的历史事迹。这一事迹，当年在国内学术界所产生的影响力，是持续且深远的。

1931年2月，中央研究历史语言研究所专刊之四《敦煌劫余录》出版。这部由著名学者陈垣编纂的巨著，一经问世，迅即确立了"敦煌学"这一概念及学术潮流。此书"著录写经八千六百七十九号，均于检目注明之"，将"今藏北平图书馆，原出敦煌县南四十里之千佛洞"的古代遗书全部检查整理而成。

事实上，继王国维、罗振玉等前辈学者之后，沿着他们所开拓的敦煌遗书研究路径，相关研究已初具规模，渐为学界内外关注与重视，确已形成一股不可忽视的学术潮流。另外，敦煌学之所以因《敦煌劫余录》一书迅即确立，很大程度上还有赖于此书卷首那篇陈寅恪所撰的序言。序言开篇即语：

一时代之学术，必有其新材料与新问题。取用此材料，以研求问题，则为此时代学术之新潮流。治学之士，得预于此潮流者，谓之预流（借用佛教初果之名）。其未得预者，谓之未入流。此古今学术史之通义，非彼闭门造车之徒，所能同喻者也。

序言开门见山，开宗明义，首先简明提出了所谓"学术潮流"之义，随即于第二段即提出了敦煌学这一学术概念。文中这样写道：

"敦煌学"者，今日世界学术之新潮流也。自发见以来，二十余年间，东起日本，西迄法英，诸国学人，各就其治学范围，先后咸有所贡献。

接下来，序言还就北京图书馆所藏八千余卷敦煌写本提出九大研究方向，即摩尼教经、唐代史事、佛教文义、小说文学史、佛教故事、唐代诗歌之佚文、古语言文字、佛经旧译别本、学术之考证，为敦煌学研究指明了方向。

陈寅恪此序写于1930年4月，之后发表于《历史语言研究集刊》（1930年第1本），其发表速度甚至比《敦煌劫余录》的出版速度还要快。此序发表之后次年，《敦煌劫余录》方才出版。也正因如此，陈寅恪的敦煌学之说，有了在学术界的两次登场。

当时，陈寅恪本人的学术成果虽然不是倾力于敦煌学研究，但确因敦煌学的专题研究屡有创获，且又在专题研究基础之上，将这些研究成果渗透到中国历史各个领域的考察之中，并不断推陈出新。

譬如，其人先后撰有《大乘稻芊经随听疏跋》《忏海火罪金光明经冥报传跋》《有相大人生天因缘曲跋》《须达起精舍因缘曲跋》《韦庄秦妇吟校笺》《西游记玄奘弟子故事之演变》《莲花色尼出家因缘跋》等多篇敦煌学专题研究论文；还在《敦煌石室写经题记汇编序》《元白诗笺证稿》等论著中，利用敦煌文献补史、证史；其大多数敦煌学论文，后来又收入《金明馆丛稿初编》《金明馆丛稿二编》；且在《隋唐制度渊源略论稿》《唐代政治史述论稿》二书中也使用了相当分量的敦煌文献。

应当说，陈寅恪为正在从事或寄望于敦煌文献的研究者开阔了视野，洞开了路径，丰富了专题；为中国敦煌学研究的全面开展，奠定了基础，开创了先河，使敦煌学终于成为海内外学术界中的显学。

陈垣著、陈寅恪序《敦煌劫余录》

陈寅恪《敦煌劫余录序》，原载《国立中央研究院历史语言研究所集刊》第一本第二分

《国立中央研究院历史语言研究所集刊》第一本第二分，1930 年

◎重提敦煌学："至艺术方面，则犹有待"

时值抗战末期，1944年1月21日，陈寅恪又再次拈提敦煌学，并非是因敦煌遗书研究又有了什么更为丰硕的成果，这一次是专为敦煌壁画的美学价值与艺术地位而建言。

原来，著名画家张大千（1899—1983）用二十余头骆驼，载着自己临摹的两百余幅壁画，于1943年回到故乡四川，完成了二十万字的著作《敦煌石室记》，并先后在成都、重庆展出这批临摹的敦煌壁画，盛况空前，轰动一时。当时，陈寅恪应邀观展，写了一篇题为《观大千临摹敦煌壁画之所感》的短文，文中将作为敦煌学的重要组成部分——敦煌艺术，略加阐述。

与张大千"跋涉八千里，历时两年半"的"艺术苦旅"不同，当时身在成都的陈寅恪，也曾经历了一场"学术苦旅"。这一场"学术苦旅"始于"七七"事变，始于与家人共赴国难。

1937年9月，其父陈三立为北平沦陷忧愤绝食而死，陈寅恪为之悲恸过度，导致右眼失明。当年11月，携眷南徙，任教于昆明西南联合大学。1941年受香港大学中国文学系主任许地山所邀，出任客座教授，讲授隋唐史。同年年底，香港沦陷，学校停课，生活物资奇缺，期间陈寅恪闭门治学。1942年，携妻女逃离香港，至桂林，任教于广西大学。1943年8月底，离开桂林，前往重庆；12月下旬，终于抵达成都。此时的陈寅恪，与正在成都办展览的张大千不期而遇——这一次学术与艺术的偶遇，却是敦煌学与敦煌艺术的交相辉映。

可以想见，当时右眼失明的陈寅恪，用左眼看完张大千临摹的敦煌壁画之后，是何等的感慨。但他为之写下的观感篇幅极简，原文如下：

观大千临摹敦煌壁画之所感

寅恪昔年序陈援庵先生《敦煌劫余录》，首创"敦煌学"之名。以为一时代文化学术之研究必有一主流。敦煌学，今日文化学术研究之主流也。凡得预此潮流者，谓之"预流"，近日向觉明先生撰《唐代俗讲考》，足证鄙说之非妄。自敦煌宝藏发见以来，吾国人研究此历劫之仅存之国宝者，止局于文籍之考证，至艺术方面，则犹有待。大千先生临摹北朝、唐、五代之壁画，介绍于世人，使得窥见此国宝之一斑，其成绩固已超出以前研究之范围。何况其天才特具，虽是临摹之本，兼有创造之功，实能于吾民族艺术上，别辟一新境界。其为"敦煌学"领域中不朽之盛事，更无论矣。故欢喜赞叹，略缀数语，以告观者。

三十三年一月二十一日　陈寅恪

这篇不足三百字的观展感言，刊印于《张大千临摹敦煌壁画展览特集》之上，于1944年5月由四川省美术协会印发。时值抗战末期，此次展览虽盛况空前，但毕竟因战事与历史原因，随展印发的这一册特集，印量并不算太多，能完整保存至今的更不多见了。或许，也正因如此，已再版多次的《陈寅恪集》①之《讲义及杂稿》一编中，此文题目仍然漏了一个"观"字，而原载时间，也将1944年5月误作了1944年4月。

八十年后的今天，抚读这一册特集，陈寅恪两次拈提敦煌学的史事，翩然纸上，真真是令人过目难忘，真真是令人追怀无尽。

---

① 《陈寅恪集》，生活·读书·新知三联书店，2011年6月第4次印刷。

张大千手绘展览海报，为布制彩绘，附印于特集之中

《张大千临摹敦煌壁画展览特集》

张大千临摹敦煌壁画之一（展出品），出自莫高窟第144号窟五代时期壁画，画像为毗沙门天王子。此画像长期为一喂马槽所掩盖，张大千将马槽拆卸，壁画始全部显现

张大千临摹敦煌壁画之二（展出品），出自莫高窟第134号窟唐代壁画，画像为弹奏凤首一弦琴的伎乐菩萨

鲁迅：北大校徽设计及其他

◎ "哭脸校徽"的台前幕后

1917年，时任北京大学校长的蔡元培（1868—1940）请鲁迅（1881—1936）设计北大校徽。同年8月7日，鲁迅完成图案设计工作，"寄蔡先生信并所拟大学徽章"。就这样，年仅三十六岁的鲁迅，为中国历史最为悠久的、"上承太学正统，下立大学祖庭"的北京大学，完成了品牌标识的核心图案设计。

这一校徽图案，开创了中国现代高等教育体制之下的大学校徽设计先例，在创制时间上当是无可置疑的首例。其设计本身更是以简洁形象的两个小篆汉字"北大"，产生了庄重隽永的视觉效果，令人印象深刻，过目难忘，堪称中国校徽设计史上的经典之作。

关于鲁迅设计工作所花费的时间，可能相当短暂，称得上是"神来之笔"。据《鲁迅日记》载，距其1917年8月7日寄呈设计稿最近的一次蔡、鲁会晤，乃是同年7月31日。如果此次会晤即为蔡元培邀请鲁迅设计校徽之始，那么据此推算，鲁迅仅仅花了一周的时间，即完成了设计，可谓神速。

遗憾的是，关于北大校徽设计的历史细节，由于相关史料的匮乏，无从详究。除了《鲁迅日记》上一笔带过的记录之外，后人所面对与考察的，仅仅只是这一圆形外廓、内嵌篆字的校徽图案本身罢了。对于这一图案的视觉形象及寓意，后人也有着多重解读与多种理解。

譬如，通行的说法以为，"北大"两个篆字上下排列，上部的"北"字是背对背侧立的两个人像，下部的"大"字是一个正面站立的人像，构成了"三人成众"的意象，给人以"北大人肩负着开启民智的重任"的想象。此外，坊间还有一说，称"北大"二字还有"脊梁"的象征意义，似乎也有一定的道理。鲁迅用"北大"两个字做成了一具颇为形象的人体脊梁骨形状，借此希望北京大学毕业生成为国家民主与进步的脊梁。总之，图案寓意是多元的，令观者产生的文化联想是丰富的，这样的视觉识别设计，是极为成功的。

至于据说这一图案被著名学者、新文化运动先锋人物刘半农戏称为"哭脸校徽"，这一说法看似轻松随意，有调侃戏说之意，可细究起来，似乎也不能说完全是戏谑之说。"北大"二字的篆文横向笔画，全部保持着向下坠的势态，这样的笔画走向又全部规划在一个圆形空间里，确实宛如一张吊眉撇嘴的人脸，确乎也可以理解为非常形象的脸谱式的表情图案。这一表情图案，很容易让人联想到一张表情沮丧的人脸；以此再生联想，则不得不令人联想到图案设计者鲁迅，当时的人生际遇与个人心态。

话说1912年，蔡元培被孙中山力荐为中华民国教育总长之后，便开始延揽人才。应许寿裳之荐，蔡氏托其延聘鲁迅入职教育部，信中有言：

我久慕其名，正拟驰函延请，现在就托先生代函敦劝，早日来京。

鲁迅赴京任职，被聘为教育部佥事、社会教育司第一科科长，与绍兴同乡蔡氏成为上下级同事关系。

虽然，鲁迅一开始并不习惯"枯坐终日，极无聊赖"的公务员生涯，可在蔡氏的器重与关照之下，仍勉力维持，并逐步适应了驻京生活。可时局动荡、政客腐恶的社会现状，不能不令正值壮年、本怀壮志的鲁迅，感到灰心与失望。

时至1917年7月7日，即北大校徽设计完稿前不久，因张勋复辟作乱，鲁迅愤而离职；不过一周之后，张勋复辟闹剧旋即草草收场，鲁迅返部工作。试想，此刻伏案描画校徽的鲁迅，心情应当不会太好，或许简直可以用"沮丧"二字来形容。

事实上，从赴京任职之初至1918年之前，面对时局动荡不定，政局变化无常，鲁迅忧愤交加之际，一直在"古学"中排遣苦闷，寄托志业。在此期间，经常抄录古代碑铭，辑录金石碑帖，校勘研读古籍，购藏了大量拓片印本。

中國提倡美育者 蔡子民先生

中国提倡美育者蔡子民（元培）先生，原载《美术》杂志第2期，1919年7月

所有这些生活情状，在今存鲁迅这一时期的书信与日记中，俱有不同程度的记录与反映。据统计，鲁迅曾经收藏的各类拓片，即便流失与毁损的数量不少，至今仍存有近六千张，足见其当年搜集之勤，观瞻之频。

国文系教授周树人（鲁迅），原载《北京师大毕业同学录》，1924 年印制

鲁迅设计的北大校徽，原载1921年印行的《北大生活写真》

◎从影摹本中汲取设计灵感

了解到鲁迅这段生活经历之后，联系到由其设计的北大校徽以圆形空间环绕小篆文字而成的基本构图，很自然地就会联想到，这一构图设计理念极可能受到秦汉瓦当图案的影响，至少是从中获得了某种启发。

据专家考证，今存鲁迅所藏瓦当拓片有一百六十九种三百一十七张，虽然在其所藏拓片总量上的所占份额不大，可这些拓片大多属传承有绪的名家旧藏，当时的市场价格不菲，收藏价值本身也较高，其中有相当一部分还是清代名臣端方旧藏。这些珍贵拓片，大部分为鲁迅本人亲自在琉璃厂选购。不过，据《鲁迅日记》记载，鲁迅选购这批瓦当拓片的时间，实为1918年至1919年间，已是北大校徽设计完稿之后一两年间的事。那么，如果说设计北大校徽确乎受到了秦汉瓦当图案的影响，于设计者鲁迅而言，究竟又始于何时呢？

无独有偶，除了巨量的私人收藏拓片之外，鲁迅还有一册自己制作的、完成于1915年"影摹"的《秦汉瓦当文字》。所谓影摹，即以薄透纸张覆于原书（原图）之上，完全按照覆透出来的字样（图样）轮廓影迹勾描，以期达到与原书（原图）几乎一致的复制效果。换句话说，就是在没有复印机的年代里，自己动手，以全手工的方式来复制文字与图案。

据考，1915年的3、4月间，鲁迅从钱稻孙和图书馆处借来程敦、罗振玉分别著录的《秦汉瓦当文字》，两相比勘考究之后，决意以清乾隆年间成书的程敦原著为底本，参以罗氏的一些考证与见解，影摹了一部《秦汉瓦当文字》。此举前后共用了二十二天的时间，摹写完了上下两册书，书中摹绘瓦当图案一百四十一幅，手迹七十一页，抄录近万字，每种图后都附有详细的考证资料①。

此影摹本今藏北京鲁迅博物馆，据该馆专家介绍，此本完全按照影印出版书的字体、装帧形式完成。近距离观瞻此本，可见那涓涓小楷，流畅的瓦当曲线是那样的首尾一致，一百一十一页的板框、栏线画得横平竖直，粗细均匀，书口中的"秦汉瓦当文字"字样，如不细细地一张张对比着看，很难想象是一

---

①　以上征引相关数据，俱引自夏晓静：《鲁迅影摹的〈秦汉瓦当文字〉》一文，原载于《鲁迅研究月刊》2014年第11期。

页一页写出来的，如果不和出版物认真对照，很难看出是手摹的书，以为是印刷出来的①。

如此看来，鲁迅至迟在1915年即开始专研秦汉瓦当，且对这一研究领域的传世名著《秦汉瓦当文字》，以影摹的方式加以深入研读。对秦汉瓦当的图案、文字及整体形构，在鲁迅的眼中笔下，业已经过相当精熟的考察与研习。因此，设计北大校徽时的鲁迅，将这方面的既有经验与心得渗透到设计过程中，应当是自然而然、顺理成章的。

◎改造秦汉小篆传世字形，终得庄重隽永之校徽图案

当然，从1915年开始影摹秦汉瓦当，至1917年设计北大校徽，这二者之间的联系，虽然显而易见，但并不能简单推断，校徽中的小篆"北大"二字就一定源自秦汉瓦当原迹，一定是从瓦当拓本中抠取现成的字体，直接"集字"而成的作品。

应当说，校徽中的小篆"北大"二字，与刘半农的"哭脸"之戏说相联系，既有间接表达鲁迅当时的心境之喻，亦确有设计上的个性化创作手法之体现。简言之，校徽中的小篆"北大"二字，虽然参照了秦汉瓦当文字，但绝不是"集字"而成，应当渗透着鲁迅个人当时的心态心境，融汇着秦汉篆书法度而成。

纵观秦汉瓦当文字基本样式，大多为四字合为"田"字形构图，亦有两字左右列置的半圆形；两字左右列置的瓦当则相对较少，而两字上下列置的数量更少。这些秦汉瓦当文字基本样式，在《秦汉瓦当文字》一书中都有列举，影

① 以上征引相关记述，俱引自夏晓静：《鲁迅藏瓦当拓片》一文，原载于《鲁迅研究月刊》2007年第11期。

摹过此书的鲁迅自然不会陌生。将校徽图案的基本样式择定为极为简洁的二字上下列置，且存世样本数量不多的瓦当样式，鲁迅当然明了这样的选择，必然意味着设计难度的增加。

其实，稍微了解书法原理与常识者，都不难发现，"北大"二字若采用上下列置的书写方式，且字体还是笔画圆曲的小篆体，恐怕最令人担心也最容易出现的状况，乃是"北"字字形所产生的视觉压迫感，会使上下列置的"北大"二字出现头重脚轻之感。要解决这一因字形结构产生的标识设计上的视觉缺陷，就必须使"北大"二字的字体笔画与组合，在小篆字体的基础上有所变化。

正是基于这一认识，鲁迅大胆创制，既令"大"字小篆字形延长了唯一的横向笔画与中部竖向笔画，使字形整体舒展坚实起来，又令"北"字小篆字形的横向笔画有所提举分疏，不同于"北"字小篆传世字形的垂直凝缩状；终于使得上下列置的"北大"二字的小篆字形，摆脱了头重脚轻的视觉压迫感，呈现出庄重隽永的视觉观感。

清代程敦著《秦汉瓦当文字》

"上林"瓦当拓片图案，原载清代程敦著《秦汉瓦当文字》

"大"字瓦当拓片图案，原载清代程敦著《秦汉瓦当文字》

实际上，《秦汉瓦当文字》一书，还列举有存世数量亦属稀少的"一字瓦"拓片图案。其中，恰有一枚"大字瓦"。将这一枚瓦当拓片图案中的"大"字，与鲁迅设计的"北大"校徽图案中的"大"字两相比较之下，即可明了鲁迅在校徽设计中的极为鲜明且极富特色的个性化创举。

◎北大校徽与校旗之应用

且说1917年8月，鲁迅的北大校徽图案设计完工，设计稿已然交付蔡元培，但这并不意味着这一校徽即刻投入使用。仅据笔者所见，这一图案被明确冠以"北大的校徽"之称，最早见于北大校内外出版物的时间，已晚至1921年12月17日。

当时，由北大学生组织编辑的《北大生活写真集》，特意选择在北大建校二十三周年之际印行。在这样一册以大量图片表现北大生活、师生风采、重大事件的图文集中，篇首及封底首次出现了鲁迅设计的北大校徽图案，并明确冠以"北大的校徽"之称。

值得一提的是，是书印有一帧1919年8月北大授予外国学者名誉博士学位典礼的照片，这是北大历史上第一次名誉学位授予典礼，会场入口悬有北洋政府的五色旗与北大校旗。校旗之上，印有鲁迅设计的北大校徽图案——这可能是目前所知的早期应用实例之一。

然而，令人颇感不解的是，同样是此书收录的另一帧图片，显示当时实际应用中的校徽图案可能不止一个。在一帧题为"一九二一年北大的足球队"的图片中，位于合影中央的两位队员手持北大校旗（队旗），旗上也印有一圆形校徽，可"北大"二字并非小篆字形，而为楷体字形。

第一次授名誉学位的典礼——一九一九年八月北大以名誉博士学位给与班乐卫及铎班两氏，为北大授名誉学位之始。

1919 年 8 月，北大授予外国学者名誉博士学位典礼

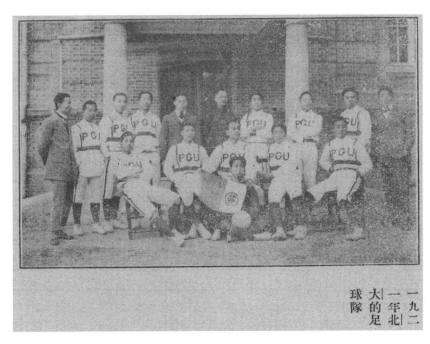

一九二一年北大的足球队

"一九二一年北大的足球队"合影

应当说，这两帧图片的出现，客观上反映着北大校徽应用初期的真实情形——还没有完全规范的、统一的标准定则。

时至20世纪30年代，鲁迅设计的北大校徽图案，已在北大校内外普遍使用，广泛应用于各个领域，渐趋规范化与标准化。1930年印行的《国立北京大学毕业同学录》，封面上就印有这一校徽图案，内页所印校旗上也有这一图案。紧接着，1931年《北大二十年级同学录》，1935年印行的《国立北京大学一览》，以及1936年《国立北京大学毕业同学录》中，所印校旗图样之上，也同样印有这一图案。

◎北大校徽原用黑色之寓意

值得注意的是，自1931年始，北大同学录等校内出版物中但凡印有校旗图样者，大多配以蔡元培所撰《校旗图说》一文，加以介绍说明。只是，蔡氏早在1920年10月即已撰成此文，虽然特别申明了北大校旗所用五种颜色的特殊寓意，却并没有对印于校旗显著位置上的校徽予以详实解说。另外，此文对于校徽使用黑色之寓意，却有一番独特的解释与说明，可以视作对校徽设计思路的一点补充说明。在此，转录蔡氏原文①如下：

各国的国旗，虽然也有采用动物、王冠等等图案，但是用色彩作符号的占多数。法国三色旗，说是自由、平等、博爱三大主义的符号，是最彰明较著的。我国国旗用五色，说是表示五族共和，也是这一类。我们现在所定的校

---

① 此文较早的版本，原载新潮社编《蔡孑民先生言行录》，北京大学出版部1920年印行。

旗，右边是横列的红、蓝、黄三色，左边是纵列的白色，又于白色中间缀黑色的北大两篆文，并环一黑圈。这是借作科学、哲学、玄学的符号。

我们都知道，各种色彩，都可用日光七色中几色化成的。我们又都知道，日光中七色，又可用三种主要色化成的。现在通行三色印刷术，就是应用这个原理。科学界的关系，也是如是。世界事物，虽然复杂，总可以用科学说明他们；科学的名目，虽然也很复杂，总可以用三类包举他们。那三类呢？第一，是现象的科学，如物理、化学等等。第二，是发生的科学，如历史学、生物进化学等等。第三，是系统的科学，如植物、动物、生理学等等。我们现在用红、蓝、黄三色，作这三类科学的符号。

我们都知道，白是七色的总和，自然也就是三色的总和了。我们又都知道，有一种哲学，把种种自然科学的公例贯串起来，演成普遍的原理，叫作自然哲学。我们又都知道，有几派哲学，把自然科学的原理，应用到精神科学，又把各方面的原理统统贯串起来，如英国斯宾塞尔氏的综合哲学，法国孔德氏的实证哲学，就是。这种哲学，可以算是科学的总和。我们现在用总和七色的白色来表示他。

但是人类求知的欲望，决不能以综合哲学与实证哲学为满足，必要侵入玄学的范围。但看法国当实证哲学盛行以后，还有别格逊的玄学，很受欢迎，就可算最显的例证了。玄学的对象，叔本华叫他作"没有理解的意志"；斯宾塞尔叫他作"不可知"；哈特曼叫他作"无意识"。道家叫作"玄"；释家叫作"涅槃"。总之，不能用科学的概念证明，全要用玄学的直觉照到的就是了。所以我们用没有颜色的黑来代表他。

大学是包容各种学问的机关，我们固然要研究各种科学；但不能就此满

北大校旗图样，原载《国立北京大学毕业同学录》，1930 年印制

蔡元培《校旗图说》，原载《国立北京大学毕业同学录》，1930 年印制

足，所以研究融贯科学的哲学；但也不能就此满足，所以又研究根据科学而又超绝科学的玄学。科学的范围最广，哲学是窄一点儿，玄学更窄一点儿。就分门研究说，研究科学的人最多，其次哲学，其次玄学。就一人经历说，研究科学的时间最多，其次哲学，其次玄学。所以校旗上面，红、蓝、黄三色所占的面积最大，白次之，黑又次之。

这就是国立北京大学校旗所以用这几种色，而这几种色所占面积又不相同的缘故。

据上述蔡校长近千字的娓娓道来，似乎可以这样理解，北大校旗上用红、蓝、黄这"三原色"来代表科学；用"三原色"的基底空白处的白色来代表哲学；又在这空白处钤上代表玄学的黑色的校徽图案——这样的"五色旗"，乃是蔡元培心目中的科学、哲学、玄学，诸学融汇、海纳百川的大学精神之象征，也正是其倾心力倡的、兼容并蓄的北大学风之象征。

◎设计校徽八年之后，鲁迅撰文寄望北大

1925年，北大建校二十七周年之际，鲁迅应约为《北大学生会周刊》创刊号写稿，撰发《我观北大》一文。文中满怀深情地回顾，饱含殷切寄望地写道：

北大是常为新的，改进的运动的先锋，要使中国向着好的，往上的道路走。虽然中了许多暗箭，背了许多谣言；教授和学生也都逐年地有些改换了，而那向上的精神还是始终一贯，不见得弛懈。

北大是常与黑暗势力抗战的，即使只有自己。

北大究竟还是活的，而且还在生长的。凡活的而且在生长者，总有着希望的前途。

鲁迅在为北大设计校徽八年之后，写下的这些文字，或可视作对北大校徽设计主旨的另一番生动解读。

◎与鲁迅"英雄所见略同"，闻一多设计武汉大学校徽

回顾了一番北大校徽的设计简史，约略考述了鲁迅的设计理念与思路之后，自然而然还会联想到另一位与其"英雄所见略同"，同样也设计出了一枚造型趋同、构图近似的大学校徽之设计者，那就是著名学者、诗人闻一多（1899—1946）。

由闻一多设计的武汉大学校徽，其主体图案仍是以小篆体"武大"二字上下列置，外围圆框的造型。因为同样面临需要避免头重脚轻的视觉压迫感，闻

氏在校徽图案设计中，采取了与鲁迅的处理方式趋近的手法，仍是在篆字横向笔画的处理上，尽可能延伸与分疏开来。

不过，因为"武"字笔画更为繁多，且字形整体呈半包围结构，与"大"字一旦呈上下组合的图案，更易呈现重压视觉观感。因此，闻氏又特意在篆字笔画的粗细度上做了文章，将"武大"二字的篆文笔画修描细化，笔画间架结构也更为分疏伸展。这些设计思路与手法上的调整，与鲁迅所设计的北大校徽特意加粗篆文笔画的做法大有不同，既有"反其道而行之"的因势利导，亦有殊途同归的妙不可言。

这样一来，由闻氏设计的武大校徽，与鲁迅设计的北大校徽确有"异曲同工"之妙，与庄重隽永的视觉观感相比较，又独辟蹊径，别开生面，呈现出另一番清新飘逸、舒展俊秀之感。这样的设计思路与效果，恐怕与设计者早年的诗人气质，及其所处的时代背景有着高度关联。为此，不妨约略了解一下闻一多与武汉大学的那一段前尘往事。

事实上，武汉大学的办学历史，同样极为悠久，在国内也属首屈一指之列。其前身可以溯至清末湖广总督张之洞奏请清政府创办的自强学堂，这是于1893年创办的国内第一所公立现代大学，仅以这一时间点而言，甚至比北大还早了五年。

开办二十余年之后，也即北伐胜利之后，时为1928年7月，当时的南京国民政府大学院决定筹建"国立武汉大学"，委任时任湖北省教育厅长的著名化学家刘树杞，为筹备委员会主任，后出任武大代理校长。与闻一多同为湖北人的刘氏，亲自到南京去求贤请驾，力邀闻氏出任武大文学院院长。

时年仅二十九岁的闻一多，已于1927年9月受聘为南京第四中山大学（今南京大学前身）文学院外国文学系主任。正值创作高峰期的闻氏，1928年当年出版了诗集《死水》，在《新月》杂志上发表了传记文学作品《杜甫》等。在同乡刘树杞的力邀之下，闻氏也有意助其一臂之力，投身于服务乡梓的教育事业之中，遂于1928年8月欣然赴任武大文学院院长。

据考，当时的武大校址在武昌城内东厂口（现湖北教育学院内），闻一多则住在武昌黄土上坡三十一号锦园。在此期间，闻氏不但设计了武大校徽，还参与了武大的筹建、规划工作，以及珞珈山新校址的选定。由其提议，将新校址的罗家山（又名落驾山）改名为珞珈山，充分体现了其诗人气质和美学智慧。"珞珈"二字灵蕴氤氲，此山一经改名，仿佛为武大代言一般，迅即驰名，至今海内闻名。

闻一多设计的武大校徽（实物）

闻一多像（版画），夏子颐1947年作品

◎梁启超拈提清华校训，1918年清华校徽初露真容

说罢鲁迅设计的北大校徽，以及闻一多设计的武大校徽，还不得不再说一

说清华校徽的来龙去脉。说起来，如果仅以鲁迅1917年设计完稿而言，清华校徽的出现，只比北大校徽晚了一年；如果以在校内正式应用而言，仅就笔者目前已知的见载于相关文献的案例而言，清华校徽又比北大校徽恰恰早了一年。

众所周知，清华大学乃是享誉世界的中国名校，其前身清华学堂始建于1911年，校名"清华"源于校址"清华园"，本是清政府设立的留美预备学校，其建校的资金来源于1908年美国退还的部分庚子赔款。

应当说，这所凝聚着国人振兴中华百年梦想的世纪名校，不但蕴藉着历史变革与社会进步的内在驱动力，更因其自诞生之初就身处鼎革剧变的国内时局与动荡激变的国际时势之中，实乃与时俱进、应运而生的时代结晶。可以说，这样的一所世纪名校，充分见证与深刻影响着中国近现代教育史乃至思想史、政治史的脉络与走向。在此，不妨就以清华校徽的创制、确立、应用、传播、流衍的百年历程为线索，略微回顾与追怀这所世纪名校的史迹点滴。

仅就笔者所见所知，清华校徽极可能是集体创作的产物，是校方集合众力，应时之需，集体创制而成的。这一集体创作的缘起，乃是源自清华校训"自强不息，厚德载物"；而这一校训内容的拈提者，正是该校校董之一的著名政治活动家、启蒙思想家、教育家、史学家梁启超（1873—1929）。

1914年11月5日，梁启超应邀赴清华做题为《君子》的演讲，引用《周易》中乾坤二卦的卦辞"天行健，君子以自强不息"，"地势坤，君子以厚德载物"来勉励当时的清华学子。五天之后，这篇演讲词在《清华周刊》第20期第1版刊出，校内外传诵一时。此后不久，校方便把"自强不息，厚德载物"

写入清华校规，不久即成为清华校训。

1916年，清华学校提出筹办大学的计划，得到当局外交部的批准。至1917年该校修建大礼堂时，又将"自强不息，厚德载物"的校训刻制为巨型圆形徽记，镶嵌于舞台正额之上，以此激励后学。

通过上述这样一段清华大学的简略"前史"，可知梁启超在演讲中拈提《周易》语句，乃至这一语句后来成为清华校训，更融入清华校徽设计之中的这段历程——即1914至1917年间，清华正处于筹办大学的初期。校徽的应用与传播，自然还不甚充分与广泛，这一时期所留存下来的相关实物与文献也颇为稀少，几不可见。

不过，就在清华大礼堂高悬以校训为核心图案的巨型徽记一年之后，清华校徽图案开始通过《清华周刊》这一校内持续出版物，频频现身封面，渐渐传播开来。时至1918年4月25日，《清华周刊》总第138号印行，封面上首次出现了清华校徽图案。这一图案基本造型为三个同心圆构成的圆面，圆面外环印有中文校名（清华学校）、英文校名（TSING HUA COLLEGE），中环印有八字校训"自强不息，厚德载物"篆文字样，内环中心则为五角星图样，三个环面边缘皆呈绳纹样式。

至此之后，1918年下半年的所有《清华周刊》（总第138号至第158号，共计二十一期刊物），封面上皆统一印有这一图案。对于这一图案，刊物中虽未有明确介绍与说明，可这已然表明清华校徽至迟从这一年开始，业已存在并开始有所应用了。

1919年上半年的《清华周刊》，继续了上一年于封面印制校徽的做法，直至5月29日总第172号刊物封面空白而中断。这一期刊物封面中央加印

"毋忘日本二十一条件"字样，没有再续印清华校徽图案，有着特殊历史背景。

此举实因袁世凯曾于1915年与日本秘密签署"二十一条"卖国条约，当时即被国人视为国耻；中国知识分子及民众对日本以及卖国的政府强烈不满，这一国耻情绪在后来的五四运动中进一步发展，起到了推动作用。无论是对四年前"五九国耻"的沉痛回顾，还是对当年爆发的五四运动之热烈声援，这一期《清华周刊》封面的特别设计，都反映着清华师生的一片爱国赤诚之意。

值此重大历史关头，《清华周刊》编辑部决定改版，将已沿用近一年的校徽图案改为"毋忘日本二十一条件"字样，以此警示国人；而之后的总第173号至其后数期刊物封面，则皆印有镶嵌"毋忘国耻"篆文字样的瓦当纹图案，彰显警示国人的用意。

清华校徽，原载 1918 年印行的《清华周刊》封面

◎清华大学校徽 1934 年正式公布，图案设计寓意深远

1925年，清华正式创设大学部；当年春，成立国学研究院，成为校内与大学部、旧制留美预备部并列的三个相对独立的教学单位之一。研究院聘请梁启超、王国维、陈寅恪、赵元任等导师，文理并重的综合大学格局渐趋成形。至此，清华从派遣留学逐步转为培养本国人才，始创四年制本科教育，分文、理、法三院。

　　1926年11月25日，清华校评议会议上，确定并公布清华校徽图案。这一图案与之前《清华周刊》封面所印图案基本一致，在细节上略有修整。譬如，将圆面外环边缘的绳纹式样改为齿轮状；将圆面中环、内环面边缘的绳纹状式样全部改为简单无修饰的弧线；中环逐一区隔的八字校训原有绳纹状竖条，也随之全部改为直线竖条；等等。不过，原有徽记图案中包括中英文校名、校训在内的所有核心内容，乃至这些内容在各个环面上的排列顺序等，俱未改动，一如既往。这一正式公布的清华校徽的图案，与之前《清华周刊》封面所印图案一脉相承，也为近两年后的清华大学校徽之创制，奠定了坚实基础。

　　1928年8月，清华学校改称清华大学，9月正式定名为"国立清华大学"。这一时期，清华校徽的图案仍在校内刊物、出版物中时有出现，但清华大学校徽图案及称谓还没有出现。仅据笔者所见，国立清华大学成立六年之后，清华大学校徽方才正式公布。

　　1934年6月1日，《清华周刊》（第41卷第13—14期合刊）之"向导专号"印行，这一期刊物实为向有意报考及关注清华大学者的介绍手册。此刊对外正式公布

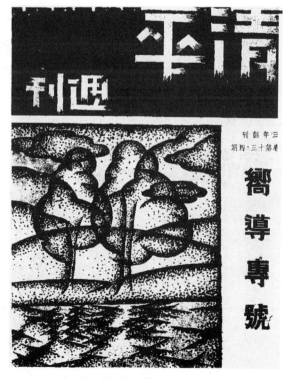

1934年《清华周刊》之"向导专号"

了清华大学校徽图案，其基本形制沿用至今。

此刊正式公布的清华大学校徽图案，基本造型仍为三个同心圆构成的圆面，外覆一圈齿轮状边缘。圆面外环为中文校名（清华大学）、英文校名（TSING HUA UNIVERSITY），中环为校训"自强不息，厚德载物"篆文字样，中心则仍为五角星图样。三个环面边缘又恢复了最初的样式，皆呈绳纹样式，只不过略加修整，更为精密规整。

仅就笔者目前已知的史料文献而言，清华大学校徽可能皆为集体创作，且并无明确详实的设计历程之记录可资考索，但这一系列设计本身是极其出色、非同凡响的。

◎校徽、校章不可混淆，清华大学校章款式多变

值得一提的是，"向导专号"上公布的清华大学校徽图案有两种，一种为

清华校旗、校徽及校章图案

清华大学校徽

校方统一使用的代表学校品牌标识的大学校徽；另一种则为在校师生都须佩戴方可入校的，作为入校资格凭证，实为清华人身份识别标志的学校徽章——严格说来，这并非校徽，而是校章。

且看当时清华大学师生必须佩戴的徽章图案，与清华（大学）校徽的圆面造型完全不同，乃是呈展翅飞翔状的不规则条形外观，翅形图案中心嵌一篆书"清"字。

早在1933年3月8日，北平《世界日报》刊发过一则简讯，题为《清华教职员学生出入均须佩校徽》，报道中的校徽实为校章，即是这一年后之"向导专号"上公布的双翅形徽章。

须知，校章与校徽，实际上是两种既有密切联系，又截然不同的物件。由于校内外对这两种物件称谓趋于笼统，很容易将二者概念混淆，甚至于等同起来。北平《世界日报》的报道即是如此。即便清华大学校方所办《清华周刊》之"向导周刊"，也径直将二者混同，皆称之为"校徽"，这样概念混淆的状况，近百年后的今天依然存在。

诚然，一般而言，校章大多是以校徽为核心图案设计而成，甚至可以直接照搬校徽图案。然而，校章也常常并不以校徽为核心图案，而是仅从中选取一些必要元素，甚至直接另行设计图案。而且不同时期的校章，还有着不同的款式，是可以有所变化的；而作为学校品牌标识与公共象征符号的校徽，其核心图案及基本造型，在视觉识别上具有相对的唯一性与稳定性，应当长期保持较为一致的外观与风貌。

仅以早期清华大学校章为例，可知其本身的造型、图案、款式、功用，以及设计思路与风格，与作为学校品牌识别的公共视觉符号之清华（大学）校徽，都是截然不同的。当时清华（大学）校徽与校章的外形区分与视觉识别上的差异，原本是显而易见的；因称谓上的混淆，造成概念上的混淆，是不应该的。

另外，校章款式多变，本属历史实情，若因校章与校徽概念混淆，有些研究者遂以校章款式变化多样，就径直得出校徽款式变化繁多云云，则更不应该。仅据笔者所见，清华大学校章在七七事变之前与抗战胜利之后，款式就完全不同。20世纪30年代前期的清华大学校章款式一如前述，是呈展翅飞翔状的双翅形徽章；而1946年清华复员之后，清华大学校章则一改前式，为主图尖端向下的等边三角形之规整造型。关于这一校章款式的改动，当年还引发了一场不大不小的争议。

清华大学校章（1934年式样），原载1934年《清华周刊》

清华大学校章，1946年12月校方制作实物

清华大学校章（1948年式样），原载《清华大学1948年刊》

◎ 1947 年清华大学校章款式改动曾引争议

1947年2月1日，北平《世界日报》刊发了一则题为《清华校徽改制新型》的简讯，向清华校内外各界人士通报了校章款式的改动情况。有意思的是，这一报道仍将校章视作校徽，足见二者称谓混淆数十年前已然如此。再者，且看校章款式改动究竟如何，不妨细读报道，原文如下：

清华校徽改制新型　下周可换领佩带

【本报讯】清华大学校徽，去年十二月间，曾由校方绘就图形，交工制作，已发给全校学生。但同学咸认该校徽图形欠佳，且于下角有"学生证"三字，可谓"画蛇添足"，遂提议学校当局，要求改制。但据该校训导长告学生自治会代表称：校徽图形不佳，殆成定案，惟校方既已出资制作一次，若再改型，校方因经费极端困难，恐不肯答应。但各同学若自己集款，按所征求之新图形甫制，校方可能允许。因此，学生自治会规定同学每人交款五百元，重制新校徽。下周内即可完成，以旧校徽换领新校徽佩带。按新校徽样式，仍为部定三角形，但已改为蓝地白字"清华"。

据此报道，可知1947年的清华大学校章款式，虽已改作三角形的外观造型，可还面临着"一改再改"的局面。原来，因清华学生不满校方设计的校章，决定自筹资金，重新设计校章。虽然是重新设计，可基本造型"仍为部定三角形"。

这一说明，至为关键。这里所谓"部定"，为南京国民政府教育部规定之意；也就是说，当时国内所有大学校章（至少是以北大、清华等为代表的"国立"一系的大学校章），均必须按照政府当局要求，外观造型均统一为三角形。即便清华学生对校方原有设计不满意，要重新设计，也无非只是将此三角形校章主体图案的颜色有所改易；此外，还希望删除被认定为画蛇添足的"学生证"三字。

笔者有幸获见1946年12月间，由清华校方设计制作的清华大学校章实物原件，为紫地白字的三角形徽章，正面图形底部确实铭有"学生证"三字。不过，清华学生集体倡议重新设计的校章，尚未见传世实物，诸多细节信息只能存而待考。

最后值得一提的是，就在本文完稿之际，笔者有幸获见一册《清华大学1948年刊》，其中公布有当年的校章式样，极可能即是清华学生自行改制之后的新型校徽。除了三角形的基本形制仍予保留之外，徽章核心部分的"清华"二字字体改原有篆体为美术体，字序也由原来的由右向左改为由左向右；且确实将三角形徽章底端的"学生证"三字删除。在字体设计方面，特意将"清"字的偏旁"三点水"横向拉长，又将"华"字的上部横向笔画也横向拉长，略呈左右对称的横向翼状图案。仅由上述这些细节特征来考察，这一式样的校章，与前述报道中的学生要求改制之式样，是比较吻合的。

张大千：与毕加索面晤之外

◎巴黎卢浮宫的两个画展

众所周知，张大千是享誉世界的中国画家，其画风工写结合，重彩、水墨融为一体，尤其是泼墨与泼彩，开创了新的艺术风格，因其诗、书、画与齐白石、溥心畬齐名，故有"南张北齐"和"南张北溥"之称。自20世纪50年代以来，张大千游历世界，获得巨大的国际声誉，更被西方艺术界誉为"东方之笔"。

1955年12月，"张大千书画展"在日本展出。当时，巴黎卢浮宫博物馆馆长乔治·萨勒（Georges Salles）出席画展，对张大千的书画艺术深感赞佩，观展后决定邀请张大千赴巴黎举办画展。1956年5月31日至7月15日，张氏在巴黎举办了两个画展，一个是设在卢浮宫的张大千近作展，一个是在东方博物馆举办的敦煌壁画临摹展。

关于张大千巴黎画展，最受世人瞩目者，莫过于张大千在法国尼斯港的"加尼福里尼"别墅与毕加索的那一次面晤。两位中西方艺术大师，首次面对面地交流与切磋，西方报纸将这次会晤誉为"艺术界的高峰会议""中西艺术

张大千

1956 年 7 月 28 日，张大千与毕加索合影
于法国巴黎毕加索私宅，郎静山摄

史上值得纪念的年代"，一时轰动海内外。

　　作为张大千的首次旅欧画展，加之面晤毕加索等场外因素的渲染，此次巴黎画展受到了海内外各界人士的广泛关注。当年在巴黎出版的各种相关画册，印制精美，琳琅满目，如今虽然价格高昂，但毕竟也还能寻觅得到。稍稍翻

张大千、毕加索合影两张，其中一张背面有张大千题记

检一遍这些品类繁多的画册，那近七十年前的巴黎画展盛况，如在眼前，不难想象。

◎巴黎画展的英文介绍单

然而，除却这些相关报道、研究论文、展览画册之外，笔者新近获见了一张张大千巴黎画展的英文介绍单，颇为罕见，至今尚未见到研究者公开披露。虽然这张介绍单制作极其简单，仅是一张三个页面印有英文介绍文字的折叠印刷品而已。不过，略微检阅一番，即可知英文介绍的撰写者，分别为胡适与林语堂——两位早已蜚声海内外，当时都寓居于美国的中国学者，同时为这样一场在法国举办的画展撰写英文介绍，这样的情形实不多见。

试想，当年的张大千巴黎画展，由来自中国的两位"重量级"嘉宾联袂撰文介绍，当时海内外最为知名的中国绘画与文化名家相继"出场"，其国际文化交流的规格与品位之高，实在是空前绝后。然而，由于年代久远，且该介绍单应为参观者当场领取之物①，又并未附印于各类画册出版物之内，画展之后即可能大多已散失无存，故后世知之者甚少。在此，因资料难得，笔者将介绍单上所载英文内容译为中文，转录如下：

胡适的介绍

我的朋友张大千先生，生于1899年，他是中国四川省内江人。他是家中的第八个子女，自小在一个耕读之家中长大。他的母亲也是一位艺术家，从他幼

---

① 笔者曾获见一张尚有胡适中英文亲笔签名的介绍单，或为当年某位画展参观者向胡适本人索签之后的私人藏品。

年时代开始，即教授他花鸟、人物、山水的绘画技艺。他的两个兄弟都是画家。

在他的少年时代，他离家远行，寻求新式教育。1916—1918 年间，他初到上海，再赴日本京都，在那里学习了一些相当有用的技艺，诸如纺织设计与染色。但年轻人很快放弃了他的实用技艺，回到了上海，在那里向两位老师学习书法与绘画。这两位老师是李瑞清（1867—1920）与曾熙（1861—1930）。这些古典艺术家通过他们自己收藏的各类古代书画精品，向张大千展示了艺术世界的自由门径——特别是那些活跃在 17 世纪的中国画家，在明代灭亡前后的那部分中国画家，以隐士或和尚的生活方式，对抗外族的征服。

在张大千学习绘画的过程中，对其产生过显著影响的生活于 17 世纪的明代画家有三位，即八大山人、石涛与张风。最后这一位张风通常被称为张大风，这也正是张大千"大风堂"名号的来由。

中国新生画家中的徐悲鸿，是受过西方教育的中国画家与艺术批评家，他将张大千列为"近五百年来中国最伟大的画家"。在中国古典绘画史上，他之所以获得杰出地位，主要是通过三个方面的工作：一是用一生的时间，致力于搜集与收藏中国古代书画精品，并借此向中国古代著名画家学习技艺；二是通过游历中国名山大川，向自然造物学习技艺；最后是通过长年考察与临摹敦煌壁画，这样做使他与伟大的中国古典艺术传统，尤其是唐代的古典艺术直接发生联系。

毫无疑问，他是一位伟大的中国绘画收藏者，不仅仅因为他对这些杰出画家与作品充满热爱，更因为他还是一位积极行动、付诸实践的搜寻者。他长年跋涉，只为观赏这些杰作。有一段时间，为了观赏一些原属末代皇帝溥仪的古画，他还将自己化装成日本人模样。因为溥仪在这段时间居于天津，他愿意将收藏的古画展示给日本商人观赏。

在他为自己的藏品图册所作的短序中，他自豪地（尽管不是无可争议的）宣称自己的评判："近五个世纪以来，无人可与之匹配。"他看上去非常热爱并承习着中国古典艺术杰出作品中的优秀传统，因此可以不断丰富与提升自己的艺术风格。

从古至今，还没有一位中国艺术家，能像张大千那样，如此广泛与透彻地游历。他熟知乡土中那些伟大山川的所在，创作了数量众多的关于著名的峨眉山与青城山的绘画作品。他穿过大峡谷，既乘坐小木船，也搭载大航船，一路观赏。他两次登临陕西华山，三次考察安徽黄山。山东泰山、湖南衡山，以及浙江天台山，都成为他画中的景物。可以这么说，他杰出的风景画作就是艺术地再现了他那广泛而透彻的游览经历。从这个意义上讲，他又是一位伟大的旅行家。

1941年夏，在抗日战争中期，他首次造访敦煌石窟。此处位于中国西北的甘肃省，历史悠久，迭经斯坦因先生与伯希和博士发现而声名远播。在千佛洞中，他为这些壮丽的中世纪（11—15世纪）绘画深感震撼与敬畏。他后来忆述称，"在我一生的搜寻历程中，曾经看到过许多近一千年来的杰出作品，但要想寻觅到隋代（591—618）[①]和唐代（618—907）的作品，则相当困难，这也是我一直以来的梦想。这里，就在这敦煌石窟里，有数以千计的这一时代的绘画隐藏其中，在千年时光中，它们竟与世隔绝！……这里还保存着自北魏时代（398—559）[②]至西夏王国（西夏人始建于公元990年[③]，11至12世纪还存在的王国）的绘画作品，每个王朝都在此留下了独特的贡献。这里真是一所巨大的

———————————

①②③　原文如此。

秘室宝库，里边秘藏着中国古代绘画的珍贵遗产。"

他也因之被激励。他为之投入两年半的时间（1941—1943），去学习这种"神圣的古代绘画"，临摹了超过二百二十幅的壁画。这些壁画大多来自敦煌莫高窟，还有一部分来自位于敦煌东北的安西榆林石窟。他是中国现代画家中第一位研究与临摹古代壁画者，这些壁画代表着中国佛教艺术的高度。

1944年1月，他在成都公开展出了他的敦煌作品，这在一个中国内陆省会城市引起了轰动。当年5月，此次展览又被挪至中国的战时陪都——重庆举办，同样盛况空前。他的敦煌作品被印成两本画册，一册于1944年在成都出版，另一册《敦煌壁画研究》则于1947年在上海印行。

对中国中世纪宗教绘画的研究经历，使他无论作为艺术家还是艺术批评家，都拥有了独一无二的资格。他研究了巨量的、可靠的过去十五个世纪以来的古典绘画资源，这是别的画家无法做到的；通过这样的历史体验与知识，作为一位画家，他的风格体系已无比丰富与多彩了。

1950年，他的作品曾在印度新德里展出。1955年12月，他的作品又赴日本东京展出。现在在巴黎的这次展览会，是他的作品在欧洲的首次公开展出。

胡　适

林语堂的介绍

此刻非常高兴，能向大家介绍张大千先生。我认为，参观张先生的作品与藏品是一次难得的人生经历。

毫无疑问，张不仅是当代中国画坛的顶尖人物，他还是一位始终致力于表现中国古典艺术传统的中国艺术家。他在绘画技艺上的大胆创新及经常会有的某种激动人心的冒险之举，无不体现着他对中国古典艺术传统的执着与探索。一位艺术家总比常人更富激情——对山岳的激情，对旅行的激情，以及所有与艺术或自然相关的激情。我曾用"极好的"这个词来形容他的激情。当他还是少年时，因为一次变故许愿出家为僧，但他最终还是脱掉了袈裟，回到了尘世。后来，他花光了自己所有积蓄以及借贷的钱财，要用一生时光去研究古代壁画。这就意味着要放弃他相当努力才购得的房产家业（等同于再次"出家"），但他对此并不在意。

作为一名画家，他是多才多艺的。起初他是石涛与八大山人的崇拜者，他也因之在中国古典绘画领域眼界开阔，在文人画方面独树一帜。自从他考察了敦煌石窟之后，他开始重新探索自15、16世纪以来的中国古典绘画传统。因而他继续提升，成为艺术技法创新的发现者与先锋。与他同时代的，同样杰出的中国当代画家徐悲鸿，曾将其誉为"近五百年来中国最伟大的画家"。

因为他酷爱收藏，还是众多古代绘画珍品的收藏家。有好几次，他都极其幸运地购藏了大量古代绘画珍品。然而，他却这样描述自己，称自己"有时富得像个国王，有时又穷得像个老鼠"。这就是一个人为了收藏与鉴赏，所表现出来的疯狂与激情吧。

他的展览为世人瞩目，不仅仅是因为他自己的作品，还因为那些他临摹的自公元六世纪至十世纪的敦煌壁画，这些作品同样令人激动与赞赏。这些作品都有众所周知的、完美真实的艺术魅力。

林语堂

1956 年法国巴黎近代美术馆张大千画展介绍单，一张对折四面

In his brief preface to the Illustrated Catalogue of his choice treasures (4 vols., Tokyo, 1955-56), he proudly, though probably not unjustifiably, speaks of his own critical judgment as "without a peer in the last five centuries". He has seen, loved and studied the best works of the traditional art of his country, which in turn have enriched and elevated the style of his own works.

No other Chinese artist, ancient or modern, has ever traveled so extensively and so intensively as Chang Dai-Chien. He knows intimately the great mountains and gorges of his native province, having made numerous pilgrimages to its famous O-mei and Ch'ing-ch'eng mountains, and having viewed its Great Gorges from a small wooden boat as well as from on board modern ships. He twice visited the Hua mountains in Shensi and thrice the Yellow mountains in southern Anhui. The T'ai-shan in Shantung, the Heng-shan in Hunan, and the T'ien-t'ai-shan in southern Chekiang have all been objects of his pilgrimage. It has been justly said that his best landscape paintings are artistic presentations of the majestic sceneries of his own wide experience and keen observation as a great traveler.

In the Summer of 1941, in the midst of a long and desperate war, he made his first visit to the cave-monasteries of Tun-huang, in the northwestern province of Kansu,—a historic site made famous by the findings of Sir Aurel Stein and Professor Paul Pelliot. There, at the Caves of Thousand Buddhas, he was awed beyond measure by the grandeur and beauty of the medieval frescoes dating from the fifth century A.D. down to the eleventh. "In my life-long search," said he years later, "I have probably seen most of the extant masterpieces by the painters of the last thousand years. But when I tried to find the remains of the Sui (591-618 A.D.) and T'ang (618-907 A.D.) painters, it was as difficult as trying to recapture a lost dream... Here, in these Tun-huang caves, are a thousand frescoes hidden all these centuries from the outside world!... What is preserved here dates back to the period of North Wei (398-559 A.D.) and comes down to the Kingdom of Hsi Hsia (a Tangut kingdom founded in 990 and lasting throughout the 11th and 12th centuries). Each dynasty has left here its contributions. Here is truly a hidden storehouse of past heritage and a sacred reserve of ancient paintings!"

He was inspired. He devoted altogether two and a half years (1941-43) to the study of this "sacred reserve of ancient paintings", and to the copying of more than 220 of the frescoes, most of them at the Mo-kao Caves of Tun-huang, and a few of them at the ruins of the Yülin Caves at An-hsi, northeast of Tun-huang. He was the first modern Chinese artist to have studied and copied these medieval frescoes which represent the age of religious painting at the height of Buddhism in China.

In January, 1944, he gave a public exhibition at Chengtu of his Tun-huang drawings, which created a sensation at that interior provincial capital. The exhibition was repeated in May of the same year at the war capital of Chungking, and was attended by unprecedented crowds. Two volumes of reproduction of his Tun-huang drawings were published in Chengtu in 1944. Volume I of his "Tun-huang Frescoes: a Study" in color reproduction was published in Shanghai in 1947.

This period of study of the religious painting of medieval China has given him a unique qualification as an art historian and critic who has studied more of the authentic source-material of the past fifteen centuries than anyone else, and as a painter whose style has been richly nourished by this historical knowledge.

His works were shown in New Delhi, India, in 1950; and in Tokyo, Japan, in December 1955. The present exhibition in Paris is the first public show of his works in Europe.

HU SHIH

HU SHIH
Poet, Philosopher, and Statesman

张大千巴黎画展介绍单之一面，有胡适中英文签名　　　胡适

CHANG DAI-CHIEN

It is a pleasure for me to say a few words about the fabulous Chang Dai-Chien, and I think it is also a rare experience for any one to see the exhibition of his own paintings and of his collection.

Unquestionably, Chang is not only one of the top Chinese painters today, but is also an embodiment himself of the traditional Chinese artist, with his idiosyncrasies and his always exciting adventures. An artist is above all a man with passion—passion for the mountains, passion for travel, and passion above all for all that is great in art or nature. I have used the word "fabulous" advisedly. In his youth, he left the monastic order because he got into a fight; if a monk was not supposed to fight when he really got mad, he would gladly throw away the monkish garb. Once, he spent all he had and borrowed in order to acquire an ancient painting he had been looking for all his life. This meant giving up the house he had intended to buy with his savings, but he did not care.

As a painter, he is versatile. Starting out as an admirer of Shih T'ao and Pata Shanjen, he has broadened out and become a master of the fine brushwork of the northern school as well the ink splashes of the "scholars' painting". Since his visit at the Tunhuang Caves, he has advanced once more and reintroduced the style of the fifth and sixth centuries. Thus he has continued to grow, a reservoir of all artistic learning and a pioneer and discoverer of new ways. It is in this sense that Ju Peon, a contemporary artist of top standing, has called him the "first man in the last five hundred years" in the artistic field.

Because of his passion for collecting, he has also become known as owner of some of the rarest ancient paintings. Several times, he spent a fortune to acquire a much sought-after ancient painting. Thus he has been described as "rich as a king and poor as a mouse". It is this passion for collecting and for connoisseurship which has distinguished this man.

His exhibits are noteworthy, not only for his own work, but will be truly exciting for his copies of the Tunhuang paintings of the sixth to tenth centuries, and for some well-known and well-authenticated treasures of art.

LIN YUTANG.

Photo by Carl Van Vechten
LIN YUTANG

张大千巴黎画展介绍单之一面，为林语堂介绍辞　　　林语堂

张大千巴黎画展册页

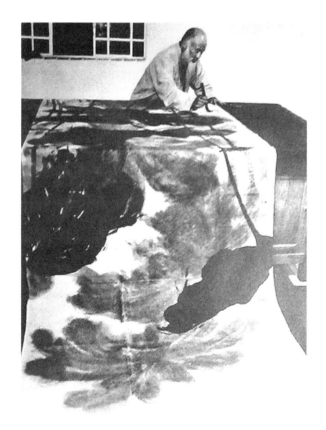

张大千在巴黎期间作泼墨荷花巨屏时存照

◎胡适与林语堂的介绍或属佚文

据上述译文考察，可知张大千巴黎画展的介绍单上，前两个页面上的胡适介绍文字，译为中文的字数达一千八百余字；最末一个页面上林语堂介绍文字，译为中文的字数约七百字。显然，胡适的介绍内容，更为详实细致，更着重梳理了张大千艺术生涯的历程，以及绘画风格的源流，整篇文章体现出了浓厚的学术考据旨趣。而林语堂的介绍，则富于文艺气息，充满激情与幽默意味，更像是一篇简短的开幕致辞。

那么，两篇介绍文章从篇幅到旨趣的不同，是否说明胡适可能比林语堂更了解张大千，与张大千的交谊也更为深厚呢？笔者怀着这样的疑问，查阅了涉及胡、张二人的多种文献资料，包括日记、信札、文集、年谱等等。遗憾的是，对于胡适与张大千的交往史料极为少见，根本无法从中拈提考索出二人的交谊究竟如何，更无从考察胡适为张大千巴黎画展撰写英文介绍的任何相关历史信息。

事实上，胡适的这篇英文介绍，也从未辑入过其生前或死后出版的各类文集、选集之中，或属佚文。同样的，林语堂与张大千的交往史料，也不多见，他所撰写的这篇英文介绍，也未见辑入其个人文集之中，或亦属佚文。

◎张大千曾函请林语堂撰文介绍

无独有偶，笔者近日又发现了两通张大千致林语堂的信札，其内容恰与此次巴黎画展有关。为便于考述，酌加整理，转录信文如下：

（一）

语堂老长兄足下，别久悬渴何似？比维兴居安隐为颂为慰。弟顷来巴黎，将于六月八日起至八月七日止，展览拙作约七八十件，包括人物、山水、花鸟，敬恳赐予大文以为光宠。倘荷惠允，乞于四月十五日前后交郭有守兄处，不胜悚息之至。专肃敬叩大安。弟大千张爰顿首。二月廿五。

（二）

语堂老长兄足下，承惠大文，奖誉逾恒，感愧感愧。拙展于三十一日开幕，目录正在印刷。一俟装就，即当寄呈求正也。专肃即叩大安。弟大千张爰顿首。五月十七日。

这两通张大千信札，应当分别写于1956年2月25日与5月17日。信的内容非常明确，一为请求林语堂为其画展撰写介绍辞，二为收到林氏所撰介绍辞后的答谢。由此可见，张大千对此次画展颇为重视，曾提前函请林氏为其撰文。由此亦可推知，张大千应当还曾函请过胡适为之撰文，只不过目前尚未见到这一函件，不知尚存世否。

无论如何，胡适与林语堂为张大千巴黎画展所撰写的这两篇英文介绍，应当引起中国现代文化史、文艺史乃至文学史研究者的关注与重视，理应深入探研与发掘出更多的相关历史信息。须知，这不但是新近才被发现的两篇现代中国知名人物的佚文，更因其关涉张大千巴黎画展这段历史，在中国现代艺术史研究方面也独具价值。

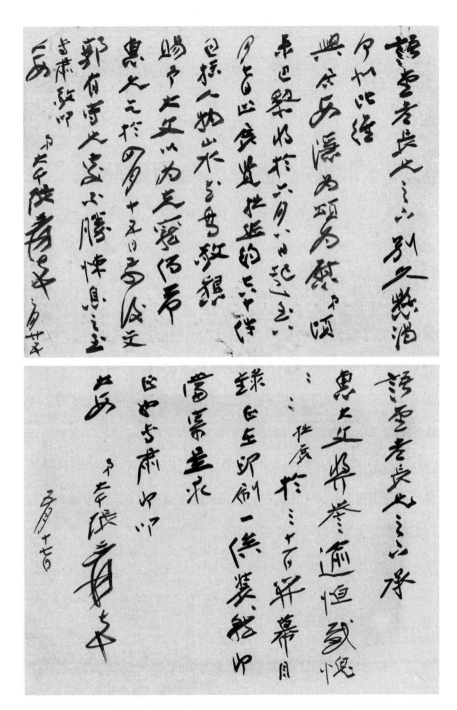

张大千致林语堂，请为其巴黎画展撰文及答谢之信札

徐悲鸿：北平"感恩"与旅欧感想

◎徐悲鸿"空降"北平

1935年2月9日，北平《世界日报》在颇为显著的版面位置上，刊发了一篇题为《平艺术界昨欢迎徐悲鸿》的报道。这篇报道，向广大北平市民透露了一个重要信息：著名画家、时任中央大学艺术主任的徐悲鸿（1895—1953），当月月初突然"空降"北平，后天（2月11日）又将离开北平，返归南京。

徐氏此行为何而来，又因何而去，稍稍对中国美术有点了解与兴趣的北平市民，自当要关注与热议一番。报道全文，转录如下：

平艺术界昨欢迎徐悲鸿

齐白石等均到场参加

徐讲演在欧展览作品经过

【特讯】被人称为"艺术绅士"的中央大学艺术主任徐悲鸿，往外国留学，系教育部公费，当时傅增湘任教育部长，徐氏感其知遇，无以为报，乃趁此次中央大学放寒假的机会，于月初来平，为傅氏画像。中间曾赴津一次，看望友好，现因中央大学已开始上课，不能久留，定于后日下午返京。平市艺术界，昨日下午在艺文中学开会欢迎，并同时展览徐氏在平的作品。

徐氏尤擅长绘画动物，尤其以绘马为称心，此次所展览的作品，亦以动物为最多。单幅花卉作品，则无一张。就时间上说，以去年为最多，今年仅有为画家齐白石夫人宝珠女士所画的一幅，上题"寂寞谁与语，昏昏又一年"。字有徐氏送王青芳的"独有娇郎，察余忠情"，颇为苍老。徐氏虽以画驰名，字则罕见。

昨日以齐白石夫妇到场为最早，因病不能久留，留书云："余画友之最可钦佩者，惟我[①]悲鸿君，所见作品甚多，今日所展，尤胜当年，故外人不惜数千金能求一幅。《老柏》极[②]合矣，白石山翁扶病，乙亥第六日"等语，即行他往。下午二时余，艺术家及学者名人到者：王悦之、丁乃刚、寿石公、刘运筹、成舍我、王青芳、余肇野及张牧野等，尤其以长发怪装的青年从事艺术者为最多，可谓为平市艺术界最近的大聚会。戏剧家熊佛西，亦于开会前赶到，戴瓜皮式的毡帽，满面笑容，见人问道不绝，诙谐不减当年。齐白石夫妇，在开会后，复与周肇祥同来，但未至会毕，又先行退席。

徐氏于三时四十分，始行到会，着藏青色皮袍，围白绸巾，梳分头，皮鞋，甚为沉默，毫无与常人相异之处。与欢迎者略为寒暄，即至艺文中学礼堂开会，首由王青芳致词介绍毕，即由徐氏报告在欧洲展览作品之经过，及欧洲

---

　　①　此"我"字，据《北洋画报》所刊"徐悲鸿联欢会来宾之签名与齐白石题字"原件影印图片增订。

　　②　此"极"字，据《北洋画报》所刊"徐悲鸿联欢会来宾之签名与齐白石题字"原件影印图片增订。《老柏》指徐悲鸿国画作品《古柏》。

美术界的情形，历一小时余，滔滔不绝，颇有演说家风味，至五时余始散会。

这次会名为座谈茶话会，有茶而少杯，王青芳虽托茶杯二十余个，分让大众，但粥少僧多，大家反不好意思接受。且无问话，仍是不"谈"而讲，故与普通的欢迎会无异。兹将徐氏演说词志下：

这次忙里偷闲的来北平打一圈，是因为傅增湘先生当教育部长时，我留学是他派出的，没有可报答的，所以这次来替他画一个像。两年前曾来过北平一次，后来便出国去了。本来那次预备在法国巴黎国立美术馆展览作品，可是到欧洲后，事实变了，经济非常困难，急得几乎投河，头发白了一半。后来经各方面的帮助，一九三三年五月，才在巴黎展览，原来预定展览期为一个月，可是一个月后钱仍未到，适逢美术馆当局请求延长展览半个月，因为闭幕后，必须将各项用费开销。直到闭幕后五天，才接到国内汇款一万元，算是对付过去了。那次美术馆共收到票款三万余元，参观者每人门票五个法郎（合中国一元）[①]，共有两万多人。中国人可以不买票。目录上因为有诗人布露哈特雷的文字，竟卖完三版。日本人从前也在巴黎展览一次画品，虽然我们的国际地位不如日本，但是据美术馆长说："这次却比日本的展览会，（多）[②]赚了几千法郎。"

当时去展览的目的，计划是去交换法国在十九世纪享盛名的雕刻家洛黛氏[③]的作品，但是与收藏此种作品的人一谈，洛黛的作品，是被私人收藏的，虽然名义是国家的，每件东西，最少要卖中国钱二万元，自然是计划完全失败。自己感觉得非常懊丧与失望，后来法国博物院买了十二件画，有齐白石、

---

① 此括号中文字内容为报载原文。
② 报载原文疑脱漏一"多"字，以括号补入。
③ 洛黛氏，今译罗丹，即奥古斯特·罗丹（Auguste Rodin，1840—1917），法国著名雕塑艺术家。主要作品有《思想者》《青铜时代》《巴尔扎克》《地狱之门》等。

陈树人等人的作品。此后复在义大利米兰城展览，米兰的地势，等于我国的上海，政治上等于从前的北京，现在的南京，为法西斯运动的出发处。动机是义大利上议院的议员，在法参观后，认为可以使义大利人民参观，所以在义大利最大的皇宫里展览。前年十一月在德国柏林展览，因为在欧洲有中国学院的佛兰佛尔大学，希特勒为减少知识阶级失业者起见，欲将该校取销，所以该校想藉展览会的势力，号召董事与地方当局讨论这件危机。只在德展览两周，参观者都甚多。

未等完会，余个人即赶到罗马。大约是去年三月，那时最困难，因为罗马、英国、俄国，同拟在五月展览。一年只有一个五月，自然是为难。后来因为罗马生活程度太高，且只要入俄国境后，一切费用，完全由俄国担负，并可送出国境，所以便答应到俄国去。四月十二日经过希腊雅典，看见许多古代艺术的名作品，在雅典逗留四小时。到俄国后，为平生最扬眉吐气的时候，此生亦不想再有第二次。俄国招待非常的好，而且阔得很。五月一日在莫斯科红场展览，那天为国际劳动节，各地代表全集在莫斯科开会，自然是一个好机会。后来在列宁格勒城爱尔米达博物院，及俄国西方的大城哈尔可夫城两处展览，结果都很好。与爱尔米达博物院讲好交换艺术作品，并且送给他们十五件画，不过俄国人问我："假若送给你们东西，挂在甚么地方？"当时我只得信口开河的说，中央大学为中国学生最多的大学，同时为中国青年出发的学校，我们便在那里展览。这自然是我们中国目前的一个问题。

至于欧洲美术界，可以说最近八十年以来，完全操纵在画商手里，尤其是法国的画商。他们有很大的资本，画家的能否成名，都操纵在他们手里。虽然是一个很好的画家，倘若不经画商的吹嘘，会永久不能被人重视。俄国现在虽

徐悲鸿自画像，原载《大众画报》第 15 期，1935 年

徐悲鸿存照，摄于 1930 年代

然是提倡物质文明，但是对于画家的生路并未断绝，所以俄国的画家，最低限度有饭吃。

欧洲收藏中国古物的也很多，最著名的为国史多格那，为比之富商，且懂得东西。他收有中国铜器书画最多，以唐朝时代的一张人物最宝贵。中国美术画，以动物为最好，印度神鬼怪诞的画，则不敢赞美，与其喜欢印度画，不如去爱希腊画，倒可以鉴赏着真正的艺术云云。

◎徐悲鸿"感恩"北平

报道开篇即说明徐悲鸿此次到北平的初因，乃是为"感恩"而来，乃是为曾任教育部长的傅增湘（1872—1949，字沅叔）画像而来。徐氏到场后开始演讲的第一句话，也是明确通告说："这次忙里偷闲的来北平打一圈，是因为傅增湘先生当教育部长时，我留学是他派出的，没有可报答的，所以这次来替他画一个像。"

那么，此"感恩"之举的来龙去脉，不妨先作一番简要了解。

原来，徐悲鸿于1918年应蔡元培之邀，应聘出任北大画法研究会导师。徐北上赴任之际，当时的教育部决定，每年将选派各大学、高等专门学校男女教授，赴欧美各国留学，这也是我国教授留学制度的开始。听闻此讯后，徐即向蔡提出了期望赴法国进修，继续艺术深造的愿望，经蔡与教育总长傅增湘磋商，答应将徐列入公费留法名单之中。1918年8月，第一批人员名单公布，其中却没有徐氏名字。徐因此致信傅，指责其言而无信。

1918年底，第二批公费留法名单公布，徐悲鸿名列其中。1919年3月，徐自上海启程，终于得偿所愿，赴法国进修。在此期间，傅增湘究竟通过何种努力，方使徐最终得以赴法进修，由于其人并未对此有过任何明确记录，百年后的今天来探究这一事件的真相，已无可能。但徐对傅从最初的误解到后来的感激，却通过赴法进修十五年后完成的一幅傅氏肖像充分地表达了出来。

徐悲鸿为傅增湘绘制肖像，恰逢1935年的春节期间。当时，徐氏在欧洲举办中国现代绘画巡展，已经开展了一年多时间，在巡展最后一站苏联完成之后，于1934年8月由莫斯科启程返国，抵达上海后，又赴南京公干。归国不到半年之后，旋即于春节期间"空降"北平。这一次，徐氏赴北平虽仍属公干性质，但公务之余的重要"私务"，乃是要登门造访傅增湘，专门为其绘制一幅肖像画。

据《傅增湘日记》可知，1935年春节前后六天，徐悲鸿都在为其绘制肖像，现将这部分内容节录于下：

二十九日，下午徐悲鸿来谈至5点乃去，此人新周历法、德、意、俄诸国开画展，颇轰动。欲为余写小像，约定新正初二、三、四日下午来。

除夕，2点后徐悲鸿来为写炭笔小像，薄暮乃成，神采极似，因作诗一首赠之。

初二，午后徐悲鸿来画像，薄暮乃去。

初三，下午悲鸿来对写，近暮乃罢。夜宴徐君于园中。

初四，悲鸿来画像，暮乃去。

初五，徐悲鸿来画像，一时许，脱稿。

1935年2月3日至8日，已逾不惑之年的徐悲鸿，先以炭笔素描，开始为年过花甲的傅增湘绘制肖像，之后接连五次到傅宅中进行绘制工作。从当年除夕开始，一直忙碌到正月初五才毕。一张人物肖像画，绘制历时之长，足见徐悲鸿对此何等认真，足见其对傅之旧恩的那份"涌泉相报"之热忱。

据《世界日报》报道可知，1935年2月8日下午，北平文艺界在艺文中学开座谈会欢迎徐悲鸿，而徐悲鸿是当天下午3：40方才抵达会场的，那是因为当天下午"一时许"，其人还在傅宅中绘制肖像，所以无法更早一点去会场。

另据《世界日报》报道三天之后，1935年2月12日印行的《北洋画报》第25卷第1204期所载《徐悲鸿来平小记》一文可知，徐氏此次"空降"北平，事前少为人知，几近于悄无声息的北上匆促之行，其主要目的还是为了"感恩"傅氏，为便于精心绘制傅氏肖像，免于各方应酬交游，遂向外界实施了消息"封锁"，主动"摒绝"了个人行踪。报道开篇即这样写道：

在欧展览图画后归来之徐悲鸿，最近忽来北平。这消息初在北平传出时，大家都认为这又是和胡蝶到津一样的不可信。有一个记者去问徐的好友熊佛西，熊也不信。因为事前一点也没有这种消息。可是徐是真来了，住的

《美术》杂志第 2 期，1919 年 7 月

特派赴法留学美术：徐悲鸿君小影，原载《美术》杂志第 2 期，1919 年 7 月

傅增湘画像，徐悲鸿 1935 年 2 月绘制，今藏中国国家图书馆

傅沅叔先生造像，徐悲鸿绘，原载上海《青鹤》杂志第 5 卷第 3 期，1936 年 12 月 16 日

徐悲鸿在画室中的自画像，1931 年

地方是西四毛家湾蒋梦麟家。他这次来的目的，是为他的老师傅沅叔画像。他为了怕人家打扰他的工作，所以事前毫未声张。到平三天之后，这消息终瞒不住了，可是他还是瞒着新闻记者，说后来又上了天津，直到八日画像工作完毕，他才于吴迪生、王青芳、萨空了的艺文中学茶话席上，作了一次公开的谈话。

◎齐白石夫妇两次到会捧场

通览前述《世界日报》所载两千余字的报道，可见有半数篇幅为记者描述座谈会现场盛况的内容，其中对齐白石夫妇的到场情形描述尤其细致。报道中提到，徐悲鸿曾为齐白石夫人宝珠女士绘制过肖像。不得不说，当年的记者报道还是稍欠准确，当时的宝珠女士并非齐白石夫人，而是"侧室"。

据查，宝珠女士，即胡宝珠，原籍四川丰都，曾在湖南湘潭齐白石亲属家当婢女。1919年7月，18岁时嫁给齐白石为侧室，时二人已寓居北平。1941年初，齐白石原配夫人陈春君在湘潭老家去世后，1941年5月4日，齐白石假庆林春饭庄设宴，邀胡佩衡、陈半丁、王雪涛等戚友为证，举行胡宝珠立继扶正仪式。此时的胡宝珠，方才可以正式称为齐白石的夫人。

胡宝珠陪伴齐白石生活了二十多年，悉心照料其日常起居，协助其创作书画，逐渐步入了齐氏的艺术生涯。夫妇二人年龄虽相差悬殊（齐白石比胡宝珠年长三十余岁），但彼此感情笃深，堪称举案齐眉，夫唱妇随。此次夫妇二人赴会欢迎徐悲鸿，曾两次出现于会场，亦可视作出双入对、恩爱有加的表现。

除却齐白石夫妇等众多北平艺术界嘉宾纷纷到会捧场之外，此次座谈会的主持者王青芳（1900—1956），在当时的北平画坛也是颇为活跃与知名的人物。其人原籍安徽萧县，曾为中央美术学院教授；初受著名工艺大师、其兄王子云影响，绘画擅花鸟、山水，又工篆刻。1921年考入南京师范学校习美术，1923年转入北平艺专，与李苦禅等众名家同窗；1927年在艺专举行个人画展后，与颜伯龙在校教授花鸟绘画。在北平则与齐白石交好，经常切磋画艺，相与往还，曾为齐氏刻印多枚。至1940年代，王青芳与蒋雨浓、李苦禅、白铎斋（吴昌硕弟子）被北平画坛中人誉为"京中四怪"。其人画风豪逸，屡有奇思妙构，性格也直爽豁达，不拘一格。此次会场中手托二十余个茶杯，来回穿梭的形象，那既为主持，又为"堂倌"的架势，已足可想见其性情。

关于会场实况的一些细节信息，《北洋画报》所载《徐悲鸿来平小记》一文也有披露。文中这样写道：

这个会事前并未向各方发通知，只在报上发了个新闻，竟不期而集百余人。其中最热心的是齐白石，他来了两次。第一次来看了徐的画，徐还没来，他走了。第二次又来，据说这次是来看"人"。此老年来甚少出门。每出，必以马车，如夫人扶持。其车价二元八角。齐是日衣一大毛新皮袍，据云系今年为人作画，润例外，加送皮衣四件，此即其一。齐外周养庵、杨仲子、熊佛西等皆到，熊着家做鞋，蓝布衫，外加一毛葛马褂。头戴毡皮盔，颇有乡下土财主风味。至女性除齐白石如夫人外，只两三人，其一为画家梁夫人，系萧美贞之姑，故与其夫同来。悲鸿是日着一蓝布袍，项系白绸巾，谈来娓娓不断。

会散后，来宾散去，徐又与杨仲子、熊佛西、陈绵（中法大学教授）、王悦之、郑颖孙等，至展览室谈话。此次展览，乃系集合北平友人所藏徐过去作品而成。其中有《牧童骑牛》一幅，为杨仲子藏，乃徐极早之作品。徐极不愿展览，谓太幼稚。但吾人却由此可窥得其作画蜕变之痕迹也。熊佛西，是日所着之蓝布长衫，袖长于毛葛马褂约半尺。故陈绵谓似清朝之马蹄袖。杨仲子存悲鸿画最多，会散，画取下后，杨挟之臂间，众谓彼坐洋车上，市人必疑为一富翁方自厂甸购画归来。盖现正值厂甸热闹之际也，杨亦不禁失笑。此时天已傍晚，忽二老妪闯入，乃赛金花与其女仆，亦系来晤悲鸿者。入门后，与在座诸人一一握手，其女仆则向熟人请安拜年，赛金花坐与徐作乡谈，复以时间过晚，由熊佛西发起"一哄而散"，于是一阵乱声，大家散去。最后，徐赴陈绵家晚餐。徐本定九日离平，因南京中大九日开课，侯以九日吴迪生在齐白石家宴徐，晚间又有杨化光女画家东兴楼之宴，故其行期约在十日、十一日两日云。

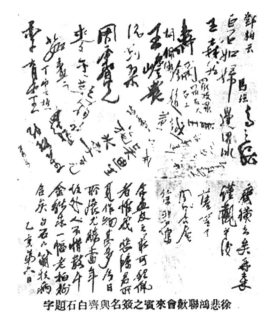

《徐悲鸿来平小记》，原载《北洋画报》
第 25 卷第 1204 期，1935 年 2 月 12 日

徐悲鸿联欢会来宾之签名与齐白石题字

齐白石先生与其姬人宝珠女士合影，
原载《天津商报画刊》第13卷第44期，
1935年

齐白石先生的书画金石生活：每作书画，姬人（胡宝珠）
为之陈纸拂几，旁坐磨墨；红袖添香，今古同成佳话。
原载《良友》第109期，1935年9月15日

◎旅欧之 "懊丧与失望"

　　徐悲鸿在会场上的讲演内容，在此次报道中，也占到了半数篇幅，记录可称翔实。讲演中，徐氏简要介绍了1933至1934年间在欧洲巡回展出中国近现代绘画的历程，这些内容目前尚未见有研究者公开披露，颇值得关注。

　　对于此次欧洲巡回展事迹，一般性质的概述为，徐悲鸿于1933年初应法国国立美术馆之邀前往巴黎举办中国绘画展，次年游历意大利威尼斯、佛罗伦萨、罗马等历史文化名城；又至德国柏林、苏联莫斯科和列宁格勒等地举办中国画展，宣传中国美术。1934年8月，从莫斯科启程，返归上海，历时约二十个月之久。

　　通过徐悲鸿此次讲演可知，因经济上的局促与窘迫，于1933年5月，他才

在法国巴黎勉强开展。展览效果不错，最终承办者还略有利润，皆大欢喜。但徐悲鸿此行的重要目的，即希望与法国政府交换罗丹（当时译作"洛黛"）作品的愿望，未能实现，"自己感觉非常懊丧与失望"。

当然，此次赴法国办展，也有一定收获，即让法国观众乃至欧洲公众开始重视并欣赏中国近代绘画作品，"后来法国博物院买了十二件画，有齐白石、陈树人等人的作品"，这一举动，多少算是给了徐悲鸿一点安慰。

◎徐悲鸿记述"巴黎中国美术展览会"

事实上，要想了解徐悲鸿此次赴欧办展更为详实的现场实况及其个人感想，来自北平《世界日报》的这篇报道，只能算是篇带有事后简要追忆性质的"漫谈"罢了。欲知详情究竟如何，还需将翻检历史文献的时间，再往前挪移个一年半载，去调阅一下上海报刊彼时登载出来的相关讯息。

须知，自1933年10月10日起，至10月18日止，上海《时事新报》分八次连载了由徐悲鸿本人亲撰的《纪巴黎中国美术展览会》一文，从亲历者角度向国内读者及时反映了此次旅欧办展的种种状况，其间苦乐参半的情形，跃然目前。

有意思的是，由于此文初刊时，印刷工将文章署名误排为"聂世琦"，次日连载时，报社方面还特别刊登了一则更正误署兼致歉意的启事。或许正因如此，后世读者及研究者在翻检搜寻相关史料时，若非特别留意，是不易搜寻到这么一篇误署为"聂世琦"所作的报载原文的。

徐文初刊的内容，便已然涉及海外办展的艰难之处。譬如，文中提到，在向法方商借办展会址时就不是很顺利，原因却是国人自己造成的。原来，该处

"因中国人几次失信，初不允之"，"嗣由国联文化协会秘书往商方首肯"，"惟言愿此次不同已往徒成画饼而已"。

显然，在徐氏旅欧赴法办展之前，已有不少中国画家有意在法国办展，但均因种种原因未能办成，故有此"失信"之说。此时虽经多方斡旋，办展场地问题基本解决，但办展经费的"隐患"仍亟待解决，否则又将重蹈此前"中国人几次失信"之覆辙。因此，徐文中还另有感慨道：

中法画展之决定，虽在悲鸿，但其举行，则非悲鸿一人之力所能济。负经济之责者，原自有人，讵其人待悲鸿一人抵法，即浩然东归，几陷此会于绝境。幸北平中法大学寄汇一万〇一百法郎，紧张之时，又蒙顾少川代表及其夫人，合捐一万法郎。中国方面，朱家骅部长，亦有扶助之表示，乃得勉事筹备，但因经费无着而生之困难，与法人种种误会，不一而足。

困难归于困难，矢志于解决困难的人，也总会生发出许多办法来。矢志要在当时的"艺术之都"法国巴黎为中国艺术开辟国际舞台的徐悲鸿，不辞辛劳艰苦，四处张罗求援，旋即左右逢源，终于一朝梦圆。除了国内相关机构与有识之士的鼎力相助，法国朝野上下也纷纷对徐氏办展伸出援手。

法国诗人梵莱理先生（Paul Valeuy）[①]、雕刻家唐不忒先生（Ten Dampt）、

---

① 梵莱理先生（Paul Valeuy），即保尔·瓦雷里（1871—1945），法国后期象征派诗人，法兰西学院院士。

画家莫里斯·丹尼斯（Maurice Denis）①等纷纷大力赞助，"今日皆成中国之友"。"至于Besnard Landowssky Mueuier，俱与吾人夙有渊源，其赞助自不待言"。

至若政界中，如赫理欧Herriot②，已允作序，忽有美国之行，未能写得长篇。又如教育部长特蒙齐De Monzie③，外交部长朋古Boueour，议员穆岱Moutet，腊封Lafout等诸公。学术界如郎夕望Langevit，伯希和Pelliot，来宾Lepine，特于马Dumas诸先生，尤以特于马先生为可感，其言曰，凡来参观中国画展，不能令人不爱中国，其热烈如此。

1933年5月10日下午3时，在中法各方通力协作、大力赞助之下，中国美术展览会终于在巴黎如期举行。中法各界人士三千余人，云集于会场，盛况可谓空前。尤令徐氏难忘者，莫过于著名的欧洲文艺批评家甘米叶·莫葛蕾（Camille Mauciair）先生亲临会场，并当面致贺，后数次撰发文章，向法国乃至欧洲读者介绍此次展览会，起到了"大张中国美术"的特别效果。

自5月12日起，法国《巴黎时报》《巴黎周报》等各大报刊，开始以各自的评判视角，对此次展览会的得失利弊予以了相当规模的持续报道。徐氏认

①　莫里斯·丹尼斯（Maurice Denis，1870—1943），法国纳比派杰出理论家、画家。
②　赫理欧（Herriot），即爱德华·赫里欧（Edouard Herriot，1872—1957），法国政治家兼学者，激进党领袖，三次任法国总理。
③　特蒙齐（De Monzie），即阿纳托尔·德·蒙奇（Anatole de Monzie），曾任法国教育部长，主编《法兰西百科全书》。

为，这些报道"皆持论公正"，故请友人摘译了数则报道①，附于文中，旨在及时向国内读者反馈此次展会的海外反响。

◎巴黎办展成功的重要原因之一：法国朝野之国际同情

且看《巴黎时报》的报道，题为《两千年之中国历史》，摘译原文如下：

中国之生存，犹之生物之增长，必需罹受痛苦而后方能发达者，故其内乱也，饥荒也，遭人之侵略也，适足以为彼之思想家，神秘派艺术界之兴奋剂。以古证今，莫不如此。近观其美术展览会之组织，吾人更难信此令人感动之中国已到最后之呼吸也。

在彼国难期中，筹办中国画展，本极艰巨之工作，然中央大学教授徐悲鸿君，及中法大学代表刘厚君，竟能敏捷以成之。此种活动，非能世代保存固有之精神之民族，曷克臻此。（下略）

接着来看《巴黎周报》的报道，题为《宣得堡姆②之中国画展》，摘译原文如下：

中国现处困难之秋，虽不能运其古代名画来法，然观其生气勃勃，令人注意之近代画展，已大可为吾人赏叹不置之开端，盖中国画之各种作风，及其

---

① 译者为刘大悲、冯延安两人，上海《时事新报》1933年10月16日第六次连载徐悲鸿《纪巴黎中国美术展览会》一文时，文末有徐氏特别注释。

② 宣得（德）堡姆，指法国巴黎的国立外国近代美术馆（Musee du Gee De Paume），亦称宣得（德）堡姆美术馆。

各种趋势，均于此有极高价值之代表著也……吾人于中央大学教授徐悲鸿君携来之现代著作，宜格外加以敬礼，徐君乃中国现代绘像之最著名者，吾人又于高奇峰君之帆船，王一亭君猛烈的达摩，国民党中央委员陈树人之瀑布，及其使人有流动感觉之桃带雨一作，潘天授[①]君之莲，及叶季英君之庐山风景，吾人均不得不特别赞誉。然诸此类尚多，吾人又不能不自恕其未能一一详及之也……

应当说，上述两篇出自法国《巴黎时报》《巴黎周报》的报道，都首先强调了"在彼国难期中"及"中国现处困难之秋"云云，意指在当时的国内、国际形势之下，中国政府能派专员赴法策办这样一次画展，是难能可贵的。

联系到当时的国内外时局来看，自1931年"九一八"事变以来，我国东三省领土逐渐为日军侵占，日本发动全面侵华战争之势已然显现，南京政府在国力、军力俱呈劣势的情势之下，仍寄希望于在国际外交的途径来和平解决眼前的危机，仍尽最大可能避免与日军发生正面冲突乃至全面开战。南京政府以这样瞻前顾后、犹疑未决的弱势形象昭现于世，一方面助长了日军大肆侵略的嚣张气焰，令其更加有恃无恐地发起局部地区的军事挑衅，进而悍然发动全面侵略战争；另一方面，乞怜于欧美各国的外交活动，虽然获得了一定程度上的同情与声援，但各国基于自身安全与利益考虑，并不能给予实质性的、足够充分的国际援助，更不能从根本上遏制日

---

①　即潘天寿。

军侵略行动。

当然，也正因为南京政府有意借助海外展会与文化输出的方式，加强外交宣传与国际交流，除了此次徐悲鸿赴法办展，稍后赴德、苏办展之外，后来更有故宫文物赴英国伦敦办展，影印"四库全书珍本"分赠法、英、苏等国之举。当时的欧美各国，主要是反法西斯同盟各国的朝野上下，对中国国内正在遭受日军大肆侵略，民生国势都日益艰难的客观事实，也因之有了较为充分的了解与认识，以及普遍广泛的同情与声援。

显然，此次在法国巴黎办展之成功，国际影响可谓轰动的重要原因之一，正在于"在彼国难期中"及"中国现处困难之秋"，"本极艰巨之工作"，"虽不能运其古代名画来法，然观其生气勃勃，令人注意之近代画展，已大可为吾人

徐悲鸿与法国策展人在展厅内合影

赏叹不置之开端"，"盖中国画之各种作风，及其各种趋势，均于此有极高价值之代表著也"。

◎中日两国在巴黎同时办展之背景及其影响

此外，还需加以注意的是，当时巴黎《世界画报》以一篇题为《中日交战》的特别报道，更是令本就对中国现状怀着国际同情之心的法国朝野上下，对此次展会投入了更为热切的关注。

原来，同年6月间，当"巴黎中国美术展览会"正在举办之际，日本政府亦在巴黎开办画展，大有同台竞艺之意。虽然《中日交战》的报道题目，很能博人关注，甚有国际形势之默契，可从摘译出来的报道内容来看，其中并没有什么火药味特别浓的措辞，还是仅仅停留在评赏中国艺术特色的层面上。

如果说《世界画报》的报道，乃是以"中日交战"的题目来炫人耳目的话，那么，《黎明报》的报道虽以平淡无奇的"中国绘画"为题，却着实有将中日两国绘画并置比较，并扼要加以研判的内容存在，恰恰又坐实了这两个画展所象征着的"中日交战"之意蕴了。且看报道中这样写道：

宣得堡姆美术馆近所表现（指中国美术）竟能勾引无数参观者，不仅以其为本季时事之一，实因一般中国美术之后觉者，从中出来，无不被其惊骇，被其眩惑也。日本美术与吾人之亲密，恰等于中国美术与吾人之疏远，盖此间无人不识日本之印画也。中日之美术区别甚大，倘欲混为一谈，乃大谬误。盖日本之美术是轻的，架空的，有诗及新鲜之印象的；中国美术，则具壮丽之气象，所重在精神，而不在物质，又是抽象的。恰与此巍然不动之佛，蹲踞脚跟，张其长眼，俯视人之朝拜者相契合。虽然如此，但中国美术对于人生问题，又能写实。如多葛雷所藏之《狂饮图》及鲁勿尔美术馆①所藏之《佛身给饿狮图》是也……中国近代美术家乃印有庄严美术的过去之后裔，而为诸大世纪（指唐宋元明）之高傲与威荣所压服者，然能恪守成训，用同样之法则，绘同样之题目，是又善继其血统者也。兹取其最能代表者为证，如郑曼青、方药雨、黄宾虹、徐悲鸿、吕凤子、王一亭、张大千、张聿光、齐白石、经亨颐、陈树人诸君是也。盖以中国之现状，对于美术之出产，颇非良善之时期，彼等竟有如此之作品，吾人绝不可忽视之。可惜欧洲影响渐侵入，即立方体亦传去，此虽无害于已往之盛世，然实可使吾人渐渐地失其古传之忧，中国近代美术诸公，固已知之甚深，而又觉其能克制者也……

　　按照《黎明报》上的评述，日本美术的轻空新鲜，中国美术的壮丽抽象，的确可以视作中日两国美术作品在创作旨趣与精神诉求上的明显差异。这本是两个不同民族与国家，在艺术文化方面上的固有差异，并没有什么可资发挥与渲染之处。然而，联系到当时日军侵华之来势汹汹、耀武扬威，南京政府节节败退、处处忍让的历史背景来看，中日两国在巴黎同时办展的情态，用《中日交战》的标题来予以报道，不但是国际时势上的某种变相反映，也更令徐悲鸿等赴法办展中方人员心有戚戚。徐氏对此，也有自己的一番见解：

---

　　①　鲁勿尔美术馆，即卢浮宫博物馆（Musée du Louvre）。

日本年以巨金，收买法国报纸，故每与中国冲突，辄舆论乖张，嚣然助之。展览期内，日本正扰平津。朗杜斯基夫人告我，日人示意各报，最妙弗言中国画展，否则，赞誉古人，而诟詈今人，或只言其古，而置今人于不论。有一二小报，竟从之者，大报如《时报》，亦有人著论，言中国美术从日本来者，其颠倒谬妄如此。幸翌日，即有 Millet 先生之文，刊于同报正之。闻其同事之间，因生芥蒂云。其时大总统曾有意来会，顾代表例必往迎，惟以时局严重，处境不便，因未作恭请手续，且大总统出暗探数百人相随，须耗费数千法郎，此际真穷文莫名，吾人境遇，殊不足为外人道也。

看来，当年中日两国办展双方，在巴黎还真有一场外交舆论场域里的"暗

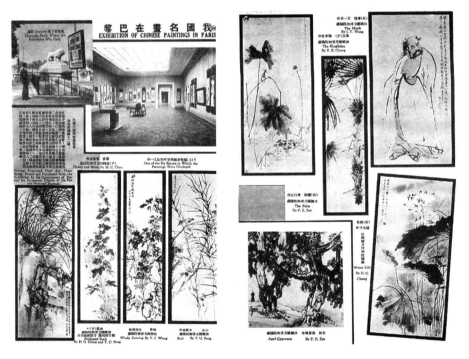

《我国名画在巴黎》，原载上海《良友》杂志第 82 期，1933 年 11 月

战"。那《中日开战》的报道题目，可不仅仅是一个传媒噱头而已，只不过，其中的一些隐秘细节，"殊不足为外人道也"罢了。

◎巴黎办展成功的另一重要原因：法国文博艺术界之支持

除了展会开幕前后即刻及时予以报道的巴黎本地报纸之外，展会开办月余乃至数月之后见诸各类法国杂志上的相关文章也是琳琅满目，异彩纷呈。更因杂志在文本容量上明显优于报纸的特性，使得各路评论家更能一试手笔，对此次展会盛况展开了一系列或专业细致，或周密详实的评述。

且看《法国驿使》杂志的相关评述，摘译原文如下：

宣得堡姆美术馆现开中国古代及近代画展，此种展览，必为一般专家及审美者所重视。以其既可为此类之对于一种精细的美术的引导，复可为彼辈增补已有之知识也。此会由中法大学各机关所发起，以美术家徐悲鸿及中法大学代表刘厚二君为主干，而副以鲁勿尔美术馆东方美术部之洒君及色吕支中国美术馆馆长葛色君助之。其古画之部，乃得鲁勿尔、奇梅[1]，及法比各收藏家之假借，自汉至明，共七十幅。……而今画之部，竟有一百八十幅，皆古代沿袭之笔法，极可引人入胜者也。此近代之画，大都系观察自然或草木鸟兽之研究，其结构之细巧，与着笔之精妙，实足为吾人目中之佳构。如徐达章及其子徐悲鸿之一幅，其图画是何等的纯净。又如徐悲鸿本人之画，任伯年之《九老图》，经亨颐之兰竹，陈树人之竹与小鸟，以及齐白石之作品，

---

[1]　奇梅，指法国吉美博物馆（Musée Guimet）。

其结构皆充分表现其性格及其人生者。而齐白石同时为画家、诗家、雕塑家，为中国近代美术家之最强干而最奇特者，亦为绘禽兽花木草虫之最能摄取真理者。（下略）

接着来看《国民美术建筑》杂志的相关评述，摘译原文如下：

在宣得堡姆美术馆第一层之光亮室中，近展览中国古今美画，余独论其古画者，因欧洲人自来以绘画之术，为其独具之秘密，今观中国古画恰予吾人一相反之教训，而使吾人领略一羞耻之课程也。

余参观中国画展之感想，有萨耳及赫理欧两人之方可以包括……赫君则谓其赞赏中国美术之处，在其为反映一种极文明的思想之一切娇艳，一切色彩，一切精细之反映也。

余于数日之间，两度赴会参观，盖第一次心绪热烈，又恐被此六月佳美之晨光所影响者，想近于皮相。然第二次赏鉴，仍得同样之愉快。

中国画之特别方法，不论壁画、丝画或纸画，可以一言蔽之，在于能作素描极精严，其敷色也在人身或其他主要部分，皆得其当。

至于中国近代作家，如任伯年之芭蕉，实为灵巧而稳健之著作，又如陈树人、齐白石、张书旂①者均极佳。而徐悲鸿之古柏及雄鸡，生气勃勃，余恨不得获其原著，乃购一印片以为纪念。又林风眠之鸡，殊有近世风味。

---

① 张书旂，即张书旂（1900—1957），原名世忠，字书旂，号南京晓庄、七炉居，室名小松山庄，浙江浦江人。曾任南京中央大学教授，抗战期间去美国创办画院，讲学作画，后定居旧金山。勤于写生，工于设色，尤善用粉，画风浓丽秀雅，别具一格，与徐悲鸿、柳子谷三人并称画坛的"金陵三杰"。

余于中国画展之评论，果适当乎？读者如能牺牲一时前往参看，即知本志对于此种奇特之展览，对于此十三世纪令人惊诧，而又仅为少数人所认识之美术，不得不为文以绍介。

上述两篇刊发于法国杂志上的文章，对此次"巴黎中国美术展览会"的展陈实况，以及法国艺术评论家眼中的中国古代与近现代美术的重要特征，都有各自的概述与简评。

通过《法国驿使》杂志的相关评述可知，此次展会得到了法国卢浮宫、吉美博物馆等各大文博机构，以及法、比两国收藏家的大力襄助，使得此次本来是以中国近现代美术作品为主的展会，重新整合为一次古今合璧，几乎可以视作中国美术史上历代重要作品的集中展现之盛会。"自汉至明，共七十幅"，"而今画之部，竟有一百八十幅"，就这样，合计约达二百五十幅古今作品的"巴黎中国美术展览会"得以成功举办。

据《国民美术建筑》杂志所载相关评述可知，文章作者对中国美术的热衷与探研之程度，可谓深厚。开篇所言"因欧洲人自来以绘画之术，为其独具之秘密，今观中国古画恰予吾人一相反之教训，而使吾人领略一羞耻之课程也"云云，足见其人对中国古代美术作品的由衷赞佩，早已逾越当时欧美文明至上的西方世界一贯论调了。文中借法国政治家兼学者，三次任法国总理的赫理欧之口，对中国美术予以了至高评价："赞赏中国美术之处，在其为反映一种极文明的思想之一切娇艳，一切色彩，一切精细之反映也。"

这位两度观展的法国作者，不但对于中国古代美术作品赞赏有加，对中国近现代美术作品，同样予以高度评价。任伯年、陈树人、齐白石、张书旗、徐悲鸿、林风眠等人的作品，亦娓娓道来，如数家珍。

事实上，上述两篇文章中提到的中国近现代美术作品，此次展会之后大多被巴黎国立外国近代美术馆购藏。1933年11月，上海《良友》杂志第82期之上，就曾专门用两个版面的彩页，展示了这些被法方购藏的展品。杂志上图文并茂，向国内读者逐一介绍了法方购藏的十二幅展品，对于展示仅九幅画作的情况，有这样的特别说明："法国政府购藏十二幅，除此处所刊九幅外，应尚有陈树人、高奇峰、张书旂三先生之作品，惜寄回之照片摄制模糊，不能制版，故从缺。"

除了陈、高、张三人作品未能制版展示之外，另外九位中国画家的作品，方药雨、汪亚尘、郑曼青、王一亭、张聿光、经亨颐、齐白石、张大千、徐悲鸿等人的画作，则可以一览无余了。

值得一提的是，此次参展的徐悲鸿所作《古柏》一幅，在旅欧展出前后，也曾多次在国内报刊上"亮相"。此画最后一次"亮相"是在1950年2月，被印在了《四十年来之北京》第二辑的封面之上。画幅上还印有徐氏新题的跋语，扼要说明了此画的来龙去脉，文曰：

1932年冬，吾游北平，写此。翌年在巴黎展览，为法国国立外国美术博物馆购藏。北京为世界古树最多之都会，尤多辽金元明以来之古柏，盘根错节，苍翠弥天，斧斤所赦，历劫不磨，自恨无此健笔，尽其奇观也。一月十三日，悲鸿。

显然，《古柏》乃是徐悲鸿的得意之作。否则，其人不会对这么一幅早已在约二十年前即入藏异邦博物馆的作品，仍然念念不忘。

徐悲鸿《古柏》

《四十年来之北京》第二辑，1950 年 2 月

◎巴黎办展总结：国际文化交流的经济账

如果说，徐悲鸿等人旅欧办展，乃是南京政府国际文化交流的一个重要项目，那么，这一项目的实施效果之评估，恐怕始终是仁者见仁，智者见智，难以达成共识与定论的。

这里所谓的难以达成共识与定论，只是指与此次办展高度相关的南京政府当局、外交工作人员与徐悲鸿等艺术工作者三大群体之间，始终难以有共同的评价立场与结论。不过，徐氏在《纪巴黎中国美术展览会》一文之末，算了一笔经济账，倒还是很能说明这类国际文化交流活动的某种共性问题，即投入产出是否成正比，这样办展划不划算的问题；或者说，要怎样才能尽可能划算与经济的问题。若能准确解答这样的问题，很可以从经济学角度，以纯粹数据的考量，去评估展会成功与否了。且看徐氏这样写道：

  画展入门券五法郎，合华金一元。吾人意在宣传中国文化，觉其太贵。且吾国留学生去会，不应纳费。该院当事人，因允吾人之议，凡中国人往观，持有学生证，便不纳费。实则以后凡东方人往，便昂然直入，寻常参观者往，并不减价。因巴黎同时展览会，有十余处，均五法郎入门，来者自来，不来者，虽不出资，亦请不来也。闭幕期近，觉观者犹拥挤，当事者请于吾求延期一星期，后又延八日，吾皆允之。凡开四十五天，入门统计，凡二万余人，目录售价十法郎，印至三版，可谓盛矣。（苟吾人纳租金三万，目录自出资印，则一切经济俱操之于我，吾人之意不在利，故未及此。）刘大悲、张凤举两先生与吾始见该博物院院长 Dezarrois 也，其气殊傲，言1929年，该院举行之日本美展，成功甚大，凡获赢余十万法郎云，意言中国美展难以比也。实则当时世运方隆，恐慌未起，人民康乐，成功为易，今则举世惶惶，若大祸之将临，五年相去，有如霄壤，吾人亦明知天时之不若，不存奢望。讵料此会终了，为该院详计赢余，其数殆尤过之，此公相见，表示欣悦。

  据徐氏交代的这笔经济账可知，虽然志不在此，也意不在此，此次"巴黎中国美术展览会"的经济效益，竟然还超过了四年前在此操办的日本美展。显然，从经济学角度而言，此次办展是大获成功了。可徐氏心里还有另一本经济账，还有另外一个通盘计划，这个计划最终却未获成功，化为泡影了。徐文中有这样的表述：

悲鸿原意，倘该院以法国国家名义，购求吾人作品，即建议法国教部，交换Rodin[1]作品，曾见其部长特蒙齐先生，表示此意。先生深以为善，及见骆荡博物院[2]院长，乃知此院不受国家约束，至多由法国政府往购作品时，有一对折而已，遂大失望。盖悲鸿六年前，曾建议中法庚款委员会成立一Musée Rodin[3]于中国，未蒙采纳，故中国至今尚未见真正欧洲美术交换作品，乃悲鸿赴欧最大之目的，兹又难成，心滋戚戚，但最终之希望未死，或者得由法教部赠一铜铸骆荡杰作《铜器时代》，或《亚当》，于中央未可知也。

柏林徐悲鸿绘画展览会开幕留影，戈公振摄影并寄赠《文学》杂志

① Rodin，即奥古斯特·罗丹。
② 骆荡博物院，即位于法国巴黎的罗丹美术馆（Musée Rodin），由罗丹本人发起创建于1916年。
③ 此处所谓"Musée Rodin"，乃是指在中国新建一座罗丹美术馆。

"徐悲鸿个展"专页，柏林办展之图文报道，原载《文华》杂志第 46 期，1934 年

原来，徐悲鸿此行在巴黎办展，有一个特别热切的预期与计划，那就是以中国近现代画作与法国教育部交换著名雕塑艺术家罗丹的作品，以此来弥补"中国至今尚未见真正欧洲美术交换作品"的遗憾。这样的预期与计划，早在此行六年之前（1927），徐氏就已然尝试过了，其人"曾建议中法庚款委员会成立一Musee Rodin于中国"，可惜"未蒙采纳"，遂有这六年之后的再度计划与企盼。虽仍然未获成功，可徐氏仍然心存寄望，认定未来可期，"最终之希望未死"。

◎柏林办展概况：徐悲鸿个人作品大受追捧

关于在德国柏林办展的情况，徐悲鸿"空降"北平时，谈得并不多，只轻描淡写，一笔带过而已。"只在德展览两周，参观者都甚多"云云，表明展会周期虽不长，但总体效果还是不错的。

据北平《华北日报》于 1933 年 11 月 18 日刊发的，一则转自"中央社柏林

"徐悲鸿个展"专页，徐悲鸿及其夫人蒋碧薇在柏林画展，原载《文华》杂志第46期

徐悲鸿《懒猫》，原载《新文化》杂志第1卷第7、8期合刊，1934年8月

十六日哈瓦斯电"的简讯可知，1933年11月16日，在德国柏林举办的"徐悲鸿个展"正式开幕。与在巴黎办展有所不同，这一次柏林办展，展出的只是徐氏个人作品，可以视之为徐氏个展。

至于现场情况究竟如何，不妨仍参阅上海《时事新报》上的一篇详实报道。且看报载原文如下：

柏林徐悲鸿画展之盛况及德国各报之批评

柏林通讯：画家徐悲鸿携作品四十余幅来柏林，因柏林国立美术学院校长，当代德国最大画家卡不氏之介绍，得在"柏林艺术家协会"内公开展览。自十一月中旬起展览数星期，柏林人士极为注意，艺术界尤为兴奋，多发为评论，登载各大报上。销行最广之《柏林日报》，特于十一月念八日附刊画报上辟半面，映印徐君动物五种（九方皋、懒猫、惊艳、鸡、六朝人诗意）并刊长篇批评，题为《中国来的动物》，极赞徐君画动物之生动、有力、高傲不群。节译二段：

"……是的，正是这种高傲，使它们不同凡兽，它们富有特异的生命情调。那只牵到九方皋面前的马，昂然耸立，眼光与鼻孔表现它生命之火，尤胜于身体的姿态。而这位识马者眼光在锋利审视中，也充满着同样的高贵的高傲的表情，他全身富有热情的伟大。

"这些画中动物跳、跑，仿佛都在准备着一种新的动作。本来绘画动物是容易使我们发愁，因为很难有如此轻快的表现方法以表现出它们的飞动，更难的是用水墨油色使它们有血有肉，而此地居然成功了。"

柏林各大报除《柏林日报》外，皆有专论批评，一致赞美，尤以《西方日报》一文对中国画颇有见地，兹将全文译意如左，该报评文标题为《中国来的植物》：

"在兽园街二号，柏林艺术家协会里我们可以享受温柔美丽的一小时，欣赏中国画家徐悲鸿的作品。徐君曾在柏林、巴黎研究过绘画，而在柏林也不是不为人所知的。他在画展说明书的叙言里用富有画意的中国文体写着很客气的话，'我很愉快的是，柏林艺术家协会在它奇美的花园中，暂时的陈列一次自另一地带来的植物'。这种植物的观察是很有意义，很有益的。中国绘画中的自然主义的描写风格，对于我们德国人的感觉似较亲近，不似日本人偏重装饰意味。这位中国画家接收了西方的刺激而不背弃他祖国传统的伟大绘画的原理，所以此地并不是欧化的画展。如不久以前的日本画展中所见若干的人品，此地的是典型的民族与民族间的互相吸收以互相丰富，在艺术史的进展上是无害而有益的。

"画展中第一幅是陈列着徐悲鸿的父亲的一张画，画他父子二人的像。徐君于此表示他对于父亲的孝敬，但这幅画尚拘守传统的范围，儿子的画是进步多了。徐君的用笔是自由雄肆的，无论在写景或构图方面，他的着色深厚，笔力雄健而有个性。尤其是我们在过去数年中经历种种极端派的试验后，我们既不愿堕回古典主义也不愿沉没于写实主义，徐君绘画（尤其动物画）中一种抽象形式与自然写实的和谐组织，对于我们印象甚深。表现主义派作风的怪诞与印象主义派空无内容的纯感性的刺激，在徐君画中不见丝毫痕迹。

"鸭子在此地是真的活的鸭子，但却是飘渺的、俊逸的白物，是精神化了的鸭子。水在此地也是真的水，但却不是一片流动映光的物质，而是画幅中精神性的原素。

"像这样圆满的精神与物的和谐组合，恐怕是我们倾向分析精神的欧洲人所永远不能实现的。我们观赏它们也并不是一定要模仿它们，但是可以指示我们，绘画的问题不是不能解决的，但却不能从理论主义方面，而是从人格方面的。

"还有一点是在观赏这个画展中所当提醒的，是最重要的一点，这就是修养。中国画家特重修养，至今尤然。他不只是训练用笔的轻快，并须能像在催眠状态中描写物象，准确无误。它又须习文学与音乐，使之融入画境，不用说它要能控制绘画上一切技术、形体、结构、描述、装饰及画意的风格，一言蔽之，不是一技之长，而为一个完满的画家人格。

"是呀，这些'自另一地带来的植物，根基在古老深厚的文化上的中国人画家的作品启示我们许多东西，他并且是一位热烈崇拜我们的Dürer①（文艺复兴时代德国最伟大画家）的'。"

上述一千四百余字的报道，为上海《时事新报》于1934年1月22日刊发；而报道内容则摘译自1933年11月28日的德国《柏林日报》，以及可能为同一时期印行的《西方日报》。

报道中没有明确说明此次在德国柏林举办的徐悲鸿个展的时间，但若以1933年11月16日开幕，至德国《柏林日报》对此次个展刊发评论报道的时间来估算，此次个展的时间，确实也大致为两周时间。

如果说德国《柏林日报》以《中国来的动物》为题，"极赞徐君画动物之生动、有力、高傲不群"，这样的评论还仅仅是着眼于徐氏高超精湛的绘画技艺，那么，《西方日报》评论的视野，则更为开阔，着眼点也深入到了中国美

徐悲鸿画九方皋

徐悲鸿画《九方皋》，原载上海《新中华》杂志第1卷第22期，1933年11月25日

---

① Dürer，即阿尔布雷特·丢勒（Albrecht Dürer，1471—1528），德国著名画家、版画家及木版画设计家。

品作君鸿悲徐图马相乐伯

徐悲鸿《伯乐相马图》，1927 年绘制，原载《新中华报》，1929 年
1 月 1 日；后收入《悲鸿画集》，中华书局 1932 年出版

徐悲鸿《伯乐相马图》，1928 年绘制，今藏福州市博物馆

徐悲鸿《九方皋》，1928 年绘制，今藏天津博物馆　　　徐悲鸿《九方皋》（局部），1939 年绘制

术的精神与机理层面，被中译者认为"对中国画颇有见地"，为此译出了全文。

有意思的是，《西方日报》评论文章的题目为《中国来的植物》，恰与《柏林日报》以《中国来的动物》为题目的评论文章，形成对应。这一题目，可能源自徐悲鸿在画展说明书的叙言里的一句话："我很愉快的是，柏林艺术家协会在它奇美的花园中，暂时的陈列一次自另一地带来的植物。"

显然，徐氏柏林个展上展出的四十余幅个人作品，并不全是动物，可能还有相当一部分是关于植物与自然景观的作品。

事实上，报导中所言"徐氏父子图"，乃是徐悲鸿之父徐达章于1905年绘制的《松阴课子图》，画面表现的是徐父在庭院松阴之下，监督幼子研习功课的场景。随着徐悲鸿个人名望的日益提升，此画早已在国内各种场合，无论是面向大众的公共场合，还是小范围美术圈子里，都展出过多次了。早在1930

徐达章《松阴课子图》，1905年绘制

徐达章先生自画像，原载上海《良友》杂志

悲鸿十一岁像，原载上海《良友》杂志

年4月，上海《良友》杂志"现代成功人自述"栏目推出《悲鸿自述》，文中
插图就选用了这幅"徐氏父子图"，并有图注曰："徐达章先生自画像，下坐者
即悲鸿，时十一岁。"

徐悲鸿在意大利米兰办展时存照，原载上海《美术生活》杂志第8期，1934年12月1日

徐悲鸿在意大利米兰办展时存照，身后展陈的即为徐氏所绘《九方皋》《雄鸡》

可想而知，随着当时风行宁沪一带的《良友》杂志之传播，这幅"徐氏父子图"，在国内公共文化领域里应当是广为人知的了。三年后，此画又在德国柏林展出，被德国评论家拈提品评，更可谓蜚声海内外。

除了徐氏个展成功举办之外，与法国巴黎办展的情形相仿，仍由徐悲鸿主持，在德国柏林也举办了"中国古今绘画展览会"，但时间上已延至1934年3月初，且国内相关报道不多，仅在平沪两地的报纸上有三两简讯，其间实况无从确考。

◎访苏之"扬眉吐气"与"俄国人之问"

本文前边已经提到，继法国巴黎、德国柏林、意大利罗马办展之后，徐悲鸿又赴苏联办展，在那里，其人才感到"平生最扬眉吐气的时候"终于到来，甚至认为"此生亦不想再有第二次"，即认为再不可能有这么好的办展机遇了。

原来，因为苏联政府的力邀，一切费用完全由其承担，就此解决了徐悲鸿一直苦于筹措的办展费用的问题。到了莫斯科之后，又恰逢"五月一日"，"那天为国际劳动节，各地代表全集在莫斯科开会，自然是一个好机会"；"后来在列宁格勒城爱尔米达博物院，及俄国西方的大城哈尔可夫城两处展览，结果都很好"。

在苏联的办展经历，与在欧洲各国办展的经历相比较，徐悲鸿感慨颇多，欧洲的艺术市场完全资本化运作了，艺术品成为纯粹的商品，艺术本身反倒退居次席了。而在苏联，艺术家与艺术本身，还有"生路"，"最低限度有饭吃"。

1935年1月16日，中苏两国美术作品交换典礼在莫斯科举行，苏方代表盛赞徐悲鸿在苏联举行的美术展览会。中国美术作品达成国际交换，并以隆重仪式昭告世界者，此乃举世第一次，当然亦是徐悲鸿倾力促成的功绩。虽然当时国内尚未有大型美术馆可供国际艺术作品长期展陈，确实存在徐悲鸿演讲中所提到的那个"俄国人之问"——"假若送给你们东西，挂在甚么地方"；但毕竟全力争取到了中国近现代绘画及中国画家参与国际交流的机遇，实在难能可贵。

后来，徐悲鸿在《在全欧宣传中国美术之经过》[①]一文中，再次忧愤满怀地提及那个"俄国人之问"，他这样写道：

我又忆及一最感动之事：俄国人屡次问："贵国有多少美术馆？如此有悠远历史之文明古国，美术馆之设备定比我们无产国家好。"我诚非常痛苦，只得含糊敷衍！俄国美术院规模之宏大，设备之精美，绝不亚于英、法、意、德诸邦，且觉过之。而我国可怜，民众所需之美术馆，国家从未措意，惟有岁糜巨款，说办文化事业。白日见鬼，连[②]一个美术馆都没有。

在北平畅叙旅欧与访苏感想之后，当年秋天，徐悲鸿游览广西桂林之际，曾拟以一己之力在桂林独秀峰下建一美术馆，足见当年他对那个"俄国人之问"的耿耿于怀。当然，因资金及时局关系，此馆终未建成。次年，徐氏又在《广西日报》上撰文痛责蒋介石丧权辱国，并拒绝为蒋介石画像，当年还积极筹办苏联画展等等，若联想到那个"俄国人之问"，这一系列事件或皆可视作徐氏访苏归来之后的连锁反应吧。

---

① 此文为徐悲鸿广播讲演稿，原载《广播周报》第1期，1934年9月17日；又载《美术生活》杂志第8期，1934年12月1日。二者内容上略有差异，后者为徐悲鸿所撰特稿，应为广播讲演的底稿，文字表述上更为流畅直白，本文所征引部分即来自后者。

② 原文印作"并"字。

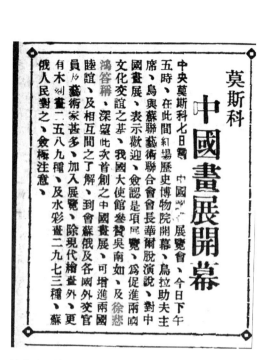

徐悲鸿《在全欧宣传中国美术之经过》，原载
《美术生活》杂志第 8 期，1934 年 12 月 1 日

徐悲鸿主持莫斯科中国画展开幕，原载上海《时事
新报》，1934 年 5 月 9 日

莫斯科中国画展，原载上海《良友》杂志第 90 期，1934 年 7 月

画展开幕日中中俄两方主事人员留影。（由左至右：苏联画家协会会长伏罗泰、徐悲鸿夫人苏联对外文化交际会代理国际苏联大使馆代办吴南如、画家徐悲鸿。）

The formal of opening of the Exhibition of Chinese Art at Moscow.

画展开幕日，中俄两方主事人员留影

莫斯科中国画展，原载《东方杂志》第
31卷第15号，1934年8月1日

徐悲鸿与苏俄戏剧家，原载《文艺画报》创刊号，
1934年10月10日

莫斯科中国画展部分作品，原载上海《美术生活》第 7 期，1934 年 11 月 1 日

已被苏联列宁堡隐居博物院（今莫斯科列宁故居博物馆）购藏的徐悲鸿画作《猫》

苏联列宁格勒之中国画展，徐悲鸿此次旅欧办展最后一次存照，戈公振拍摄

◎ “俄国人之问”与倡办美术馆

早在1935年1月26日，徐悲鸿在南京发起建筑美术馆的倡议，便曾见诸报端。那个“俄国人之问”给徐氏留下的心灵震撼，可想而知。不到一个月之后的北平“感恩”之行，虽然行旅匆促，可当即将离开北平，重返南京之际，当面对送行席间的记者之时，徐氏仍情不自禁地，再度提到了在国内倡办美术馆的主张，其热切与坚决的执着之态，着实令人动容。

这一事迹，就刊载在1935年2月10日的北平《世界日报》之上。且看报道原文如下：

徐悲鸿今日离平返京
何应钦严济慈昨分别欢宴

徐对记者谈：目前的中国……不应当提倡美术……而应当办美术馆

【特讯】徐悲鸿来平后，除为傅增湘画像时，两日未见宾客外，连日酬酢甚为忙碌，昨日上午十二时半，军分会代委员长何应钦，在居仁堂设宴款待，下午五时北平研究院物理研究所主任严济慈，在其私邸宴徐，并请学界名流作陪。徐氏以中大业已开课，急须返校，今日分访各友好后，即于下午七时乘车赴京。记者昨与徐氏相晤，据谈其对艺术之意见，略谓：

在目前的中国，不应当提倡美术，而应当办美术馆。因为提倡艺术，必须要办美术学校，一个美术学校，若造就一个美术家，自非短时内所能办到者。而一个美术馆，能普遍的养成国民对于美术的兴趣，因为中国社会，过去对于研究书画者，为末技之流，漠然视之。同时认为美术应以写实主义为主，虽然不一定为最后目的，但必须同写实主义为出发点。至于外来艺术并不反对，但不能消灭自己的"本性"，才是发扬真正中国艺术。本来文学、科学、美术，为人世的科学，在我国对于研究美术者恒为人所忽略，余（徐自称）个性甚强，人认为艰难者当常尝试之，虽为一般朋友之同情，但是人同人的关系，并非重于学术，所以并不气壮凌人云云。

又傅增湘此次曾为徐占诗一首如下：

"悲鸿先生新自海外归来，过访藏园，于除夕坐石斋为余写真，亦丹青中一段佳话也。口占小诗纪之：天风海浪引仙裾，来写坡公笠屐图，我愧渔洋浅鸶影，知君正是禹鸿胪。"

应当说，这篇关涉徐氏"空降"北平最后一天行踪的报道，透露着徐氏访欧归来、"感恩"归去之际，内心急切地希图着力于解决"俄国人之问"的那份执着与热忱。此外，那一首傅赠徐的诗作，就恰在此篇报道末尾公之于众了。

◎楔子：徐悲鸿访苏观感的另一种表述

话说当徐悲鸿"空降"北平，于1935年2月8日在北平艺文中学的席间侃侃而谈，畅谈旅欧感想之际，所提到的访苏观感可能还仅仅局限于美术事业方面。次日见载于北平《世界日报》之上的讲演内容，令人印象深刻者，无非是徐氏所谓在苏联办展乃是其人"平生最扬眉吐气的时候"云云。殊不知，早在此次讲演约半年之前，1934年8月20日，杭州《东南日报》就曾刊发过一篇由该报驻沪记者从上海发来的报道，主题即为《徐悲鸿谈苏俄近况》。从徐氏向记者谈论的"苏俄近况"来看，主要集中在军事与政治动向层面，对于专事美术事业与艺术创作的徐氏而言，这些言论实不多见。报道原文如下：

战祸逼在眉睫　俄备战工作紧张

政府多方激发人民备战情绪　举国上下绝无贪懒好逸行为

徐悲鸿谈苏俄近况

（沪讯）美术家徐悲鸿抵沪后，连日与各界酬应甚忙，记者以近来第二次世界大战风云日亟，大有一触即发之势，苏俄首当其冲，必将为最重要主角之一无疑，其近况如何，颇值得吾国人氏注意。徐氏在苏俄境内共游历九十日之多，对苏俄近况，自必熟悉无遗，十九日晨特以此问题访徐氏于一品香旅社，所谈各节分志如后：

强迫人民运动

徐氏首谓苏俄举国上下，鉴于战争惨祸，逼在眉睫，目前皆竭尽全力作保卫国家之运动，彼等备战工作之紧张，殆非言语所能形容。据本人所观察到者，若辈备战工作，约可分为三点：（一）苏俄政府现加紧全国人民之体育训练，五年建设计划成功后，新成立之大规模体育场极多，举国人民不分男女老幼，均须强迫作种种体育运动，使每一国民均如铜筋铁骨。上月（七月）苏俄政府为加紧此项工作起见，召集全国各地担任训练人民体育之领袖，在莫斯科举行大检阅，出席者共达十一万余人。是时本人亦在场参观，彼等紧张奋发之精神，实颇惊人。

厉行军事训练

（二）全国成年国民，均须受军事训练，甚至妇女亦不能免。现更将训练方法，改以工会为训练之单位，较其他征兵制国家，尤为普遍，大战时立即可全国皆兵。（三）政府常多方面激发国民之备战情绪。本年五一劳动节时，各地政府均召集当地人民举行大游行示威，是时本人在莫斯科，当地参加游行之人民共达三百余万。所有莫斯科之男女老幼居民，几已全体参加。清晨即齐集红色广场中出发，有人在六点钟开始往参观，直至午后四时许始观毕。行程之长，可见一斑。同时更有战斗机五百余架，在空中飞翔，最新式之坦克车，及其他新式军器，参加示威。凡此种种，仅就本人所观察到者而言。此外苏俄之备战工作似尚多，惜本人系从事美术者，并非政治家，未多考察云。

加紧生产工作

苏俄现方推行第二次五年建设计划中，举国人民，不分男女，均须从事生产工作，尤以迩来战云密布，环境日恶，国民对工作列为加紧努力，精神奋发，绝不允许有贪懒好逸等行为。徐氏又谓苏俄政府对于美术事业，提倡颇力，第一次五年计划成功后，新设之美术馆颇多，类多规模宏大，设备完善，与英美各国不相上下，且其旨趣与其他各国不同，其旨趣力求大众化，以资普遍。对吾国美术事业，亦颇重视。吾国美术家，前往苏俄展览者，尚以本人为第一人，即欧美各国美术家前往展览得到成功者，亦尚未所闻云。

上述近千字的报道内容，未曾见载或转载于平津沪宁各大报刊，却偏偏刊发在了邻近沪宁两地，但又相对偏离所谓"主流舆论"传媒的杭州《东南日报》之上，这样的情形，着实耐人寻味。

《东南日报》记者以"近来第二次世界大战风云日亟，大有一触即发之势，苏俄首当其冲"为由头的采访，竟得来了当时"连日与各界酬应甚忙"的徐悲鸿之积极回应，谈论到了许多其人平素并不多于提及的观感与观点，实属难能可贵。

须知，据当时《时事新报》等各大报刊所载简讯，徐氏自1935年7月30日从莫斯科启程，经海参崴返国，于8月17日方才抵达上海，三天之后，即8月20日，即返归南京。当《东南日报》记者于"十九日晨特以此问题访徐氏于一品香旅社"，徐氏竟能在刚刚返国之际的诸多社交应酬活动中抽出时间，与记者吐露出这么多此前此后都不再有公开表述的访苏观感，实在有些出人意表。这一方面，可以归功于《东南日报》记者工作反应迅速，设问有力；另一方面，恐怕也与徐氏访苏观感确实印象深刻，对苏联军事及政治动向确实颇有感触有关，加之刚刚返国之际，记忆尤为清晰，精神仍然亢奋，恰恰此时记者有相关主题的设问，遂一拍即合，有感而发，娓娓道来，畅谈一番。

当然，除了苏联军事及政治动向的主题之外，徐氏仍不忘在采访临近尾声时，谈到苏联的美术事业及美术馆建设。这也为后来出现的那个"俄国人之问"，埋下了伏笔。至于此次采访报道最末的那一句徐氏所言，"吾国美术家，前往苏俄展览者，尚以本人为第一人，即欧美各国美术家前往展览得到成功者，亦尚未所闻云"，更可见此次苏联办展，给徐氏留下了多么良好与自信的记忆，于此也就不难理解，约半年之后，徐氏在北平所言"平生最扬眉吐气的时候"云云，究竟意味何如了。

徐悲鸿：鉴宝、倒徐与"新中国画"

◎北平艺专校长的三千字专访

1946年10月5、6、7日，关于国立北平艺专校长徐悲鸿的一个专访，在北平《世界日报》连载了三天。时值抗战胜利已整整一年，在百废待兴的北平城中，以这样大的篇幅来报道一位艺术家，足见公共文化领域对徐氏个人及其艺术生涯的高度关注。

仅据笔者所知所见，这篇专访稿至今尚未有研究者提及，也未有相关著述予以全文披露，其研究价值自然不容忽视①。在此，为与读者诸君共享稀见史料，亦为便于后文据此略加考述，笔者将这篇专访稿件的报载原文酌加整理，转录全文如下：

① 这篇专访稿在《世界日报》上连载的前两个章节，曾于1946年10月20日转载于《前进报》，但内容有较大删节与修订，题目改称为《世界闻名画家徐悲鸿：北平艺专校长》。

国立北平艺专校长徐悲鸿

热挚温厚的世界名画家　艺术和科学教育目的相同

（一）

艺专的校址在东城根的东总布胡同，离繁华的街市很远，环境非常清静。大门两旁的古槐，更增加了幽雅的风采。虽然阶前堆着憔悴的落叶，在西风中旋舞，可是更显示着一种诗情画意。

记者被请进去，却领到挂着"图书室"的屋子，正在怀疑，隔了玻璃窗子一眼瞥见徐校长的背影，才恍然悟到徐校长在这屋里。原来徐先生还在那里看书画，一卷一卷的约有三四十件，堆积在两张桌子上。徐先生见了记者，非常欢迎的握了手说："我正在这里看画，是日本人小谷晴亮的……"记者当即请徐先生继续鉴赏，我也站在旁边，随了徐先生一幅一卷的看去。

徐先生一边看一边说："这个没意思！""这个还可看！"于是把可看的放在另一张桌子的左边，没意思的放在右边。这些画在徐先生深厚艺术修养眼光底下，已确切的鉴别出优劣了。

不一会，徐先生停止了看画，便和记者坐在桌旁的小凳上谈道："这些画有五分之一还不错，五分之四要不得，都是假东西。日本人到中国来胡抢乱抢，那里真懂得什么好坏！这些画是清查团从薛慎微那里查出来的，暂时由艺专保管，以后怎样处置还不知道。若是由我们保存，那坏的便该扔掉不要。"

徐先生深沉的语句，温厚的表情，和蔼的谈笑，越发的使记者对这位世界知名画家崇仰。记得十年前偶翻一册民国初几年的画报，登载着一张年纪很轻的学生像片，下面注着小字是"赴法国留学习画的徐悲鸿君"，从那时起就给了我一个深切印象。徐先生今年已经五十一岁，原籍是江苏宜兴。两个月前来到北平，任国立北平艺专的校长。他的头发花白了很多，脸上的条条皱纹刻划出他半生的艺术奋斗努力的痕迹。记者问到徐先生最近生活情形，他说："现在精神不好，身子也不大舒服，我的生活和从前改变多了。"他有些感慨。可是又继续说道："以前还每天作画，现在不成了。以前每天天不亮就起床，现在天亮了不但还不起，中午还得睡午觉休息。身体也不适宜劳动，每天差不多上午到学校里来……"

（二）

记者随即问到艺专校政方面的情形，他说："艺专主要的改变是学制，已从三年制改为五年制。这样，名义上艺专是接办，其实等于创办。因为学制改长，一个艺术人才才能够得到充分的教育。否则，不会有所成功的。关于教授方面，当然也有很大举动，其中大部已经确定了。有两位年轻教授新来任职，以前的成就都是很好的。"

这时，工友送进来三封信交给徐校长，他仅看了看封皮，便摞在手里，仍然和记者热心诚挚的谈。记者便请徐先生将抗战期间大后方艺术做一检讨。徐先生立刻高兴的说道："抗战期间后方的艺术，已经有不少人来检讨过，本校教导主任吴作人先生，九月二十二日在《华北日报》的副刊上，发表一篇《战时后方美术界动态》一篇文章，也可以说正代表了我想要说的话。所以也不再多说。但值得提起的还是那种精神，艰苦努力的表现，非常令人兴奋。"记者再问道："中国今后应该怎样推进美术教育呢？"徐先生对这个问题，好像感觉到有兴趣，他说："中国艺术教育今后的推进，可分两方面来谈：第一，是政府的提倡和帮助。第二，则是社会环境的改良。中国学艺术的人并不能说少，可是多一半都半途而废了。这里面的原因固然很多，外在的主要原因是在这经济状况不稳定的今日，都认为艺术换不来饭吃，所以改了行。有的去走入教育界，当图画教师；至于纯以艺术为职业的人便不太多了。并且，我们不客气的来说，一个内在的本身最大的原因，还在于'低能'。"徐先生笑了笑，又继续说道："所谓艺术教育的目的，也不外是求真理。不过一个是以物来表现，一个是以形来表现罢了。"

"徐先生认为中国的艺术，是南方胜过北方吗？"徐先生听了这个问题，不禁稍微摇了摇头，说道："也不尽然！南方如上海等地，颇多海派，当然谈不到所谓真正艺术价值。不过因为南方和西洋接触较多较早，艺术受到外来的影响，表现了一种创造精神。南京的中央大学艺术系，的确在全国算是一个有成就的，而且肯教育人才。那时我在南京主持，倡导现实主义的作品，无形中成了所谓'南京派'。另有一派则是'广东派'，这两派是曾经给中国画坛很大贡献的。至于北方，应该说是中国艺术的摇篮。所谓北方，当然以北平为中心，北平这个地方环境最适宜不过，气候也好，但是多少缺乏一种独创精神，形成了保守的作风，这也是地域形成的关系。"徐先生改变了语调，很明确说道："我所以从南方到北方来，也完全因为认为北平是中国艺术摇篮地的缘故。"

（三）

徐先生和记者滔滔不绝的说，虽然有人说他不善于辞令，可是所说的话都是出自肺腑，一句一句都是真诚的表达。徐先生以画做终身事业，显然，他是成功了。然而成功是容易获得的吗？徐先生的成功是从困苦艰难中奋斗出来的，在世界艺坛取一个地位，也是从苦干中得来的。可是最重要的，我们不能否认徐先生的天才。他在法国留学时经济很拮据，常常吃不到饭，然而他仍然是坚持着艺术的信念和意志，用功不懈。这可以给现代的青年们，做一个非常好的榜样。徐先生幼年时即喜画，任过浙江和彭城中学和宜兴女中的图画教师；后赴上海，进震旦大学学法文，并以卖画的钱来交学费。其画为康有为所赏识，邀其论画。在民国六年时，他曾游日本，六月期满后，那时北京大学有画法研究会，他便任那里的导师。后又在孔德学校担任教授。民国七年徐先生首次到欧洲去留学，相继在巴黎美术学校和柏林美术学校学画，一面和当时的名画家们交游，深得赞扬嘉许，受益匪浅。这时记者问道："徐先生从法国回国已经多少年了？"徐先生默默地思索了一下说："我是一九二七年从法国回国的，可是以后又去过几次。我在那几年去过的地方太多了，法国不用说，有一次绕道苏联回国，并且在比、法、德、苏等国都开过画展。"这件事不用说，已在世界艺坛上深深的留下了完美成绩。

徐先生又道："后来又因为太戈尔的邀请，到过一次印度，也住了一年多。"我知道，徐先生在印度也办过画展，为我国增添无限光荣。然而，徐先生在国内的艺术界，亦是一位领导者。民国十七年，他任北平国立艺术学校的院长。民国十八年，任南京中央大学艺术系主任兼教授。抗战期间，更为我国艺坛奠定下广阔的基础，徐先生桃李满天下，多少名画家都是从徐先生的门下走出来的。徐先生曾著有《悲鸿画集》（民国二十一年中华书局出版），《悲鸿素描集》四册（民国十九年、二十年出版）等。徐先生的最完美的画要推关于动物写生，所以他被推为世界动物画家。

徐悲鸿，赴任重庆中央大学艺术系时存照，1938 年 10 月

最后，记者问到徐先生的住址，他说：“我刚来两个月，现在住东裱褙胡同，不过最近要搬家，因为那里房子狭隘，打算换个适当的地方！”记者因见徐先生很忙，还有不少的画没看完，不便再多打搅下去，就向徐先生告辞。记者和徐先生握别时，徐先生说：“希望你常来！”

记者步出艺专大门，走在东总布胡同的路上，脑海里浮现着徐先生温厚热情的印象——我相信，这个印象是永久不灭的。

上述分三次连载，近三千字的专访稿，简略扼要地勾勒出了徐悲鸿初赴北平任艺专校长时的生活状况与思想立场。报道副标题之中的“热挚温厚”一语，可谓印象式描写，说明了徐的性情与品格；而“艺术和科学教育目的相同”，则用一句话直接表明了徐的思想立场，就是“求真”二字。之后的专访内容，也基本就是围绕副标题所指明的方向，来渐次推进与展开的。

应当说，《世界日报》记者的采访是随意聊天式的，行文也以通俗普及为基调，专业性并不算太强，是符合普通市民阅读习惯的写法。在记述中，一些细节是有偏差的，比方说徐悲鸿最早结集出版的素描画集名应为《悲鸿描集》，而不是报道中所谓的《悲鸿素描集》；画集出版时间是民国十八年至民国二十年，也不是报道中提到的民国十九年至民国二十年。当然，这与记者并非专业人士有关，虽在一些细节信息的记述上略有偏差，但对普通市民了解徐悲鸿这一人物也并无大碍。同时，也应当注意到，这次专访中还透露出了一些相当重

影近授教徐

. Ju Peon, China's foremost painter.

徐教授近影，原载上海《良友》杂志第
166 期，1941 年 5 月 16 日

北平《世界日报》连载徐悲鸿专访之一

要的历史信息，更值得关注与探究。

◎ “鉴宝案”与“倒徐运动”

记者见到徐悲鸿时，其人正在艺专图书室里鉴赏日本人小谷晴亮①的藏画。徐氏本人还提到，这批藏画是清查团从薛慎微处查抄而来的。他认为，这批藏画中只有五分之一是真品，其余的都是赝品。这一场景所反映的事件，正是北平艺专开办之初的著名的“鉴宝案”。

原来，抗战胜利后，北平沦陷时的八所院校，合编为“教育部特设北平临时大学补习班”，北平艺专为“第八分班”，委派著名美学家、美术史学家邓以蛰（1892—1973，邓稼先之父）出任接管主任。徐悲鸿一到北平即抓紧筹备工作，在此期间，对校藏古旧书画进行了认真鉴定。并于1946年9月28日下午，在校内举行记者招待会，在报告该校组系、学制等情况后，又做了另一番颇为惊人的公开披露：

特别声明该校由教育部特派员办公处移交之一百四十四件书画，其表册上之名字，均为古画，颇具价值，然经考查之后，即知全部为假者。此批书画，系由薛慎微售与日本小谷者。

故徐氏曾作笑语称，薛某之能聚如许赝品，实为惊人，而日人小谷实一笨蛋，所以站在狭义的国家立场言之，则中国胜利，盖日人被骗而受损失也。②

---

① 小谷晴亮，在有的报道中又称“小谷清亮”，如1946年9月11日上海《时事新报》之报道，详见后文表述。

② 上述内容俱征引自1946年9月29日《华北日报》之报道。

《世界日报》记者，显然并未关注近期的《华北日报》，否则恐怕会对"鉴宝案"再做一些更为深入细致的访谈。在偶遇"鉴宝案"第一现场之后，记者的提问并没有就此展开，而是围绕着生活近况、艺术理念、艺坛近况与未来展望四个方面进行。

而徐悲鸿的答语，强调最多的只是"创新"二字。除了身体健康状况十分不乐观之外，在抗战时期艰苦奋斗而来的徐氏，非常感念抗战期间后方的艺术精神，他说那种"艰苦努力的表现，非常令人兴奋"。而且，还提醒记者说："本校教导主任吴作人先生，九月二十二日在《华北日报》的副刊上，发表一篇《战时后方美术界动态》一篇文章，也可以说正代表了我想要说的话。"

其实，吴文在回顾抗战时期美术界动态的同时，也提出了中国艺术未来的出路，就只能是也必须是"创新"二字。文中深有感触地写道："中国美术的前途，是否会再有那样一个光荣的时代，一个新的面貌，就看我们是否能接受和消化各方面的营养来换新自己的血液。"

徐悲鸿正是带着"创新"的一腔热忱，来到北平艺专，要把他身上所谓的"南京派"骨血，与北派艺术相互融合，来迎接这个"光荣的时代"。但他在访谈中提到的，那种在中国美术界普遍存在的"低能"，其社会基因是顽固的，其群体数量是巨大的，并不能轻而易举地一举反转。就在这次访谈之后不久，一场以反对艺术教育创新理念，试图维持保守自闭现状的"倒徐运动"，气势汹汹地席卷而来，正在倾力办校，锐意变革的徐悲鸿，备受冲击。

事情的起因，简单说来，就是"创新"与"保守"两种理念之间的较

《孤骏图》，徐悲鸿 1946 年作　　　　　　《双骏图》，徐悲鸿 1946 年作

量，就是"创新派"与"保守派"人物及群体之间的论争。徐悲鸿在美术教育中极力主张深入生活，"以造化为师"，推崇现实主义的创作理念；并在中国画教学中安排写生课和素描课，借鉴西画的表现手法，希望以此解决中国画的创新问题。但这种创新的教学方法，却遭到了艺专校内乃至北平艺界画坛某些"保守派"人物及群体的攻击和诽谤。面对一场潜流涌动、正在升级的"倒徐运动"，徐悲鸿于 1947 年 10 月 15 日举行了一次中外记者招待会。

在记者招待会上，徐氏以"书面谈话"形式，郑重地、正式地对这种拒绝创新、一味保守的艺术理念予以坚决抨击，明确指出：

……新中国画至少人物必具神情，山水须辨地域，建立新中国画既非改良，亦非中西合璧，仅直接师法造化而已。但所谓师法造化者，非一言既能兑现，而诬蔑重素描便会像郎世宁或日本画者，仍是一套摹仿古人之成见。试看新兴作家，如不佞及叶浅予、宗其香、蒋兆和等诸人之作，便可征此中成见之谬误，并感觉到中国画可开展之途径甚多，有待于豪杰之士发扬光大……

一个月之后，即 11 月 16 日，徐悲鸿又在教育部主办的第一次教育部广播讲演中，在电台里向广大听众播讲《当前中国艺术问题》。讲演中，徐氏重申注重素描的严格训练，提倡师法造化，反对模仿古人，反复强调其求真求新的艺术理念，并大胆断言：

我们如不振奋，寻求真理，艺术即将灭亡。那时日本人将起而代表东方艺术！假若真的如此，我们如何见地下的祖宗？①

这些相关言论，就发表在了 1947 年 10 月 16 日的北平《世界日报》与 11 月 17 日的《华北日报》②，以及同年 11 月 28 日的《益世报》③之上，正好与一年前的那次专访形成了极为生动的印证。如果说一年前的专访，只是随意聊天式的口头表达，那么，这一年后徐悲鸿的各类或书面或口头的公开表述，则承续、深化乃至实践了专访中的思想立场，并将这种立场更为严谨、系统、有力地再

---

① 此处内容征引自《华北日报》的报道，与稍后《益世报》所刊发者在文字上略有差异。
② 报道题为《徐悲鸿昨播讲：当前中国艺术问题》。
③ 报道题为《当前中国之艺术问题》，署名"徐悲鸿"。

次表达了出来。

在此，不妨细读那一篇如"新（中）国画"蓝图构想之宣言一般的重要报道，即1947年10月16日的北平《世界日报》所载，关于徐悲鸿举办记者招待会的报道。既可从中大致领略一下当年"倒徐运动"来势之猛烈，更可从中体味徐悲鸿等对构建"新（中）国画"的信心之坚定。

为此，笔者酌加整理，转录报载原文如下：

徐悲鸿昨招待记者谈新国画建立步骤
并辩正北平美术会所发传单

【本报讯】为了艺专国画组兼任教授李智超等三人的罢教和"北平美术会"的宣言，艺专校长徐悲鸿特于昨（十五）日下午三时招待本市新闻界，说明他的对教育和艺术的主张。首先，新考进来的学生傅润霖发表对于国画的意见，说他虽然不能代表所有学生的意见，但是至少可以代表一部分学生。他说过去完全是临摹古人，以致于离开帖就不能画，现在觉得要直接来学，应从素描着手。我国古代以及西洋文艺复兴时期，即有素描，所以素描不算新奇，也可以说是"觉醒古代"。但是，临帖不然，是吃人家吐出来的东西，抹煞了个人的创造力。

傅某说完，徐校长拿起一本董其昌的画帖说："你们看，这有什么好？这是没有生命的作品，我对董其昌、王石谷等人的评价，至多是第三等，学生们都比他们画的好。我说这话并不是夸大其词，他们的画实在不能和现代的画相比。这就好像蜡烛光见了电灯，当然，停电例外。"徐氏很幽默的说。

随后即谈到新国画的途径，对"北平美术会"所发传单加以辩正，并发表

"新国画建立之步骤"一书面谈话。徐氏说："过去我曾忍受别人对我的攻击，但是这一次却不得不理。老实说，他们是不堪一击的，他们不能抵抗新的潮流。"兹志徐氏所发表之《新国画建立之步骤》原文如次：

近日有北平美术会者发传单，攻击鄙人，本系胡闹，原可不计，惟其所举艺专事实全属不确，淆惑社会听闻，不能不辩。

（1）传单所举本校此次招生国画组仅取五人，实则此次取录国画班者系十三人，超过其所举之数一倍多，此固非为满足，名额全凭成绩，倘若成绩不佳，或竟一人不取。其姓名如下：湛燕生、傅润霖、武金陵、陆德昌、赵宜明、陈洞亭、李淑芬、张富禄、孙明亮、黄旭、王卓予、李帼雄、孙凤鸣。

（2）本校去年重办定为五年制，国画、西画、雕塑、图案在第一二年共同修习基本素描，第三年分班，已呈准教部在案。传单所举三年素描显非事实。

仅举两点已均为无的放矢，此在一糊涂孩子偶欲发泄稚处，心血来潮发一传单，鹜所不痛快之人，情亦可谅，但为一堂堂学术团体，不先将事实调查清楚，贸贸然乱发传单，至少可谓不知自重，自贬身份。

至攻击不佞为浅陋，此固无足怪，但不佞虽浅陋，中国历史上之画家我所恭敬的王维、吴道子、曹霸不可得见外，至少当如周昉、周文矩、荆浩、董源、范宽、李成、黄筌、黄居寀、易元吉、崔白、米元章、宋徽宗、夏圭、沈周、仇十洲、陈老莲、石溪、石涛、金冬心、任伯年、吴友如等人，彼等作品之伟大，因知如何师法造化，却瞧不起董其昌、王石谷等乡愿八股式滥调子的作品。惟举董王为神圣之辈，其十足士气，乃为可笑耳。

故都不少特立独行之士，设帐授徒，数见不鲜，相从问道者所在多有，此固足以辅佐学校教育之不足。至于国画为艺专中学科之一部，征诸国家之需要与学生之志愿，皆愿摹写人民生活，无一人愿意摹仿古人作品为自足者。故欲达成此项志愿与目的，仅五年学程，倘不善为利用，诚为重大错误。

两年极严格之素描，仅能达到观察，描写造物之静态，而捕捉其动态，当须以积久之功力方克完成。此三年专科中须学到十种动物，十种翎毛，十种花卉，十种树木，以及界画。使有一好学深思之士，具有中人以上秉执，则出校之后定可自寻途径，知所努力，而应付方圆曲直万象之工具已备，对任何人物、风景、动植物及建筑不感束手。

新中国画至少人物必具神情，山水须辨地域，而宗派门户则在其次也。所谓物有本末，事有终始，知所先后者理宜如是也。素描为一切造形艺术之基础，但草草了事仍无功效，必须有十分严格之训练，积稿千百纸方能臻到心手相应之用。在二十年前中国罕能有动物极精之素描家，中国绘画进步乃二十年以来之事，故建立新中国画既非改良，亦非中西合璧，仅直接师法造化而已。

但所谓造化为师者，非一空言即能兑现，而诬注重素描便会像郎世宁或日本画者，仍是一套摹仿古人之成见。试看新兴作家，如不佞及叶浅予、宗其香、蒋兆和等诸人之作，便可征此中成见之谬误，并感觉到中国画可开展之途径甚多，有待于豪杰之士发扬光大，中国之艺术应是如此。

读万卷书，行万里路，或为一艺术家之需要。尊重先民之佳作之精神固善，但不需要乞灵于先民之骸骨也。

又徐氏曾介绍推崇艺专教授宗其香、黄养辉诸氏之成就，并分导记者参观其画。徐氏说："他们说从素描着手画成的画会像郎士宁的，或是日本人的画，请你们看，这里面那一幅像日本人的，或是郎士宁的？我觉学画不能专学那一国的画，而要中西兼修，学国画更不应不了解西洋画，要打通中西的鸿沟，不要死钻牛角尖。并且画要有变化，不能千篇一律。每人应有每人的风格，就像吃菜一样，有红烧，也有油焖，也有炒菜，不能全是红烧。"随后，徐氏又领着到展览室去参观现代国画展，一一的指点说明。

◎ "倒徐运动"之先声：三教授闹停课

徐悲鸿于 10 月 15 日在记者招待会上的公开表态与现身说法，显然已经明确触及到了，也极大地触动了北平画坛的某些人物与一部分群体。

此前，这部分群体竟然通过发传单的方式，对徐氏发起首轮攻势。孰料，徐氏并不妥协，反而针锋相对，以记者招待会的方式，要以正式的公共传播的途径，予以公开的、正面的回应；且这些回应的内容，不但有现场对记者讲述的部分，更有一份早已预备的"书面谈话"发表，此举实际上是为各大报刊提供了标准版本的"新闻通稿"。这样的情形，恐怕也是令这部分群体既始料未及又如坐针毡的，势必要再度拍案而起，卷土重来了。

果不其然，三天之后，反击也来了。以张伯驹（1898—1982）起首，带着三位在艺专闹停课的国画教授，也专门开了个记者招待会，来发表他们驳斥与反对徐氏的基本立场及意见。

次日，10 月 19 日，会上的各方言论，迅即见载于《华北日报》《世界日报》。且看报道原文如下：

市美术会招待记者　斥徐悲鸿不懂国画

徐专骛形似近乎与照相争巧拙

国画以韵味胜乃民族艺术风格

【本报讯】北平市美术会十八日下午四时假中山公园来今雨轩招待本市各报记者，对艺专校长徐悲鸿十五日所发表之谈话，予以驳斥。该会理事长张伯驹氏首先声明美术会支援艺专被解聘三教授纯本艺术之立场，并非私人关系对徐氏个人有所不满。继谓：

"西画是写实的，以形似为主，而国画是超写实的，以韵味为主。徐氏徒重形似，忽略形似以外之超写实的韵味，实为遗憾！国画若去其韵味，以形似为主，充其量不过与照相器争巧拙，无异将活艺术弄死，若徐氏主张是对的，自照相术出，绘画即可取消。因之，我们反对徐氏此种主张，意在保存我中华民族艺术在世界艺坛上独具之特点。"

"徐推崇宋元人之画，而斥董其昌、王石谷之画不如该校一年级学生之作，是否出言狂妄？请社会批评。"

继由艺专教授秦仲文、李智超、陈缘督三氏次第发表谈话，略谓：

"此次余等停教主因系由于开学前，每人接获徐校长一函，指定每人所授之课程，并规定每星期之进度，如第一星期教绘根，第二星期教绘干，第三星期教绘叶等，余等自执教以来，受如此无理之侮辱，尚系首次，为维持余等之人格及尊严，故不得不出于停教之一途。其次，自徐悲鸿长艺专后，对国画极其摧残之能事，不遗余力。每期新生，西画人数总超过国画人数数倍。本年度暑期所招新生，国画组正取五名，副取五名；西画则正取二十二名，副取十名。有本年八月二十二日《世界日报》披露名单为证，日前徐氏发表谈话，称国画学生十三名，系包括五名副取生，至多余之三名，究何处凑来，尚系一个谜。再徐氏规定艺专学生，无论西画组、国画组，均须先习三年素描。殊不知三年素描之后，已失去国画之气韵，且多对国画失去兴趣，无形中对国画摧残殆尽，故余等三人为挽救国画之厄运及争取艺专国画与西画平衡之发展，不得不向爱好中国固有艺术之社会人士呼吁。"

最后，由艺专一同学报告艺专自徐校长莅校后之情形，所云与三教授相若，惟称一般同学之意见，仍希双方意见能相互调和，以免分歧扩大。

◎ "倒徐运动" 之续力：张伯驹倡议 "比画"

同日，《世界日报》也有报道，题为《北平美术会昨招待记者：评徐悲鸿〈新国画建立之步骤〉》，与《华北日报》相较而言，不那么 "鲜明"，显得更为平和，且报道内容上也有所简略。不过，这篇报道中有张伯驹曾拟出面调停未果，复又倡议 "比画" 等信息，为《华北日报》所未载，且摘录原文如下：

张伯驹称：徐氏与李智超等三人发生误会时，拟进行调停，为徐氏拒绝，至为遗憾。过去北平已有美术会，而徐自己另成立美术协会，如此分野，徐应负责。至徐标榜写实，其所画者实如照相机，更无修养。张氏最后称：收集董其昌、王石谷之画与徐画较量，选择美术会同人一人与徐当场作画较量，即知优劣如何。并向教部请愿，是否不要古画。

应当说，这里摘录下来的约一百五十字的报道内容，比之前述《华北日报》所报道的约两百字的张伯驹讲话要点，虽然篇幅还要略逊，可展现出来的信息却要丰富得多。通过这一报道内容，可知张氏曾拟出面调停之外，还申言北平美术会早已有之，批评徐悲鸿另立协会，造成"分野"之现状。

需要略加辨析的是，张氏所言"徐自己另成立美术协会"云云，乃是指一年前"北平美术作家协会"的成立。时为1946年10月16日，这一协会召开正式成立大会，举徐悲鸿为名誉会长，聘请朱光潜、邓以蛰、溥心畬、齐白石等为名誉会员。会上还以投票选举方式，选出监事庞薰琹、王静远、杨化光、李苦禅、李瑞年五人，候补监事李可染、董希文二人；理事刘铁华、孙宗慰、李宗津、宋步云、王临乙、吴作人等七人，候补理事李斛、黄养辉、艾中信等三人①。

另据会后公布的会员名单来看，北平美术作家协会的人员构成，确与北平美术会有不少的"交叉"。也即是说，当时确有不少北平画家同属两个协会。若以"分野"现状之造成而论，以徐悲鸿为荣誉会长的北平美术作家协会，确实脱不了干系。

紧随"分野"论之后，张伯驹竟然还提出了两个"比画"之倡议，即徐画既应与徐所诋毁的古人（董其昌、王石谷）之画比较高下，徐画还应与今人之画（北平美术会员任选一人）比较高下。张氏言下之意，这一静一动的两个"比画"之下，可以立判高下，决出胜负——据此就可以评判徐氏艺术水准之高下，乃至其人言论行径之高下了。最后，还可以根据这一结果，来向"上级"部门请愿，"是否不要古画"。

---

① 关于北平美术作家协会成立之报道，次日（1946年10月17日）即见载于《华北日报》。

别的姑且不论，仅此倡议"比画"之举，就很容易令人联想到十余年前，那一场张大千与吴幻荪的"比艺"风波。时为1935年末，因于非闇"奴视一切"的激赞之语，使得刚刚崭露头角的张大千，在北平画坛犯了众怒，所招致的冲突与风波，除了与北平本地画家徐操（1899—1961）闹上法庭的"画家讼案"之外，还有曾为国立北平艺专教师、北京国画社画师的吴幻荪（1905—1975）拍案而起，致信力请公开"比艺"之事。接到这一通公开"比艺"的来信之后，张大千、张善孖兄弟即刻与于非闇一道，登门拜访，期望能解释清

张伯驹像，辑自《盐业银行同仁录》，1934 年

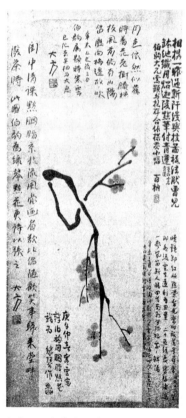

袁寒云、张伯驹合作之《梅花图》，原载《国剧画报》第 1 卷第 3 期，1932 年

1946 年 10 月 16 日，北平美术作家协会成立大会，与会人员合影。前排右三齐白石，右五徐悲鸿，右六王临乙（人民英雄纪念碑雕刻作者之一）；二排右四李可染；三排右一董希文（油画《开国大典》作者）等

楚，消除误会。时至 12 月 18 日，《世界日报》报道称，张大千将与吴幻荪"比艺"，地点拟定为中山公园。这类似于"比武"式的公开"比艺"，消息一经传出，也是闹得沸沸扬扬。虽然至今尚未见到此次"比艺"正式举行的相关报道，二人"比艺"之事可能最终不了了之，可张大千当年在北平画坛所受到的冲击，所领教到的人情与世故，还是由此可见一斑的①。

此际张伯驹倡议"比画"之举，所造成的业内影响与公共舆论，一方面可以视作十余年前张大千"比艺"风波的"翻版"；另一方面，张伯驹的倡议中含有两个"比画"项目，即比古画与比今画，这就远比吴幻荪仅以个人名义来

---

① 张大千与吴幻荪"比艺"事，可详参拙著《民国达人印象》，团结出版社，2023 年。

"单挑"张大千之举，要更为严苛与严重了。再者，以张氏在北平戏曲、收藏、鉴赏、文艺等各个场域里的个人成就与声誉而言，在先是出面调停未果的前提下，遂有此两项"比画"之倡议，于情于理，都很容易对业内同仁及当地读者大众，产生极为强劲的互动共情之公共影响力。

当然，由于没有见到徐悲鸿对张氏倡议的公开回应，这一"比画"风波究竟如何平息下来，还无从确考。大体观之，恐怕也是与十余年前那一场张大千"比艺"风波，以当事人一方并不"应战"而不了了之了罢。

只不过，作为国民党北平党部机关报，于1929年创办的《华北日报》，与报人成舍我个人于1925年创办的，向以"第一是要说自己想说的话；第二是要说社会大众想说的话"为办报宗旨的《世界日报》，在同主题报道上的"差异化"视角，导致报道主题与内容侧重点都有所不同的情况，实在是耐人寻味的。

显然，《华北日报》的报道，是大张旗鼓地披露、挑明甚至有意激化冲突，但对于张伯驹在记者招待会上的措辞，有所保留与掩饰，没有将其倡议"比画"的言论予以公布。这样的报道，虽然在事实陈述方面并无太大偏差，但倾向性过于明显，很容易误导当时的一般读者及市民大众。

而《世界日报》的报道，标题并不突出，主题也不甚"鲜明"，篇幅也相当有限，唯独将《华北日报》没有，恐怕也不愿披露的那一部分内容发布了出来，并不倾向于论争中的任何一方，也没有将这一事件本身视作某种可以渲染、鼓吹乃至炒作的"特大新闻"来看待。

因此，后世读者如笔者辈若要尽可能充分地考察"倒徐运动"中诸多细节信息，势必不能轻信一报一刊，应当尽可能多地搜采各类报刊，在足够量级的同主题报道文本之中，逐一吸纳、缀合与补正，方可略窥真相。当然，事过近八十年，搜采与还原这样的历史信息，并不容易；更兼时过境迁，要想随时随地去换位思考，尽可能以各方自身立场，去体察那些十分微妙的个人境遇与历史语境，更是难上加难了。

◎艺专三教授闹停课之始末

如果仅仅按照《华北日报》的报道内容去体察，张伯驹对国画的个人见解，虽与徐悲鸿相左，可也不过只是"神似"与"形似"之争，二者乃艺术观念的价值取向不同，本无高低优劣之分，至今仍然是艺界内外，还是"青菜萝卜，各有所爱"，都可以各抒己见的事儿。一句话，这是可以争论，但没有结论的事儿，至今也没有公论与定论。

不过，那三位因不愿接受授课新规，拍案而起，决然停课的艺专国画教授，与徐氏所论争的，虽然仍是艺术观念之争，但具体到了学校授课流程、生源配置、教学管理等各个实操层面时，就不可能仅仅只是"纸上谈兵"的文字论战，或者单单"唇枪舌剑"的一番骂战了。因为这关系到个人生计、业内名誉、社会地位、群体权利等各个层面的直接利害关系，双方必须郑重其事地分出高下，必须令其中的一方要么"知难而退"，要么"扫地出门"。也正因如此，三位自己闹停课的教授，还嫌动静不够大，必须如此大费周章地举办这么一场记者招待会，公开驳斥徐悲鸿，并"向爱好中国固有艺术之社会人士呼吁"，以期造成更为广泛的公共传播，进而形成一定的社会舆论压力，并寄望最终能挽回一些个人损失。

如果说，艺专国画组生源萎缩，比之西画组生源判若天壤，使得三位教师很是"窝火"，那么，徐悲鸿寄呈的那一通授课流程及进度之"新规"，则成为三位教师闹停课的导火索了。循着他们自己提供的线索，笔者逐一查阅了这两次记者招待会前后的《世界日报》《华北日报》等相关文献，逐渐厘清了此次停课风波的来龙去脉，及其在"倒徐运动"中的特殊分量。

原来，早在1947年10月初，艺专部分教授就已经公开闹停课了。10月3日的《世界日报》上有报道称，他们也曾写信给徐悲鸿，要求校方有所改善并尽快回应。徐校长的意见很明确，对记者是这么说的："该函已收到，但该三教授原系兼任者，恐系因待遇不及专任，因而借词提出此项要求。但现在艺专有数十位教授，如有少数因不满意学校愿脱离学校，亦无办法。总之，合则留，不合则去，个人有个人之自由也。"

简言之，徐氏以为，艺专师资丰足，不愿任教者尽可停课，"合则留，不合则去"。仅从这一报道来看，似乎只有任教待遇之争，并没有什么艺术观念与个人立场之争。不过，10月5日的上海《东南日报》①的一篇报道，却又表明，这并不仅仅是一场任教待遇之争，这里边还有国画教授力争校内及业界地位、生源配置、授课数量及方式等各个方面的因素掺杂其中。且看报道原文如下：

平艺术专科学校国画教授停止授课

致函徐悲鸿提出四项要求

【北平四日电】平艺术专科学校，对国画组设施，多未能与西画组平衡，

---

① 《东南日报》前身为杭州版《民国日报》，初创于1927年3月，本是国民党浙江省党部的机关报，后经过体制革新，成立董事会、监事会，成为公私合营的报纸。1934年4月更名为《东南日报》。1937年11月中旬，因日军即将侵占杭州，《东南日报》被迫迁往金华继续出版。1942年5月，金华沦陷前，分两路后撤，一路撤到浙南，先后在丽水、云和出版；另一路辗转到了福建南平，创办"南平版"。1945年抗战胜利后，《东南日报》分两路复刊，"云和版"回杭州继续出版，成为分社；"南平版"则迁到上海，作为总社。

以致引起国画组一部分教授之不满，特致函校长徐悲鸿要求改善，并自即日起停止授课，以待答复。并提出四项要求：

（一）国画组学生名额最低限度必须与西画组学生名额相等。

（二）国画组预科国画钟点最低限度应倍于西画钟点。

（三）教授讲师专任兼任须重新调整。

（四）同仁不能听命分门教授。

关于徐悲鸿"合则留，不合则去"的公开表态，次日（10月6日）也见载于《东南日报》。不过，这一篇比《世界日报》晚了三天的报道，内容上更为完整一些，并不像前者一笔带过，无话可说。且看报道原文如下：

合则留　不合则去

【北平五日电】艺专徐悲鸿，近以国画组一部分教授，因不满学校对国画组设施，停止授课，并要求改善事，特对此事表示态度，据称：该三教授原系兼任者，恐系因待遇不及专任，因而借词提出此项要求。但现在艺专有数十位教授，如有少数因不满意学校愿脱离学校，亦无办法。总之，合则留，不合则去，个人有个人之自由也。并称：我的计划让一个学生至少学会人物画像、翎毛、动物、山水、花草等多少类基本的素描，不一定专和某一位先生学，要培植起能担当"文艺复兴"重担的人才。几位先生停止上课，乃是不了解我的计划。

上述二百余字的报道，比《世界日报》之报道，不过多出了"并称"之后，那一段不足百字的内容。可这样一段内容，却是相当重要的，对于理解徐悲鸿在艺专教学管理方面的旨趣与立场，尤为关键。破除业内"门户之见"的惯习，培植能够担当"文艺复兴"重担之人才，这样的观念，在当时的北平艺界的圈里圈外，恐怕都无异于奇谈怪论。也无怪乎徐氏自己觉得，那几位闹停课的艺专教授，"乃是不了解我的计划"所致。

◎中华全国美术会与北平美术会的两个宣言

及至10月15日的招待会，正是徐悲鸿希望校内师生都来"了解我的计划"的一个重要契机。于是乎，徐氏在会上开诚布公，侃侃而谈，兴之所至，尽抒己见。

可在此次招待会之前，北平美术会已经公开发表了一个支持三位停课教授的宣言，此举即刻招致了中华全国美术会留平会员的反对与反击，就在徐氏召开记者招待会的前一天，即10月14日，对外发表了"驳斥文告"。这一"驳斥文告"，以一个"反宣言"的姿态，迅即于次日，即徐氏召开记者招待会当天，在《世界日报》上赫然刊登了出来。

如此一来，徐氏所召开的这一场记者招待会，无论事前是否知晓这两个互相敌视的宣言，无论是否直接对这两个已经提前"掐"起来的宣言表态，都必然成为后续风潮与论战之中的核心事件了。这份"驳斥文告"是这么写的：

北平美术会为了支持国立北平艺专三位兼任教员反对该校国画理论上之主张，发表宣言，肆意毁谤，我们认为此举实属悖谬。盖中华全国美术会之组织，原以团结力量，联络感情，建设中国的新文化为宗旨，而北平美术会乃一分会，宗旨理应相同，今竟徇少数人偏见，以团体名义，攻击私人，且被攻击者尚为全国美术会理事，在同一团体中，有此现象，不特对新文化的建设工作有碍，恐势将诱致分裂，实是一件最不幸的事。关于国画应否改革之争，早成过去，只有不认识时代，抱残守缺，自甘落后者才斤斤于墨守成法，摹仿古人。须知中国画自明以降，即陷入"师古"的泥沼，一蹶不振，至今仍不自拔，终必坠落绝境，可无疑义。今北平美术会在国画理论上既有殊见，尽可在理论上多所发表或善意建议，绝不应贸然出此，滥发宣言。我们相信北平美术会不乏明达之士，为了新文化的建设，希望北平美术会以善意的方式，多做团结力量，联络感情，促进艺术发展的工作，符合总会宗旨，则中国艺术前途幸甚。

刘铁华、孙宗慰、司徒杰、李可染、宋步云、冯法禩、程宝薇、李瑞年、叶正昌、李贞伯、艾中信、李宗津、黄养辉、齐人、王临乙、王合内同启。

不难发现，这份"驳斥文告"的特别之处，乃是可以视作中华全国美术会总会对自身北平分会宣言的驳斥，起因乃是分会同仁群体竟然对作为总会会员的徐悲鸿个人发动攻击，这无异于同室操戈，自毁长城。

可以想见，这样一份类似于自曝家丑的"反宣言"，竟然还在徐悲鸿举办的记者招待会当天的报纸上发表了出来，业内反响及社会影响将是何等的热烈？无怪乎，《世界日报》记者干脆就在这篇"反宣言"的报道之后，紧接着刊布了一条"又讯"称："国立北平艺专校长徐悲鸿，定今（十五）日下午三时，假该校招待记者。"

◎北平美术会与"中央文运会平津特派员"

言及于此，不由得令人心生揣想，作为分会的北平美术会，当时的组织机构及人事状况究竟若何，竟然会贸然与总会生出这番枝节来？诚如本文前边提到的，张伯驹曾公开申言称"过去北平已有美术会，而徐自己另成立美术协会，如此分野，徐应负责"云云，那么，事实果真如此吗？张伯驹本人与北平美术会又有何关联，其人在会中地位如何，是否能代表该会举办记者招待会，并公开发布宣言及相关言论？这一系列问题，都还有待逐一厘清。

为此，不妨翻检一下徐悲鸿举办记者招待会两个月之前，即1947年8月15日的一篇北平《世界日报》报道，正是关涉该会组织人事近况的。且看报道原文如下：

北平美术会昨开联席会

【中央社讯】北平市美术会第二届年会第一次即监事联席会议，昨（十四）日在世界科学社兴行，由李辰冬主席，公举邓以蛰、张伯驹为正副理事长，李辰冬、寿石工、陆鸿年、李智超、吴幻荪为常务理事，曾一橹、潘素为常务监事，赵梦朱为秘书。

不难发现，该会高层人物皆为北平画坛知名人物，以业界声誉与威望而言，"公举"结果可谓实至名归，众望所归。张伯驹在此次会议上，被"公举"为副理事长，地位尊崇，自然是可以召集各方力量，维护该会声誉与利益。于此，也就不难理解，本文前边提到的由张氏举办记者招待会，来驳斥徐悲鸿，"声明美术会支援艺专被解聘三教授纯本艺术之立场"的情形了。

不过，"李辰冬"这个名字，对当时的北平艺界或今日的一般读者而言，恐怕并不十分熟悉，其人其事其业绩究竟如何，还有必要约略介绍一下。

李辰冬

李辰冬（1907—1983），原名李振东，后改名辰冬，河南省济源县人。1924年，赴北京求学，就读于燕京大学国文系；写成《章实斋的文论》一文，被胡适主编的《现代评论》发表以后，其中国古典文学的研究与评论生涯由此开始。1928年，燕京大学毕业后，再赴法国求学，在巴黎大学研究所攻读比较文学及文学批评。1934年，法文本《红楼梦研究》的写作完成，获得文学博士学位。同年归国，先后任教于燕京大学和天津女子师范学院，教授近代欧洲文学史和西洋名著导读等课程。之后，又将《红楼梦研究》改写为中文版，于1942年交由重庆正中书局出版。该书出版一年间重印六次，产生过相当的社会影响，李氏也因此书及其在古典文学评论领域的成果斐然，于1944年获得了教育部学术奖。抗战胜利后，1945年底至1947年间在北平活动，曾被指派为中央文运会平津特派员，于1946年在北平主编《新思潮》月刊。1948年，赴甘肃兰州执教西北师范学院。

通览李氏前半生的生平简历，可以视之为古典文学研究学者，与画坛并无任何关联，且与北平美术界更无丝毫交集。这样一位在专业修为与交游行

李辰冬著《红楼梦研究》，1942 年初版

迹上，都与北平美术界毫无关涉的人物，缘何会突然出现在北平美术会常务理事的席位上，且还能"主席"会务？这一切，恐怕都与其"中央文运会平津特派员"的特殊身份有关。那么，北平美术会与徐悲鸿的公开冲突，乃至与中华全国美术会总会的各自为政，这一切又会不会与这位"中央文运会平津特派员"有所关联呢？

遗憾的是，限于笔者阅历与识见，更因本文篇幅与主题所限，对此不便再做赘言，只能留待感兴趣的读者与研究者，继续发掘与披露相关史料，进一步补正与增订相关史实罢。

◎北平美术会"阵容"之一斑

在张伯驹被选举为北平美术会副理事长的这篇报道两个月之前，时为 1947 年 6 月 7 日，《华北日报》上还有一篇报道，更可以说把该会会员中的代表人物悉数呈现。且看报道原文如下：

申请教部美术奖金　平美术会审定人选

计国画篆刻等五组共三十七人

【本报讯】北平美术会为向教育部申请本年度美术奖金，于五日召集审查委员会，由张伯驹主席，应征人选审定潘素等三十七人，并定于六月底派员送呈教部候选，兹录应征作家姓名如下：

（一）国画：潘素、溥雪斋、张其翼、秦仲文、陆鸿年、溥心畬、于非厂、田世光、汪溶、徐燕荪、黄均、王雪涛、李智超、宋君方、孙诵昭、吴幻荪、赵梦朱、钟质夫、惠均、唐怡、陈缘督、溥毅斋、孙念坤、启元白。

（二）篆刻：寿石工、金禹民、温景博。

（三）木刻：朱友麟、王青芳。

（四）西画：曾一橹、张剑锷、张兰龄。

（五）图案：李旭英、徐振鹏。

（六）雕塑：王静远、宋泊、陈万宜。

不难发现，报道中向当局申报年度美术奖金的这部分美术家，其中不乏在北平乃至海内外艺界皆有名望的巨匠名家，这三十七人的“阵容”，可称群英荟萃，星光熠熠。

值得注意的是，艺专闹停课的三位国画教授，秦仲文、李智超、陈缘督三人，皆名列其中。联系到前述那篇《世界日报》报道，可知这三人中的李智超，还于两个月之后被选为北平美术会常务理事。可以想见，这样的组织人事关系之下，无怪乎北平美术会方面会在这三位教授闹停课之际，即刻站出来发表宣言，散布传单，必然“力挺”，而无暇顾及是不是与总会的“互掐”了。

至于当天的招待会上，徐氏究竟说了些什么，可以回过头去参阅本文前边提到过的一些内容。其实，这会儿徐氏说了什么，怎么说的，都已经不那么重要了。重要的是，之前闹停课的宣言已然发出，接着支持停课的同仁宣言也发出来了，这些动作与言论，都带有先发制人的意味。随后，徐氏及其同仁无论怎么回应、驳斥乃至反击，皆不过是怀着解释说明、澄清事实的基本诉求，都是在对方先声夺人的情势之下，带有一些"不得不"的被迫之举了。

◎三教授评画风波与国画论战

且说双方的招待会都已开过，传单与"书面谈话"先后发出，分会的宣言与总会的"反宣言"业已公布，这"对台戏"是一场接着一场，不见消停。不久，继张伯驹的"比画"倡议之后，那闹停课的三教授，又整出一场评画风波来。

秦仲文《溪山烟艇》，1947 年

秦仲文著《中国绘画学史》，北平立达书局，1934 年初版

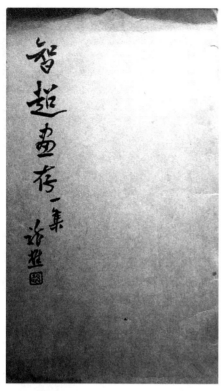

《智超画存（一集）》，1930 年 6 月初版

李智超之山水画作

《华大国画纪念册》，齐白石封面
题签，1934 年

国画系师生全体摄影，中有于非闇、陈缘督等国画教授，原载《华
大国画纪念册》，1934 年

陈缘督及其作品

陈缘督《圣像》

及至1947年10月30日，徐悲鸿向《世界日报》记者披露了这场评画风波的来龙去脉，并有意公开表达个人意见。次日，徐氏这些言论即刻见载于报端，报道原文如下：

徐悲鸿昨对记者谈"国画论战"

艺专为维持校风计，不考虑再请三罢教教授回校

【本报讯】艺专三罢教之兼任教授复致函徐悲鸿，评论其《九方皋》及《愚公移山》两画。近又传闻有人正从中奔走，调停此"国画论战"。记者为此，特往访艺专校长徐悲鸿氏，承其表示如下：

"本人所作《九方皋》及《愚公移山》两画，曾历经多次之展览，并曾远赴欧洲，有若干著名艺术家，曾对此两画加以批评，自有定论。三教授不曾于

历次画展时作此种评论，而却于罢教之后，其用意当可想见。关于调停事，近来确曾有人出面，但均系自国画论争牵扯至三教授回校执教，并增加国画钟点问题。此种迂回之方式，当可说明所谓'国画论战'之本质。至三教授之罢教，完全出于彼等主动，校方迄今亦未宣布解聘。现该三教授原担任之课程，已分别由其他教授担任，即使中间有调人调停，为维持校风计，校方亦未考虑再请三教授回校任教。"

旋徐氏又谈到素描问题，渠谓素描比之为数学，认为系一种工具。数学既为世界性者，未尝有所谓"英国数学""美国数学"之分，素描亦何尝不然。

显然，三教授评画之举，对徐悲鸿没有多大触动。反倒是有人出面调停，试图让三教授回校复课以息事宁人的做法，令徐氏颇感不屑，即刻针锋相对地表示，"此种迂回之方式，当可说明所谓'国画论战'之本质"。

这里用到的"国画论战"一词，是徐氏对掌校以来因对国画方法、教育、发展方面观念差异所造成的，北平画坛两派"分野"乃至"对立"的一种概括性表述。这一概括性表述，也随着此次对三教授不再续聘的公开表态之际，首度发表了出来。当然，也正是因为徐氏对"所谓'国画论战'之本质"的洞明与不屑，对三教授的态度也愈发鲜明与坚决，其不容调停的立场，也预示着继停课风潮之后，"国画论战"也行将告一段落了。

果不其然，不到一个月之后，即1947年11月23日，随着著名画家叶浅予（1907—1995）应聘赴平任教，徐悲鸿即刻对《世界日报》记者有所表示"国画论战"已成过去。且看次日报道原文如下：

徐悲鸿昨对记者谈　国画论战已成过去

叶浅予今可抵津

【本市讯】国立艺专校长徐悲鸿，顷对记者称：新聘任教授叶浅予，改于二十四日由沪乘轮抵津。本校拟于叶教授抵平后，举行欢迎会，同时欢迎著名木刻家李桦教授。叶李两人均为我国美术界头等人材，叶虽首重漫画，而近年来在国画研究之修养至深，本校已聘请叶氏担任素描国画课程。惟彼之授课钟点较少，因本校拟请彼作为创作之导师，本校并要求彼一年内为本校绘国画八张。本校教员均规定一年缴数量不等新作品，此新制度为着重教员不忘创作。作品缴本校后，即为国家之财产，数年后本校可以此创作设立一伟大之近代美术馆。

徐氏继谓：本人建立国画之新步骤，系令学生两年之素描课程学满后，即可画什么像什么，依复古者之办法，则费二十年功夫。又谓：本人辛辛苦苦这样做，亦仅为国家艺术教育建立新制度，政府相信本人，才令担任艺专校长。

徐氏谓：本人十岁起开始学画，二十多岁即为蔡元培先生聘为北大画法研究会导师，本四十年作画经验，以教育纯为艺术教育，有人反对艺专国画重素描，甚至无理污辱，当不辩自明。

细读上述四百余字的报道，不难发现，徐悲鸿在为艺专创建新制度、聘任新教授、确立"新国画"方面殚精竭虑，心无旁骛，根本无暇顾及当时坊间可能还在传布的各类关涉停课风潮与"国画论战"的各类信息。因此，在向记者重点传达了叶浅予、李桦即将来平的喜讯之后，只是稍事提及，称"有人反对艺专国画重素描，甚至无理污辱，当不辩自明"云云。记者也由此拈提出了报道标题，即"国画论战已成过去"。

徐悲鸿《愚公移山》纸本墨绘，1940 年，徐悲鸿纪念馆藏

徐悲鸿《愚公移山》，布面油画，1940 年，徐悲鸿纪念馆藏

徐悲鸿《愚公移山》，印度人物局部

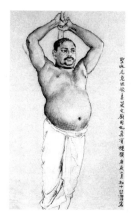

徐悲鸿素描，印度圣地尼克坦做素菜之厨司画像

徐悲鸿素描，《愚公移山》中的印度人物画像局部

四个月之后，至1948年3月25日"美术节"之际，以北平美术会为首的十个美术团体，当天上午在中山公园来今雨轩联合举行美术节庆祝会，张伯驹、邱石冥、李辰冬等出席并先后致辞。而当天下午，北平美术作家协会一行人，却在洋溢胡同十四号召开另一场庆祝会，徐悲鸿、吴作人等出席致辞或做工作报告。次日的《华北日报》在版面头条位置上，对这一事件予以报道，冠之以颇为醒目传神的标题：

美术界昨庆美术节

一个美术节分两派庆祝

你开你的会，我开我的会

张伯驹徐悲鸿等均分别致词

至此，停课风潮也罢，"国画论战"也罢，这一来二去，两三个回合下来，结果无非是：道不同不相与谋，志不合来去自由——所有这类论争的大结局，莫不如此。

回望此次停课风潮的来龙去脉，可知这一"形而下"的关涉艺专教学秩序与发展前途之事件，随后还产生了更为"形而上"的所谓"国画论战"，波及面之广，可以说整个北平画坛艺界，皆可统摄其中。

无论是在风潮还是论战之下，无论是在"形而下"还是"形而上"层面之上，徐悲鸿所倾力实施的那个计划，即破除业内"门户之见"的惯习，培植能够担当"文艺复兴"重担之人才之计划，依然是要一步一步走下去的，仍然是要一笔一笔勾画出来的。这个计划，不是什么风潮、论战、运动能够阻挠

徐悲鸿与齐白石、吴作人（左三）、李桦（左一）合影

的，因为它本身即是"革命"；它的实施与实现，本身就需要一场彻彻底底的
"革命"。

◎ 1946 年的"新中国画"革命

徐悲鸿接受《世界日报》专访的这一年，被后世研究者划定为其后期艺术
生涯的起点。这后期艺术生涯的八年（1946—1953），是在抗战胜利之后，其
人又以八年抗战的精神，坚持"新中国画"革命，完成了个人美术生涯的最后
一次创新求真之旅。诚如徐悲鸿在专访中提到的那样："我所以从南方到北方
来，也完全因为认为北平是中国艺术摇篮地的缘故。"

显然，其人已然抱定一个信念，即"新中国画"无分南北，就是要在北平——中国艺术摇篮地，去实现中国画艺术的创新与革命的。

从1946年赴北平治校开始，徐悲鸿在学制、师资、理念等各个层面的变革，就早已为保守派视作"左倾者"。他对此也毫不讳言，并将"左"的意愿进一步充分表达出来；他从坚持求真创新、反对保守落后的"左倾者"，最终成为"新中国画"运动的革命者及美术教育革命的领导者，义无反顾地前行直至生命终结。

值得一提的是，就在此次专访之前半年，由中共中央直接领导的东北画报社，于1946年4月1日印制发行了《木刻选集》。在这本画册中，可以相当强烈地感受到，徐悲鸿在艺术理念上的求真创新之切，必然走向"左倾"，必然地要转向"革命"。这本画册的前言，直接选用了四年之前，"全国木刻展"开办之际，徐氏于1942年10月18日在重庆《新民报》上发表的观展感言。原文如下：

全国木刻展

徐悲鸿

毫无疑义，右倾的人，决不弄木刻（此乃中国特有之怪现象），但爱好木刻者决不限于左倾的人。

我在中华民国三十一年十月十五日下午三时，发现中国艺术界中一卓绝之天才，乃中国共产党之大艺术家古元。

我自认不是一思想有了狭隘问题之国家主义者，我惟对于还没有二十年历史的中国新版画界已诞生一巨星，不禁深自庆贺，古元乃是他日国际比赛中之一位选手，而他必将为中国取得光荣的，于是我仍不得不成为一位思想狭隘的国家主义者。

不过中国倘真不幸，没落到没有一样东西出人头地时，我且问你，你那世界主义，还有什么颜面？

平心而论，木刻作家，真具勇气，如此次全国木刻展中，古元以外，若李桦已是老前辈，作风日趋沉练，渐有古典形式，有几幅近于Dürer。董荡平之《荣誉军人阅报室》，乃极难作的文章，华山之《连环图》，王琦之《后方建设》，皆是精品，西崖有奇思妙想，再用功素描，当更得杰作，荒烟、傅南棣、山岱、力群、刘建庵、谢子文，皆有佳作，焦心河之《蒙古青年》，章法甚好，刘铁华、黄荣灿，雄心勃勃，才过于学，李森、陆田、沙兵、维纳、李志耕、万湜思及多位有志之士，俱在进步之中。构图皆具才思，而造形欠精，此在李桦、古元两作家以外，普遍之通病也，其所谓勇气者，诸君俱勉励创作，且试为真人之半大小人像，乃木刻上极不容易达到目的之冒险，几位依据照相制作，以之练习明暗，未尝不可，但不宜公开陈列，又木刻之定价，既相当之高，须例作者签名其上。

古元之《割草》，可称中国近代美术史上最成功作品之一，吾望陪都人士共往欣赏之。

这篇发表于抗战期间陪都重庆的艺术评论，非常明确地流露出徐悲鸿已经"左倾"的艺术理念——他这是要为中国美术界任何有求真创新之生机的作品与作者赞颂，他就是要为死气沉沉的中国美术界有了共产党艺术家的木刻杰作叫好。

　　值得一提的是，徐文中特别称道的"古元之《割草》"①，业已为《木刻选集》选作封面图案。作为该书前言的徐文页面顶端，也印上了这一作品，内页中也予选印。一幅作品，在一本书里三次出现，足见其受人喜爱与推崇的程度了。事实上，早在三年前，时为 1943 年 3 月 16 日，《解放日报》就已然将古元的《割草》作为徐文的配图，继重庆《新民报》之后，再次刊发了出来。由此也更可体味得到，徐氏对古元为代表的"新中国木刻画"的坚决支持，这一己之赤诚何等热切；在当时的历史背景之下，这一己之赤诚又是何等宝贵。

　　且看徐文篇幅并不长，只不过六百余字，但表达出来的艺术理念，在当时却是振聋发聩的。该文已经表明，"国家主义者"的核心问题，不在于划分"左倾"还是"右倾"，而在于谁能代表这个国家的最富生机、最具光荣的未来。对这种国家未来命运之抉择具有某种倾向性，继而成为带有某种倾向性的"国家主义者"，是无可避免的。而作为中国艺术家，不能一味去标榜自己所谓"世界主义"的眼光，急需的是要在中国艺术的场域中追寻那种最富代表性、最有生命力的艺术创新，全心全意地求真与创新。

　　显然，这样的追求就必然与国家命运相联系，这样的追求也必然要求艺术家有自己的"国家主义"倾向，即从事怎样的艺术，就会做怎样的国民。如此一来，艺术理念中的"理想国"与现实政治中的"祖国"，自然要求艺术家们要有自己的评判与抉择；在这一前提之下，做这样的"国家主义者"并不可鄙，而且必要。当"理想国"与"祖国"重合一体时，就是艺术家的"黄金时代"，反之，则必然走向变革，直至革命。以徐悲鸿为代表的"新中国画"先

---

　　① 1942 年"全国木刻展"时，古元参展的木刻作品《割草》，后在辑入《古元木刻选集》（东北画报社，1949 年 4 月初版）时，改名为《运草》。

《木刻选集》精装本，东北画报社，1946
年4月初版

《木刻选集》普装本，东北画报社，1946
年4月初版

《木刻选集》前言

徐悲鸿《全国木刻展》，《解放日报》，1943年3月
16日

古元木刻作品《割草》

古元木刻作品《减租会》

李桦木刻作品《两代》

李桦木刻作品《民主死不了》

行者群体，由起初的创新之切，激发的求真之切，直至寻求革命与进步，一环紧扣一环的连锁反应，也就顺理成章，随之而来。

在这种情势之下，徐悲鸿与国民党当局的关系，自然日渐疏远与紧张起来，但这丝毫不能动摇其在"新中国画"革命道路之前行。1947年风潮迭起的"倒徐运动"，以及随之而来的国民党溃逃前夕的知识分子"南迁运动"，再到1949年"北平无战事"的和平解放，在这些事关国家与个人命运的转折时刻，徐氏都发出了自己的声音，也都决定性地影响着北平美术界乃至整个中国美术界的走向。他的抉择异常坚定，立场表达非常清晰——真理与生机同在，创新与变革同在，他要站在求真创新的立场上，自觉承载"新中国画"革命的使命。

这一时期，徐悲鸿在美术教育与院校建设

徐悲鸿，1950年在北京存照

1950 年，徐悲鸿在勾画《鲁迅与瞿秋白》底稿

上投入了巨大精力，严重的高血压与慢性肾炎交相发作，使其健康状况日益恶化。但也正是在这一时期，在其生命的暮年阶段，仍倾力践行"师法造化，寻求真理"的艺术主张，演绎着"暮年变法"的全新图景。他勇于表现新时代的现实生活，绘画作品总量虽不算特别巨大，但仍展现出"革命化"的创新精神。除了依旧奋蹄向前的"奔马"之外，更创作出了素描《毛主席在人民中》（画稿）、《鲁迅与瞿秋白》（画稿）等极具时代特征的作品。

纵观徐氏一生，1946年无疑是一个重要节点。最后，不妨仍返归本文所披露的此次专访本身，诚如记者在专访中感慨的那样，徐悲鸿的真诚，是言行一致，不打折扣的，"虽然有人说他不善于辞令，可是所说的话都是出自肺腑，一句一句都是真诚的表达"。

毋庸多言，无论是"鉴宝

《瞿秋白与鲁迅》（素描稿），徐悲鸿晚期人物画代表作之一

案"，还是"倒徐运动"，抑或是1946年之后由徐悲鸿倾力倡举的波澜壮阔的"新中国画"革命，所有这些事件所折射出来的——其人在艺术上求真求新的追求与境界，都堪称一代艺界楷模。

◎楔子："鉴宝案"与"隐匿小谷物资案"

话说北平艺专开办之初的著名的"鉴宝案"，即经徐悲鸿亲自参与鉴定，发现"该校由教育部特派员办公处移交之一百四十四件书画"，虽然"其表册上之名字，均为古画，颇具价值"，"然经考查之后，即知全部为假者"的这么一桩公案。由于"此批书画，系由薛慎微售与日本小谷者"，那么不妨先来了解一下那徐氏口中"实一笨蛋"的"日人小谷"，究系何许人也。

小谷晴亮及其巨额资产之捐献

日人小谷晴亮的名字，最早见诸平沪报端，始于1946年8月17日的《华北日报》。当天该报刊发了题为《敌伪掠取各项图书，清理竣事分别发还》的一篇报道，开篇即提道：

教育部平津区特派员办公处结束后，即奉令办理图书档案清理工作，盖敌伪于民国二十七年借口检查抗日及社会主义书籍，自国立北平图书馆、北大、清华、师大、平市各中等学校、中国政治协会等处，及在平之中外学者家中，掠去各种图书、杂志等为数甚多，分别移存于敌人之东方文化事业总会，及近代科学图书馆中。抗战胜利后，特派员办公处即奉令将该两机构及所存之图书四十六万二千零二十三册接收。

这批图书分为九项，其中最后一项为"小谷晴亮献部图书二千一百六十八册"，乃是日人小谷先前捐献给日伪机构的，现在一并由教育部平津区特派员办公处接管清理，日后充公再行分配，不在话下。可一个星期之后，接下来的一篇报道，则将日人小谷迅即从历史的"垃圾堆"里拈提了出来，将其与一桩抗战胜利后接收日伪资产舞弊案联系了起来，其人顿时站在了社会舆论的风口浪尖上，一下子成了当时平津地区的新闻焦点人物。

时为1946年9月8日，《华北日报》刊发了一篇题为《隐匿小谷捐献物资案》的报道，颇有官方正式出面，全力平息舆情的意味。且看报道原文如下：

隐匿小谷捐献物资案
教部特派员办公处有所申明
字画书籍有着落　根本无古玩

【中央社讯】近日报载清查团清查日人小谷晴亮财产一案，据教育部特派员办公处发言人称：去年十一月间，有日人小谷晴亮倩天津青年团同志曹葆清先生向天津接收委员王任远先生声请，愿将其私人所有地亩、书籍、字画献与教育部，充作振兴华北文化教育事业基金。王接收委员当即呈报本处，本处先后以教字第三五二号呈，及第四六六号代电，请示教育部如何处理。嗣教育部与平津敌伪产业处理局商洽，三月三十日复电训令转知处理局代电云，小谷地亩，应交中央信托局，再按照手续由中央信托局租用。捐献字画部分，系属文化物品，已函请贵部特派员办公处接收，拟定处理办法，送本局提请审议会核议等语。本处乃以寅世字九四三号代电处理局，建议字画部分交由北平故宫博物院保管，此均有原卷可查，不难复按。此项字画，在小谷晴亮未请求捐献前，即由该日人委托北平琉璃厂三十七号薛慎微保管，声明捐献后，由曹葆清将原始清册三册遂由王接收委员任远接受，复由王接收委员将原册送交本处备案保存。在目录中，每一书籍，每一字画记载下，均盖有小谷图章，原册俱在，亦不难复。按各按所载原册遗失，并非事实。本处沈兼士先生，且曾偕同本处委员邓以蛰、董洗凡前往查看，并曾由清查委员会加封。嗣因在商家存放恐有遗失，处理局既尚未核定由故宫保管，故宫亦不便即行接受，经教育部平津区教育复员辅导委员会决议，于本年四月三日将该项字画书籍提回本处妥为封存，复将字画暂交临大第八分班保管，此关于书籍字画接收保管之经过。查日人小谷晴亮所捐献之书籍字画原始清册，共计三本，计字画目录一册，共计一百四十件；西文书籍目录一册，共计一千零七十三本；中文书籍目录一册，共计一百二十八种。其中并无古玩，本处所有往来公文中，亦从未见有古玩字样。报载古玩百余件之事，本处并不知悉。究竟清查团所称之古玩遗失之事，本处并未接收，自亦无从答复，各报所称互相推诿一节，尤非事实。

　　上述约八百字的报道，实际上乃是教育部特派员办公处的一则带有"辟谣"性质的公开声明。应当说，行文条分缕析，表述理据清晰，相当程度上可以摆脱干系与澄清事实。那么，这样一则郑重其事的公开声明，想撇清什么干系呢？无非是想说明日人小谷所捐献的物资里没有古玩，坊间传闻"古玩遗失之事"，"本处并未接收，自亦无从答复"。又想澄清什么事实呢？无非是"各报所称互相推诿一节，尤非事实"。一句话，天津接收委员与教育部及特派员既没有接收日人小谷捐献的古玩，且在接收所捐书籍字画方面，手续完备，流程严密，并无任何差错可言。

接收还是"劫收"：小谷所捐资产隐匿之谜

此次官方主动"辟谣"与平息舆情之举，恐怕不过是火上浇油、越描越黑。这样做所产生的社会应激反应，与其初衷适得其反，这一"石"非但填不了海，反倒激起了千层浪。官方声明之后，引得一时舆论大哗，各种传闻纷起，闹得满城风雨，无可避免。两天之后，即1946年9月10日，《华北日报》再度刊发了一篇题为《隐匿小谷物资案》的报道，案子是板上钉钉的，且还即刻就被立案侦查了。且看报道原文如下：

隐匿小谷物资案
王任远请李主任彻查

【中央社讯】关于近日报载传清查团揭获教育部特派员办公处天津办事处隐匿日人小谷手中接收文物一案，王专员任远九日对记者谈，顷阅报载，该案人赃俱已破获，牵连七八人之多，均已解送法院讯办。本人为使清查团与法院便于侦查，刻不愿表示意见。八日本人并曾谒行辕李主任，请求彻查该案，且本人身为政府官吏，若果属实，必将碍及政府之威信，故请彻查以明真象，而正视听。

上述不足两百字的报道，比之两天之前官方"辟谣"声明的篇幅，实在是微不足道，不过四分之一的体量。但正是这样相当收敛的行文里，却将那篇约八百字的官方"辟谣"声明里所"辟"的"谣言"，通过天津接收委员王任远的自述，确凿无疑地坐实了。

值得注意的是，与这篇报道同版接续刊发的还有一篇总标题为《市民告密最后一日，清查团决如期结束》，副标题为《各团员昨日工作日益忙碌》的报道，大意是"清查团"这一机构专为监督与检举抗战胜利之后的各地接收工作而设，但凡关涉接收工作中的舞弊、失误、差错、渎职等状况，各地民众皆有告密揭发之权利。当时"统计日来平津两地共收告密函九百余件，就中所述事实可靠者，在三分之二以上"，为此"本团仍盼市民珍惜此最后之二十四小时，继续告密"。

紧随这篇报道之后的，即为《隐匿小谷物资案》的报道，由于这一报道的标题字号与前者副标题的字体字号一致，或可视作同一篇总报道里的分项。总之，这两篇报道之间的紧密关联，是显而易见的。据王任远所言"本人并曾谒行辕李主任，请求彻查该案"，可知此案甚至已经惊动了李宗仁，实属当年的大案要案了。

《华北日报》刚刚约略披露"隐匿小谷物资案"之立案侦办，次日，1946年9月11日，上海《时事新报》又为此案再曝"猛料"，刊发了题为《天津"劫收"烂账①》的长篇报道。次日，上海《民国日报》转发了这一报道，且将标题改为《天津接收清查团又发现舞弊案，教部平津特派员涉嫌甚重》，指明官方舞弊的客观存在，郑重其事地强调官员涉嫌不容推脱。且看《时事新报》报道原文如下：

---

① "账"字，报道标题原作"帐"字。

天津"劫收"烂账

教部平津特派员"劫收"巨款及古物

（申时社天津九日航讯）接收清查团自连续在津检举刘乃沂、张晓春等舞弊巨案后，各方对之极为瞩目。近突又发现教育部平津特派员办公处，天津接收委员王任远，接收日人小谷晴亮之巨额财产时，涉有隐匿嫌疑，遂集中全团力量，进行调查，兹志详情如次：

日人小谷晴亮，在沦陷期间，曾凭藉势力①在平津一带，大肆搜刮②，置有动产不动产甚多。敌寇投降后，小谷因不愿返国，遂派裕兴公司经理（天津旧英租界海大道一〇五号）向王任远氏接洽，愿将所有财产，完全捐与教育部，兴办教育事业，以期换得留用资格。本年一月二十日，行政院长临时驻平办事处，以该项办法，不合政府规定，乃饬令交处理局中信局办理，王任远无法违抗，乃取消小谷留用资格，并请求教育部，将小谷之地产，拨借于津市复学辅导处，所设之职业训练班应用，又被批驳。遂将稻田两段，窑地一段，共计二千一百〇五亩，转交处理局处理。此次清查团在津，根据密函所告，计小谷除上述农田外，尚有伪币三万万元，小汽车六辆，另有贵重古玩百余件，内有二尺余高之玉佛一尊，均不知下落。清查团据报后，即四出调查，经多日之进行，近闻小谷晴③亮，仍潜居津市，该团遂于在津工作期满返平后，首先积极调查此案，惟清查时，沈兼士与天津办事处负责人，互相推诿，致接收古玩书

---

① "势力"一词，报道原作"藉力"。
② "刮"字，报道原作"括"字。
③ "晴"字，报道原作"清"字。

画之一部，负责人无从确定。五日下午五时，清查团白委员瑞，传询王任远。王态度不好，谈话中与白委员发生冲突，即由苏委员挺，对王询问。谈话亦因王任远态度倔①强，并以手击掉而终止。直至下午六时许，梁组长上栋，对王之态度加以指责，王始认罪，道歉辞出。现该团以日人小谷资产数额巨大，至今尚无（法）确定下落，王任远涉有嫌疑。又该团昨曾查获北平琉璃厂某古玩铺，有隐匿该项古玩之嫌，曾派员往查，该铺长已承认存有教育部某人交来物资，惟不认该项物资为古玩。综合全案一切，清查团已会同处理局等机关，加紧追究中，不久即可水落石出。

上述约八百字的报道内容，篇幅与三天前《华北日报》所载官方"辟谣"声明，完全背道而驰，既可谓剧情倏忽反转，更可谓是代表那些曾经的所谓"坊间传谣"者，反手给了官方"辟谣"者一记响亮的耳光。

果不其然，"隐匿小谷物资案"由平津地区民众告密行动揭发出来，"此次清查团在津，根据密函所告"，查获了相当数量的涉案证据。三天前，官方"辟谣"声明中拒不承认的当局内部"推诿"之事，此番也已确认，报道中明言："惟清查时，沈兼士与天津办事处负责人，互相推诿，致接收古玩书画之一部，负责人无从确定。"

前一天，面对《华北日报》记者，还信誓旦旦要自证清白，甚至"曾谒行辕李主任，请求彻查该案"的天津特派员王任远，在此次报道中，个人形象瞬间崩塌，先后与前来问询的清查团两位委员发生冲突，最后还是不得不"认

---

① "倔"字，报道原作"崛"字。

罪"，并"道歉辞出"，其人"涉有嫌疑"，是不容置疑的了。

"隐匿小谷物资案"与"临大第八分班"

值得一提的是，"隐匿小谷物资案"的关键问题，即日人小谷的巨额资产，除却田亩地产等不动产，已然查实之外，包括古玩字画等可移动资产的下落，仍然不甚明确。不过，此案侦办中业已出现重大转机，据这么一条"申时社天津九日航讯"可知，时为1946年9月8日，清查团"曾查获北平琉璃厂某古玩铺，有隐匿该项古玩之嫌"，"曾派员往查"，"该铺长已承认存有教育部某人交来物资"，"惟不认该项物资为古玩"。耐人寻味的是，此案侦办出现重大转机的这一天，恰恰正是前述《华北日报》刊发官方"辟谣"报道的那一天。

为此，不妨再回过头来看一看，官方"辟谣"报道里对日人小谷所捐献的字画下落，是如何自圆其说的。《华北日报》报载原文说官方所称"本年四月三日将该项字画书籍提回本处妥为封存"，意即早在1946年4月3日即将这批字画收归教育部特派员办公处封存了，后来又将这批字画"暂交临大第八分班保管"。那么，时至1946年9月8日，清查团即便能查到这批字画的下落，也应当是在"临大第八分班"之中，怎么可能会在"北平琉璃厂某古玩铺"中呢？难道是这批字画，中途还曾由教育部特派员办公处或"临大第八分班"发还"在小谷晴亮未请求捐献前"的存放处，"即由该日人委托北平琉璃厂三十七号薛慎微"所在古玩铺？说到这里，就还有必要约略了解一下"临大第八分班"这一特殊历史机构的基本情况。

抗战胜利之后，南京政府教育部即于1945年9月下令解散伪北京大学、伪中央大学和伪交通大学，颁布《沦陷区专科以上学校学生、毕业生甄审办法》

（或称《伪专科以上学校学生、毕业生甄审办法》），并于10月中旬，在北平、天津、上海、南京设立临时大学补习班，令原沦陷区在校生先补习再进行考试，至于已毕业的学生则需补交论文以及蒋中正所著的《中国之命运》阅读心得报告，经审核通过方获合格证书。

时至1946年10月，国立北京大学复校，接收北平临时大学补习班第一、二、三、四、六分班，第五分班改为国立北洋大学北平部，至1947年，国立北洋大学北平部亦并入国立北京大学。此外，第七分班为北平师范学院接收，至于第八分班，则复名为国立北平艺术专科学校，简称"北平艺专"。

据1946年7月21日的《华北日报》报道，可知当时已聘定徐悲鸿为第八分班复校后的校长，但当时徐氏尚未赴平，预计当月月底方可来平。徐氏确于7月28日从上海搭乘轮船启程，于7月31日晨驶抵秦皇岛，再换乘火车于当晚8时许抵达北平，8月1日晨9时，即赴临大第八分班办理了交接手续①。

由上述史实可知，日人小谷捐献的字画，如果确于1946年4月3日收归教育部特派员办公处封存，如果后来教育部当局确实又将这批字画"暂交临大第八分班保管"；那么，至少在8月1日之前，徐悲鸿是不可能接触到这批字画

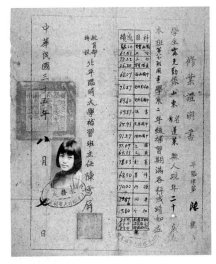

教育部特设北平临时大学第八分班"修业证明书"，1946年8月7日颁发

的，更谈不上鉴定真伪了。

另外，也不妨再来推想一下，既然8月1日之前，徐悲鸿不可能鉴定这批字画，那么，从4月3日至8月1日间，这段时间里确实存在一种可能性，即可能由教育部特派员办公处或"临大第八分班"将这批字画暂时发还给了"在小谷晴亮未请求捐献前"的存放处，"即由该日人委托北平琉璃厂三十七号薛慎微"所在古玩铺。不过，时至1946年9月8日，徐悲鸿应当已经接触到了这批字画，清查团又怎么可能在"北平琉璃厂某古玩铺"中查到这批字画的下落呢？除非还有另一种可能，即清查团所查到的字画，与徐悲鸿当时正在鉴定的字画，虽同属小谷晴亮曾经的藏品，但并不是同一批字画。

经徐悲鸿鉴定的小谷字画源自何处

1946年9月28日下午，徐氏在校内举行记者招待会，在报告该校组系、学制等情况后，捎带提及这批字画的鉴定结果时曾语："特别声明该校由教育部特派员办公处移交之一百四十四件书画，其表册上之名字，均为古画，颇具价值，然经考查之后，即知全部为假者。此批书画，系由薛慎微售与日本小谷者。"

据此可以推测，徐氏抵平后不久，即接触到了这批字画，且经其一个多月时间的鉴定，所有一百四十四件书画，"全部为假"。不过，稍后几天工夫，当《世界日报》记者登门造访时，徐氏仍在鉴定这批字画，又对记者谈道："这些画有五分之一还不错，五分之四要不得，都是假东西。日本人到中国来胡抢乱抢，那里真懂得什么好坏！这些画是清查团从薛慎微那里查出来的，暂时由艺专保管，以后怎样处置还不知道。若是由我们保存，那坏的便该扔掉不要。"

这里就出现了两个令人不解，一时也难以合理解释的问题。一是这批字画经徐氏鉴定，先是称"全部为假"，后又称"这些画有五分之一还不错，五分之四要不得，都是假东西"，那么，究竟这一百四十四件字画全是赝品，还是其中尚有二三十件真品？

二是徐氏先是称"此批书画，系由薛慎微售与日本小谷者"，后来又说"这些画是清查团从薛慎微那里查出来的"，那么，这批字画，究竟是日人小谷从薛氏处购置的，还是暂存于薛氏处的呢？抑或还存在另一种可能性，即日人小谷从琉璃厂薛氏所开的古玩铺子里购置了字画，却又因故暂时存放在了薛氏的古玩铺子里。

伴随着这一问题，还衍生出另一个更难解释的问题，即徐氏先前所"特别声明该校由教育部特派员办公处移交之一百四十四件书画"，与其后所言"这些画是清查团从薛慎微那里查出来的"，这两种说法，究竟哪一种更符合历史真相？

如果两种说法都属实，则这两种说法之下的这批字画，就并不是同一批字画，而是两批来源不同，都曾属于日人小谷的字画。这样一来，或许也可以反过来解释前述另一个问题，即徐氏鉴定"全部为假"的那批字画，与后来所称"这些画有五分之一还不错，五分之四要不得，都是假东西"的那批字画，本来就不是同一批字画。

也即是说，徐氏可能曾接手鉴定过两批同为小谷收藏但来源不同的字画。先是鉴定了"教育部特派员办公处移交之一百四十四件书画"，接着又鉴定了"清查团从薛慎微那里查出来的"另一批字画。

如此看来，"隐匿小谷物资案"的真相，小谷究竟捐献出来多少资产，或者说，小谷究竟收藏有多少字画，捐献出来的究竟有多少，没有捐献的又有多少，无论是捐与未捐的部分，又被人为隐匿了多少，这一系列疑问，真真是云山雾罩，谜团重重。

薛慎微与"隐匿小谷物资案"

说到这里，也有必要将此案的重要当事人薛慎微约略介绍一下。

据考，薛慎微（1905—1985），民国时期琉璃厂宝古斋老板，人称"薛四爷"。早年从学于罗振玉，善仿摹古字画，与齐白石、张大千、徐悲鸿等均有交往。据常任侠《春城纪事》记载，薛氏曾收藏数百件玉器精品，蔚为大观。其人晚年更将珍藏多年的楔形文字骨化石铭刻等文物，捐献给了故宫博物院，确为一代鉴藏大家。

薛氏浸淫古玩字画鉴藏多年，虽搜罗宏富，博古通今，却行事低调，不事张扬，并不像与其交往的那些艺林文坛中人一般，屡屡引人瞩目，频频见诸报端。笔者翻检近现代书报刊物，鲜有其人其言论的文献载录，若不是"隐匿小谷物资案"报道，几乎难以搜寻到任何关涉其人的见载于公共媒体之上的讯息。这样的情形，不禁令人感叹，薛氏其人行事真与其名字"慎微"一般，可谓"谨小慎微"。

很难想象，从1946年9月8日开始，这样一位行事低调、谨小慎微的古玩鉴赏大家，竟屡屡见诸平沪两地的各大报刊之上，且牵扯进了事关抗战胜利之后接收舞弊大案——"隐匿小谷物资案"之中。仅仅一周之后，时至1946年9月16日，"薛慎微"之名已作为新闻标题主语，赫然出现于《华北日报》《世界日报》版面之上了。且看此次报道原文如下：

薛慎微被拘押

小谷捐献物资案　薛确有隐匿嫌疑

【中央社讯】日人小谷晴亮捐献教育部特派员办公处书画时所委托办理之薛慎微，经人告密，谓捐献者仅一小部份，因小谷连年在华北各省收购宝贵书画甚多，而所谓全部捐献者，查其目录仅一百余件，其余均由薛慎微隐匿。清查团根据密告，进行调查，经查获薛慎微代小谷晴亮主办尚友斋时，出外收购书画古玩之李华堂致薛慎微函数件，及小谷所办之天津裕兴公司与薛来往函件，暨李华堂在山西购得名贵古物无法运送出境，函薛慎微转商小谷，请日人儿玉秀雄①出名领取山西出境证等证据多件。清查团审核各项证据后，始悉民国二十九年间，小谷出资组设尚友斋，由薛慎微负责主持，专门收购华北各省书画古玩。因于九月十二日传询薛慎微，薛对所询各节（清查团当时并未出示所获证件）均设词狡辩，清查团当命薛慎微亲笔书写所答答案，一面会同地院检察处根据调查线索，赴薛之寓所椿树下二条甲一号，及琉璃厂三十七号，查出宋、元、明、清名贵书画两大箱，另一捆，约计四百余件。另有古玩书籍等多件，均由法院暂予封存。清查团及检察官以薛慎微隐匿敌伪贵重物资，证据确认，当将薛慎微予以拘押，送交法院依法侦查。闻封存之书画，日内将请名家鉴定。

同日，《世界日报》同样刊载了这一报道，只是标题略作改动，改为《小

---

①　儿玉秀雄（1876—1947），日本政治家、贵族院议员、官僚、伯爵。陆军大将儿玉源太郎长子，寺内正毅元帅之婿。

谷捐献书画案：薛慎微已被押　因确有隐匿情事》，这似乎是在有意表明，"隐匿小谷物资案"的重心，已然从接收官员对小谷所捐物资是否有所隐匿，查办官员是否有所推诿的层面，转变为小谷所捐书画并非全部，余部交由薛慎微隐匿起来，数量惊人、规模可观。这一新认定的事实即刻成为社会各界新的关注焦点。简言之，"隐匿小谷物资案"已不再是小谷所捐物资涉嫌被接收官员隐匿的专案，而是转化为"薛慎微隐匿小谷物资（未捐献部分）案"，涉案主体及标的，已经非常明确。

　　次日，1946年9月17日，《世界日报》又在《清查团工作期限仅余四日》的总标题之下，简要报道了薛氏隐匿古玩字画被查封的基本情况。地院首席检察官对记者有这样的介绍："清点薛慎微所藏之古玩字画，本院特印制签条，每点一件，由清查团、本院及被告三方在签条上签盖署名，将签条贴于该件

薛慎微被拘押之报道（局部），原载北平
《华北日报》，1946年9月16日

儿玉秀雄

上，以资慎重。"

1946年9月18日，《世界日报》又以《薛慎微续被告密》的副标题，再度披露了薛案的一个新线索，报道中提及匿名检举人再度向清查团递交告密函，信函中这样写道：

薛慎微隐匿日人小谷晴亮古物财产一案，贵团始接告密件，次日即出马调查，工作之认真，实令市民拥戴。缘薛某为著名之文氓，结交甚广，况又准备年余，调查上恐有困难，今为贵团工作便利起见，再奉函详述。在薛某给日人出名开设古玩公司筹备期内，除在平津收集古物外，并聘用李华堂者，在山西等地大量收买，并购得最著名之国宝三代大铜钟一件，高五尺许，重百余公斤，铁路禁运，不得出境。薛某即用小谷晴亮之名，并由小谷办得日人军用文件，始得运平。值时太原某官苏体仁①，为当代爱古铜之第一人，闻悉此稀世珍品到平，想利用职权，据为私有，即严令拿办盗卖人，并发文平市府索回此物，后薛某用日人势力，将此案完结，古钟并未交回，此事伪市府文件，及当时报纸均可查出实据。日前报载呈上之书画等，均有小谷印记，此乃薛某伪造，报载并呈上英文书百余本，此书乃日人降后由张姓介绍薛某私人所买；此书小谷印记由何而来，不过将此劣品交出添数而已。薛某之精明，可想而知。尚有大批古铜、古玉、古印，宋元书画，早运出私宅，望贵团详查，必要时，

---

① 苏体仁（1888—1979），字象乾，山西朔县人。曾在山西省立师范学校就读，后留学日本东京高等工业学校化学科。1916年归国，历任太原一中校长、山西大学预科学长、山西督军公署秘书及外交处主任、山西督军公署及晋绥司令部驻京代表。抗战时期投日事伪，于1938年6月任伪山西省省长，1940年任伪华北政务委员会委员，1942年任伪北平市代理市长。1943年2月，任伪华北政务委员会常委兼教育总署督办，是年11月任伪华北政务委员会总务厅厅长、内务厅厅长。抗战胜利后逃回太原，后任太原绥靖公署参事。1948年至北平，后辗转各地，潜逃并病逝于中国台湾。

再奉函帮助。（下略）

上述见载于《世界日报》的这一封告密函内容，公开披露出来的内容不过区区四百余字，虽然篇幅不大，可是信中所交代的事件细节清晰，人物明确，线索完整，非熟悉古玩业界内幕及运作规则者所能办到。据信中开首所言"今为贵团工作便利起见，再奉函详述"，可知这位告密者已是再次告发检举了。又据信末所言"望贵团详查，必要时，再奉函帮助"，可知这位告密者是非得要把薛氏"告倒"不可，为此可一而再，再而三地告发。显然，这位告密者对薛氏相当熟悉，还极可能就是古玩行业中人，二人可能有过嫌隙，甚或结下过仇怨。

奇怪的是，自这封告密信刊发之后半年多的时间里，再未有关涉薛案的调查进展见诸报端。直到1947年4月23日，《世界日报》才以一条简讯的方式通告读者，算是为此案"结案"。且看报道原文如下：

隐匿古玩案告一段落
薛慎微无罪　占了大赦的便宜

【本报讯】清查团前在本市查获之薛慎微隐匿日人小谷晴亮字画古玩一案，地方法院前曾命其取保候讯，兹因大赦减刑，予以无罪。昨传其到院谕知此意，并命薛某将非隐匿字画二百一十四件，令其日内取回。

虽然"占了大赦的便宜"，终于摆脱了抄没家产与牢底坐穿的噩运，可从薛某取回的字画数量来看，与之前报道中提到的被查抄封存的字画数量相比

《古物买卖的大本营》，通版图文报道，原载《时代》杂志第 8 卷第 10 期，1935 年

较，还是缩水了不少。那么，这缩水的部分，究竟是什么性质的资产，当时是否全部留存在了官方内部（包括徐悲鸿鉴定过的那一部分），后来又流落到了哪里，如今是否还有遗存，这一系列问题，再也无从确考。

看来，此案仍是一桩未解的悬案。或许，"隐匿小谷物资案"这一案件本身，因其源发于特殊的历史时期，自始至终就是一本无法彻查的"烂账"罢。

丰子恺：漫画之父，半是半非

◎小引：关涉"半部文艺史"的一位画家

对中国现代绘画稍有了解的读者，应当都知晓那位作品曾频频出现于国内都市报刊、画册上，深受读者大众喜爱的一位颇具通俗风情的画家——丰子恺。其人以一支饱含人情世态的画笔，创作了数以万计的传世佳作，为世人所熟悉，也为时代所铭记。

丰氏一生在教育、绘画、书法、散文、翻译等领域都卓有建树，留下了大量足以滋养后世的名篇杰构；与李叔同、夏丏尊、马一浮、朱自清、俞平伯、郑振铎、叶圣陶、林语堂、傅抱石、钱君匋等众多良师益友半世往还，更留下了无数令后人怀想无尽的"前尘往事"。

丰子恺，辑于《丰子恺漫画选》（彩色版），万叶书屋，1945 年初版

仅就20世纪初至今近百年来中国文学与艺术史的某个侧面来考察，丰子恺无疑是一位文艺修养最为全面，跨界最多，作品最丰，受众最广，影响力最为持续的典型人物之一。或许，观看与解读丰子恺，即是从某个侧面去观照近百年来中国文艺新潮与古典传统相融会贯通的典型样本。从这个意义上讲，"一个丰子恺，半部文艺史"之谓，或可成立。

◎ "漫画之父"，半是半非？

1947年12月，已年过半百的丰子恺，终于解除了困扰已久的牙痛之患。他在杭州某诊所拔掉了十七颗龋齿，手术大获成功，身心俱得解放。这期间，其人写下了一篇《我的漫画》，回顾并评述了自己多年来的漫画创作。文章开篇即语："人都说我是中国漫画的创始者，这话半是半非。"

为什么"半是半非"呢？丰子恺接着解释道：

"漫画"二字，的确是在我的书上开始用起的。但也不是我自称，却是别人代定的。约在民国十二年左右，上海一班友人办《文学周报》。我正在家里描那种小画，乘兴落笔，俄顷成章，就贴在壁上，自己欣赏。一旦被编者看见，就被拿去制版，逐期刊登在《文学周报》上，编者代为定名曰：子恺漫画。以后我作品源源而来，结集成册。交开明书店出版，就仿印象派画家的办法（印象派这名称原是他人讥评的称呼，画家就承认了），沿用了别人代定的名称。所以我不能承认自己是中国漫画的创始者，我只承认"漫画"二字是在我的画上开始用起的。

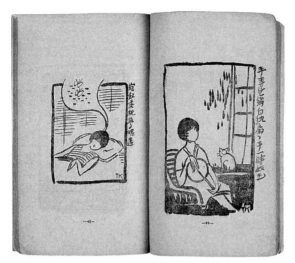

《子恺漫画》内页之一

《子恺漫画》，文学周报社，1925 年 12 月初版

原来，丰子恺的第一本画集《子恺漫画》，乃是于1925年12月由文学周报社出版的，1926年1月又交由开明书店出版。郑振铎、夏丏尊、朱自清、俞平伯等都曾为中国第一本直接冠以"漫画"之名的画集写有序跋，在丰氏自谓"半是半非"之际，不妨看看他们对"子恺漫画"的首创与独特性，是如何品评的。

一贯致力于搜求与研究中国古典版画，少有关注现代绘画的郑振铎，对丰氏作品的赞赏，仿佛发现了一块中国艺术的"新大陆"，是由衷而激动的。正是在其主编《文学周报》期间，将丰氏作品频频插印报中，并直接冠以"子恺漫画"之名。不仅如此，他还极其热切地，要尽快向世人集中展示丰氏作品，以"文学周报社丛书"名义，编印出了《子恺漫画》。他为《子恺漫画》所作的序言，这样写道：

中国现代的画家与他们的作品，能引动我的注意的很少，所以我不常去看什么展览会，在我的好友中，画家也只寥寥的几个。近一年来，子恺和他的漫画，却使我感到深热的兴趣。他的一幅漫画《人散后，一钩新月天如水》，立刻引起我的注意。虽然是疏朗的几笔墨痕，画着一道卷上的芦帘，一个放在廊边的小桌，桌上是一把壶，几个杯，天上是一钩新月，我的情思却被他带到一个诗的仙境，我的心上感到一种说不出的美感，这时所得的印象，较之我读那首《千秋岁》（谢无逸作，咏夏景）为尤深。实在的，子恺不惟复写那首古词的情调而已，直已把它化成一幅更足迷人的仙境图了。从那时起，我记下了"子恺"的名字。

朱自清则以一封信的方式，为《子恺漫画》代序。他也非常明确地表达了对"子恺漫画"的喜爱，认为丰氏作品如同"带核儿的小诗"。信中写道：

《无言独上西楼》，辑自《子恺漫画》

丰子恺绘《无言独上西楼》，约作于1940年代

《一钩新月天如水》，辑自《子恺漫画》　丰子恺绘《一钩新月天如水》，约作于 1940 年代

子恺兄：

知道你的漫画将出版，正中下怀，满心欢喜。

……你这本集子里的画，我猜想十有八九是我见过的。我在南方和北方与几个朋友空口白嚼的时候，有时也嚼到你的漫画。我们都爱你的漫画有诗意；一幅幅的漫画，就如一首首的小诗——带核儿的小诗。你将诗的世界东一鳞西一爪地揭露出来，我们这就像吃橄榄似的，老觉着那味儿。

俞平伯曾请丰子恺为其新诗集《忆》画配图，他也在《子恺漫画》出版之际写来了"贺信"，印在了此书的末尾，是为代跋。他的评价，更接近于绘画技艺本身，突显出比郑、朱二人更为理性的考察。信中写道：

子恺先生：

听说您的"漫画"要结集起来和世人相见，这是可欢喜的事。嘱我作序，惭愧我是"画"的门外汉，真是无从说起。现在以这短笺奉复，把想得到的说了，是序是跋谁还理会呢。

……中国的画与诗通，而在西洋似不尽然。自元以来，贵重士夫之画，其蔽不浅，无可讳言。但从另一方面看，元明的画确在宋院画以外别辟蹊径。它们的特长，就是融诗入画。画中有诗是否画的正轨，我不得知；但在我自己，确喜欢有诗情的画。它们更能使我邈然意远，悠然神往。

您是学西洋画的，然而画格旁通于诗。所谓"漫画"，在中国实是一创格；既有中国画风的萧疏淡远，又不失西洋画的活泼酣恣。虽是一时兴到之笔，而其妙正在随意挥洒。譬如青天行白云，卷舒自如，不求工巧，而工巧殆无以过之。看它只是疏朗朗的几笔似乎很粗率，然物类的神态悉落彀中。这绝不是我一人的私见，您尽可以相信得过。

以诗题作画料，自古有之；然而借西洋画的笔调写中国诗境的，以我所知尚未曾有。有之，自足下始。……我只告诉您，我爱这一派画。——是真爱。……一片片的落英都含蓄着人间的情味，那便是我看了《子恺漫画》所感。——"看"画是杀风景的，当说"读"画才对，况您的画本就是您的诗。

郑振铎说，丰子恺的画比古人的诗还好。朱自清又说，丰子恺"一幅幅的漫画，就如一首首的小诗——带核儿的小诗"。俞平伯则说，丰子恺的所谓"漫画"，"在中国实是一创格；既有中国画风的萧疏淡远，又不失西洋画的活泼酣恣"。

俞平伯致丰子恺信札，辑自《子恺漫画》

总之，诸多友朋的评价都是激赞与热忱的。如今看来，这些评价又都是中肯的，并非溢美之辞。那么，丰子恺自己所说的"半是半非"，究竟又是何种意蕴呢？或者说，这"半是半非"之自谓，除却自谦的成分之外，还有别的什么意味吗？

◎楔子："漫画"二字，究竟应用（见载）于何时？

虽然与丰子恺同时期，甚至略早一些的中国漫画家，都曾在他们的时代留下过丰富生动的人生印迹，产生过光彩各异的社会影响，但由于丰氏漫画的存世数量之多，品类之丰，题材之广，流传之久，至今确实鲜有可与之媲美者。称其为中国"漫画之父"，即便略有可议之处，但总体而言，应无大的问题。

不过，丰氏所言"人都说我是中国漫画的创始者，这话半是半非"，确实是有道理的。丰氏对此的解释，大致分为两个方面，一方面，是强调"'漫画'二字，的确是在我的书上开始用起的。但也不是我自称，却是别人代定的"。另一方面，则是强调"我不能承认自己是中国漫画的创始者，我只承认'漫画'二字是在我的画上开始用起的"。这两个方面的解释，似乎就很能说明"中国漫画的创始者"即中国"漫画之父"之类的美誉，有着"半是半非"的状况。

殊不知，这"半是半非"的丰氏之解释，应当还有可以补充之处。因为"漫画"一词，应当早在清末民初就已出现于各大报刊，至迟在五四运动前后，已频频见诸报端，所以"漫画"一词，无论是在丰氏的书上还是画上的使用，应当都不是最早的。

仅就笔者所见所知，早在1919年3月9日的上海《时事新报》之上，就曾刊印过一组"时事漫画"，是"漫画"一词的早期应用实例。这组漫画刊印在该报每周一期的第三版"星期增刊·泼克"之上，版面设置非常醒目，当年的上海读者应当是喜闻乐见的。同年8月21日，该报第三版"学灯"副刊上，正在连载的《西洋之社会运动者》一文中，更是明确提到20世纪之初，"犹太之劳役者"曾印发过许多极富思想性又颇畅销的期刊，其中就有"满载揶揄讽刺漫画的周刊《泼克》"。看来，该报的"星期增刊·泼克"，本就师出有名，乃是对"犹太之劳役者"曾印发的《泼克》周刊之模仿与追随。

时事漫画之一，原载上海《时事新报》，1919年3月9日

《上海泼克》画报创刊号，1918年9月

《上海泼克》画报主任与主笔合影，原载《美术》杂志第2期，1919年7月

《为什么要"泼克"？》，原载《泼克》杂志第1卷第10期，1937年3月1日

　　同年10月19日，该报"时事漫画"又改称"时局漫画"，继续以每期一组或一幅的方式刊印。1921年1月15日，该报第十二版"余载"副刊开始连载散文家兼美术家的孙福熙（1898—1962）所作《赴法途中漫画》一文，这本是一组游记性质的文字作品，但孙氏对"漫画"一词有着自己独特的理解，为此

特意在正文之前写了一段"引语"，文曰：

> 我认识字的时候，每有一种思想，以为只要教师能应许我以画代字，必定免得许多困难。那时候画一条鱼一只猫，确比写一个鱼字一个猫字容易得多。近几年来，觉着许多绘画的材料，一经动笔，似乎还是用文字容易表现些了。这次旅行中所得的感觉，我恨不能用绘画表现出来；用了文字，不晓得能勉强表现其万一否？我虽不能表现我的感觉，都用了"漫画"二字命题，谨向阅者道罪。

当时，赞同孙福熙对"漫画"二字的文学理解与艺术解释者，与之心有默契者，恐不在少数。两年之后，自1923年3月初至同年年底，青年学者梁绍文所撰《旅行南洋漫画》在该报"青光"副刊之上，以百余次连载的空前规模，将"漫画"一词的文学应用与大众传播，有意无意间又予以相当程度的拓展。约一年之后，梁绍文所撰《旅行南洋漫画》全稿结集，交由中华书局出版，1924年10月初版时，书名改题为《南洋旅行漫记》。

时至1924年5月，由中华书局主办的《儿童文学》月刊创刊，业已明确设有"漫画"栏目。同年8月，由亚东图书馆出版的《我们的七月》一书，在《时事新报》《民国日报》等处刊发广告，在介绍此书特色时，明确告知读者此书印有"丰子恺先生漫画"。可见，早在《子恺漫画》初版之前数月，"漫画"一词，早已用到丰氏作品的名类指称上了。

及至1925年5月，原本附属于上海《时事新报》发行的《文学周报》，决定独立出版，选定"五四"这一天，在《时事新报》上刊发了即将独立出版的预告。预告中除了介绍名家荟萃的刊物主笔阵容之外，还明确向读者承诺，

"每期更要附插富有诗意的漫画"。而这些附插于周报之上的"富有诗意的漫画",早期作品几乎全部出自丰氏之手。

仅就《时事新报》之上,这一段关于"漫画"一词的早期应用历程来看,"漫画"一词最终定格于丰氏作品的名类指称之上,大约经历了六年时间。从某种程度上讲,正是《时事新报》拈提、造就并拓展了"漫画"一词的公共应用空间,并促使丰氏作品从中脱颖而出,最终成为那个时代的漫画创作群体的佼佼者。

也因为如此,丰氏自言"半是半非"之论,除了自谦的成分之外,确实也是合乎历史实情的罢。

◎谈画即是谈生活

如果说郑振铎、朱自清还只是以文学家眼光看待"子恺漫画",俞平伯的评价则已经更进一步。虽然俞自谦"门外汉",可他评价中提到的丰氏作品是"借西洋画的笔调写中国诗境的",确实拈提出了"子恺漫画"的技艺核心。无怪乎,在《子恺漫画》问世二十年后,丰氏在《我的漫画》一文中还有这样的回应:

其实,我的画究竟是不是"漫画",还是一个问题。日本人始用汉文"漫画"二字。日本人所谓"漫画",定义如何,也没有确说。但据我知道,日本的"漫画"乃兼指中国的急就画、即兴画,及西洋的卡通画的。但中国的急就、即兴之作,比西洋的卡通趣味大异。前者富有笔情墨趣,后者注重讽刺滑稽。前者只有寥寥数笔,后者常有用钢笔细描的。所以在东洋,"漫画"二字的定义很难下。但这也无用考据。总之,漫画二字,望文生义:漫,随意也。

凡随意写出的画，都不妨称为漫画，因为我作漫画，感觉同写随笔一样。不过或用线条，或用文字，表现工具不同而已。

丰子恺还对自己的画与古人的诗，自己的画与诗意、诗境之间究竟有何联系，如何联系，做了一番独特的解释：

我作漫画断断续续至今已有二十多年了。今日回顾这二十多年的历史，自己觉得，约略可分为四个时期：第一是描写古诗句时代……

我从小喜读诗词，只是读而不作。我觉得古人的诗词，全篇都可爱的极少。我所爱的，往往只是一篇中的一段，甚至一句。这一句我讽咏之不足，往往把它译作小画，粘在座右，随时欣赏。有时眼前会现出一个幻象来，若隐若现，如有如无。立刻提起笔来写，只写得一个概略，那幻象已经消失。我看看纸上，只有寥寥数笔的轮廓，眉目都不全，但是颇能代表那个幻象，不要求加详了。

有一次我偶然再提起笔加详描写，结果变成和那幻象全异的一种现象，竟糟蹋了那张画。恍忆古人之言："意到笔不到"，真非欺人之谈。作画意在笔先。只要意到，笔不妨不到；非但笔不妨不到，有时笔到了反而累赘。有的人看了我的画，惊骇地叫道："噫，这人只有一个嘴巴，没有眼睛鼻头！""噫，这人的四根手指粘成一块的！"甚至有更细心的人说："眼镜玻璃后面怎么不见眼睛？"对于他们，我实在无法解嘲，只得置之不理。管自读诗读词，捕捉幻象，描写我的"漫画"。

然而，丰子恺也深知借助古典诗词的诗意与诗境，来捕捉与抒写幻象，终究还只是"被动的创作"。他要寻求那"主动的创作"，即是他自己划分创作四个时期的后面三个时期，即"第二是描写儿童相的时代；第三是描写社会相的时代；第四是描写自然相的时代"。简言之，即终究要以现实生活为蓝本，来抒写时代之相。

早于《我的漫画》十二年写成的《谈自己的画》一文，丰子恺就将自己的漫画与生活本身相联系，鲜明地提出了"谈画即是谈生活"的观点。文章开篇即语：

把日常生活的感兴用"漫画"描写出来——换言之，把日常所见的可惊可喜可悲可晒之相，就用写字的毛笔草草地图写出来——听人拿去印刷了给大家看，这事在我约有了十年的历史，仿佛是一种习惯了。中国人崇尚"不求人知"，西洋人也有"What's in your heart let no one know"的话。我正同他们相反，专门画给人家看，自己却从未仔细回顾已发表的自己的画。偶然在别人处看到自己的画册，或者在报纸、杂志中翻到自己的插画，也好比在路旁的商店的样子窗中的大镜子里照见自己的面影，往往一瞥就走，不愿意细看。这是什么心理？很难自知。勉强平心静气观察自己，大概是为了太稔熟，太关切，表面上反而变疏远了的原故。中国人见了朋友或相识者都打招呼，表示互相亲爱，但见了自己的妻子，反而板起脸不搭白，表示疏远的样子。我的不欢喜仔细回顾自己的画，大约也是出于这种奇妙的心理的吧？

文章末尾，丰子恺这样总结道：

一则我的画与我的生活相关联，要谈画必须谈生活，谈生活就是谈画。二则我的画既不摹拟什么八大山人，七大山人的笔法，也不根据什么立体派、平面派的理论，只是像记帐般地用写字的笔来记录平日的感兴而已。因此关于画的本身，没有什么话可谈，要谈也只能谈谈作画时的因缘罢了。

事实上，《谈自己的画》一文，是应林语堂之邀而写的。而且是林氏于1934年秋与1935年初两度催稿的情况下，才写成的。自林氏创办《论语》杂志以来，二人就已开启合作。《论语》杂志以提倡幽默文学为号召，丰氏漫画插配其中，可谓相得益彰。林氏接着又创办《人间世》杂志，又向丰氏约画约稿，《谈自己的画》应运而生，于1935年2月、3月分两次连载于第22、23期的杂志之上。

从1925年初版的《子恺漫画》，到1935年《谈自己的画》，至1947年再作《我的漫画》，在这三篇文章连续撰发的二十余年时间里，丰子恺抒写着人生，思索着生活，体味着人世。正是从这个意义上讲，丰子恺在面对"漫画之父"桂冠加冕之际，发出的"半是半非"之叹，是大可以深刻探究一番的。

在丰子恺看来，一则是"漫画"本身的定义与他所体味的"漫画"之意并不完全相符，这专业定义与个人理解上的差异，当然是"半是半非"的；二则"漫画"只是他抒写人生的一种方式，并非为某种专业定义所规定的行为，所以"关于画的本身，没有什么话可谈，要谈也只能谈谈作画时的因缘罢了"。可知在丰氏眼中，专业技艺本身早已退居次席，更勿论什么"漫画"的专业定义若何了，如此一来，"漫画之父"的加冕，当然更是"半是半非"了。

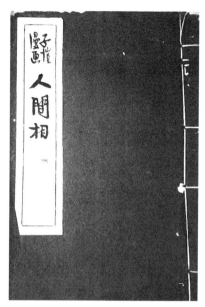

丰子恺编绘《人间相》，开明书店，1935 年 8 月初版

丰子恺《新夫妇四题》，原载《宇宙风》创刊
号 (1935 年 9 月 1 日)

丰子恺《抗战漫画并题词》，原载《宇宙风》
第 72 期，1938 年 8 月 1 日

丰子恺《抗战众生相》，1937—1938 年作，刊发于钱君匋主编《文艺新潮》

◎缘缘无尽，新生重光

丰子恺非常看重"作画时的因缘"，这就注定了他的画，与那些高坐书斋、焚香闻琴之际拈毫细绘的"雅士"画作绝然不同，与那些在画室里严格按照人体比例绘制模特肖像，在野外背着画板、拿着铅笔素描写生的"现代派"也有着明显区别。总之，"因缘"二字的微妙与丰富，并不是技法或技艺、风格或流派等词汇可以概括的。

丰子恺的缘缘堂，举世皆知，这所建筑的创建与毁灭，或许即是丰子恺终生所重"因缘"二字的最佳写照罢。辑入《缘缘堂随笔》中的《告缘缘堂在天之灵》一文中写道：

你本来是灵的存在。中华民国十五年，我同弘一法师住在江湾永义里的租房子里，有一天我在小方纸上写许多我所喜欢而可以互相搭配的字，团成许多小纸球，撒在释迦牟尼画像前的供桌上，拿两次阄，拿起来的都是"缘"字，就给你命名曰"缘缘堂"。当即请弘一法师给你写一横额，付九华堂装裱，挂在江湾的租屋里。这是你的灵的存在的开始，后来我迁居嘉兴，又迁居上海，你都跟着我走，犹似形影相随，至于八年之久。

可见，"缘缘堂"最初也只是如同中国传统文士的"斋号"一般的符号，是文士书斋或者"心斋"的名号，是文士心志与喜癖的代号罢了。当然，丰子恺的"缘缘堂"，又因与其恩师李叔同（弘一法师）结缘，且与其"子恺漫画"几乎同时诞生——这样的斋号之因缘，自是非凡。或许，"子恺漫画"之所以与众不同，之所以难以逾越，其中最为关键也最莫可名状的因素之一，正在于丰氏内心早已蕴守着的一份宗教情怀罢。

且说"缘缘堂"从一个虚拟的名号，实现为一所实体的建筑，始于1933年春。弘一法师与马一浮都为这一建筑留下了抒写，留下了期许。丰子恺为之忆述称：

到了中华民国廿二年春，我方才给你赋形，在我的故乡石门湾的梅纱弄里，吾家老屋的后面，建造高楼三楹，于是你就堕地。弘一法师所写的横额太小，我另请马一浮先生为你题名。马先生给你写三个大字，并在后面题一首偈：

能缘所缘本一体，收入鸿蒙入双眦。

画师观此悟无生，架屋安名聊寄耳。

一色一香尽中道，即此××非动止。

不妨彩笔绘虚空，妙用皆从如幻起。

第一句把我给你的无意的命名加了很有意义的解释，我很欢喜，就给你装饰；我办一块数十年陈旧的银杏板，请雕工把字镌上，制成一匾。堂成的一天，我在这匾上挂了彩球，把它高高地悬在你的中央。这时候想你一定比我更加欢喜。后来我又请弘一法师把《大智度论·十喻赞》写成一堂大屏，托杭州翰墨林装裱了，挂在你的两旁。匾额下面，挂着吴昌硕绘的老梅中堂。中堂旁边，又是弘一法师写的一副大对联，文为《华严经》句："欲为诸法本，心如工画师。"大对联的旁边又挂上我自己写的小对联，用杜诗句："暂止飞乌才数子，频来语燕定新巢。"中央间内，就用以上这几种壁饰，此外毫无别的流俗的琐碎的挂物，堂堂庄严，落落大方，与你的性格很是调和。

　　文中的××两个符号，想来是丰氏记忆不清了，只能以此符号替代字词了。仅从《告缘缘堂在天之灵》的文章题目亦可知，"缘缘堂"这所实体建筑已不存在了，所以不但是记忆不清，也无可追忆与查证。因为在此文撰成的前一年（1937），缘缘堂即被日军空袭投弹击中，彻底焚毁。这所建筑与丰氏的因缘就此终了。而丰氏也开始了举家逃难，辗转流徙于西南各地的生涯。八年之后，抗战胜利，丰子恺还曾返归缘缘堂旧址，为之创作了一幅题为《昔年欢宴处》的漫画，以示纪念。

丰子恺绘弘一法师像

丰子恺《昔年欢宴处》，1946 年

其实，"缘缘堂"还只是斋号的那段时光，自是丰氏体味古典、抒写兴味的创作第一时期之因缘；缘缘堂成为实体建筑之际，又是丰氏安居乐道、感悟生活的创作第二且渐开第三、第四时期的因缘；至缘缘堂被日军所毁，则更是丰氏将第一二三四时期完全贯通，别开生面、另放异彩的因缘。所以，从这个意义上讲，马一浮为缘缘堂所题偈语之"能缘所缘本一体，收入鸿蒙入双眦"，是自得默契的。可以说，缘缘堂的缘起缘灭、缘缘堂的生灭往还，对丰子恺的人生及创作，都产生了因缘际会、融通一贯的巨大影响。

诚如丰氏在抗战胜利之后，1945年12月由开明书店初版的《子恺漫画全集》序言中提到的那样，缘缘堂从斋号到实体建筑的这段时间里，其作品结集出版的已有八种之多，即《子恺漫画》《子恺画集》《护生画集》《学生漫画》《都会之音》《云霓》等。这些作品，创作时的因缘如何，丰氏皆有或零星或总括的记述，不必赘言。而在缘缘堂被日军所毁之后，这八种画集的底版与原稿也尽被战火所毁，可谓劫火滔天，因缘大变。此刻，丰子恺"扶老携幼，仓皇出奔，辗转长沙、桂林、宜山、遵义、重庆各地"，看尽了"战时相"与"民间相"，对"儿童相""学生相"与"都市相"的观感也更趋深入，对"古诗新画"的体味又重生新意。于是乎，重绘旧作、以图纪念，与创生新作、再抒新悟，两相结合，竟完成了一部六册的《子恺漫画全集》。

据统计，《子恺漫画全集》一部六册，每册辑印有六十余幅画作，合计有近四百幅画作之多。这些画作，有相当一部分源自缘缘堂被日军炸毁之前的作品构架，但由流寓西南的丰氏重绘，又别是一番沧桑况味；另有一部分则为缘缘堂被日军所毁之后的新作品，出自丰氏在抗战期间的亲见亲闻亲感亲受，既是大历史的"写生"，更是一己"心史"漫写。

《子恺漫画全集》，开明书店，1945 年版

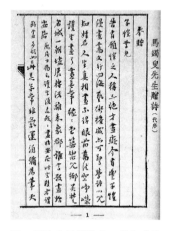

马一浮致丰子恺信札，辑自《子恺漫画全集》

《子恺漫画选》（彩色版），上海万叶书店，1946 年初版。此为丰氏 1947 年 2 月签赠郑晓沧本

丰子恺《都会之春》　　　　　　　　丰子恺《春在卖花声里》

◎漫画小说：为鲁迅先生"装上一个麦克风"

特别值得一提的是，在《子恺漫画全集》之外，丰氏还专门为鲁迅《阿Q正传》绘制了插图。早在1925年翻译日本学者厨川白村（1880—1923）的文艺理论著作《苦闷的象征》一书时，丰氏与鲁迅即已冥冥之中缔结"前缘"——他们几乎在同一时间，发表了对此书的译述。时至1939年，鲁迅已逝世三年，丰氏亦逃难两年之际，《漫画阿Q正传》悄然面世。

这一部漫画小说的面世，更为形象生动地普及了鲁迅的文学成就与思想立场，其贡献不啻连环画之于古典小说的普及。所有看过《漫画阿Q正传》的人，无不为丰氏笔下的阿Q及其所代表的中国社会现实之缩影所震撼，无不为这"左图右史"式的叙事空间深受感染，简直可以视作是鲁迅文学与思想的另一种新生。

其实，这又何尝不是丰氏创作本身的一种新生呢？须知，创作这样一部漫画小说的历程，并不轻松，其出版史堪称另一部"微缩抗战史"。原来，丰子恺曾三绘阿 Q，前两次的成果与缘缘堂及之前那八部画集的命运相似，皆在日军的炮火中化为乌有。1939 年 6 月的正式出版物，已是其第三次绘制了。在序言中，丰氏说道：

    抗战前数月，即廿六年春，我居杭州，曾作《漫画阿 Q 正传》。同乡张生逸心持原稿去制锌版，托上海南市某工厂印刷。正在印刷中，抗战开始，南市变成火海，该稿化为灰烬。不久我即离乡，辗转迁徙，然常思重作此画，以竟吾志。廿七年春我居汉口，君匋从广州来函，为《文丛》索此稿，我即开始重作，允陆续寄去发表。不料广州遭大轰炸，只登二幅，余数幅均付洪乔。《文丛》暂告停刊。我亦不再续作。后《文丛》复刊，来函请续，同时君匋新办《文艺新潮》，亦屡以函电来索此稿。惜其时我已任桂林师范教师，不复有重作此画之余暇与余兴，故皆未能如命。今者，我辞桂林师范，将赴宜山浙江大学。行装已整，而舟车迟迟不至。因即利用此闲暇，重作《漫画阿 Q 正传》。驾轻就熟，不旬日而稿已全部复活，与抗战前初作曾不少异。可见炮火只能毁吾之稿，不能夺吾之志。只要有志，失者必可复得，亡者必可复兴。此事虽小，可以喻大。因即将稿寄送开明，请速付印。……

    丰氏三绘阿 Q 的艰险经历如上，可以说，丰氏绘制的岂止是一部鲁迅小说，更是一部以鲁迅精神为寄托的抗战"心史"。第三次重绘成功之际，丰氏大生感慨云："可见炮火只能毁吾之稿，不能夺吾之志。只要有志，失者必可复得，亡者必可复兴。此事虽小，可以喻大。"

    这样的感慨，正如缘缘堂可被炸毁，可缘缘无尽的"子恺漫画"，终将在中国绘画史上自筑殿堂一般，自是丰氏的又一番信心与决心。

丰子恺绘《阿 Q 遗像》

丰子恺绘《漫画阿 Q 正传》，开明书店，
1939 年初版

丰子恺绘《阿 Q 正传》插图之一

丰子恺《绘画鲁迅小说》，上海万叶书店，
1950 年初版

十年之后，"子恺漫画"迎来又一次新生。1949年，接续创作《漫画阿Q正传》的因缘，丰氏又一口气为《祝福》《孔乙己》《故乡》《明天》《药》《风波》《社戏》《白光》等八篇鲁迅小说，绘制了一百四十幅插图。这样一部皇皇新生之作，被冠以《绘画鲁迅小说》之名，于1950年4月，由上海万叶书店正式出版。时已身在上海的丰氏，在这部画集序言中称：

> 鲁迅先生的小说，在现在还有很大的价值。我把它们译作绘画，使它们便于广大群众的阅读。就好比在鲁迅先生的讲话上装一个麦克风，使他的声音扩大。

在此之后的二十五年间，"子恺漫画"在新中国的新生活中，不断抒写新事物，焕发新活力。在为鲁迅先生"装一个麦克风"的初衷之外，也悄然为自己的新生达成了"装一个麦克风"的效果，"子恺漫画"至今影响广泛，深受各界读者喜爱。

自20世纪50年代始，"子恺漫画"不但继续在国内风行，其作品集还被配以英文、德文、日文、印尼文等多国文字，向世界各国传播。如今，不但"70后"这一代人之前的"老读者"对之记忆犹新，即便"80后"之后的"新读者"仍然对之并无隔阂，"子恺漫画"本身所具备的超越时空的"同情感"与装饰性元素，依然被广泛运用于书籍报刊等文化用品的创意之中。

所谓"缘缘无尽，新生重光"，一个画家及其作品已然发挥了近一个世纪的影响力，仍被新旧读者所铭记并乐见，恐怕无过于此罢。

潘玉良：妓妾化身"野兽派"

◎ **1928 年夏：海归女画家，"空降"上海滩**

1928年7月27日，《上海画报》第376期刊登了该报首席摄影师黄梅生拍摄的一幅女画家照片，在这幅照片的旁边，还附上了早已蜚声海内外的艺术大师刘海粟的郑重声明，题为"记潘玉良女士"。

虽是"声明"，实是刘写给黄的信件摘录，大致用意是要向黄介绍潘，做某种郑重其事的"资格认证"，信中这样写道：

梅生兄：（上略）潘玉良女士，安徽人，民八入上海美专西洋画系，民十一赴法，入巴黎国立美术专科学校。毕业后，又赴罗马，入皇家艺术院。罗马艺术院为世界最高之艺苑，中国人得入该院者，仅潘女士一人而已。归国后，由上海美专聘为西洋画系主任，主持西洋画科教务，并闻潘女士拟与美专新教务长高乐宣、西洋画教授邱代明（二君均为巴黎国立美艺卒业）于开学前在美专新校舍合开一展览会，此数君与粟交谊甚深，故敢以校务重任付托也。（下略）

海粟顿首，七月廿五日。

　　显然，在这专以报道各界名流动态及摩登新闻而风行于世的《上海画报》之上，要在极其有限的版面里，腾挪出一点空间，刊登出一张当时还少为外界所知的潘姓女画家的照片来，还是需要有足够分量的介绍词才行的。

　　试想，要与一代名媛陆小曼、孟小冬、于凤至等，与一国政要蒋介石、孔祥熙、宋子文等在同一张报纸上亮相，要么有丰华绝代的容颜仪态，要么有非同凡响的社会地位，而当时的这位海归女画家潘玉良，却并不具备上述两项新闻要素。

"名画家潘玉良女士近影"，原载《上海画报》第376期，1928年

那么，一位名不见经传，如同"空降兵"一般的海归女画家，何以能突然发来一张玉照见报？也许，当时为潘玉良拍摄这张照片的黄梅生，也不太搞得清楚来龙去脉，方才在拍照之后又向刘海粟去信求证，于是乎，才有了这么一小块图文并茂的报纸版面印出。

◎女画家早期经历一度扑朔迷离

事实上，要探寻潘玉良的早期经历，是比较困难的。目前已知的民国报刊中，关于她的公开报道，可以追溯到1926年左右，当年北平《世界画报》第55期上刊有她的一帧玉照，介绍只有"潘玉良女士，为罗马皇家画苑中之中国学生……"寥寥数字。同年，上海《图画时报》第287期，也刊印了潘氏玉照，也仅有"画家潘玉良女士"数字图注而已。

时至1927年，上海《图画时报》第388期，再度刊发一张潘氏玉照，但也只有"潘玉良女士为旅欧有数之女画家"的一句话介绍。直到1928年夏，归国后已在上海美专任教的潘玉良，因在《上海画报》上首度亮相，加之刘海粟的详加介绍，方才逐渐为世人所知。

潘玉良的艺术人生，看似与一位中国早期画家的履历无异。除了远涉重洋求学之早，以及绘画专业成就之卓越以外，纵观其终生以绘画为志业的生

潘玉良照片，原载上海《图画时报》第388期，1927年

涯，无非就是一位职业画家的人生历程而已。

殊不知，坊间还一直流传着她的另一段"非专业"时期的人生传奇。据说，她幼年曾被拐卖入妓院，沦为雏妓；后又嫁入豪门为妾；再后来又奋发学艺，方才专心于艺术创作。且因西洋绘画所要求的人体模特写生，在当时尚不普遍且属非法，为此她又混入女浴室偷绘女性裸体，因之屡受非议……总之，作为艺术家的潘玉良的专业简历，在后世公共文化领域里受到关注与重视的程度，一度远不及坊间流传着的她的前半段人生"传奇"。而所有这些"传奇"人生，再度为世人所瞩目并渐成焦点，源于20世纪90年代初上映的一部电影《画魂》。

◎影片《画魂》与家谱家世

影片《画魂》，由上海电影制片厂等摄制于1993年，这是一部由黄蜀芹执导，巩俐、尔冬升等主演的爱情片。影片以潘玉良早期经历为故事蓝本，主要讲述了潘如何从苦命雏妓到豪门小妾，最终成为知名画家的故事。该片一经上映，迅即引起社会各界热议。潘玉良的人生经历，一时成为街头巷尾的热点话题；她在成为知名画家之前的那段经历，也一度成为公共文化领域里的焦点议题。

遗憾的是，潘玉良的早年经历，真实的家世姓名，至今尚无定论，其原名及原籍，均无从确证。目前的调查结果，仅姓名就有陈秀清、张玉良、潘世秀、潘玉良四种；籍贯则有《画魂》影片中所称的江苏镇江[1]，坊间传言的江苏

---

[1] 这一说法还见于《蔡元培全集》第十八卷，浙江教育出版社，1997年。

扬州①，以及1928年《上海画报》上所声明的安徽人之说。

据《桐城近世名人传》②记载，潘玉良未从良之前的姓名实为"张玉良"。书中有这样一段记述：

"新近回国之潘玉良女士"，原载上海《图画时报》第462期，1928年

潘赞化在芜湖海关监督任内，结识了青楼女子张玉良。他同情她的不幸遭遇，从火坑中把她赎了出来，纳为小妾。他发现张玉良非常聪明，为她请了家庭教师，教授她国文、英文，又送她上了教会学校。他解任离开芜湖时，将她带到上海，在渔洋里租屋，和陈独秀毗邻而居。他俩结婚，陈独秀是他们唯一的来宾和证婚人。

如果上述这段记述基本属实的话，也就不难理解，1937年夏，当陈独秀最后一次被捕入狱，被关押在南京老虎桥监狱之际，缘何能为两次携画探监的潘玉良，都不吝笔墨，欣然在画上题词留念。

有意思的是，这两幅画作的主体图案，均为女性人体的白描图。一幅为《侧身背卧女人体》③，陈独秀在画上题词曰：

① 这一说法还见于《陈独秀著作选编》第五卷，上海人民出版社，2009年。
② 《桐城近世名人传》，安庆市桐城县政协文史委员会编印，1993年。
③ 此画今藏安徽博物院。

余识玉良女士二十余年矣，日见其进，未见其止，迫所作油画已入纵横自如之境，非复以运笔配色见长矣。今见此新白描体，知其进犹未已也。

另一幅为《俯首背女人体》，陈氏题词曰：

以欧洲油画雕塑之神味入中国之白描，余称之白描，玉良以为然乎。廿六年初夏。[①]

两次题词，均以蝇头小楷为之，肃然端列于画幅端角之处，似唯恐字体过大，挤占破坏了画幅空间。题词落款处，似以墨笔直接勾描出一方白文"独秀"的印章图形，仿为钤印形式。之所以出现这样的情形，或与当时狱中钤盖私人印章有所不便，或者就是陈氏兴之所至，乃是有意为之的略表艺术风味之举。无论如何，这样的题词风格，与惯常的陈氏题赠友人时"风虎云龙"般大开大阖的手笔颇为不同，或亦可视作陈氏对潘氏其人其作品的某种敬意使然罢。

这两则题词，后来被正式选入《陈独秀著作选编》一书，书中页脚注提及潘玉良原名及早期经历，注释如下：

潘玉良（1895—1977），原名陈秀清，后改姓张，扬州人。家境贫苦，幼年被卖于青楼，后嫁于潘赞化，陈独秀为唯一的证婚人。并见玉良的画有灵

---

① 陈氏两则题词，俱已收入《陈独秀著作选编》第五卷，上海人民出版社，2009年。

气，遂建议潘赞化送玉良进美专，后又建议她去法国深造。

这样看来，潘玉良原名"陈秀清"，改姓"张"之后，可能又曾名"张秀清"或"张玉良"。另据近年发现的安徽桐城《潘氏宗谱》，可知潘玉良确实原姓为"陈"，至于是"陈秀清"还是"陈玉良"，则未明言。

这部《潘氏宗谱》乃是潘玉良之夫潘赞化的家谱，续修于1928年初，当时潘赞化正在南京国民政府任职，时年四十三岁。而潘玉良也在这年即将从法国留学回国，时年三十三岁。据《潘氏宗谱》潘赞化（谱名世璧）小传下记有一行小字：

潘赞化，原载《农业周报》第3卷第32期，1934年

潘赞化画像，潘玉良1937年速写

侧室陈氏玉良，现留学法国。

从《潘氏宗谱》的记载来看，原籍安徽桐城的潘赞化，本是亦官亦学的世家子弟，当时曾任江苏督军公署谘议、中华农学会总干事等职，潘玉良的确算是嫁入了豪门府第。旧时女子出嫁即从夫姓，由"陈秀清"或"陈玉良"改名，而为"潘玉良"之说，似可成立。但由于宗谱并未标明陈氏嫁入潘家的具体时间，故而其"从良"的确切时间，则难以判定了。

◎ 1928 年旅欧归国前后，潘玉良"空降"上海滩简历

且说 1928 年 7 月 27 日，《上海画报》第 376 期之上，带有刘海粟介绍辞的潘玉良肖像照片，突然出现于广大上海市民面前，确实有某种突如其来的"空降"效果。这次高调宣介，可以算是其人归国之后的首度亮相。

但殊不知，在其人归国在即之际，沪上报刊即已对这位海归女画家有所关注了。曾经有一次较为低调的宣介，就刊发在了 1928 年 5 月 26 日的《上海漫画》杂志第 6 期之上。

在一页影印着三位女画家肖像照片，外带两幅绘画作品及广告画的杂志版面上，居于中下部位置的图片，即为潘玉良的玉照，图片右侧的介绍称：

潘玉良女士，意大利罗马国立美术院毕业，为华人毕业于该院之第一人。

时至 1929 年元旦，由著名翻译家、文学家曾朴（1872—1935）创办并主

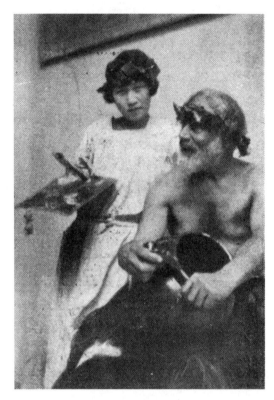

潘玉良女士，原载《上海漫画》第6期，
1928年5月26日

潘玉良工作照，原载《真善美》杂志之"女作家专号"，
1929年2月初版

持的真善美书店，隆重推出了一本《真善美》杂志的号外，内容完全以当时可
以寻访搜采到的国内女作家为主题，选辑她们的作品及照片，介绍她们的生平
与事迹，是一本非常独特的纪念杂志创刊周年的"女作家专号"。

　　在这样一本号外的一页铜版纸上，印着潘氏手执画笔画稿，与一位赤裸上
身的外国老年男子模特的合影①，展示着这位青年女性画家工作时的个人风采。
合影左侧有几列竖排的小字介绍称：

----

　　① 事实上，这是潘氏于1927年在意大利创作油画《酒徒》时，与一位当地老年模特的合影，
归国展出这幅油画时，改名为《老人》。1929年4月，参加全国美展时，又复名为《酒徒》。

潘玉良女士，上海美术专门学校毕业，十年赴欧，在法国里昂、巴黎等国立美术学校习画，十四年在意大利罗马皇家美术学院从Coromaldi为师，曾出品罗马展览会。现任上海美术专门学校西画系主任。去年十一月间在上海举行旅欧回国纪念绘画展览会。像中老人为其油画之人型。

这应当是潘玉良旅欧归国之后，在上海报刊上的第二次带有个人简介性质的亮相（附有照片，图文并茂）。简介中提到的"去年十一月间在上海举行旅欧回国纪念绘画展览会"云云，确有其事，关于此次画展的预告，最早见于1928年10月26日的上海《民国日报》之上。报道原文如下[①]：

潘女士画展消息

上海美术专门学校西洋画系主任潘玉良氏，系毕业于法国巴黎美术专门学校，复升入罗马皇家艺术院研究三年，造诣深邃，思想宏富。今夏新由意大利返国，携回作品极多。兹闻潘氏拟于十一月中，在沪宁二地，举行个人绘画展览会，其影响我国艺苑必巨，想届时当有一番盛况也。

这么一条简讯，不过百余字，却又再度将潘氏个人简历公开介绍了一番。不到一个月之后，1928年11月24日的《上海漫画》杂志第32期之上，在同一版面上刊印由著名摄影家郎静山所摄"潘玉良女士作品三帧"，同版还随之刊印了一张"巴黎中法大学旅沪同学之一部分之合影"，"居中间者即女美术家潘

---

① 报道原文仅以顿号断句，今施以通行标点。

玉良女士"，并随附介绍及预告称：

女士之作品深得西洋艺术之精髓，且历游罗马诸胜地，胸襟宽放，识见较丰，闻日内将举行个人展览会于沪上，以示国人云。

可以想见，潘氏于1928年夏归国前后，同年5月的《上海漫画》杂志，7月的《上海画报》，10月的《民国日报》，11月的《上海漫画》杂志，次年初的《真善美·女作家专号》，这些不同性质、不同刊期、不同受众的沪上报刊，开始持续关注并宣介这位海归女画家，其人其事的社会影响力必然也会随之节节攀升。

巴黎中法大学旅沪同学之一部分之合影

潘玉良《酒仙》，意大利，1927 年

潘玉良《罢那丁》，意大利，1927 年

◎ 1928 年沪上首次个展前后，潘玉良作品及其影响

1928 年 11 月 28 日，潘玉良国内首次个展在上海隆重举办。上海《申报》《民国日报》《时事新报》等各大报刊，从提前预告到即时报道，再到观展评述与评论专稿，一直跟踪推进，搞得非常热闹。

更为令人瞩目的是，同盟会四大元老级人物蔡元培、张继、易培基、柏文蔚也联袂前来捧场。他们于开展当天，以联名通告刊登《申报》的方式，为此次个展做了一个很有号召力与影响力的预告。通告原文[①]如下：

西画专家潘玉良女士，游欧八载，专攻绘事，昔由巴黎国立美专毕业，即考入义大利罗马美术学院，本年以最优等毕业，曾得义政府奖状，且数将女士作品

---

① 通告原文无标点，今施以通行标点。

选入该国国家展览会，并由义教育部特赠奖金五千利尔[1]，实为我国女画家获得国际上荣誉之第一人也。今夏归国，随带海外作品凡八十余件，经同人敦劝，举行留欧回国绘画公开展览会。兹定于十一月廿八日至十二月二日为会期，会场在西藏路宁波同乡会，届时务请各界莅临，以广见闻，而重文艺，毋任欣幸。

蔡元培、张继、易培基、柏文蔚同启

开展两天之后，即11月30日，《时事新报》有一篇阶段性总结式的简讯报道，也颇可一读。且看报道原文如下[2]：

潘玉良女士洋画展盛况

留欧回国第一流洋画家潘玉良女士，将其杰作，曾在罗马美术展览会之出品八十余点，在本埠西藏路宁波同乡会，于前日（二十八日）起，举行纪念展览会，曾志前报。兹闻连日参观者，异常拥挤，旅沪各国侨民，咸到会评览，叹为中华女流作家之冠。其在义大利所作之人体，及《老人》《卖花女》《女音乐家》等表现力非常丰满，色调深沉，于精确中露出流畅之笔触，带有东方文化之精神，实足启发新艺术[3]之途径，影响于后学至巨。其亲友如蔡子民、柏文蔚、张继等，尤为赞赏。本埠《大陆报》《日日新闻》《法文报》[4]，以及华文各报，均派有记者到会访闻，柏文蔚夫人偕亲友多人到场招待并摄影，以志其盛。并闻潘女士拟发起一女子美术会，日内正在向各方面从事接洽云。

---

① 利尔，即意大利货币 Lirar 的中文音译，今译里拉。
② 报道原文仅以顿号断句，今施以通行标点。
③ 此处"术"字，原作"径"字。
④ 《法文报》即《法文上海日报》。

据上述这篇约三百字的报道内容可知，作为海归女画家的潘玉良，在国内的首次个展取得了空前成功。当时的上海艺术界与文化圈，虽然风气已开，自由摩登的新思潮、新风尚层出不穷，女画家办个展或联展并不算是什么特大新闻，可潘氏海归身份，展出的又是国内女画家鲜有涉足的西洋画及雕塑等品类，自然非同凡响，即刻脱颖而出，引来沪上华洋各界瞩目。

《时事新报》刚刚报道了潘氏个展盛况之后，次日（12月1日）印行的《上海漫画》杂志第33期之上，迅即又刊发了个展中的潘氏作品三幅，以及潘氏师从的意大利名师康洛马蒂为其亲笔绘制的一幅肖像画，并简要介绍了此次展会。尤为可贵的是，与这些画作及展会简介同时刊发的，还有潘氏本人为此次个展所撰的一篇带有感言性质的短文。且看刊物上的原文如下：

潘玉良女士之绘画展览会

于十一月二十八日至十二月二日止，在西藏路宁波同乡会举行，出其留欧时之作品八十余帧，供人观览。

女士更自撰《寸感》一文，以表明研究艺术之心得，特录于后。

在从前我国沉寂的艺术界里，研究洋画的人实在是不容易，尤其是我们女同志，一向困着恶劣环境当中，一旦挣扎出来投进冷酷的空气里面，要跑上一条正当大道去研究，所受的困难险阻，自然要比平常人加重万万倍了！八年前的我，就是当中奋斗的一个。为要一直奋斗追求，所以毅然出国去了！

一九二一年到了欧洲，先后在法国里昂、巴黎的国立美术学校从D. Simon等名家研究了几年。虽然修业期限算结束了，可是还要继续的追求，然而事实上使我无再留的可能了！本年春间便不得不回归故国！

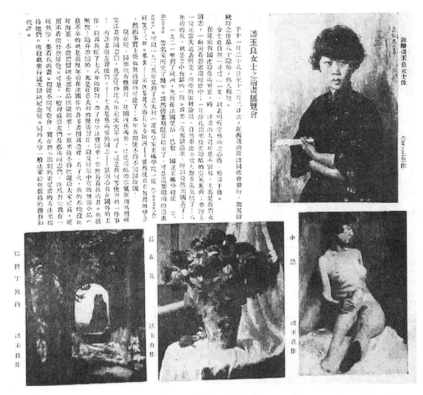

《潘玉良女士之绘画展览会》，原载《上海漫画》第 33 期，1928 年 12 月 1 日

现在呢，归来只有几个月，见国内艺术界，已从冷酷的空气渐渐热烈研究洋画的同志们，也进展得比八年前大大不同了。这是我何等快乐的一件事！有许多朋友亲戚们，——尤其是艺术界的同志——狠关心我在国外的工作，以为我经了七八年的探讨，带了什么法宝回来，要想看看我的画。我很惭愧！随身带回的，都是在意大利的几张习作，以及行旅中写的几张小品（最不幸的就是我几年前在法国作的许多画因为遭难，着了火，我的都烧没在红海里，不能把留欧全部作品供献出来！）原来值不得供献给大家鉴赏，更用不着什么展览。可是，一般亲戚朋友们及艺术同志们，既然对于我有一种热望，要看我的画。假使不开展览会，实在想不出别的更妥当的方法来招待他们。所以就举行这次

留欧纪念展。同时希望一般法家给与严格的指教和批评。

这篇报道两天之后（12月3日），有一篇观展评述的专稿，刊发在了《时事新报》的"青光"副刊之上。此文题为《纪留欧纪念展览会》，作者署名严悫男，作者虽不甚知名①，当时可能并非艺林文坛中人，可这却是目前已知的最早发表的关于潘氏归国后首次个展的个人评论文章，因此也颇可注意，不妨细读。原文不长，照录如下：

纪留欧纪念展览会

严悫男

一向很沉寂的中国艺术界，近来似乎有蓬勃的气象了。个人和团体的艺术展览会，常常可以发现；尤其是这一次潘玉良女士所举行的留欧回国纪念绘画展览会，最引人注意。

昨天，我被黄警顽君邀去参观，参观以后，更嘱托我批评一番，会主潘女士也对我这样讲。但是我对于艺术是一个大外行，叫我乱批评，岂不贻艺术界之污？无已，只得将潘女士的经历和这次开展览会的缘由，以及我个人所见到的，约略介绍给读者：

在从前我国沉闷的艺术界里，研究西洋画的人，虽然不少，但女子却不很多有。当时，潘女士研究洋画的兴趣，却很浓厚，为了要奋斗追求，在八年②

----

① "严悫男"之名，据笔者查检，见有1948年江苏省金坛县政府公文一份，内有署名"严悫男"者，时任金坛县县长。
② 原文无"年"字。

前，她便毅然出洋了。

女士是一九二一年到的欧洲，先后在法国里昂和巴黎等国立美术学院里从几位名家，如 Degas Simon 之流，研究了几年。在一九二五年，又继续到意大利罗马皇家美术学院里从 Coromaldi 研究了三年。在这三年之中，潘女士的艺术便大有进步了。意大利的教育部曾经给过她一年的奖金；她在美国美术展览会里也获得最优等的奖誉。

潘女士学成以后，于今年春间回国。女士的许多朋友、亲戚和艺术界的同志们，就要鉴赏她七①八年来在外研究的成绩。女士为要副他们的一种热望，所以就举行这次展览会。据女士说：这次所陈列的作品，都是在意大利的习作，以及行旅中的小品。还有许多在法国作的画，因为遭祝融之灾，已一齐付诸丙丁了。这是我们认为很可惜的。

会中陈列的图画，共有八十幅之多，真是琳琅满目，美不胜收。内中以《寻思》和《注视》为最神；几幅裸体画，也有很好的曲线美的表现。其余如《白菊》《黑女》《长春花》《巴拉丁宫内》《闲钓》《女音乐家像》等也都各有它的好处。

略观上述六百余字的评述，潘玉良的海外学艺生涯再度被复述，海归的身份再度被宣介，"研究西洋画的人，虽然不少，但女子却不很多有"，这一重要因素，也很自然被拈提了出来。

另外，此文也并非全然是一篇捧场之作，也透露了一些颇有价值的历史信

---

① 原文"七"字在"她"字之前。

息。譬如，潘氏在法、意两国师从的两位名家，Degas Simon 与 Coromaldi。又如，展出的画作里"都是在义大利的习作"，"许多在法国作的画"因为失火，都焚毁了，所以未能展出。再如，此次展出八十幅画作的诸多名目，也大致列举了一些出来。所有这些细节表述，对研究潘氏早期艺术生涯，也都有一定的参考价值。

不过，联系到两天之前潘玉良刚刚在《上海漫画》杂志上撰发的《寸感》一文，这位《纪留欧纪念展览会》的作者似乎只是将前者摘录改编了一下而已，并没有更多的、更深入的其他细节介绍。因此，或可揣测，此文作者要么曾熟读过《寸感》一文，要么曾与潘氏有过晤谈，故行文所述细节信息，在相当程度上与《寸感》一文基本保持一致。

◎ 1929年全国美展前后，潘玉良作品及其影响

时为1929年4月10日，教育部全国美术展览会隆重开幕。潘氏作品多幅入展，最早刊发相关图文介绍的，仍然是《上海漫画》周刊。美展开幕第四天，即4月14日，统共只有六个版面的该周刊第51期之上，即专门开辟出两个版面，来展示"十日开幕之教育部全国美术展览会出品一部分"。两个版面之上，分别刊印出了三幅潘氏画作，即油画《落寞》《灯下卧男》与粉画《歌罢》。

两天之后，4月16日，潘玉良师从的意大利名师绘制的另一幅潘氏素描像，刊发在了此次美展官方所办周刊《美展》第3期之上。潘氏参展作品中的另一幅粉画《顾影》，则于4月22日刊发于《美展》第5期之上。

两个多月之后，1929年7月1日，《妇女杂志》第15卷第7号，办了一期

"教育部全国美术展览会特辑号"，尤其侧重于对参展女性艺术家作品的鉴赏与评述。其中，特别对潘氏参展作品做了大量展示与介绍。该杂志主编李寓一，特别偏爱潘氏作品，将其人列居参展女画家之首，且特意将参展作品粉画《顾影》彩印于铜版纸上，弁于杂志正文之卷首，并于其上覆以一层透明硫酸纸，以示珍视。

在这一层如薄膜一般遮护着潘氏画作的硫酸纸之上，还以长型仿宋体铅字竖列印出一则简介，文曰：

潘玉良女士从法 Degas Simon 等名家游，得写实之基本工夫，此图表白女子顾

十日开幕之教育部全国美术展览会出品一部分，内有潘玉良油画《落寞》《灯下卧男》、粉画《歌罢》，原载《上海漫画》第51期

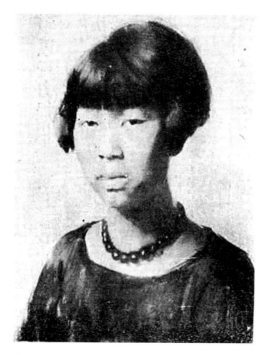

意大利名师绘制的潘玉良女士像（素描），《美展》
第 3 期，1929 年

影自怜之态，轮廓极正确，色调富于情感，故多变化。笔触带有东方象征意味，故能简秀。成为本展写实最优之作品。原图长四英尺，宽三英尺，用色粉绘成。

不过短短百字简介，珍爱与激赞之意，着实已按捺不住，在这薄薄的一层护膜之上，早已流溢于字里行间。这还不算，潘氏画作图片的背面，竟还印有一段主编的介绍辞，且看原文如下：

人家不爱惜我，我自己爱惜自己，是艺人潘氏之精品。是幅则蕴发此情操最深刻，其面容因自怜而悃悃，表现在有意无意之间，可比拟于后兴期①艺杰文西之《微笑》，亦人间之一大谜。其全体较本会参考品，日本国代表作《镜》，于柔和之外，更富色彩。女士之心灵中，有无上之忠实：表白模特儿热血与冷气战斗，而呈现之色彩——在手与足——不曾想到美是不美，而实成为至美之真实。女士之心灵中，亦不曾受何深之影响。回国后，故国山河，一一映于心灵中，象征主义之国艺，自必与以另一方面之陶泽。其笔触之简美，正

---

① 后兴期，指"文艺复兴"时期。

因此而得观其笔触，是多么简老而有意趣啊！女士有此作，不独在近时可被称为女界之艺杰，即方之于其他一切作家，恐亦多未能及者！

李寓一识

上述附印于潘氏作品《顾影》铜版图片后面的李寓一之介绍辞，充分表达了李氏个人对这一作品无以复加的喜爱与推崇，也是有意要向广大读者隆重推出与歌吹一番的。为了更为直观地表达李氏所言，潘氏作品《顾影》相较于"日本国代表作《镜》"而言，"于柔和之外，更富色彩"这一评判，同期杂志上附印了一幅日本画家寺内万治郎所绘《镜》。

李氏甚至还认为，潘氏所作粉画《顾影》"可比拟于后兴期艺杰文西之《微笑》"，意即此画竟可与达·芬奇的传世名画《蒙娜丽莎的微笑》相提并论，同为东西方古典绘画艺术体系里的巅峰之作！

再者，同期开设的"女青年艺术家"栏目，起首即刊印有潘氏玉照一帧，图侧又印有一段热情洋溢的简介：

朴实无华之潘女士，其究研艺术，有梁启超先生所谓之"蛮性"，及《易经》所谓"君子自强不息"之真精神，游学于意大利、法兰西诸国，习西画不辍者八年。归国后任上海美专、中央大学、上海艺大等教职；然仍日处于艺苑绘画研究所中制作，努力奋发之精神，不让大艺术家孟耐Monet等专美于前。曾在烈日中作画，终日不少息，受日热而得病，然犹日执画笔，披画衣，与画架相周旋，吾闻罗丹氏每日之工作十六小时，爱迪生氏发明电灯时而七日夜不作息，潘女士之精神仿佛似之。其作品之精妙，社会已有定评，兹姑不赞。试

潘 玉 良 女 士

潘玉良女士，原载《妇女杂志》第15卷
第7号，1929年

观本刊篇首附丽之《顾影》一图，亦足以见其才艺矣。

前边已经提到，对潘氏画作彩页的介绍辞中，李寓一已将其作品与达·芬奇作品相提并论；在这里的潘氏个人简介中，李氏又将其精神境界与印象派大师莫奈"并美"，甚至还将之与法国雕塑大师罗丹、大发明家爱迪生相"仿佛"。这样的赞誉，不知在当时的国内美术界产生过什么样的影响，如今看来，实在也属空前绝后之誉了。

此外，同期刊发的李寓一所撰《教育部全国美术展览会参观记》第六章"西画部之概况"，对潘氏作品更是予以了毫无保留的赞美，可以说达到了潘氏归国以来受到的最高赞誉。且看文中有这样表述：

入西画部，奔逐于吾之眼帘，使吾欣赏玩味不置者，首推潘玉良女士之作品。吾不得不先为之述其详。潘玉良女士初学于上海美专，卒业后，赴法里昂、巴黎等美都，入其国立美术学校，从Degas Simon 游，沉醉于中者，数易寒暑。业满，复鼓其直往锐进之勇气，入意大利皇家美术学院，从艺坛巨头Coromaldi 氏，朝夕研求，三年如一日。卒入其堂奥，蜚声于艺术策源地。意大利教育部，特赠以津贴金一年，以为奖励；膺无上之荣誉。不独于国内为绝无仅有，即在彼艺术最发达之国家，亦属难能可贵。潘女士之精神，潘女士之艺术，在我国恶劣之环境，艺术沉闷之社会，独能放此奇花，骤增光彩，将所谓石蕴山辉，珠怀川媚，我神州之艺院高标，可以夸矣。女士回国后，即被任为上海美术专门学校西洋画科主任，未数月，即振振有生气，起该校十七年来之衰，立全国艺术之正轨。去年冬，曾以其亲友之请求，开个人展览会一次。一时国府委员，海上名宿，争趋观摩，乐为宣扬。今次之陈列于展览会中者，共有五幅。《酒徒》与《黑女》二幅，为其旧作，《灯下卧男》《歌罢》《顾影》（见本刊卷首彩色图）三幅，为其新作品。《酒徒》写一老人抱甕之形，《黑女》写一黑女之侧面半身，二者俱极写实之正确。《灯下卧男》得构图之奇谲，《歌罢》形容倦态无遗，《顾影》则较上更柔和，更富色彩，更得简趣，于面容间表现因自怜而怅惘之意态，在意与无意之间；可拟复后兴期三大杰之一文西氏所作《微笑》：其写一女子微笑之意态，谓之为笑，而实不见有笑之迹痕，谓之为非笑，而实有隽永之笑意，评者谓其为人间之谜。女士此作，于愁苦怅惘，爱惜，郁闷等，似与惘怅相近，而亦未曾明示于观众，盖亦人间之大谜也。女士心性忠直，胸无嚣尘，故日沉迷于画室中，无一幅一笔一点之间，不为其忠实心灵之表白。其写《顾影》一幅中之手足热血与冷气战斗而呈现之色彩，忠实而更富热情。其在国外之习作，立一最稳固之忠实之基础；归国后，感于故国之山河，深印象征主义之国艺，然未尝因此而冲散其写实之精神，乃列进而于写实之中，寓象征之意。写实与象征，其意本不容，但观《顾影》①一幅，无形不描写正确，无一筋肉一血流不与模托儿无异。而于色彩，则更有

---

① 原文为"影顾"，且无书名号。

肉眼不可见到之粉绿、玫瑰红、青蓝、杏黄等色调；于笔触，更简略，观赏者所不须见到，或不能见到之笔，以久练之工，表出简老之线条，生命之流，泛溢而成笔趣。简言之，笔触简老而有趣味，纯出自然，不假穿凿，虽绝不可谓已登峰造极，但在此时我国之女艺术界中，或即于我国今日之艺术界中，盖亦鲜矣。

吾为参观之文，而于潘女士之作独推崇备至者，实有感于已往艺术界之虚夸，而女士独能以坚苦不屈之精神，作伟大之努力，其与艺人之兴奋为如！若潘女士者，可以勉矣。

读罢上述约千字篇幅的表述，除了为李氏对潘玉良画作宏微兼具的赞美，深为感触之外，还不难发现，前述那些印在同期杂志硫酸纸上与铜版纸背后的简介文字，不过是这一篇李氏文章里部分内容与观点的摘录罢了。也由此可见，本期杂志，李氏就是要义无反顾、大张旗鼓地向国内女界乃至社会各界，大力推介潘氏及其作品。

◎潘玉良的"粉画"作品一鸣惊人，大放异彩

值得注意的是，在对潘氏绘画技艺的评述上，李氏多次强调了绘画色彩的巧妙运用。李氏认为，潘氏画作较同时代他人作品"更富色彩"，"更有肉眼不可见到之粉绿、玫瑰红、青蓝、杏黄等色调"。那么，这些肉眼不可见到的色调，李氏又是如何看出来的，或者说，又是如何品鉴体察出来的呢？

说到这里，就还有必要约略介绍一下所谓"粉画"的应用历史与绘制

原理。

粉画，也译作粉笔画、色粉画或粉彩画。这一画种，法文、英文名称为Pastel，源于意大利语Pastello。粉画的历史，可以追溯到人类早期使用白垩或红垩所作的上古岩画，至欧洲文艺复兴时期，一些画家在素描时，开始尝试突破单色范畴，略微添加色彩，形成"着色素描"的作品，有了"三色粉笔画"的绘制技法。之后，色彩数量逐渐增多的色粉画，一度广泛应用于宫廷或贵族肖像画之中。

《妇女杂志》第6卷第9号，1920年9月

色粉画的绘制非常简便，是用一种干性色粉条，可刮成粉末或在粗砂纸上磨成粉状，再用棉布或绵纸蘸取色粉，在画纸上涂画。色粉表现细腻，过渡自然，对反光透明体和光晕的表现简单有效，色泽纯净、明亮，可涂出颜色的退晕和虚实变化。利用橡皮可在其上擦出各种微妙的高光，十分便利。

色粉笔绘画是将素描和色彩融为一体的形式，与其他绘画颜料相比，色粉笔有其方便直接的长处；色粉画作画时基本不需要其他媒介剂和工具，随时可拿起放下，作画时既能用交叉线条表现明暗变化，也可以用手指或专用笔刷糅合不同色彩创造出过渡的层次。色粉笔颜料的色彩多含粉色，色泽柔和、淡雅而无反光。

　　进入19世纪40年代之后，随着印象派艺术的勃兴，色粉画迎来了空间繁荣时期。及至20世纪初，色粉画传入中国，初由旅欧八年、习艺归来的李超士（1893—1971），于五四运动前后，在上海办展，复又在上海艺专授课，国内艺坛遂有色粉画之流传。

　　时为1919年12月25日，上海天马会第一届绘画展览会之审查员，在江苏省教育会内开会，就曾审评过此次参展的粉画作品。审查员江颖年对张光宇的一幅粉画佛像，就曾评价称"用粉绘佛图案，颇能表现东方趣味"云云①。两天之后，12月27日的《时事新报》之上，又刊出了《高剑父对于天马会之评语》，高氏对江小鹣的粉画作品颇为赞赏，有这样的评语：

巴黎美术大学毕业李超士先生在上海女子艺术师范学校教授画法之摄影，《妇女杂志》第6卷第9号，1920年9月

————————————

　　①　此次画展评审报告，见载于1919年12月26日之《时事新报》。

粉画《凝思》，方雪鸪作，原载《良友》第49期，1930年8月

巴黎美女（色粉画），天马会第二届绘画展览会出品，原载《美术》第2卷第3期，1920年

色粉画（Pastel）以江小鹣所绘之《流砂》为最。虽寥寥数笔而形神毕肖，筋肉活现，恐执途人而问之都难移一笔，非深于艺用解剖学，曷克臻此。

次年，1920年7月21日，天马会第二届画展开幕。参展的众多作品之中，李超士的粉画作品《美女图》，得到了曾师从李叔同习画，时任南京高等师范学校艺术系主任的周玲荪（1893—1950）[1]的高度评价：

《美女图》色彩调和，神态自然，较之市上流行的一般时装美女画，实可胜过百倍。[2]

待到1921年元旦，天马会举办第三届画展时，参展的粉画作品，不但有

---

[1]　周玲荪，浙江海盐人，1912年入浙江两级师范学校，深受教师李叔同（弘一法师）影响，修习绘画、音乐，毕业后任职于商务印书馆南京分馆。1918年经李叔同推荐，任南京高等师范学校艺术系主任。

[2]　周氏评述，见载于1920年8月30日之《时事新报》，题为《对于天马会之希望》。

李超士、丁悚的作品，还出现了女画家周淑静的作品。一个月之后，由商务印书馆组织编译初版的《新体粉画写生法》，明确标示了"中学校、师范学校用"的字样，或已表明，此时的粉画教学已经普及到了国内各大师范学校乃至中学的美术课堂之上。

由此可见，当时色粉画虽然由西洋传入中国未久，可国内画家群体里已不乏先行者与佼佼者，甚至普及到了中学生。只不过，在这一绘画品类里崭露头角者，多为男性画家，女性画家还不多见。

关于粉画的应用历史与绘制原理，约略如此，如今看来，不难理解。不过，对于色粉画刚刚传入不过十年光景的国内艺术界而言，对于近百年前的国内女界与普通读者而言，恐怕都还并不是那么一言即明的。

对此，《妇女杂志》的主编李寓一，特意向潘玉良约来了一篇专稿，同期刊发于"作家经验谭"栏目里，以飨读者。此文题为《我习粉笔画的经过谈》，开宗明义，现身说法，这是要向当时的国内女界乃至社会大众，约略普及一下粉画了。且看原文如下：

生性喜欢美术的我，对于音乐、雕刻、绘画，都曾经作过相当的练习。但自绘画上的色彩把我引诱成了一种嗜好之后，音乐、雕刻，在事实上就只得牺牲了。这是我旅欧时偏重于绘画上的修业的一种简单原因。换句话说，我实在喜欢作色彩画，尤其是粉笔画（Pastel）。

在一匣数十根，或一大匣数百根的粉笔颜色打开来的时候，我们如果没有木炭画的基本练习，要想表现一件事物是很难的。我旅欧八年，起初在巴黎美术学院，作的木炭画较多，后来到罗马美术学校作的油画较多。粉笔画虽然欢喜，但是没有得到作画的相当时间，所以从欧洲带回国的，只有数件作品：（1）《卖花女》——陈列于个展；（2）《灯下卧男》——出品于全国美展，这两张画，都是在罗马作的；也有在巴黎作的，不幸已烧失了！

去年回国后，忙于应酬，忙于教课，又忙于短旅，由生活上影响到心中的不安定，所以作画很少。今春把无谓的周旋都放弃了，虽然奔走于沪宁之间，还担任一些教课，但是在余时，就安然在艺苑绘画研究所制作，这半年制作期间，比较上粉笔画，画得最多，所以全国美展开会时，我就把《歌罢》《顾影》二件也送去陈列。在我的观念上，以为全国美展的盛会里，一定有许多粉笔画，或者可以供给我们作参考；结果却使我失望了。在西画全部的出品中，粉笔画竟寥若晨星，因此，我的几张粉笔画，就很为众所注目。

我自愧对于粉笔画没多研究；但我感觉到这粉画是较油画为方便，更宜于我们女子学习，很望国人对于这画多多的研究！

应当说上述寥寥约六百字的短文，并不足以完全概括粉画的特点，以及潘氏修习粉画的心得与经验。这篇短文，更像是潘氏个人旅欧习艺的另一番简明自述，只不过把粉画拈提了一下，好像是要向大家有所交代，实则并没有什么交代可言。

不过，文末潘氏所云，在此次全国美展中，"在西画全部的出品中，粉笔画竟寥若晨星"，"因此，我的几张粉笔画，就很为众所注目"，这样的说法，也是相当坦率真诚的。为此，她还广为号召说，"我感觉到这粉画是较油画为方便，更宜于我们女子学习"，这也是颇有预见性的说法。在随后到来的1930年代里，各地女画家纷纷绘制出众多粉画作品，它们或参与各种展会，或登上

潘玉良《我习粉笔画的经过谈》，原载《妇女杂志》第 15 卷第 7 号，1929 年

潘玉良粉笔画《园庭小憩》，原载《东方杂志》第 33 卷第 13 期，1936 年

杂志画报的彩印版面，成为那个时代的流行艺术之一种。

◎中国女"野兽"，又一项新桂冠

可以说，潘氏归国的头两年，即 1928、1929 两年，的确是大放异彩、异军突起的光辉岁月。扑朔迷离的早期身世，旅欧八年的习艺生涯，女性画家的性别优势，粉画作品的脱颖而出，所有这一切，活脱脱成了一部旷世传奇。

本文前边已经提到的，关于李寓一倾心激赞潘玉良，一度将其与意大利文艺复兴时期及法国印象派大师相提并论之事，当时影响若何不可确考，但如今似乎仍有余响，不乏老调重弹者。一些后世评论者，要么把潘氏视作带有某种文艺复兴精神气质的中国女画家，要么将潘氏某些作品视作印象派艺术的中国化代表。

不过，笔者感到，若以潘氏作品的总体特征而言，尤其是以其一生中大量的、可以视作创作主体的人体艺术作品而言，无论是文艺复兴还是印象派的标签，都无法充分涵盖其创作动机与旨趣。

毋庸多言，观赏潘氏画作，可以感受到一种与同时代中国画家截然不同的精神气质。与徐悲鸿、刘海粟、林风眠等深受西方绘画技艺影响的同时代中国画家相比，作为女性艺术家的潘玉良，在绘画笔法、构图形式、表现手段方面都有着难得的独创性。

在此，不妨仍以潘氏归国头两年发表的一幅作品为例，来对潘氏作品的艺术风格与旨趣予以研讨。这幅作品较之本文前述诸多潘氏画作，因其并未选入个展或全国美展，不甚引人瞩目。这是一幅于1929年10月，刊载于《文华》杂志第3期之上的，题为《荣》的油画作品。

画面表现的是一群裸女在树林中欢聚玩乐的场景。居于画面中央的图像，乃是五位裸女牵手呈环状伫立移行，作绕转舞蹈状。画面左侧为一头戴花冠的立姿裸女，正在为一位蹲姿裸女戴上花冠；右侧为一交腿而坐的裸女，怀抱乐器弹拨，作为群女舞蹈伴奏状。

稍稍熟悉西方近现代绘画史的读者，不难从这一潘氏作品中，看出明显的法国野兽派艺术风格之影响。至少，这居于画面中央裸女舞蹈的图像，很容易令人联想到亨利·马蒂斯（Henri Matisse，1869—1954）于1910年创作的经典之作《舞蹈》。

野兽主义（Fauvism），是自1898至1908年，在法国盛行一时的一个现代绘画潮流。它虽然没有明确的理论和纲领，但却是一定数量的画家在一段时期

潘玉良《荣》，原载《文华》杂志 1929 年第 3 期

亨利·马蒂斯《舞蹈》，1910 年

里聚合起来积极活动的结果，因而也可以被视为一个画派。野兽派画家热衷于运用鲜艳、浓重的色彩，往往用直接从颜料管中挤出的颜料，不加调色，以直率、粗放的笔法，创造强烈的画面效果，充分显示出追求情感表达的表现主义倾向。

野兽主义继续着后印象主义凡·高、高更、塞尚等人的探索，追求更为主观和强烈的艺术表现。画风不再特别讲究透视和明暗，放弃传统的透视与明暗关系，采用更加平面化的构图，暗面与亮面的强烈对比，纯粹的写实，加入了自己的情感。

野兽派对西方绘画的发展，产生了重要的影响。他们吸收了东方和非洲艺术的表现手法，在绘画中注意创造一种有别于西方古典绘画的疏、简的意境，有明显的写意倾向。这一现代绘画潮流，与20世纪早期向西洋绘画学习技法的中国画家不谋而合，大多数从事过西洋绘画的中国画家对野兽派都有相见恨晚之感。但像潘玉良这样的中国女艺术家，将野兽派技法经过逐步改造再纳入到描绘中国事物中的，却并不多见。

潘玉良后来在国内创作的、极负盛名的《浴女》系列，以传统中国妇女在入浴、浴中、浴后的裸体形象为描绘内容，呈现出真实、自然又略显健硕的人体美感。这种美感不同于西方古典主义时期的圣洁与冷峻，也不同于后古典主义时期纯粹体现健美或情色的那种直观，而更倾向于某种嫁接于西方现代艺术体系，但本质上却富于本地化的、母语体系内部的、原生态的美感。在这种美感中，又融入了有节制的野兽派的表现手法，使整个画面更富于力量性与表现力。这种拥有独特美感的绘画风格，在1930年代之后的潘玉良画作中逐渐积淀下来，成为其画作的风格。

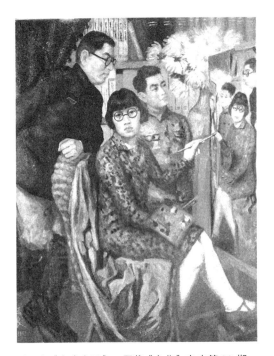

潘玉良《家庭自画》，原载《文华》杂志第 32 期，1932 年

反观此前的潘氏画作，由于不少是在国外绘制，聘请的人体模特也多为西方人，其笔端透露出来的风格自然而然地呈现出当时流行的野兽派风格，在构图形式方面也多参照野兽派惯用的手法，马蒂斯的动感与表现力，高更的细腻与情调，贯穿于这一时期的潘氏画作中。

可以这么说，潘玉良从妓妾到艺术家固然很传奇，而作为较早将野兽派风格带入中国的女性艺术家，则更富传奇色彩。作为艺术家的潘玉良，除生前身后诸多美誉外，似乎还可以送上中国女"马蒂斯"、中国女"高更"，甚或中国女"野兽"，这一系列的新桂冠。

◎被辞退："公狗都比男人好！"

1990年代，人们初次通过巩俐主演的电影《画魂》，接触了潘玉良其人其事。于是乎，把电影当作了传记，把影片内容当作了史实。据此人们一直认定，刘海粟是潘玉良在国内美术界的伯乐，是刘海粟亲自把落榜的潘玉良添入榜中，她才因此得以考入上海美专，更有陈独秀向刘海粟荐举的"掌故"

等等。

　　殊不知，在上海美专做学生时的潘玉良，是因被刘海粟开除方才赴国外就学；在上海美专任教之后不久，又被刘海粟解聘，不得不再次赴法旅居。如果说做学生时的潘氏被开除，是因为当时的社会风气无法接受她曾为"失足女"的事实，那么，后来她从海外学成归来被返聘任教，为什么又会被解聘呢？

　　半个多世纪之后，潘氏被解聘的原因终于披露了出来，竟是因为她的一句"公狗比男人好"的戏言。而所有上述这些事实，都是其闺蜜苏雪林（1897—1999，又名苏梅）晚年爆出"猛料"，方才为外界所知的。

　　据台湾成功大学退休教授苏雪林在95岁高龄接受采访时透露，潘玉良在上海美专就读与任职期间，的确曾被辞退，起因只是因为潘氏一句对"人狗相交"的评论。

　　原来，在一次上海美专的同事闲聊中，有人讲到一个女诗人风流放荡，养了一只狗，与她同眠，以犬泄欲，来满足自己的欲求。潘氏听到这番言论之后，即刻评论说："公狗都比男人好！公狗为它的女主人服务，听从女主人的指使、摆布，事后绝对没有后遗症，它绝对不会对别人宣讲女主人的私生活。"

　　孰料，她的这一句"公狗都比男人好"惹了大麻烦。校内男同事认定她因为自己曾经沦落风尘的经历，仇视所有的男性，结果大家一起发难，逼迫刘海粟辞退了潘玉良。1931年，应徐悲鸿之邀，潘氏赴南京任中央大学美术系教授，直至1936年。因为苏、潘二人曾是一同赴法国留学的同学，且又是私交甚好的闺蜜，所以苏氏晚年所忆述的这一史实，应当不是凭空捏造出来的。

苏雪林，也是民国时期著名才女之一，曾因激烈批判鲁迅而震动文坛，与胡适、蔡元培等均有交往；其创作著述数量惊人，既有文学作品也有学术论著。1949年之后赴台湾定居，其人一百〇二岁高龄的传奇人生，在台湾文坛堪称"教母"级别的女作家。

苏氏曾于1921年赴法国里昂留学，与潘玉良就是在赴法留学时认识的。当时，吴稚晖和李石曾在法国里昂办中法学院，为中国留学生进行法语培训。该学院在1921年从中国招收了百余名学生，从上海搭乘邮轮去法国。因为赴法留学的女生不多，同去留学的苏、潘二人很快就成为"闺蜜"，情同姐妹，关系非常亲密。在留学法国的那段时间里，很多女生了解到潘氏曾为"失足女"的身世，都表示难以接受，有意疏远。而苏氏并没有对其另眼相待，反而时时以"闺蜜"身份，出手扶助；每当有女生旁敲侧击地攻击潘时，苏都出面阻止，对其过往的不幸身世深表同情。

巴黎大学文学士，前东吴大学国学教授苏梅女士，郎静山摄，原载《图画时报》第459期，1928年

里昂中法大学的中国女学生，中有潘玉良与苏雪林（苏梅），原载《妇女杂志》第 8 卷第 7 号，1922 年

潘玉良，1921 年在里昂中法大学入学登记时的照片

潘玉良，1924 年考入巴黎高等美术学院时，注册证上的照片

值得一提的是，潘氏于1928年夏归国之后，在上海举办首次个展时，苏氏也曾亲临观展。其观后还写了一篇题为《看了潘玉良女士绘画展览以后》的长文，大大地抒写了一下自己对潘氏其人其作品的欣赏与推崇。这篇文章，收入其个人文集《青鸟集》，由商务印书馆于1938年7月初版。此文之前可能没有在报刊上发表，故未能及时为"闺蜜"的投身国内艺坛之举助力，但如今读来，字里行间仍不乏诚挚生动的亲密情谊，文中对于潘氏在法国刻苦学艺的忆述，更是难得的见证。苏氏这样写道：

玉良对于艺术，确用过一番苦功夫，也可以说是一番笨功夫。记得她在里昂国立艺术学校学画时，课余之后，另外租赁石膏人体模型来练习，整天坐在屋里，对着模型眯着眼，侧着头，用一枝笔横量竖量，口中念念有词，"头等于胸的几分之几，手臂等于腿的几分之几。……"打一个草稿，或者要费去几天光阴，必定要弄到没有半丝半毫的差讹，方肯罢手。有一回，她写生一枝菊花，因为是在晨曦影里画的，每天只好等晨曦来时画一点。一天不能画完，分做几天画。恐怕菊花于画成前枯萎了，半夜里还起来用冷水喷它，定要取那一刹间的正确的光影。

记得潘氏归国之后首次个展，的确有一幅《白菊》展出，但凡读到过苏氏此文者，不免会因之联想到那"定要取那一刹间的正确的光影"的绘制场景，那样的场景本身，即一幅何等生动亲切、令人感佩的"玉良绘菊图"啊！这篇写于1928年12月1日深夜的观展记，很好地见证了苏、潘二人的早年交谊。

事实上，苏、潘二人的亲密情谊，维系终生，在二人各自流寓台湾与巴黎

潘玉良《白菊》

潘玉良《野菊花与线装书》，1942 年作于法国巴黎，今藏安徽博物院

潘玉良《自画像》，1944 年

潘玉良《自画像》，1945 年

两地时，也不曾中断。于此，也就不难理解，苏氏于 95 岁高龄时，还站出来"爆料"，披露潘氏被辞退的真相，总还有些打抱不平的意味掺杂其间，或许正是这种维系终生的亲密情谊使然罢。

张坤仪：奇峰·奇人·奇观

——记1944年美国纽约"高奇峰·张坤仪画展"

◎导览手册上的胡适佚文

1944年3月21日至4月23日，在美国纽约大都会博物馆，"高奇峰·张坤仪画展"隆重开幕。为期一个月的展览，让美国观众近距离观赏到了中国岭南画派代表人物高奇峰及其女弟子张坤仪的精品力作，师徒二人的艺术传承与生涯传奇，也成为海外公众的关注焦点。

开展当天，主办方精心制作了导览手册，用于赠送观展贵宾。导览册中，在精选的高氏师徒作品之前，摘译有一篇高奇峰论艺文章（英文），附有从蔡元培、林森、吴铁城等人文章中摘录出来的高氏生平简介（英文），还特别邀请收藏有高氏画作、对高氏艺术颇为赞许的胡适撰写了一篇介绍词（英文）。

卸任驻美大使不久的胡适，此时仍留美讲学，在美国朝野上下，有着广泛且深入的个人影响力。由他来撰写这篇介绍词，也是非常适宜的。据查，这篇胡适用英文撰成的介绍词，未见《胡适全集》收录，应属佚文，后世读者自然也难得一见。为此，笔者试译如下：

　　高嵡，人们一般称之为高奇峰，1933年逝世，享年四十四岁。他是在中国南方影响了众多学画者的杰出画家。高嵡，少年时代曾游学日本，已经以其大胆的画法实践而闻名。他当时所使用的水墨技法（没骨画法），是那种已经充分影响到了日本画家的，由米芾以来的中国山水画家的笔法演变而来的。他将这一水墨技法（没骨画法），作为一种无所不在的绘画技艺，充分运用到山水风景、树木花草、鸟兽虫鱼的描绘之中。

　　张坤仪小姐师从高嵡，学习绘画已过十二年。她被誉为高氏艺术最为虔诚的、最富天赋的学生。其虔诚之至，以至于直到今天仍在若干自己优秀的作品上标记"以高奇峰师笔法"。

　　但张小姐不仅仅是一位高嵡的模仿者，毫无疑问，她继承了中国画的传统技法和某种大胆风格，使之在中国女画家群体中成为女性风格较少的画家。显然，她有她自身独特的风格魅力。她还是一位十分优秀的书法家，同时，比大部分现代新近的中国画家接受了更好的古典文学教育。这些人文薰陶的作用明显：为她的一些优秀画作赋予了别样的品位和诗意。

　　在这篇译为中文仅有四百余字的简短介绍中，对于前来观展的美国普通观众而言，对高奇峰与张坤仪画艺的传承关系与独特魅力，已经有了大致的了解。

"高奇峰·张坤仪画展"导览手册，美国纽约大都会博物馆，1944 年印制

高奇峰

◎从岭南画派走向"折衷派"

高奇峰（1889—1933），名嵡，字奇峰，以字行，广东番禺（今广州）人。留学日本，同盟会员，与兄高剑父、陈树人画脉相连，有二高一陈、岭南三杰、岭南画派创始人之一等盛誉。其人从中西画学撷取所长，形成了独特艺术风格，在同时代国内画坛中，可谓独树一帜。因其画作既富于传统中国画之神韵，又极具西洋画素描之真切，时人将之视作介于国画与西画之间的一个画派，通称"折衷派"。当时国内画展因画派不同而专辟画室者，即有以高氏作品为代表，也往往是唯一代表的"折衷派"之专室。

不难发现，高奇峰画作以翎毛、走兽、花卉最为擅长，尤擅画鹰、狮和虎，亦能山水、人物，用笔能粗能细，能工能写。其工者用笔细致入微，写者则水墨淋漓，笔力豪放。在艺术上写生最为突出，善用色彩和水墨渲染，画风工整而刚劲、真实而诗意盎然。时人赞誉颇高，被徐悲鸿誉为"发扬真艺，领袖艺坛"。逝世后获国葬，得"画圣"之盖棺定论，墓前立有时任国民政府主席林森所书"画圣高奇峰之墓"的墓碑。

高奇峰门下唯一女弟子，也是最杰出弟子的张坤仪，身世经历与绘画技艺，则更具传奇色彩；在当时的画坛与世风之下，非议颇多。

张坤仪（1895—1969），广东番禺人，天性聪慧，擅交游，父母早逝，十三岁肄业于女子师范学校，后邂逅高奇峰，顿感"峰回路转"，景仰其人其

高奇峰遗像与叶恭绰像赞

高奇峰与张坤仪，原载上海《良友》杂志第83期，1933年12月

画，遂拜其为师。由于高氏患有肺病，且孑然一身，便主动为其料理家务，并担任起看护之职。高氏病逝后，以义女名义为其办理丧事，一度哀痛无比，刺腕血和泪绘成《哀怨塞乾坤图》。

1939年张氏移居美国，随身珍藏近百幅高氏精品，在海外仍坚持以高氏艺术风格绘画创作，并积极从事抗战募捐与宣传工作。她的画作有大丈夫阳刚之气，汰去冶艳柔媚之女子气，风骨峻峭，别有法度。此外，她还擅长书法，也曾跟随近代知名学者、书法家叶恭绰研习书法，所以观者在其书法作品中可以发现叶恭绰、高奇峰两位名家的交叠影响。

◎《群鼠图》上的蔡元培题跋

令人感慨莫名的是，如今翻检这么一本导览手册，触目所及其中辑选的画作，已属至为难得的一桩幸事，已然可以称之为如笔者辈后世观众的眼缘与眼福了。因导览册中有明确标注，此次画展的所有作品，皆由张坤仪提供；九十年后，人与物皆非，作品星散，要再将此次画展中的画作齐聚，已无可能。那么，观此导览手册中的影印图像，也就无异于一览高、张二人的传世名作之"集锦"了。毋庸多言，有这样一本导览手册传世，当然是后世观者之幸，也为研究高氏艺术、高张二人生平者提供了难得文献。

可以看到，那些明确标注有"恭仿高奇峰父师笔法"的张氏画作，或狮或虎，或熊或猿，尽得雄强气魄；其高氏笔法，神形兼备。与同期展出的高氏真迹相较，几可乱真，普通观众并不能立刻判别。其中有两幅张氏画作，名流要人题跋之多，特别值得关注与研究。

一幅为《群鼠图》，是张坤仪1932年的画作。分别有林森、王世杰、吴敬恒、张群、蔡元培、孙科、徐悲鸿、罗家伦、叶恭绰等人题跋，这些题跋从1934年至1936年，渐次题满于画心裱幅左右，观之令人感慨。其中，除却徐悲鸿等"此真杰作也"的赞誉之外，蔡元培则将画作内容，结合国家时局予以抒发，所题跋文颇令人动容，跋曰：

忧心悄悄，愠于群小。画师断斋，食毋求饱。

时值日寇悍然侵华之际，民生艰难，百业凋零，蔡元培由此画作联想到，国内文艺界处境窘迫，所以才有此题跋。其实，该跋题于1936年1月9日，在此之前三五年间，蔡元培已多次为张氏画作题跋，当时的境况与此时不同，题跋内容也多是直接就艺论艺。譬如1931年10月①，蔡元培就曾为《黄莺啄葚图》《鹡鸰栖荷图》两次题跋。1932年《张坤仪女士画集》出版之际，更为之题写了一首意味深长的七言诗，诗云：

天风海涛共晨夕，成连先生移我情。
六法由来尊气韵，琴心画意两忘形。
奉题坤仪女士画集，女士师事高奇峰先生，天风海涛，高先生所以榜其居者也。

蔡跋中提到的"天风海涛"云云，即高奇峰因染肺疾，迁居珠江之滨所建

---

① 《蔡元培全集》据蔡氏手稿，将题跋时间定为1931年9月，此应为蔡氏为题跋所作底稿之时间；笔者据题跋手迹之落款时间，将实际题跋时间定为1931年10月。

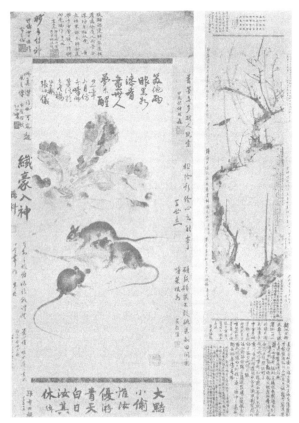

《群鼠图》与《哀怨塞乾坤图》，张坤仪作品　　　　《黄莺啄葚图》，张坤仪作品，蔡元培于 1931 年 10 月题跋

的天风楼，此时他已谢绝社交诸务，闭门作画以自娱。在此期间，张坤仪服侍左右，一边料理家务，一边随师学画。可见，在蔡元培的"诗情画意"中，不但盛赞了高张二人的师徒画艺，更含蓄地点明二人两情相悦、心意相通的生活境况。

◎《哀怨塞乾坤图》之苦心孤诣

　　另一幅不得不提到的是《哀怨塞乾坤图》，这是高奇峰殁后，张坤仪著名的悼亡之作。前边已经提到，据传是其人自刺腕血与泪和墨而作，颇具传奇色彩。

　　此画在纽约展出时，导览手册上的英译名为"Flowering Plum"，直译成中文为"梅花"，是仅就图像而言，并没有反映出该图的真实意境。但只要仔细看一看画幅四周众多题跋，便知这幅主图为梅花的画作，蕴含着作者怎样的心意。

　　这幅作于1934年5月的画作，张氏自题云："写尽泪痕如血痕，宣余哀怨寓九天……"，又明确提到作于"奇峰父师丧一百日"之际，悼亡之作的性质已经点明。后来观者蔡元培、叶恭绰、梁寒操等人的题跋皆围绕悼亡这一主题展开，更将整幅画作的哀感氛围充分地烘托了出来。

　　值得一提的是，在这些题跋之后，张氏又在原裱幅之外，补题了四首五言诗，作于"奇峰父师五十诞辰"之际，即1939年。题诗中有云"长啸归故园，肝肠日忧焦。松柏本孤直，忠诚难可宣"，这是抒写面对世俗非议时的愤怨之情；末句"白日何短短，忧心夜忡忡。卷施心独苦，桃李伤春风"，其日夜煎熬之状已翻然纸上，对高奇峰怀有如师如父、如山如海之情的张坤仪，在高氏逝世之后所承受的外界压力与内心哀恸，可想而知。

　　当然，所有这些富于东方色彩的情感表达，在西方观众面前很难一一阐明；《哀怨塞乾坤图》英译名为"Flowering Plum"，只是表明图像主题，仅此而已。

　　说到这里，不由得令人联想到此次画展约十年前，曾有一篇在广州《公评报》刊登出来的，题为《张坤仪云山创画院》的短文。文中除了记述张、高二人的师徒之情之外，还提及张氏"若有所待"的微妙情状。且看原文①如下：

　　张坤仪，女画人，高奇峰之入室弟子也。坤仪美丰容，爱好天然，徐娘风

---

　　①　报载原文仅以圆点断句，今施以通行标点。

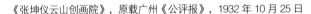

《张坤仪云山创画院》，原载广州《公评报》，1932年10月25日

1933年2月7日，《北洋画报》第18卷第891期，头版封面"岭南画家张坤仪女士画象"，曾仲鸣夫人方君璧女士绘制

韵胜雏年，固一南国佳人也。从高奇峰学画濒十年，颇得其妙。初，坤仪读奇峰画，觉其笔墨飞舞，峰棱四射，心深仪之，延为师，月订百金。积三年，高奇峰以生计甚裕，从未动取一毫。三年后，张画孟晋，奇峰乃解约。惟诲人不倦，亦未尝须臾离张也，高师之称弥挚也。高奇峰有肺病，坤仪斥资于珠江颐养院之次，筑一精舍，奉师以居，调查和药，颇尽侍养之劳。

坤仪未嫁，若有所待。去年有沪上之行，闻为结婚事，将有劳其表哥者。表哥者何？叶玉虎恭绰是也。恭绰与张，有中表之好，更为当代闻人，故欲劳为证婚。然卒非事实，至于归嫁何人，外人更无有知者。

现坤仪拟于白云山之阴，筑一画院，就以高师所未动取之赞，敬为创办资。以表哥为院长，而以高师为教务主任，山涧烟云，画中邱壑，当与千古，而不让西湖艺术院之占尽湖光山色也。闻画院之成，张当以创办人及董事长自居云。

　　上述三百余字的短文，高度概括了张、高二人因缘过往。不但极为真切地展现了二人的师徒情谊之深重，对"坤仪未嫁，若有所待"的微妙情状，也有所交代，且捎带介绍了叶恭绰与张坤仪的表亲关系。此外，文中对张氏拟办白云山画院的计划，也有透露。于此，也就不难理解，为何张、高二人的画作之上，屡现叶氏题跋手迹——因为一则张、叶二人有表亲之情，为其画作题跋酬应，自不待言；二则高、叶二人以往既有私人交谊，未来更兼画院同仁，向为同道中人，为其画作题跋，自是互为知音之举。

　　可以想见，若此画院建成，高氏如能健在，岭南画派乃至"折衷派"，在中国画坛艺界，与南北各大画派分庭争鸣，继而大放异彩，高歌猛进，乃至发

"悼高奇峰先生"专版，原载上海《良友》杂志第 83 期，1933 年 12 月

《雄狮图》，高奇峰作品　　　　　《虎啸图》，张坤仪作品，1941
年春作于美国纽约

《振颔图》，张坤仪作品，1944年　　1944 年 5 月 7 日，《美国周报》以《从南
元旦作于美国纽约　　　　　　　　京起飞》为题，整版推介张坤仪及其作品

扬光大，独秀艺林，应当是可予寄望的了。

遗憾的是，就在这篇短文于1933年10月25日刊发之后，仅仅过了一周的时间，高奇峰于同年11月2日，不幸病逝于上海大华医院①。

◎ "古体新生"与"从南京起飞"

纵观此次画展，不仅仅只是一次高奇峰画艺的国际巡展，更是一次中国岭南画派的集体表达。西方观众在此看到的中国画视觉形象，已不同于先前他们在博物馆、画册、拍卖会上看到的"古画"，不再是他们熟悉的工笔、写意画或宫廷、文人画，他们看到的是一种"新"的、"现代"的、某种"文艺复兴"式的中国画。

在这里，有西方绘画传统中对图像写真的基本特征，整幅的狮、虎、熊、猿等动物写生式的画作，在中国卷轴中直接呈现出来，这些图像形神兼备，西方观众对此并不会有什么"文化解读"障碍，他们对这种画作再亲切不过。在这里，也有中国水墨画传统的再造，没骨画法与立体效果，又能让西方观众既领略水墨的无边界之奇妙，又能在这种奇妙意会中分享某种可以言传的视觉经验。

1944年5月7日，《美国周报》以《从南京起飞》为题，整版推介张坤仪及其作品。一方面可以感受到美国上下对这位中国女画家的由衷赞赏，另一方面也可以体味到在中国抗战及太平洋战争进入"拉锯战"之后，美中两国除却反法西斯同盟国关系之外的"国民外交"关系之紧密与热烈。"从南京

---

① 关于高氏病逝情形，详参叶恭绰《高奇峰先生示疾记》，原载上海《良友》杂志第83期，1933年12月。

起飞"而来的，不仅仅是中国艺术、绘画或是这么一位传奇女画家，更承载着中美两国协同抗战，反法西斯战争必将取得胜利的东西方两个文明大国的乐观信念。

　　总而言之，此次画展，的确是一次中国画"古体新生"的国际展示，东西方文化在此水乳交融的"奇观"，令美国观众大感奇妙与欣快。

胡适："印度留学生画展"始末

◎一张合影，留下疑点

胡适以北大校长身份，于1948年6月在北大蔡孑民纪念堂出席"泰戈尔画展"的事迹，一直以来，以一张集体合影的形式传播着。

据北京大学校史馆所编《北京大学图史1898—2008》①，这张合影上的人物姓名、拍摄地点均十分清楚，拍摄日期也明确为"1948年6月15日"。

合影中的人物，《图史》只选择性地注明了数位知名中国学者，前排左起：1季羡林、2黎锦熙、3朱光潜、8胡适、9徐悲鸿；二排左起：3饶毓泰、4邓懿、7郑天挺、8冯友兰、9廖静文；三排左5邓广铭。合影中别的出席画展者，则未加注明。

尤其是合影中位于胡适与徐悲鸿身旁的两位印度外宾，从其在合影中的显著位置来看，身份应当比较特殊且重要；对这两位印度外宾的身份未予说明，

---

① 该书由北京大学出版社于2010年初版，后文引述该书时简称《图史》。

1948 年 6 月 4 日，北大校长胡适与出席"印度留学生画展（预展）"的来宾，在蔡子民纪念堂前留影

后世读者与研究者对这次画展的了解难免会比较模糊、片面。

此外，这次画展的展品究竟有哪些，是否只有泰戈尔的个人作品展，也未见相应的简要介绍。众所周知，印度诗人泰戈尔以诗歌闻名于世，他是否有过大量的绘画创作，又为什么要在其死后在中国办展等等一系列的疑问，都是这样一张看似确切无疑，实则历史背景不够清晰的合影照片无法解答的。

◎一通公函，展露真相

果不其然，新近发现的一通于 1948 年 5 月 31 日寄发的北大公函，十分明确地推翻了"泰戈尔画展"的成说，证明了胡适在北大出席的画展乃是"印度留学生画展"。胡适与徐悲鸿身旁的两位印度人物，应当就是公函中提到的印度留学生。公函原文，照录如下：

> 敬启者：留学中国的印度画家苏可拉（Y. K. Shukla）、周德立（N. R. Chowdhuri）两先生，定于六月五、六两日在松公府北京大学蔡子民纪念堂举行画展。蒙叶浅予先生允借他留印时的作品，还有悲鸿留印时的作品，也都参加展览。我们谨订于六月四日（星期五）下午四时至六时举行预展，略备茶点，敬请光临指导。

> 胡适　师觉月　徐悲鸿　朱光潜　季羡林　敬启

> 三十七、五、卅一

从这份公函可知，1948年6月4日，在北大蔡子民纪念堂举办的画展（预展），并不是什么"泰戈尔画展"，乃是两位印度留学生的画展；又因有叶浅予、徐悲鸿留印作品参展，也可视为中印两国画家的联合画展。

由此可见，《图史》中的那张合影拍摄时间与画展名称，皆不正确。而居于照片前排，胡适与徐悲鸿身旁的两位印度人物，

胡适等联合署名的印度留学生画展邀请函，1948年5月31日

正是公函中提到的苏可拉（Y. K. Shukla）与周德立（N. R. Chowdhuri）。这两位留学中国的印度画家，才是此次画展的主角。

◎联合署名中的印度学者

这份公函以胡适等联合署名的方式寄发，是郑重其事的正式邀请函。署名中，紧随胡适其后的师觉月之名，后世读者可能并不十分熟悉。简要介绍如下：

师觉月（Prabodhi Chandra Bagachi, 1898—1956），印度佛学家、汉学家。印度大学毕业后，赴法国远东学院师从佛学家莱维教授，从事汉文佛典的研究工作。归国后，曾任印度泰戈尔国际大学中国学院教授、副校长。1944年，撰成并出版《印度与中国——千年文化交谊史》，对中印友好历史作了回顾。他通晓古汉语、梵语和中亚语言，专门从事中印佛教文化交流史研究。

那么，这样一位印度学者，为何会出现在此次画展邀请函的联合署名中呢？原来，当时中印两国政府的文化交流合作项目中，有一项是两国交换教授及留学生。由中国派遣一位教授到印度讲授汉学，印度也派一位专家到中国传授印度学；双方各派十名研究生，到中印两国交换研究。师觉月博士于1947年由印度政府派往中国，赴北京大学出任印度文化讲座教授，一直工作到1948年底，任满回国。师觉月作为中印两国交换教授项目的印方代表，支持并见证印度留学生在中国举办画展；他与接待这批印方教授与留学生的北大校长胡适联合署名，寄发画展邀请函，自然顺理成章。

与师觉月同年来华的印度留学生中，苏可拉（1907—？）与周德立（1910—？）两位，由于有相当的艺术功底，在本国也是有一定知名度的画家，故在北大期间，胡适特意请徐悲鸿来专门指导他们的绘画。1947年10月，徐悲鸿致胡适的信中，对专门为这两名印度留学生开设研究班之事，有过自己的意见①。因此，徐悲鸿以两位印度留学生的中国导师身份，位列邀请函联合署名第三位。联合署名中后边的朱光潜与季羡林，当时正协助胡适处理北大校务，此次画展的具体操办与工作安排，应当是由他们负责落实的。

此外，还需补充说明的是，由于徐悲鸿事务冗繁兼身体欠佳，对印度留生的绘画指导工作，是与王青芳共同完成的。王青芳曾为中央美术学院教授，初受著名工艺大师、其兄王子云影响，绘画擅花鸟、山水，又工篆刻。1921年考入南京师范学校习美术，1923年转入北平艺专，与李苦禅等众名家同窗；1927年在艺专举行个人画展后，与颜伯龙在校教授花鸟画。在京与齐白石交好，常切磋画艺、品茶，曾为齐白石刻印多枚。1940年代，与蒋雨浓、李苦禅、白铎斋（吴昌硕弟子）并称"京中四怪"。王青芳画风豪逸，屡有奇思妙构，性格直爽孤傲；一头中分长发与存世照片中大多作侧目旁视状的造型，令人印象深刻。

画展合影中，上述几位重要人物可以辨识出来。不难发现，立于胡适左侧、印度留学生身旁的侧目旁视者正是王青芳。而立于徐悲鸿右侧、印度留学生身旁，着西装戴花格领带者，则是参展人之一叶浅予。师觉月则居于后面第三排中间偏右的位置，在略被遮挡住的沈从文右侧，即那位着西装、戴深色眼镜者。

---

① 详参胡适著，耿云志主编：《胡适遗稿及秘藏书信》，黄山书社，1994年。

徐悲鸿赴印期间与泰戈尔合影

徐悲鸿在印度画作之一《泰戈尔像》（素描），1940 年作

徐悲鸿在印度画作之一《泰戈尔像》，1940 年作，曾于 1948 年 6 月在北大参展

徐悲鸿于 1948 年 7 月绘制，并赠送印度留学生苏可拉的《奔马图》

◎《世界日报》中的"印度留学生画展"

综上所述，这张合影的摄影时间，可以确定为1948年6月4日，且此合影乃是为"印度留学生画展"（预展）而非"泰戈尔画展"拍摄。那么，除了这张合影之外，画展当天的情形是否还有相关史料可资探研与考察呢？

笔者经年搜求，终于在一张1948年6月5日的北平《世界日报》上，发现了一篇相关报道，篇幅可观，内容详实，不啻为此次"印度留学生画展"的一份现场说明书：

中印文化关系复活

留华两研究生画展今日揭幕

徐悲鸿收藏印名画同时陈列

【本市讯】北平文教界胡适，徐悲鸿，朱光潜，师觉月，季羡林五氏，昨（四）日下午四时至六时，在北大子民堂主持一个北大指导的印度二位研究生苏可拉、周德立绘画展览。徐悲鸿在印度的作品，从二百多件里挑选了十几件杰构，还有所收藏的泰戈尔诗翁的亲笔画五件，和徐自译的马凡李铺蓝的《恒河之水天上来》一文原稿。徐又借出印度八世纪艺术杰作马特拉奇附近岩刊十多件。叶浅予也有一些在印度的速写和几篇印度生活画，都使北大子民堂展览增了不少光彩。尤其有印度著名美术家卜斯（Bose）送给胡适的一条连着的三幅画，及徐悲鸿所画甘地画像，与徐之泰戈尔画像，上面有甘地签名，这些表现了中印文化交流之密切，及中印文化史的重要的史料。

五位主人招待　百余嘉宾参观

昨天下午四时，北平文化教育界名流贺麟、李书华、郑天挺、冯友兰、周炳琳、叶浅予、沈从文、黎锦熙、魏建功共百余人先后到场参观，五位主人在场招待，胡适对北大指导下的研究生的成绩，表示非常愉快。徐悲鸿对他与印度的文化关系上，及所收藏的宝藏更觉兴奋。

胡适致词强调　中印文化交流

胡适在掌声中作简短的致词，他说到北大的印度十一位研究生，苏可拉、周德立，一位四十一岁，一位卅七岁，在他们本国很有地位。周的教育画代表甘地提倡工业的教育，他有长一千八百九十二方尺的教育画，他是 Santino Ketan 的国际大学美术毕业生，为印度教育画的主要艺术家。除了教育画，一九四三年在新德里的战时宣传展览，也是他的重要工作。苏可拉父亲是图画教师，在他国内曾得艺术学者最高荣誉，他的画也曾在伦敦参加展览。由于杜赛教授的助力，他曾到罗马学习艺术。他俩在去年八月，随徐悲鸿、王青芳两先生学习美术，这是国际的语言。等他们在这里毕业时，我们再为他们介绍举行展览。胡又强调的说：中印文化关系有二千多年的密切关系，中间有几百年断了，现在又恢复了，徐、叶两位到过印度，这是开端，他们保送有学问的研究生到中国来，我们热烈欢迎，这是重新恢复二千年来应该不断的文化关系，重建十几世纪的文化关系。今天有泰戈尔和卜斯的画，卜斯在二十四年送我的画，他们那时在复活中印文化的意见，现在已经开始。

徐悲鸿在印度　替泰戈尔选画

徐悲鸿致词称：今天我把印度最好的代表性的艺术品拿出来展览。在二十八年我去印度，应泰戈尔之请，他们为我的作品举行展览，推荐介绍时，动听的话是中印二千年来文化关系的复活，这是最理想的关系。如果不持续，倒是人类史上的遗憾。泰戈尔作曲三千首，画也有二千幅，我为他整理挑选佳作三百七十幅，也从当中挑出杰作八十幅。徐即指出一张泰戈尔的亲笔画，胡适在旁也指着泰氏的人像侧面画，画出墨索里尼等魔鬼的恶像。

苏、周两位的展览，今天正式展览两天。昨天预展在摄合影后结束。

上述千余字的报道，将此次"印度留学生画展"的来龙去脉及现场状况，交代得十分清楚。报道记述了1948年6月4日预展的现场状况，诸如开展的具体时间，出席的主宾姓名及规模，胡适、徐悲鸿的简短致词，展出的作品内容等等细节，还预告了6月5、6两日正式展期，可谓详尽，乃了解此次画展的重要文献。

◎ "印度留学生画展"与中印文化交流

概览这一篇报道，还可以体察到，虽名为"印度留学生画展"，主要乃是"苏、周两位的展览"，但展览中亦不乏泰戈尔、卜斯等印度名人的作品（主要是赠予徐悲鸿、胡适的作品），还有徐悲鸿、叶浅予两位中国画家的作品（主要是赴印考察之时的作品），俨然一场"中印文化交流"性质的国际画展。

报道中提到的印度画家卜斯，又译作南达拉·波斯，即 Nandalal Bose
（1882—1966），被誉为现代印度绘画文艺复兴的先驱之一，是印度现代艺术运
动中孟加拉学派的代表人物，曾陪同泰戈尔访华。报道中称，展览现场特别引
人注目的作品，"尤其有印度著名美术家卜斯（Bose）送给胡适的一条连着的
三幅画"；胡适致词中也称，展览现场有"卜斯在二十四年送我的画"，由此可
知，卜斯曾于1935年赠予胡适画作。因当年胡适并未出访印度，应为卜斯来
华时赠予，这一史事尚未见有研究者提及，尤待深入探研。

至于徐悲鸿于1939年赴印度之事，略微了解中国现代艺术史的读者都有
所知悉。据考，早在1938年，在中央大学艺术系任教的徐悲鸿，接到泰戈尔
的邀请，开始筹备赴印办展。1939年，在印度国际大学举办中国近代画展。
1940年，继续在印度逗留，为泰戈尔画像，又在加尔各答举行作品展，同年
还以印度人做模特，完成了中国画《愚公移山》。1941年，方才由印度归国。

上述这一历时近两年的印度之行，乃是目前所知徐悲鸿赴印办展的基本情
况。殊不知，徐悲鸿还曾为泰戈尔整理画作、精选佳作，且泰氏竟创作有两千
余幅画作，这些情况也都是在此次"印度留学生画展"上方才披露出来的。

除了《世界日报》的报道之外，尚有一些散见于时人日记中的零星记载，
同样也值得关注。这次有着特别意义的"印度留学生画展"，当时吸引了众多
观展的北大学生，他们虽然没能在这张名流荟萃的合影中亮相，但其中历史系
学生、后来也任教北大的罗荣渠（1927—1996），却在日记中存留下了此次画
展的观感。他在1948年6月4日的日记中写道：

下午课毕过孑民堂，看正在举办的中印画展。中外仕女来宾不少，由胡适

主持，作者为Sukola（苏可拉）、叶浅予、徐悲鸿等氏，还有几幅泰戈尔作的很有灵性的作品。我们特别注意印度画家画中国画，他们有西洋的技巧训练，也多少有创作天才，不过在以线条胜出的白描方面，他们失败了，因为他们笔力太差。[①]

应当说，这一则简明扼要，却相当重要的日记，再一次确证了画展合影拍照的时间以及画展具体内容；与新近发现的北大公函与《世界日报》报道，一起为这次由北大校长胡适主持的“印度留学生画展”勾勒出了较为清晰、准确的历史轮廓。

另据查证，早在此次由北大主持举办的画展之前不久，1948年4月26日至28日，北平艺专还曾为周、苏两位印度留学生专门举办过一次为期三天的小型画展。画展开办次日，《华北日报》即刊发简讯报道，在当时的北平艺术界，应有一定影响。

1948年5月1日，《华北日报》辟出专版，以“北平美术作家协会、中国美术学院、北平国立艺专联合美术展览会特刊”的名义，刊发了一系列以评论“联合美展”为中心的论文。版面头条文章，为冯法祀所撰《联合美展在美术运动中的意义》一文，插配了两幅画作，一幅为李可染的《水墨钟馗》，另一幅即为苏可拉的《北平一角》，足见当时的北平美术界对印度留学生画作的特别关注与着力推介。

版面编辑在“编后”中，对此次“联合美展”及印度留学生画作入展予以

---

① 日记内容征引自罗荣渠《北大岁月》，商务印书馆，2006年。

了简要说明。原文如下：

　　本届联合美展定五月一日起在中山公园中山堂举行，一连十天，内容有中画，西画，雕刻，图案，工艺等，作品达六百余件，皆是名家精心近作。在这里介绍的作品有印度画家苏可拉的《北平一角》，该青年异国画家，曾留学意大利，习西画，基础相当坚实，现欲发扬东方艺术，特于去秋来华留学，现入国立艺专研究国画，半年来运用中国水墨纸笔，已相当纯熟。《北平一角》是他的近作，颇能融合中西画法的长处。其次是李可染的《水墨钟馗》，气韵生动，笔墨技法，超凡绝俗。此次联展是三十六年来一年中的北方艺术总检讨，出现在春意阑珊的故都，将带给我们许多新希望也。

1948 年 5 月 1 日，《华北日报》之"联合美展"专版配图：印度留学生苏可拉画作《北平一角》

由此可见，从1948年4月26日小型画展起，至5月1日北平美术界联合画展，再到6月5日的北大所主持的画展，两位印度留学生的画展，连续三次展现在北平艺术界及广大观众面前。其社会影响力可谓持续放大，令当时的中印文化交流呈现出一段高潮迭起的时期；当时的中印邦交，或亦因两位印度留学生画作接连"出现在春意阑珊的故都"，"将带给我们许多新希望也"。

◎沈从文"预热"画展，近两千字佚文惊现

话说就在北大所主持的"印度留学生画展"开幕半个多月之前，出席嘉宾之一的沈从文，还曾撰发过一篇关涉中印两国文化交流方面的文章。沈文主题虽是研讨中印文学方面的共通与互动之处，但总体上毕竟是以中印两国关系在"二战"后"复活"为历史背景的，仍与此次画展有着一些若明若暗的关联，或可视作为此次画展"预热"之作。

1948年5月16日，《华北日报》的"文学"周刊，刊发了一篇题为《印译〈中国小说〉序》的头条文章，此序作者正是沈从文。据查证，《沈从文全集》①中并未收入此文，是为"集外文"，至今尚未见全文披露者，或亦可称之为佚文。

值得一提的是，《华北日报》的"文学"专刊，不定期在该报第12版刊行，乃是1948年1月才创办的，主编为沈从文与陈纪滢轮流担任。作为主编之一的沈氏，将自撰《印译〈中国小说〉序》列为周刊版面的头条文章，足见其

---

① 《沈从文全集》，北岳文艺出版社，2009年。

对此文相当重视：

印译《中国小说》序

沈从文

印度泰无量先生，来中国研究现代文学，选了些短篇小说译成印度彭加利文，预备出版，要我写一点序言。我觉得这个工作，可说是中印关系一回新的起始，值得特别注意。因为中印国境毗邻，同有长久历史文化，千余年来彼此无争，本来友谊即奠基于学术思想的流注。法显、玄奘等大德名僧，西行求学问道，历尽艰险，不以为意。其忠于知识，忠于信仰，宏法忘身的精诚博大精神，更连结两大民族友谊在历史上的永固长存。

我个人工作侧重在现代中国文学思想发展的研讨，及短篇小说的写作，即常常感觉前贤往哲过去的努力，为后来者实留下一笔丰富珍贵的遗产。这部遗产所包含的人生思想，虽已失去意义，如以短篇小说故事设计而言，试于大藏诸经中稍加注意，也就可知，一个作者若善长运用，还能够把取无穷无尽的芬芳！

近三十年中国新文学运动，系由社会思想解放重造而来，初期发展得力于外来介绍甚多：莎氏比亚，易卜生的戏剧，迭更司，托尔斯太，莫泊桑，契诃夫的小说，王尔德，安徒生的童话，……对于初期作家的用笔，都无疑是一种健康的刺激和启示。至于散文诗及抒情小诗，有希腊，日本，印度文学的浸润，却应数印度诗人太戈尔先生《新月集》的介绍，和他本人一再莅临中国作客，意义大，影响深。中国两个现代诗人的成就，都反映太戈尔先生作品点滴的光辉；一个是谢冰心女士，作品取用的形式，以及在作品中表示对于自然与人生的纯洁情感，即完全由太翁作品启迪而来。另一个是徐志摩先生，人格中综合了永远天真和无私热忱，重现于他的诗歌与散文中时，作成新中国文学一注丰饶收成，更是太翁思想人格在中国最有活力的一株接枝果树。两个诗人的工作，尚未能得到充分的展开，即各因生活变故，或搁笔，或早逝；且因社会变动过于剧烈，所有作品在二十年时间洗炼新陈代谢中，也俨若失去本来的华泽，为新一代青年人所忽视。然而中印两国民族出自同一土壤培育生长的文学，却尚有个平行相交的一点，即诗歌散文小说里，对于土地自然景物的依恋，人生素朴的爱，凡所以浸润太翁的作品中，使作品形成一种健康纯厚人民气质的，新的中国文学，实同样丰富而充沛。有心读者从这个译文中所介绍的短短篇章，应当也可以看出。

不过近二十年中国的一般学术运动，多因习惯注意集中从欧美作"科学训练"的学习，和"民主制度"的接受，近十年又被迫集中全国人力物力，作抵抗侵略防卫本土的牺牲。因此国境毗邻文化交流的中印关系，反因交通阻隔，如不相闻问。中印两国人民，虽然对于孙中山先生和甘地先生，一生为人民伟大的努力，相互表示由衷的钦佩。太平洋大战发生后，同盟国为反攻准备，中国新军的训练，及作战物资的补给，又幸得用印度作基地，战事方能继续进行，获得最后胜利。然而两大国家近十万万人民，为追求民族解放自由，对此同一目标所作的种种挣扎，半世纪以来遭遇的困难挫折，以及因内在矛盾，思想观念对时不得已的流血，各自有一出长不闭幕无可奈何的悲剧，也庄严伟大也错误迷路的情形，表现于文学中的万千种纪录，就还缺少彼此沟通借作参证的机会。近十年内虽有谭云山先生，吴晓铃先生及其夫人石素贞女士，并金克木，常任侠诸先生，前往印度国际学院，或讲授中国文学，或致力语文研究；

印度方面也有师觉月先生，来北京大学主讲印度文化，太无量先生来研究中国文学，交换中印学术。然而直到最近吴晓铃先生回国后，少数中国朋友，实在才知道中国友人太戈尔先生，用他本土文字印行的著作，原来已到二十巨册，这些伟大作品，不特中国尚未曾译出百分一二，即英文的迻译，也就并不怎么多！（骂太戈尔的就从来不曾仔细读过他作品）。至于印度朋友对于中国近三十年新文学的成就，由于语言文字的悬差，以及学习机会的难得，自然更加觉得隔阂，无从着手了。中国中古文化史最光华灿烂的一页，所得于印度的赠予既不少，投桃报李之事则至今犹无所闻。关于这一点，关心中印友谊的学人，必不免感觉到有种待尽未尽的责任。

所以泰无量先生这个译文的完成，使我除了对于他的热心认真从事工作，表示十分敬重外，实在还寄托一种更大的希望，即过不多久，印度和中国学人，能够有个永久性的中印文学会的组织，将两大民族出自人民最真挚诚恳情绪表现的文学作品，照计划来相互转译介绍，作为在发展中印两国友谊和理解一道新而坚固的桥梁。这工作虽相当沉重，不易短期见功，如能逐渐进行，我深信对于东方十万万人民的团结进步，以及未来世界和平安定与繁荣，都将有重要的贡献。工作庄严的意

"印度留学生画展（预展）"合影局部，箭头所指者即为沈从文

义，亦决不下于千年前大德高僧的宏法译经。我愿意把这点意思，借这本小书提供给印度读者面前，盼异邦友朋，肯共同来促成这种崇高理想的早日实现。

中华民国三十七年三月十七日于北京大学

上述近两千字的序言，乃是沈从文为印度学者泰（太）无量用印度彭加利文选译的中国短篇小说集所撰。沈序首句即言此集"预备出版"，当年究竟出版没有，或者出版之后，是否也用印度彭加利文将沈序翻译而弁之篇首，这些细节，目前还无法确证。恕笔者孤陋，尚未获见此集出版物；且遍查刊发此序之后的《华北日报》，亦未见到任何相关报道，故确实无从考索。

此外，尚见有《世纪评论》（1948年第3卷第16期）亦刊发有此文，内容与《华北日报》刊发者一致。

◎泰戈尔侄曾孙曾留学北大，生平还待确考

关于此集编译者泰（太）无量，后世读者可能比较陌生，但毕竟还是有案可循的。据查，《新文学史料》1980年第2期之上，就曾刊发吴晓铃所撰《关于泰戈尔的侄曾孙泰无量》一文，对泰氏的生平履历及中国留学事迹有简短扼要的说明。文中首先介绍称，"泰无量是诗人泰戈尔的侄曾孙，不是侄孙"，又称：

1942年至1946年间，我在印度孟加拉邦寂乡的国际大学中国学院任教，泰无量是我的学生。1948年至1950年间，他在北京大学读书，也听过我的课。他专攻五四以来的文学研究，当时是杨振声和沈从文两位先生做他的导师。

　　吴文还提到了泰氏的多部译著，有较为详实的介绍称：

　　他曾和我的爱人石真合作，把毛泽东同志的《在延安文艺座谈会上的讲话》和赵树理同志的《小二黑结婚》译为孟加拉语。除了新文学以外，他还用孟加拉语译过《道德经》；用英语选译过一本宋代的山水诗，叫做 *Moments of rising mist*。

　　据吴文介绍，1972年，吴氏还收到过泰氏新著《中国现代文学（1918—1937）的论战》。然而，吴文自始至终并未提到过印译《中国小说》一书，这就给后世读者多少留下了一点悬念。

　　再者，吴文也没有具体交代泰氏年龄，只能另据傅宁军《在泰戈尔的故乡》一文①，大致可知2015年初，傅氏曾在印度与"八十岁的泰无量先生"有过会面。据此推算，泰氏约生于1935年。如果这一推算基本成立，那么，沈氏撰发《印译〈中国小说〉序》的1948年，泰氏年方十三岁，竟然已能留学北大，编译中国短篇小说集，实在令人颇感惊奇。因此，泰氏年龄究竟如何，在未获见更直接可信的文献之前，只能存疑待考。

　　反观沈序本身。这不仅仅是一篇为泰氏译著所作的序文，更是一篇借题发挥，为中印文化、文学、文明交流的历史与现状特别撰写的"宏文"。应当说，除了在文中饶有兴味地提到冰心与徐志摩的文学创作与泰戈尔的诗性哲思之间的亲密关联，除了在文中特意将孙中山与甘地并举，且特别强调中印两国在抗

---

　　①　此文于2015年4月6日发表于《现代快报》。

日战争及反法西斯战争中结成的同盟情谊之外，沈序并没有对泰氏译著本身有过多的细节评述，而更多地将泰氏的这一学术成果，视作中印两国友好关系的又一进展。对此，沈序中有明确表述。

不难发现，沈序如此这般的表达，有着特定的历史背景与政治语境，不可将其当作一般意义上的文学评论或文学史评述来解读。

◎“印度留学生画展”上的胡适与沈从文

就在沈序发表后不久，1948年6月4日，由胡适、师觉月、徐悲鸿等发起的，以印度留学生苏可拉（Y. K. Shukla）与周德立（N. R. Chowdhuri）来华学习所创作的绘画作品为主体的画展，在北大隆重举办，沈从文也在出席嘉宾之列。

在此次展览开幕之前，时任北大校长的胡适有简短致辞，特别强调称：

中印文化关系有二千多年的密切关系，中间有几百年断了，现在又恢复了，徐、叶两位到过印度，这是开端，他们保送有学问的研究生到中国来，我们热烈欢迎，这是重新恢复二千年来应该不断的文化关系，重建十几世纪的文化关系。今天有泰戈尔和卜斯的画，卜斯在二十四年送我的画，他们那时在复活中印文化交流的意见，现在已经开始。

胡适致辞中提到的徐、叶两氏，即徐悲鸿与叶浅予，正是这二人推荐、保送的印度留学生到北大学习。徐悲鸿于1939年赴印度举办画展之事，早已为后世读者所知。联系沈序中所提到的“近十年内”中印两国学术交流种种，可以推知这个"近十年内",可能即是自徐悲鸿1939年赴印度举办画展至1948年的十年间。

显然,沈序与胡适致辞的主旨,是完全一致的。虽然一方面是为印度留学生的编译中国文学作品而撰序,另一方面则是为印度留学生的绘画作品展览而致辞,可沈、胡二人的言论,都并不是纯粹从文学与艺术角度去评述的,皆是为了"复活中印文化交流"而发挥的,皆是为了促进中印两国友好关系而表达的。

从这个意义上讲,沈、胡二人先后发表的相关言论,以及共同出席画展的事迹,都体现着中国学者个人对"复活中印文化交流"的由衷支持,也表达着中国学术界、文学界、文教界及社会各界对中印两国友好的殷切寄望。

◎补记:胡适题赠师觉月的吴越佛经古卷

据台湾学者冉云华教授撰文《胡适与印度友人师觉月》①一文透露,1948年11月25日,师觉月任满返归印度之际,胡适还特制一幅横卷以赠,作为留念。文中提道:

那份卷子是五代时吴越国王所刻的佛经印本;胡氏并在一幅宣纸上,亲笔题跋,与佛经印本,合裱成一个横长卷子。

胡适所题跋文如下:

———————————

① 此文原载《中华佛学学报》1993年第6期。

印度政府为了增进中印两个民族之间的了解与合作，特在北京大学设立一个印度学术的讲座。第一任教授就是师觉月博士，他在北大的工作是给中印友谊与学术合作建立了一个有力量的基础。现在他要回国了，我们都很惜别。我把这一卷最可以纪念中印文化关系的中国早期刻经送给他，祝他一路平安。

胡适

一九四八，十一月廿五日

胡适将私人珍藏的雷峰塔古经卷赠予即将归国的师觉月，并为之题跋纪念，这一中印文化交流史上的重要事件，如今在中国国内却少为人知。

究其原因，恐怕可以归结为两项，一为当时中国国内时局动荡，国民党政府行将崩溃，包括胡适在内的北平文教界人士大多无暇他顾，对此事并无特别

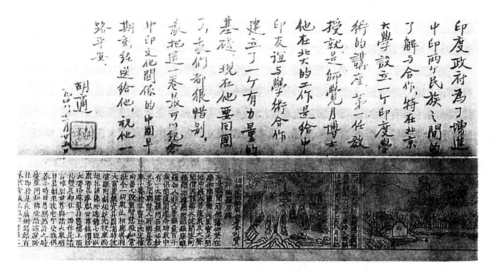

胡适题赠师觉月的吴越佛经古卷

记载与披露（胡适日记当天空缺），更无公共媒体关注并报道此事；二为胡适与师觉月的私谊甚笃，二人对题赠古经卷之事，或视作私人事件，并未对外宣扬。如此这般，因时代背景与个人习惯之故，此事一直鲜为人知。

师氏于1956年因心脏病猝发逝世之后，次年在整理其遗物时，方才发现胡适题赠的这一古卷。近四十年后，当年参与整理师氏遗物的冉云华教授撰发文章，方才有所披露，唯因发表其文的刊物乃区域性专业刊物，故而传布亦并不广泛，对此事有所知悉者，恐怕也实非多数。

事实上，这一至今仍少为人知的事迹，既没有被载入《胡适之先生年谱长编初稿》，亦未载入《胡适年谱（增订本）》，在胡适生平研究者群体中，仍属逸闻。且那附于古卷之后胡适题跋，亦未辑入《胡适全集》，仍属佚文。

◎附录：胡适两摄两题泰戈尔像

遥忆十年前，一张有胡适亲笔题词的泰戈尔像照片（以下简称片A），在2013年的一次拍卖会上，备受藏家瞩目与追捧，从原估价12万至15万元一路飙升，最终的成交价竟高达86.25万元。

应当说，这张照片成像清晰，保存完好，又有胡适的题词，文化价值不可低估。胡适的题词，对这张照片的诞生始末，交代得一清二楚，也直接为这张照片增加了含金量。这张照片上的胡适题词如下：

太戈尔先生今年三月十九日旅行路过上海，在志摩的家中住了一天。这是那天上午我拍的太翁照片。小曼拿来放大了挂在家里作纪念，又嘱我题几句话，不敢不应，只好从命了。　　　　　　　　适之　十八、四、三

可以看到，这是继泰戈尔1924年应
胡适、徐志摩之邀，正式访华之后，又
一次来华。但这一次是经停上海，顺道
访友，是更为私密的行程。胡适的题
词，间接表达出了泰戈尔、徐志摩、陆
小曼之间，以及这三位友人与其本人的
深厚私谊。这一张旧照，牵扯出四位近
世名士，其间史事掌故又可圈可点，自
然是弥足珍贵而身价不菲了。

胡适题泰戈尔照片，1929年4月3日

殊不知，其实这并不是胡适为泰戈尔像的唯一题词，还有一张题词照片
（以下简称片B），甚至在胡适题词后不久即被翻印出版。这又一张胡适题词的
泰戈尔像，作为泰戈尔诗集的中国古诗体译本《五言飞鸟集》的首页插图，自
然也有其特别之处。

1924年5月，胡适与泰戈尔合影

《五言飞鸟集》，民国二十年（1931）2月由中华书局印行，是一册颇为古雅的铅印线装本，印刷字体选用的是当年西泠印社创始人之一丁辅之创制的"聚珍仿宋体"（这种特制字体为中国首获专利权的字体，是后世仿宋体的来源）。此书版式疏朗有致，框格内的古体诗行，让人乍一看，会以为是近人的古体诗集，很难想到会是泰戈尔的诗集中译本。封面贴有签条，书名下竖排"太戈尔意，姚华演辞"二行八字，版权页则径署"译者姚华"。那么，姚华又是何许人也？

《五言飞鸟集》的译者姚华，号茫父，光绪年间进士，曾留学日本法政大学，入民国后曾任国会议员，于诗文词曲、金石书画无所不通。当时，其人是与齐白石、陈师曾齐名的画家，也享誉文坛多年。这样一位传统书画界大师级人物，为何会为一位印度诗人翻译诗集呢？

此书有叶恭绰、徐志摩二序，说明了这个中译本的缘起。叶恭绰序有云"民国十八年之夏，徐子志摩以姚一鄂《五言飞鸟集》相示"，可见此序系应徐志摩之请而作。徐志摩序作于民国十九年（1930）8月，详细介绍了此书由来：

郑振铎先生从泰谷尔先生的几本英译诗集里采译了三百多首，书名就叫《飞鸟集》。他是语体的直译。姚茫父先生又把郑译的《飞鸟集》的每一首或每一节译成（该说"演"吧）长短不一致的五言诗，书名叫《五言飞鸟集》。这是不但文言而且是古体译的当代外国诗……郑先生看英文，不看彭加利（孟加拉）文。姚先生连英文都不看。那年（泰戈尔第一次来华的1924年）泰谷尔先生和姚华先生见面时，这两位诗人，相视而笑，把彼此的忻慕都放在心里。泰谷尔先生把姚先生的画带回山梯尼克登陈列在他们的美术馆里，姚先生在

《五言飞鸟集》，泰戈尔诗集，姚华译本，1931
年2月初版

胡适题泰戈尔照片，1929年4月30日

他的莲花寺里闲暇的"演"我们的印度诗人的《飞鸟》。

徐志摩认为"这是极妙的一段文学因缘"，于是张罗出版，期望把这段文坛佳话留之后世。

《五言飞鸟集》有图版两页。其一为泰戈尔像，原照片右侧有胡适手书：

太戈尔先生今年（一九二九）三月十九日路过上海，在徐志摩家中住了一天，这是那天上午我在志摩家中照的。胡适，一九二九，四，卅

整张照片光线朦胧，影像弥漫，显露出一种水墨画韵味，居于照片中央的

泰戈尔银髯飘拂，宽衣长袍，神态闲适，恍若世外仙家。其实，这样的视觉效果，极可能是由于以珂罗版翻印照片的缘故造成，由于成像清晰度不够，影像还原程度打了折扣，产生了一种水墨交融的光晕效果。原版照片边缘的胡适题词，由于是手书墨迹，珂罗版翻印出来之后，依然清晰挺拔，纤毫毕现，这样的视觉效果，恰又与照片相映成趣。

可以看到，虽然胡适在两张照片上的题词前后相距二十七天，但泰戈尔像的拍摄时间却同为1929年3月19日。也就是说，当天胡适给泰戈尔可能拍了不止一张照片，胡适先题了片A送给陆小曼用于挂墙纪念，再题了片B送给徐志摩用于出版。

仔细观察两张照片，焦距一张较近，一张较远；但仍然可以辨别出，泰戈尔在拍摄中坐在不同的房间里。片A中可以看到的背景是竖列的，似乎是木质的某种家具或室内构件，还有沙发和沙发垫；片B中可以看到的背景则是中式椅子、书画镜框与盆花摆设。两相比较，片A中的室内布置，显然要西洋化一点，要现代化一点；片B中的室内布置，则要中国化一点，要古色古香一点。如果这两张照片，真如胡适题词中描述的那样，均是胡适亲自拍摄的话，那么，同一天同在徐志摩家中，为这位远道而来的印度大诗人拍照，如何会有两种风格完全不同的室内布置呢？

这样的疑惑，在读到了陆小曼在20世纪50年代所作《太戈尔在我家做客——兼忆志摩》一文①之后，便会涣然冰释。此文忆述了她与徐志摩接待泰戈尔时的种种准备工作，确曾为其准备过一间接近于印度风格的房间。文中有

---

① 此文选入《陆小曼自述自画》，中国青年出版社，2013年。

这样的交代：

志摩当然比我知道得多，他就动手将我们的三楼布置成一个印度式房间，里边一切都模仿印度的风格，费了许多心血。我看看倒是别有风趣，很觉好玩。

后来，接待情况出现了变化，泰戈尔并不喜欢他们精心准备的印度式房间。文中又这样写道：

谁知这位老诗人对我们费了许多时间准备的房子倒并不喜欢，反而对我们的卧室有了好感。他说，"我爱这间饶有东方风味、古色古香的房间，让我睡在这一间罢！"真有趣！

事实上，比此文撰发时间更早的，关涉泰戈尔二次访华细节的忆述，还有1940年8月15日，上海《良友》杂志第157期所刊《泰戈尔在我家》一文，此文乃是陆小曼特意为泰戈尔八十寿辰所撰。

当时，距泰氏初次访华已十六年，距泰氏二次访华、胡适为泰氏照片两次题词也已过去十一年，加之当年接待泰氏的徐志摩于1931年因飞机失事不幸身亡，所以陆小曼此文既有追忆往事，遥祝泰翁寿辰之意，更有追怀往事，遥念逝者音容的双重意味，耐人寻味。

不难发现，此文与十余年后写成的《太戈尔在我家做客——兼忆志摩》一文，虽有诸多语言表述上的差异，但对泰氏二次访华期间，泰氏对徐氏夫妇为其精心准备的印度式房间不感兴趣，却偏爱徐氏夫妇卧室的"中国风情"之

陆小曼《泰戈尔在我家》，原载《良友》杂志第 157 期，1940 年 8 月 15 日

徐志摩夫人陆小曼女士，原载《良友》杂志第 19 期封面，1927 年 9 月 30 日

事，始终记忆犹新。陆小曼在文中这样写道：

　　我告诉他我家里实在小得不能见人，他反说他愈小愈喜欢，不然他们同胞有得是高厅大厦请他去住，他反要到我家里去吗？这一下倒使我不能再存丝毫客气的心，只能遵命陪他回到我们的破家。他一看很满意，我们特别为他预备的一间小印度房间他反不要，倒要我们让他睡我们俩人睡的破床。他看上了我们那顶有红帐子的床，他说他爱它的异乡风味。他们的起居也同我们一样，并没欧美人特别好洁的样子，什么都很随便。

如今，近百年后的中国读者，不妨仔细观察与比较两张照片中泰戈尔的不同表情，这是一件非常有历史意味与美学趣味的事。且看两张照片中泰氏的仪态，似乎真的可以看到其人当年在"印度式房间"中的那份拘谨，的确与在徐氏夫妇卧室中的那份闲适迥然不同，二者形成鲜明对比。

看来，由胡适亲自拍摄的这两张背景迥异的泰戈尔照片，就是在徐志摩与陆小曼接待这位印度大诗人时，分两次抓拍的独特作品。否则，让远道而来的贵客，为拍一张照片要换两个房间来摆拍折腾，恐怕于情于理，也着实有点说不过去吧？

于此，不由得令人感叹，胡适两摄两题泰戈尔像，陆小曼两写泰戈尔访华事迹，两两映照，真如重回近百年前的"历史现场"的那一场"文坛嘉会"。

程砚秋："红拂女"传奇内外

◎红拂传·剑舞

明代继志斋刻本《红拂记》，第三出"秋闺谈侠"插图

1923年3月10日，北京华乐园大戏台。

虽是初春天气，却飘飘洒洒地，飞舞起雪花来了，白皑皑的落点，一阵紧似一阵，好比台上的锣鼓与声腔，一丝追着一缕，一缕又牵着一丝，丝丝缕缕，缕缕丝丝，不得休歇。戏台上正在演出《红拂记》，那个著名的红拂女与虬髯客的传奇故事。

《红拂记》第十八出"掷家图国"，是虬髯客将自己的所有财产，包括随身携带的一对宝剑，全部赠予友人李靖与

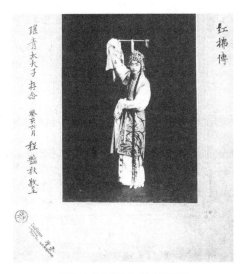

程艳秋《红拂传》双剑舞剧照　　　　　　　　程艳秋《红拂传》拂尘舞剧照

红拂女的故事。这是《红拂记》中仅次于"改装夜奔"的一出，观者大多为虬髯客的侠义所感动，为其千金赠知音的慷慨拍案称快，台下震天响的叫好声与鼓掌声此起彼伏，三百年也未曾变更过。

说三百年的掌声未变更，是说自明代张凤翼创作《红拂记》剧本以来，从明末开始排演的昆剧到眼前舞台上开演的京剧，从吴侬软语的水磨腔到铿锵尖亮的皮黄，红拂女与虬髯客的侠义形象，一直填充着中国人关于快意人生的文化想象，也因之备受欢迎，长盛不衰。现实生活中的委曲求全，生活哲学里的中庸迂回，一直压抑着欲望与表达的中国人，在三百年的戏剧生活中，《红拂记》这样的剧本是不可或缺的。它给了人们一种文化寄托与现实受用，男子可以像虬髯客那样抛家弃财，逍遥江湖；女子也可以敢爱敢恨，追随情欲。观剧者的陶醉，岂是那一个"戏"字完全能表达清楚的？

《红拂记》第十八出，真正的主角儿，当然应该是虬髯客。侠义之后，又该走归隐的老路。接下来，无论是最早的明末吴兴凌氏刻本，还是后来通行的《六十种曲》本，即使是冯梦龙的墨憨斋《女丈夫》改本，都应该是"虬髯下海"或者"髯客归海"一出。在归隐江湖的路途中，无论是虬髯客的自叹诗句"枉自劳心十载余，功名到手却成虚，如今且作任公子，青海滩头学钓鱼"；还是后来改本中增加的其家奴的自叹"孤身随主去，双剑伴人情，家产轻抛却，长歌向海滨"，恐怕都是台下观众需要的那么一套常规的人生感叹模式——世事无常的滋味本来就是三百年来获得观众默契的法宝。且看那台上的虬髯客刚一拂袖，台下的资深票友心里的唱谱，就已然翻到了虬髯客自叹诗句的那一页了。

奇怪的是，这一场在簌簌飘落的雪花中上演的大戏，却没有听到那一声老生悠扬悲凉、平添寂寥的吟诗。说时迟，那时快，竟有一双清亮亮的宝剑，无端端地照映着翠衫鬈影，袅袅地在台上舞将开来。台下皆待着虬髯客自叹吟诗，死一般的寂静刹那，一眨眼工夫就因这翻飞的剑影，炸开了锅。

台下你一言我一语，诸位看官像发现新大陆，又有点莫名其妙。近台的雅座前，一位须发皆像是顶着雪片的老者，先是皱着眉，又凝神看了一眼舞台上的剑舞，忽而微笑着对着邻桌的一个中年人询问："傅总长，这是古版新刷罢？"约莫五十岁的中年人连忙致意说："樊老，恕我眼拙，继志斋版上也没这剑舞啊。"二人面面相觑，也不再多谈，继续凝神看剑观舞。

这段专业票友与版本学家的对话，印证那个时代"新戏"与经典之间的微妙联系。询问剑舞出自何种版本的老者，是时年七十八岁的樊山老人樊增祥。已定居北平十年有余，给登门求教的梅兰芳做过几年诗文老师的樊老，对这出"新戏"多少还是有点心理准备的。

樊老问询的这个"傅总长"，就是因不满当局镇压五四运动愤而辞职，已经下台三年的前教育总长傅增湘（1872—1949）。时任故宫博物院图书馆馆长的傅氏，精通古籍版本鉴藏与校勘，本不是酷好听戏捧角儿的资深票友。樊老此番邀约其人来捧场，说是今天要看一出根据明版传奇《红拂记》排定的"古剧"，倘遇到什么杂剧、传奇古本方面的版本问题，还得讨教。面对这位曾以一首《彩云曲》蜚声前清的樊大师，傅氏自然恭敬不如从命，来看看"新戏"开开眼、散散心也好。

事实上，《红拂记》自明清刊刻以来，只有明代继志斋刻本上曾经有过一幅《红拂女月下起舞》的版画。但那只是第三出"秋闺谈侠"的插图，表现的是红拂女香闺寂寞、对月起舞的情形；既没有宝剑在手里翻飞，也根本与虬髯客无关。樊老与傅总长的研讨，只一句就打住了。显然，无论是对于诗文名宿还是版本专家，这段剑舞都属破天荒头一遭。

在剑舞之后的雪片纷飞、掌声雷动之际，樊老当即命笔挥毫，作《雪中观程郎舞剑歌》长诗一首，颇有点当年杜甫观公孙大娘舞剑的诗兴，更有点新版改良《彩云曲》的架式。诗云：

　　惊蛰才过草甲厥，清朝小雨凝成雪。

　　行人瑟缩如冻鸦，料知歌馆筝琵歌。

　　玉郎一出能空市，梨园鸣凤两师弟。

　　梅郎娟娟虞美人，程郎英英红拂伎。

　　舞台鸾影交徘徊，都学公孙精剑器。

　　歌舞弥月教始成，梅郎授以双青萍。

　　今日游龙出洛浦，天花五万助倾城。

　　任他泥满靴，来听程郎歌；

从他雪没屦，来看程郎舞。

楼西济济金闺颜，楼东娥娥红粉女。

广场十倍念珠厅，一揭翩鸿举胡琴。

羌笛金雁筝间以，鸡娄答腊鼓登场。

微步娇凌波，仙裙拂拂飘纤罗。

修态半笼花上月，柔情不断春江波。

淡红拂子白玉柄，与手同色光瑳瑳。

红绡红线皆同调，奈此函光佳侠何。

曲终一逞神锋俊，蛮腰鬌髻凝妆靓。

龙气丰城两道分，珠喉绛树双声应。

初起周回八面锋，中间步伐连环阵；

鹊落到地忽鸷击，蛇惊倒退更猱进。

奔云驰电捷于风，滚雪飞花圆若镜。

倏然收影身手间，晶盘一颗明珠定。

千秋老子兴未降，间观白打聆红腔。

玳筵劳以葡萄酒，人间无此青鬟双。

君不见，少陵一篇剑器舞，大娘弟子俱千古。

两郎舞剑将毋同，少陵得雌我得雄。

这首舞剑歌，将红拂女之所以舞剑、剑谱师承、怎么个舞法、功夫怎样等等一系列渊源脉络梳理得一清二楚，让人明白了这段"新戏"的子丑寅卯，堪称"红拂外传"之简介。继樊老之后，为这段剑舞题词作诗者络绎不绝，无不为这段破天荒的"新剑舞"拍案叫绝。

紅拂傳說明書
此劇取材於明人馮子猶墨憨齋定本女丈夫傳奇及清
道光間之風雲會六十種曲中之紅拂記各書變易刪削
而成亂彈劇本隋末三原人李靖擬往西京謁越國公楊
素渡江時遇劉文靜隱於漁相見其歡虬髯劉告以將往太
原觀變先是楊素府中有歌伎名張凌華者善知人一日
輔佐李世民訂約而別其時張仲堅號虬髯有大志
借道友徐洪客仰觀天象知太原王氣正盛相約同往太
侍宴手執紅拂見李靖往謁知非常人因決計變服夜奔
李寓訂爲夫婦遂相率共詣太原道經山西靈石宿店紅
拂正梳妝適虬髯公至徑入室僵臥旁若無人紅拂由鏡
中窺見其舉動奇詭驚爲異人會李靖溜馬歸店怒其無

《霜杰集》之"贯珠篇"，主要记录程艳秋剧作说明书及剧目，此为《红拂传》说明书

《霜杰集》，姚华题签，载录程艳秋早期演艺生涯相关文献多种

雪中觀程郎舞劍歌　　樊山
驚蟄繞過草甲巌清朝小雨凝成雪行人瑟縮如凍鴉料
知歌館筝琵歌玉郎一出龍空市梨園鳴鳳兩師弟梅郎
娟娟虞美人程郎英英紅拂伎舞台鶯影交徘徊都學公
孫精劍器歌舞彌月教始成梅郎授以雙青萍今日游龍
出洛浦天花五萬助傾城任他泥滿靴金團彦樓東娥娥紅粉女
雪沒屨來看程郎舞樓西濟濟金團彦樓東娥聽程郎歌從他
廣場十倍念珠簾一揭翻鴻舉胡琴羌笛金雁箏間
以雞婁答臘鼓登場微步嬌凌波波仙裙翻拂拂纖羅脩態
半籠花上月柔情不斷春江波淡紅調奈此面光佳俠何曲終一逞
色光瑳瑳紅綃紅線皆同調奈此面光佳俠何曲終一逞
神鋒僊孌彎腰鬢鬢凝妝靚龍氣豐城兩道分珠喉絳樹雙

霜杰集　詠玉篇　詩類　十九

《霜杰集》之"咏玉篇"，此为樊樊山《雪中观程郎舞剑歌》

樊山先生最近影像

樊樊山

这段剑舞，边唱南梆子边舞剑，在贯穿始终的［夜深沉］曲调中，走出凤凰展翅、白蛇吐信、进步刺、大蟒翻身、蜻蜓点水等招式，最后以一个英武俊美的双背剑收势。资深票友们看出了梅兰芳剑舞的味道，也品出了此一番"新剑舞"的新锐与锋利。

红拂女扮演者程艳秋（1904—1958，即程砚秋），1919年拜梅兰芳为师，学艺四年后，以《红拂传》开启自己的首场演出。那一年，他刚刚二十岁。

◎红拂传·大婚

1923年4月26日，北平西河沿排子胡同23号。

车拥人喧的胡同口，大包小包的红色礼包都向23号居所传送。不用说，一瞧那股子热闹红火，就知道一场婚礼行将开场。堂屋里一幅硕大清雅的《并蒂莲花图》，一对洒金底的行草对联既铺陈着喜庆劲儿，又洋溢着文化味儿。前来贺礼的宾客，都禁不住看看中堂画，品品对联，啧啧赞叹。

中堂那幅硕大的《并蒂莲花图》是乡道人所画，题字的则为姚茫父，两人都是北平艺坛里的名宿。王云（1888—1938），字梦白，号乡溪渔隐、乡道人。因学任颐花鸟画，为吴昌硕所赏；后至北京，陈师曾推荐为北京美专教授。姚华（1876—1930），号茫父，贵州贵筑（今贵阳）人，时任中华民国临时政府参议院议员、北京女子师范大学校长。其人学问渊博，精文字学、音韵学、戏曲理论。由于在戏曲方面的学识精深，令其人在当时的京城梨园行里极受崇敬，王瑶卿、梅兰芳、程艳秋等人都尊其为师。

中堂所悬那对联，则是藏字联："暖日生烟人似玉；兼葭秋水露为霜。"撰联者陈筱石，曾任河南巡抚、江苏巡抚、湖广总督，继袁世凯任直隶总督兼北洋大臣。联句尾字藏"玉霜"二字，观者每每会心一笑，知道说的正是玉霜簃主人程艳秋。

当天，高悬于堂屋正壁之上的这幅《并蒂莲花图》与藏字对联，真是珠联璧合，称心如意。不消多说，都明晓今天正是戏迷票友皆衷心称赏的"红拂女"大婚的喜庆日子——由梅兰芳夫人王明华做媒，程艳秋与果素瑛就在今天要行礼完婚，缔结良缘。

当天"得得而来"的樊老，自然少不了要诗兴大发，一逞文豪做派。老人家按婚庆礼俗，亲笔题写一副对子贺喜：

菩提得果果得因，得得而来。喜蟾镜将圆，男子美人，美人男子。

青宁生程程生马，生生不已。看鹊桥双度，秋星春夜，春夜秋星。

应当说，这副贺喜的对联，以重重叠叠、顶针针顶的格式，的确是炫技逞才的巧构妙思之作。但并不因炫技与逞才而"违和"，并没有因展露个人才华而忽略了文辞所应呈现的喜庆氛围，那联文中所表达的双双对对（果果程程）、欢欢喜喜（得得生生）的美好祝愿，恰到好处地在令人咋舌的文学技艺里得以充分展现，观者无不啧啧赞叹。

现场还有些人三三两两地欣赏卷轴，那是为此次大婚特意四处征集的墨宝。难得一见的郑孝胥（1860—1938）、谭泽闿（1889—1947）等名流书法辉映其间，让人无不会意此次大婚的规格之高。老病将暮的林琴南（1852—1924）也呈上一幅《添香修谱图》，以示道贺，还为此题词一首：

阮郎归

绿蝉秀黛展双蛾，浓香垂帕罗玉屏，风底听郎歌，春痕添眼波。闲风月、易销磨，四围锦绣窠楝花，风过度微哦，香肩并着他。

数百件贺喜的对联、题诗、字画之中，竟还出现了一阕内容极为华艳的况周颐（1859—1926）词作。生性冷傲，不喜应酬之作，且为"梅党"之一的况氏，也不知是真喜爱程艳秋的演剧艺术，还是看在程氏出自梅兰芳门下的因缘，居然也自上海寄来了贺词。须知，近代词坛极为推重况氏词学及其作品，这首贺词可能是况氏词集之外的佚品，自然是弥足珍贵。且看词曰：

五彩结同心

凤占宜室，燕贺升堂。珊瑚玉树交柯，风信荼䕷近。芳菲节，嘉耦缔结丝萝，花浓莺啭蓝桥路，应知胜乌鹊星河，临青镜鹣鹣并影，一般粉滴酥搓。玉郎最谙眉样，把遥山浅笑写入双蛾。香阁催妆句，翻新曲多丽。毕竟谁多种因得果，三生约鸳盟证，还倩嫦娥秦箫，远春城丹凤，仨云倚醉金荷。

实际上，这位梅党铁杆，早就偷偷去听程艳秋的戏了。早在1922年10月程艳秋赴上海首演时，况氏就去首演地"亦舞台"捧过场，还兴致勃勃地填词两阕以赠。一首《惜秋华》、一首《水龙吟》，加上如今这首《五彩结同心》，虽不及其为捧梅而作的《秀道人咏梅词》《秀道人修梅清课》十分之一，但对平素以冷傲不群姿态面世的况大词人而言，这番千里迢迢寄赠词作之举，也实属难能可贵。

惜秋華　題贈程郎
蕙風

夢綺春明對黃花秀色西風沈醉皎鏡玉霜人間更無紅紫歌塵盪入雲羅幻璧月瓊枝奇麗應記瑤臺舊游覽裳仙隊　芳倩競蓉桂向梅邊清課須為桃李十二翠屏消得護花心事多情見說江東占俊約陳髯渾似蘭珮渺

余懷秋容畫裏
水龍吟壬戌贈程郎
蕙風

年年海上清秋者回風露具金玉瑤臺月下飛鸞幾佇嬌鶯一曲脆管簾櫳驚鴻綽態倚蛾曼睞比芙蓉娟情黃華標韻更仙桂為芬馥　說似傳歌敎拍坐春風叨陪萼綠聰明父雲段師曾拜善財須服往尊前依約瓊枝心目數通都絕藝付誰詞筆作淵源錄

《霜杰集》之"咏玉篇"，此为况周颐的两首赞词

况周颐

《白蛇传》剧照：尚小云饰小青，梅兰芳饰白娘子，程艳秋饰许仙

玉霜簃主人（程艳秋）造像

昆剧业界同仁也有贺喜词作，俞振飞（1902—1993）就送去了两阕贺词，颇为华艳别致。词的格式是别出心裁的"新体"，将三十二种词牌名糅合在一阕词里，这是托其父俞粟庐集调填词而成的。其词曰：

玉霜簃主燕尔良辰，因请家君集三十二词调名，成重叠金词双阕

小楼连苑莺啼序，柳枝多丽黄金缕。眉妩锦堂春，鞓红点绛唇。天香扑胡蝶，簇水双溪怨。五彩结同心，瑶花摘得新。

红情绿意绵缠道，个侬消息于中好。步月百宜娇，歌头紫玉霄。笛家曲玉管，无闷珠帘卷。春夏两相期，东风第一枝。

婚礼当天，知名的、不太知名的；愿意直接题写真名来道贺的，委婉留个笔名来贺喜的，不计其数。应邀参加婚礼的就有四五百号人，北平军政界、文化界、梨园行各路名流，齐聚一堂，这样的婚礼规格与规模，在当时的北京城里，都是空前的。除了清一色的梨园行名角儿、文化界老前辈、文艺圈新翘楚之外，夹在熙熙人流中，还有一位不太显眼的女士，来自合肥的赵景淑[①]。虽不算特别知名的社会人士，可徐世昌编选的大型诗歌总集《晚晴簃诗汇》仍然有她的小传与诗作，自然也并非只是泛泛而来、凑凑热闹的随行女眷。

赵女士把当天所见所闻写成了十首诗，每首都附有小叙，可谓亲切真切，切切实实的为这场大婚存照一二。看到林林总总、数不胜数的名人题词、贺联等，其中政界权贵之作颇不少，她这样为之写道：

---

① 赵景淑，字筠湄，号延秋阁主。少有夙慧，喜读书。尝集古今名媛四百余人，各为小传，题曰《壶史》。又著《香奁杂考》一卷，征引详博。

民国真成平等观，不分阶级友伶官。阔人自署名和姓，更为新婚一降尊。（对联中堂署别号而自书姓名者亦不少，如曹汝霖、王家襄、李根源、林长民、吕公望等皆署本名，是日显贵到者极多）。

至于文化界与文艺圈的前贤新锐，赵女士更是如数家珍，她又这样为之写道：

泥金对子绢中堂，密密层层数百张。难得名流俱卖力，呕将心血为程郎。（对联中堂多名流之作，如樊樊山、况夔生、袁伯夔、张君立、袁珏生、夏剑丞、王雪丞、张季直、陈小石、闵葆之、谭大武、邓守瑕、曾刚甫、狄楚青、邓秋枚、陈亮伯、李汉珍、李星樵、章曼仙、林贻书、邵次公、徐仲可、罗敷庵、黄荪怡、孟玉双、王书衡、吴印丞、姚文敷、许秋帆、金仲荪、郭小麓、曹理斋、何南荪、胡宗武、傅增湘、沈侣生、魏戬三、陈石遗、曹梅舫，多至不可纪录，其有别号不显者不及记矣。）

且看这样规模的文化、文艺圈层的一次群英荟萃，恐怕已经远远超过了平日里这个学社、那个诗社的什么沙龙雅集之类。

程艳秋与果素瑛婚礼留影

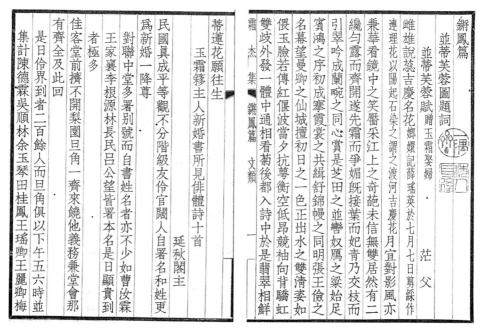

《霜杰集》之"鏘凤篇"，此为延秋阁主《玉霜簃主人新婚，书所见俳体诗十首》

《霜杰集》之"鏘凤篇"，主要记录名人雅士咏赞程艳秋婚礼的诗文，此为姚华的《并蒂芙蓉赋》

　　相对于文化、文艺圈层的群英荟萃，京城梨园行名旦名角的到场，与之相较，也毫无逊色，更有过之而无不及。为此，赵女士不吝笔墨，留下了珍贵的梨园点将录，她写道：

　　佳客堂前挤不开，梨园旦角一齐来。饶他义务兼堂会，那有齐全及此回。（是日伶界到者二百余人，而旦角俱以下午五六时并集，计陈德霖、吴顺林、余玉琴、田桂凤、王瑶卿、王丽卿、梅兰芳、白牡丹、小翠花、朱琴心、荣蝶仙、王蕙芳、姚玉芙、徐碧云、吴富琴、黄润卿、小凤凰、林诸如香、王琴侬、朱幼芬、九阵风、朱桂芳、方连元、李连贞等二十余人，票界旦角则子芳、章小山、田少浚、蒋君稼等以同一时间并集一堂，除尚小云出京外，可算无一遗漏，亦巨观也。）

毋庸多言，程艳秋的大婚，盛况空前。眼前这一个二十岁出头的旦角儿，虽然刚刚新婚燕尔，虽然年纪轻轻，分量却已着实不轻。

◎红拂传·改装夜奔

过去梨园行有句俗话：男怕夜奔，女怕思凡。作为初入行的梨园弟子，能唱好《宝剑记》的"林冲夜奔"、《孽海记》的"女尼思凡"各一出戏，那是必须得有的基本功，也是很难通过的艺术关口。

那夜奔的男子忧愤悲凄，思凡的女子欲念抑扬，即便纯以唱腔的火候与功夫而言，都是不易掌握与拿捏的。而《红拂记》里有一出"改装夜奔"，不但是全剧点睛所在，更是将"夜奔"与"思凡"两番难处叠加，实在是难上加难。

至于为什么要"改装"，则是因为作为王府女眷，红拂女要夜半奔逃出去，只能女扮男装。这一场"夜奔"，是以女子情状换作男子口吻，却还要以女子心态抒男儿抱负，这对于表演者而言，有相当高的难度。再者，京剧中的红拂女，又必须是男扮女装的旦角所演，表演者要力求在心理活动与言行情状的再三"错位"与"换位"中实现完美转切，其间的纠结与困难，可想而知。

当然，这出戏的难度之大，正是其魅力所在。程艳秋之所以惊艳，之所以要以"红拂女"之身去开启旧戏之新生，一方面，固然可以归结为不可思议的因缘际会。另一方面，恐怕也正是其人及其团队有意为之，就是要把这一出男身扮作女生，复又在剧中女扮男装的大戏，展现出无以复加的人格重建与文化想象的魅力。

就在程艳秋移步换形、改装夜奔，在京城风雪中惊艳出场之际，无论是其人的拂尘舞还是双剑舞，在以唱为主的传统京剧舞台上，多少还是有点前途未卜的。林冲夜奔，是迫不得已的逼上梁山；红拂夜奔，是斗智斗勇的为爱痴狂。程艳秋的夜奔，无论怎样"改装"，这两种心态或许都是有的，有时势所迫的不得已而为之，也必有决心一搏的勇毅自信。后来，程氏在1931年冬写成的《检阅我自己》一文中，这样写道：

《红拂传》写张凌华（红拂女）离叛贵族（杨素）而趋就平民（李靖），有革命的倾向，是其优点，但是浮露着英雄思想，有类于法国大革命后拿破仑所主演的政治剧。

至于创制这出新戏的原因，程氏承认当时是在"不知不识，顺帝之则"的状态下演出的；同时，也承认这是因生活所迫，是迁就时势环境的不得已之举。

现在看来，这些传统戏剧艺术革新中的创举，是如何如何"惊艳"，令人赞叹不已，可在当时却未必叫好又叫座，更不可能人人称颂。即便程氏后来坦言这不得已而为之的创新之举，搁在当时的国内公共文艺场域中去考察，也并非具有独树一帜的"革命性"。当时传统京剧演员的生存状况，京剧艺术评论的理论与舆论环境，并不比程氏自幼卖身习艺、一人独撑贫寒家境的个人境况好多少；传统京剧本身也面临着一场"改装夜奔"的苍凉与无奈，其中变数之巨，难以预料。

　　和程艳秋的"改装夜奔"不同，比之稍早，京津沪地区有一帮根本不屑于看京剧，唯欧风美雨马首是瞻的海归学者，为了"戏剧改良"的问题喋喋不休，已经剑拔弩张地争论了好几年了。要唱戏还是要话剧，要男扮女装的国粹还是要易卜生的现实主义，改良、改革抑或革命，都在嘴皮上、笔头下闹腾许久，从理论到实践都已启动。

胡适 1917 年归国海轮上留影

　　留学美国归来的胡适博士，是最早提出"废唱论"的海归学者。其人于1917年1月以《文学改良刍议》一文，首先揭开了"文学革命"的序幕。两个月之后，又在第3卷第1号的《新青年》杂志上，发表了《历史的文学观念论》一文，首次谈到了中国"戏剧改良"问题，认为"废唱"是中国戏剧的必然趋势。文中有这么一句评判：

　　然昆曲卒至废绝，而今之俗剧（吾徽之徽调与今日京调、高腔皆是也）乃起而代之。今后之戏剧，或将全废唱本而归于说白，亦未可知。

　　改良还是改革，只是一种观点换个说法而已，胡适的"改良"观，显然已属"改革"般激烈。废了唱的国粹，无论是昆曲还是京剧，"唱念做打"的第一本领都去掉了，还有什么可演、可改的？一棒子打死京剧，然后一窝蜂地去演话剧，是"白话文运动"的"副作用"；当然，要把这"副作用"再进一步判定为"疗效"，则又可以反过来认定中国传统戏剧，即是古文派的"后遗症"。作为"文学革命"的首要手段"白话文运动"，自然是把这古文派的"后遗症"彻底革除掉的。随之而来的，"万般皆下品，唯有话剧高"的"戏剧改良"观，则可以说是胡适发话之后的"新文学运动"行动纲领之一。

1918年10月15日，《新青年》杂志第5卷第4号，办成了所谓的"戏剧改良"专号。这期杂志讨论主题正是为了旧戏的存废问题、改良问题而展开的。参与讨论并发话的有胡适、傅斯年、欧阳予倩、张厚载[①]等人。

此次纸上研讨会的主题文章，自然是要由胡适本人来撰写的，题为《文学进化观念与戏剧改良》。文章开篇即明确指出：现在主张恢复昆曲与崇拜皮黄的人，同是缺乏文学进化的观念。胡适认为文学进化观念有四层意义，第一层，文学随时代变迁，一代有一代的文学。第二层，西洋的戏剧是自由发展的进化，中国的戏剧是只有局部自由的结果。中国戏剧从古代的歌舞变为近百年的俗剧。第三层，一种文学的进化，往往带着前一个时代留下的许多无用的纪念品，它在社会学上叫作"遗形物"。中国戏剧中的乐曲、脸谱、嗓子、台步、武把子等等，都是这种遗形物。第四层，一种文学有时进化到一个地位便停住不进步了，直到他与别种文学相接触，有了比较，无形之中受了影响，或是有意义地吸收他人的长处，方才继续有进步。中国戏剧若能采用西洋最近百年来

---

① 张厚载（1895—1955），号镣子，笔名聊止、聊公，江苏青浦（今属上海市）人。小学毕业后，随父母迁居北京，入读五城中学堂，颇受时任国文总教习林纾的赏识，收为入室弟子。后入天津新学书院，考入北京大学法科政治门。张氏擅写戏曲评论，对京剧旧戏有相当研究，胡适曾称其"评戏见称于时"，"为研究通俗文学之一人"。后专事戏曲研究与评论，为平津地区各大报刊撰写专栏剧评极多，与梅兰芳、程砚秋等俱有交谊，著有《听歌想影录》《京剧发展略史》《歌舞春秋》等。

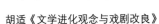
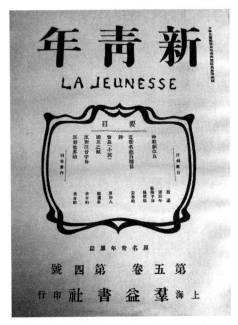

胡适《文学进化观念与戏剧改良》　　　　《新青年》杂志第 5 卷第 4 号

继续发达的新观念、新方法、新形式，如此方才可使中国戏剧有改良进步的希望。文中最后抛出了一句饱含感慨的预言：

> 现在的中国文学已经到了暮气攻心，奄奄断气的时候！赶紧灌下西方的"少年血性汤"，还恐怕已经太迟了。

专号上第二篇文章出自傅斯年的手笔，题为《戏剧改良各面观》，观点追随胡博士，火药味绝不比胡博士的逊色。文中首先谈到了对旧戏的研究，有这样的表述：

> 可怜中国戏剧界，自从宋朝到现在，经七八百年的进化，还没有真正的戏剧，

还把那百衲体的把戏当做正宗。整齐的京调代不整齐的昆弋而起，是戏曲的退化。

文章接下来，谈改革旧戏的必要性。傅氏认定，中国旧戏毫无美学价值，归结起来，有四个原因：

一是违背美学上的均比律，二是刺激性过强，三是形式太嫌固定，四是音乐轻躁。再就文学而论，流行的旧戏，很难当起文学两字。翻开十几本戏考，竟没一句好文章。论到运用文笔的思想，中国的戏文，好意思是没有的，文章里面的哲学是没有的，仅可当得玩弄之具，不配第一流文学。

对于新剧能否代替旧戏，文中则坦言有些困难，有着这样一段论述：

新剧能为现在社会容受否？现在北京有一种过渡戏，通称新戏，如梅兰芳的《一缕麻》，深受社会上欢迎，就可凭这一线生机，去改良京剧了。至于戏剧里歌唱一层，和专效动作的真戏剧根本矛盾。新剧绝对可以废唱，但废唱比较难办。

既然有些困难，改良而不是改革的情势，则势所难免。文中称：

旧戏改良，过渡戏是过渡时代的戏，等到新剧发生，过渡戏消灭的时候，中国式的戏曲就从戏剧的位置退到歌剧的地步。

张厚载所作《我的中国旧戏观》，算是专号中唯一一篇替旧戏说好话的文章。他认为旧戏的主要好处是：
（1）中国旧戏是假象的，形容
一切事情和对象，多用假象来
模仿，很有游戏的兴味和美学
的价值。（2）有一定的规律，
过场、穿插、身段、台步等，
可以说是中国旧戏的习惯法。
（3）音乐上的感触和唱功上的
感情，中国旧戏以音乐为主脑，
也常常靠音乐表示种种的感情，
废唱用白一句话应当分别来看，
不能有绝对的主张。要说中国

张聊公十年前之戏装，原载《天津商报·每日画刊》
第 3 卷第 11 期，1932 年

张聊公与梅兰芳等合影，自右至左，前排：梅兰芳、梅夫人福芝芳、郭眉臣大夫；后排：
徐兰元、姚玉芙、张聊公、郭大夫之公子。原载《天津商报·每日画刊》第 4 卷第 20 期，
1932 年

张聊公饰演周瑜剧照

旧戏不好，只能说它用这几种太过分。中国旧戏是中国历史社会的产物，也是中国艺术的结晶，可以完全保存。

这是本期"戏剧改良专号"上，在胡适的高头讲章之后，唯一一篇打着学术幌子，斯斯文文地，敢于暗度陈仓地为中国旧戏说上几句好话的文章。当年这么一篇文章，理所当然地遭到了专号上另几位新文学运动追随者的口诛笔伐。

这样的编辑安排，很容易让当时或后世的读者产生一种自然而然的联想，之所以安排这样一篇来谈论旧戏好处的文章，完全是为了展开批判预设了这么一个"靶子"。这样一来，一本"戏剧改良专号"才不至于自说自话、自娱自乐地空喊空号，才能营造出一番你来我往、针锋相对又最终完胜的学术研讨氛围来。

果然，专号上傅斯年再接再厉，初露"新史学派"的峥嵘，继而表示对张厚载一文"不敢苟同"，为专号撰发了第二篇文章《再论戏剧改良》，就张氏观

再論戲劇改良

傅斯年

（一）答張鐸子論舊戲。　（二）編劇問題。

上月我做了一篇戲劇改良辯護。我急速取來一看，同時我在晨鐘報上，看見鐸子君也做了一篇文章，登載在『訟報』上，所以再做這一篇。

過了幾天胡適之先生說同學張鐸子君也做了幾篇文章，把『訟報』上登載的歐陽予倩君所作之改良戲劇觀剪寄給我，我對於這幾篇文章頗有所感觸，不能自己，所以再做這一篇。

歐陽君的文我看了一遍，不由得怃喜戲評裏有這樣文章，戲劇家有這樣思想。我的戲劇改良各面觀和歐陽君說的，竟有許多印合的地方，所以我對於歐陽君的文章，我起初也料不再加以評論，我是劇界的外人，我的議論自然難以得人信服，歐陽君是戲界中人，歐陽君的文章自然比我的文章尤有力量。我的『旁觀人』『門外漢』的說話是從親切鍛鍊得來，反對改良戲劇的人，可不能再說改良戲劇僅僅是理想之談了。——改良戲劇的呼聲，從劇界發出這番改良的事業前途更有希望。

鐸子君改要良戲劇問題在現在也算當務之急，也是戲劇改良預備時代應當做的事業，——因為新戲不能入舊劇場，——就請鐸子君和有志此道的人，勸那些戲園東家和掌班的做去，這原是一件功德小事業。

傅斯年《再论戏剧改良》　　　　傅斯年 1913 年寄赠友人之照片

点逐条进行反驳。随后，文末强调“编制剧本是现在刻不容缓的事业”，并提出六条建议：

（1）剧本的材料，应在现在社会里取出，断断不可再做历史剧；（2）不要再犯“大团圆”这个通病；（3）剧本里的事迹，总要是我们每日或每年的生活；（4）剧本里的人物总要平常；（5）新剧的制作，总要引起看的人批评判断的兴味，善恶分明是最没兴味的事；（6）旧戏只可就戏论戏，编制新剧本务必要有一番真切道理做个主宰。

显然，胡适、傅斯年的观点，代表了当时相当一部分新青年的思想立场与价值取向，也体现出了那个时代的"90后""00后"①学者的发言权与话语权。在这些新青年群体的新视野中，旧戏简直就是旧社会、旧体制、旧文化的历史遗产，对其改良进而改革，最终革命的历程，不但是必须的，而且是必然的。那裏挟着新文学运动，汹涌奔突而来的新文化运动，甚至连孔子及其学说都可以彻底打倒，更何况这些宣扬旧文化的旧式艺术。因此，无论新文学还是新文化阵营里，都是没有旧戏的容身之地的。

特别有意思的是，就在当年改良派群体整出专刊那会儿，梅兰芳创编的神话歌舞剧《天女散花》完成——这台以舞蹈为主的"新戏"中，唱功的确倒是其次。与此同时，正在"倒嗓子"没法再唱，需要休养的程艳秋，似乎也将有所"改良"，这一切仿佛都鬼使神差地印证着"废唱说"的某种力量。

当然，以为一把火烧了旧戏"草料场"的胡适们，并不能把真正从事和继续创新旧戏的这部分"非遗传承人"彻底赶跑。即便他们能暂时让这批人"风雪山神庙"一番，终归还是会变着法儿的又杀回来的。

更何况，胡适们推广与宣传的那一套西方戏剧模式，和昆曲、京剧是八竿子也打不着的"亲戚"；要改良也好，要改革也好，包装形式上再怎么西化，也终究与国人没有血缘关系，产生不了真正的归属（宿）感与共鸣。

既然胡适们不可能冲上台前幕后夺了演员们的行头，堵了他们的嘴，也不可能和平演变到让他们自动放弃"非遗传承人"使命，换个假发头套去演话剧，那么这一场"戏剧改良"的自说自话也只得暂时搁置，作为新文学或新文化运动的一个档案夹备份而已。最终，话剧与旧戏，还是各行各路，你扛你的

---

① 指1890—1909年出生的，那批当时可以称之为新生代学者的青年学者。

大旗，我做我的"非遗"，大路朝天，各走一边罢了。

而程艳秋的这次出场，本不是林冲的夜奔，却是红拂的夜奔。"改装夜奔"的成功，当然有程氏自身的迫不得已，也印证着传统京剧本身的时势所迫；红拂夜奔之后怎么办？新戏还是旧戏？似乎面临抉择。正如那个时代新青年们常问的"娜拉出走之后怎么办"一样，虽然棘手却总得面对。"改装夜奔"之后的程艳秋已经明确地给出了答案，红拂夜奔与娜拉出走都是一回事儿，不得已背后仍然是一腔子理想主义使然。

"夜奔"仍然是传统的意境与情怀，"改装"则是时势的趋迫与必然。

◎红拂·红尘滚滚

1923年10月13日，上海丹桂第一台首演《红拂传》。

当晚在程艳秋"改装夜奔"之前，尚有梅春奎的《雪杯圆》，刘奎官的《古城会》，小杨月楼与高百岁的《群英会》，荣蝶仙的《雁门关》等。这些前辈名角儿，这些传统经典剧目一直演出到深夜十一点，《红拂传》才作为压轴鸣锣开场。

无一退场的满堂观众，早就预订一空的包厢、排座里的嘉宾，都

程艳秋便装照片，签赠于1931年

屏息静气地等待着"红拂女"夜奔上海滩。毫无悬念的是，"新剑舞"再获空前好评，北平雪中的剑光，化作黄浦江边的剑花，程艳秋的新戏在这十里洋场、摩登前沿闪亮登场。当时的《申报》刊载评论曰：

末场舞剑最为精彩，初则婆娑作态，和以清歌，继则天矫双龙，笙鼓齐鸣，变化错综，五光十色。喝彩声、叫好声如春雷之怒起。

除了《申报》连续以《记程艳秋之两夕〈红拂传〉》《记程艳秋三度表演之〈红拂传〉》为题，刊发了好评如潮的剧评之外，《时报》更在演出次日，出版了《红拂传》英文专号。因当天观剧的人群中，无论西洋人、东洋人都有近百人，引发了外国报纸的关注。《大陆报》的美国记者就曾盛赞称，程艳秋新戏为"东亚之莎士比亚"的手笔。

值得注意的是，与程艳秋新戏同时登陆上海、北平各大中城市的，同时代的文艺新潮流状况却是明摆着的与此大相径庭。莎士比亚与易卜生作品登陆中国之后，看话剧上瘾与看旧戏不顺眼，成了文化圈里的"新潮"与"焦点"；看外国人脸色，谈中国人性情，也随之成为学术界里的"时髦"与"亮点"。可无论如何，一时的学术"亮点"，替代不了千百年的舞台艺术实践；一波突袭而来的文化新潮，也未必就是社会主流文化的大势所趋。无论是后来的程艳秋剑舞红拂，还是梅兰芳剑舞虞姬，与"废唱罢舞"的理论喧嚣不同，这些实实在在的旧戏革新都获得了"改装夜奔"的成功。这是以实践"改装"理论的例子，绝不仅仅是一篇学术论文框框架架就能论证得一清二楚的。

实际上，早在这些舞台艺术实践之前，资深票友、电影大亨周剑云，就在1918年以理论对理论的方式，跟胡适们唱了一出"对台戏"。那是在《新青年》杂志"戏剧改良专号"印行不到一个月之后，时为1918年11月13日，其人就在上海交通图书馆出版了《鞠部丛刊》一书，对新青年们喧嚣一时的"戏剧改良"之欹吹，予以了一场纸上谈兵式的隔空对决，来了一场"先礼后兵"的君子论战。

稍稍翻检一下《鞠部丛刊》，不难发现，沪宁地区可以调动的旧戏势力，几乎一拥而上，剧坛名宿、前代名伶、今时名角、剧评名家、知名票友、报界名记等等，就连范烟桥、周瘦鹃等鸳鸯蝴蝶派和小说家们都来了。但凡是能与旧戏沾一点边的，也就是说对旧戏有好感无恶感的各色人等，呼啦一下子全站到前台，吹拉弹唱一齐上，旧戏如何如何好，旧戏怎么怎么好，旧戏就是好，必须好，一系列说辞与腔调，以排山倒海之势，凌空呼啸而至。

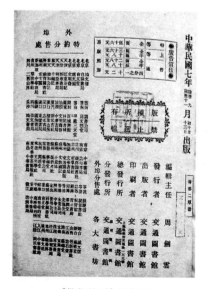

《鞠部丛刊》版权页

《鞠部丛刊》，周剑云主编

《鞠部丛刊》撰述同人影集之二　　　　　　《鞠部丛刊》撰述同人影集之一

青衣山斗陈德霖及其令徒，后排右起：梅兰芳、王瑶卿、王惠芳、姜妙香、王琴侬、姚玉芙，刊于《鞠部丛刊》

秋 艳 程

花葬玉黛之芙玉姚芳蘭梅

程艳秋与梅兰芳剧照，刊于《鞠部丛刊》

一旦接触到了《鞠部丛刊》，瞬间明了，张厚载在《新青年》上有多么寂寞，在这里就有多么热烈；张厚载在《新青年》上有多么势单力孤，在这里就有多么一呼百应。原来，张厚载，并不是一个人在战斗。看一看书前附印的各路人马照片，有名有姓地逐一对应着，老中青三代都人才济济，兵强马壮，实在不是几个新青年翻翻嘴皮子，就能轻易撼动的。

此书主编周剑云开篇也抛出了一种"戏剧改良论"，这一理论的背后支撑是专业性而非革命性。从徐灵胎到欧阳予倩，周剑云历数百余年来种种旧戏上的好处与瑕疵，认为旧戏改良之事，绝非易事，并随之宣称：

此非细事，此非少数人力量所能奏功。拟由政府命教育部拨给经费，办一

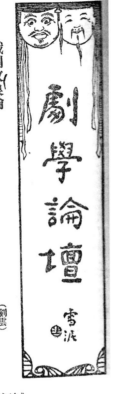

周剑云《戏剧改良论》

国家戏院。请通俗教育研究会主持一切。

这是要从民主集中制层面，为管理与变革旧戏理顺思路。为了这所虚拟中的"专业机构"运营有序，周氏还建言：

入手第一步，汇求中国中现存脚本，共有若干种。分门别类，说列一表，良者存之，劣者汰之。词句之欠通者，改削之。编修既定，颁发梨园。若者宜禁，若者宜演，为律令俾众遵守。

这第一步，类似于成立"专业管理机构"，可谓民主集中制之具体体现，争议在此可以了结，空谈在此可以变为实干了。接下来，则可以这样安排：

第二步，订剧之编制法。不可守旧不可过新，是宜取折衷主义，世界眼光不可无，本国风俗不可背。剧之种类虽殊，大致不外纯粹歌剧，演唱参合剧，纯粹白话剧三种。剧之性质，质虽杂，大致不外悲喜两种，吾以为演剧必须唱做表白四种完备。纯粹歌剧恃乎唱，使不解音律者当之必生厌倦之心，精神一疲，将不俟其终曲。纯粹白话剧，全恃做白，乐歌全废，实太平淡。文字不能废诗，戏剧断不能废唱，文言之不足，诗以咏叹之，做白之不尽，歌以振发之，两者相辅而实相生。倘能简繁互济，演唱并用，宜雅宜俗，不高不卑，务使观剧者无男女长幼，各投其好，以去合以多数心理。

这第二步，是要用一个折衷主义，勾勒出理想的文艺诉求，这一理想要求抛弃革命或者顽固的极端理念，至少是开放的心态，宽容的眼光。至于后面的第三步、第四步等等，则从唱念做打各个方面对旧戏的变革提出了专业意见，明眼人一看便知，这是实在话，不是空话、废话；这是地道活儿，不是花活儿、瞎活儿。

话说十二年后，还真蹦出来一个类似于周氏想象中的"专业机构"。时为1930年，中华戏曲音乐院南京分院成立，并创办《剧学月刊》，程艳秋任院长兼主编。程氏在传统戏曲领域开始着力于理论研究、改革实践与争取戏剧演员社会地位提高与改善；他的种种锐意举措，使得这一杂志成为1930年代影响最大的戏剧杂志。与此相呼应，以梅兰芳、

《剧学月刊》创刊号，1932年1月

齐如山为首的"梅派"，则于1931年5月成立了北平国剧学会以及国剧传习所，也创办了《戏剧丛刊》作为其理论喉舌与宣传工具。

程玉霜先生，刊于《剧学月刊》创刊号

我之戲劇觀

程硯秋

（二十年十二月二十五日在中華戲曲專科學校演講 聚起者俱遺遺）

兄弟的知識是有限的。因為職業的關係，一所以讀書的機會太少了。各位同學演講，一面學習演唱的，一今到於戲劇的貢獻，比兄弟幸運多了！一面又能享受許多普通教育，這是從曲演劇的人所不曾得到的幸運，假使兄弟早年是從這樣一個學堂裏得到數件中得來的，兄弟諸君的機會太少，而且識一完是要大些，一因為戲劇是以人生為基礎的，人生常識是愈多愈好的。

程硯秋讲演稿《我之戏剧观》，刊于《剧学月刊》创刊号

《戏剧丛刊》第1—4辑

　　至此，红拂与虞姬的剑谱，也开始有了学术范儿——正是程、梅二人的精心打磨，理论指导实践、实践提升理论的双刃剑，开始稳稳地握于"非遗传承人"手中了。值得一提的是，由于程氏本人的武学根底，据说在后期剑舞排演时用真剑替代了道具剑，舞动起来更加势大力沉、寒气逼人；当然，这又是后话与逸闻了。无论是私人秘笈还是天下公器，由业内行家而不是跨界评论家所创举的新戏，其公共号召力与社会影响力与日俱增，这与当年"改装夜奔"的尝试探索阶段的情状，已不可同日而语了。

　　然而，在此期间，新戏又遭到了以鲁迅为首的另一帮新文学运动者的猛烈抨击。有人说，当时的四大名旦里，梅兰芳冠压群芳，程艳秋居于次席，这样的序列是幸运的，否则当年鲁迅猛烈抨击的将不是前者，而是后者了。当然，也应当看到，鲁迅在《略论梅兰芳及其他》一文中，"玻璃罩"与"第三类人"的种种嘲讽，虽然皆加诸梅兰芳身上，但题目里的"其他"二字，实则指代以梅氏所代表的旦角一行，实则是将包括程艳秋在内的所有旦角统统讥嘲了一遍。文章最末一句，就"盖棺定论"式地说起了反话：

　　我们中国的最伟大最永久，而且最普遍的艺术也就是男人扮女人。

梅兰芳与程砚秋，约摄于 1930 年代

不必多言，这种鲁迅极其厌恶的"男人扮女人"之艺术形式，除了梅兰芳之外，当然也包括梅氏高徒、四大名旦之次席程艳秋。

这篇写于1924年11月的"雄文"，表达了对传统艺术领域中"雌雄同体"的强烈不满与深恶痛绝。鲁迅以其惯有的绵里藏针、针针见血的穿刺笔法，以反话反讽的方式，讽刺与批判了中国旦角一行，文中这样写道：

异性大抵相爱。太监只能使别人放心，决没有人爱他，因为他是无性了，——假使我用了这"无"字还不算什么语病。然而也就可见虽然最难放心，但是最可贵的是男人扮女人了，因为从两性看来，都近于异性，男人看见"扮女人"，女人看见"男人扮"，所以这就永远挂在照相馆的玻璃窗里，挂在国民的心中。外国没有这样的完全的艺术家，所以只好任凭那些捏锤凿，调采色，弄墨水的人们跋扈。

当然，导致鲁迅对旦角强烈不满的原因很复杂，其中一些原因，也在文中有间接表达——无非是泰戈尔访华时梅兰芳坐在了唯一的上宾席，还有就是梅氏的大照片四处可见，其知名度及受追捧程度远远超过了他心目中的那些个革命青年、文艺战士之类。正是这样一些来源于主客观两个方面的精神刺激，喜爱听秦腔的鲁迅，顿时就意识到了，京剧正在开始所谓的贵族化。这种变化将使京剧罩上"玻璃罩"，成为脱离群众的"活古董"。于是乎，其人认为理应对这种由梅兰芳肇始的新戏予以迎头痛击了。

鲁迅笔下的《略论梅兰芳及其他》《谁在堕落》《拿来主义》等一系列文章的抛出，应该是中国京剧遭受到的，继1918年《新青年》杂志理论攻击之后，又一轮也是最后一轮的猛烈攻势。鲁迅不但明确地表达对旧戏的不屑一顾，更精确地将"枪口"对准了正在演新戏的梅派及"其他"之列。如果说1918年的理论攻击尚有一些学术理性可言的话，1924年的鲁迅言论则已属人身攻击，批判本身非但没有建设性，还极具侮辱性。只要是男扮女装，只要是"伪娘"，只要是旦角，管他什么虞姬红拂，管他什么改装夜奔，统统都成了鲁迅"枪口"之下，射程范围之内的标的物。

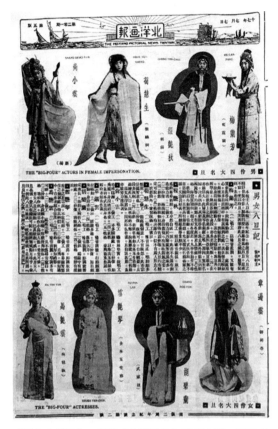

《男女八旦记》，原载《北洋画报》第201期，1928年7月7日

　　其实，程艳秋幸不幸运，并不在于鲁迅攻击的人选首选是梅还是程。重要的在于，新戏不仅仅是传统旧戏内部自身的变革成果，还将成为戏剧改良理论群体的统一战线。在这条战线上，戏剧改良的指向不再是新戏与话剧的抉择，新的价值理念与审美观念在此是协调发展、平行探索的。试想，"戏曲改良专号"上的胡适，当年及之后尚可形成价值观一致、人生观稳定的胡适们，可后来在鲁迅发起的新一轮攻势中，却再也不能形成鲁迅们的长久势力。

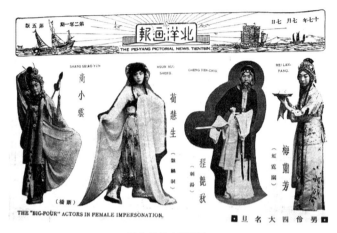

四大名旦（剧照）

也正因如此，鲁迅始终是单枪匹马式的自说自话，这与以梅氏为代表的新戏如火如荼巡演于世界各地，形成鲜明对比。这样一来，也将鲁迅笔下所有的反讽，复又通过现实世界予以了一次更为"现实主义"的反讽。

事实上，就在鲁迅《略论梅兰芳及其他》一文抛出前后，胡适与梅兰芳就开始有了友好交往。《胡适日记》中提到梅兰芳的，有案可查的至少就有四处：

1928年12月16日，梅兰芳来谈，三年不见他，稍见老了。

1930年7月25日，梅兰芳先生来谈在美洲的情形，并谈到欧洲去的计划。我劝他请张彭春先生顺路往欧洲走一趟，作一个通盘计划，然后决定。

1930年8月24日，见着吴经熊，他新从哈佛回来，说，美国只知道中国有三个人，蒋介石，宋子文，胡适之是也。我笑道，"还有一个，梅兰芳。"

1930年10月13日，下午见客，顾养吾、陈百年、梅兰芳、冯芝生、王家松。

除此之外，为表示支持梅兰芳赴美演出，胡适还有一篇用英文写成的《梅兰芳和中国戏剧》。显然，新戏先行者们与新青年们，已经达成了谅解，并且携手在戏剧改良园地中开辟着新的道路。开辟新路并可以轻装上路的程艳秋，当然是幸运的；走在戏剧改良新路途之上的程艳秋，自然别有情怀。

诚如1923年10月程艳秋首演《红拂传》于上海时，林铁尊赋词的那般意境与况味，"新戏"先行者的心路骊歌，就在一阕《八声甘州》中挥洒悠扬。词曰：

又霜腴，减却露华浓，虫鸣玉京秋。恰我来君去。碧云天暮，相望琼楼。不惜红颜持赠，销尽古今愁。别有西风泪，分付东流。金粉江山如睡，剩柔情念省，谁念恩仇。枉蛾眉青眼，凄绝彩云收。傍梅花臣冠钗挂，笑几生、翻要美人修。梁尘簌、竚韩娥久，月上帘钩。

改装夜奔者们，并没有在新青年们的大鸣大放、破旧立新的喧嚣声浪中落魄而逃、落草为寇，也用不着眼巴巴地盼着整个时代、整个社会还会有传统戏剧模式及审美观念的回归与"招安"，他们自有其新鲜天地、鲜活人生。红尘滚滚，潮流荡荡，新潮与否、经典与否原本没有绝对标准，诚如程艳秋在1958年的绝笔文章《谈窦娥》中所说的大白话那样：

时代是永远在不停飞跃前进着，人们的

程艳秋，《青霜剑》剧照

观点，对古典戏曲的看法也不断地在提高着。

这句大白话，如果罩上一层鲁迅所谓的"玻璃罩"，还可以"改得雅一些"，一如红拂女改装夜奔时那一句："正好从容定计他州去，一笑风前别故知。"

◎楔子：从"程艳秋"到"程砚秋"

1919年2月，徐悲鸿为程艳秋绘制《武家坡》剧装像，罗瘿公（1872—1924）首次在题词中提到"程艳秋"艺名及履历。题词曰：

> 程艳秋，正黄旗人，世宦，父隶内务府籍，颇沃饶。国变后冠汉姓。父殁渐困，因券伶人家为弟子，习青衣旦，歌声遏云，丽绝一世，吾始见惊叹，为诗张之，倾动都下，名辈歌咏，浸满全国。顾其师暴，恒扑楚之，吾乃力脱其籍，令师事梅兰芳。更别聘名师数辈，授以文武昆乱，益精能矣。兰芳负天下名，辄虑无继者，匪艳秋莫属。江南徐悲鸿为成是像，倾城之姿未能尽也，然画中人世已无此佳丽矣。

十三年后，1932年元旦，新年伊始之际，程艳秋宣布改名，将"艳秋"改为"砚秋"，又将字"玉霜"改为"御霜"。当日，首开山门，于丰泽园饭庄收荀慧生长子令香为徒。1月13日，以学者身份而不是表演者身份，赴法国考察戏剧。"程艳秋"的"红拂外传"至此告一段落，"程砚秋"的"红拂后传"复又别开生面。

程艳秋，《武家坡》剧照

《霜杰集》之"咏玉篇"，篇首为
罗瘿公《题程艳秋画像》

程艳秋十六岁时，与罗瘿公合影

左起：罗瘿公、程艳秋、吴富琴、齐如山、
许伯明

◎余音：刺客聂隐娘及减肥之困局

程艳秋首演红拂女两年之后，1925年4月18日，金仲荪编剧的《聂隐娘》，由程氏饰演主角聂隐娘，首演于北京三庆园。

剧本讲述的是发生在唐代的一个侠女故事，剧情梗概是：唐德宗贞元中魏博大将聂锋之女聂隐娘，幼时被老尼摄去而学成剑术。尼命其刺杀平原太守胡藩。归家后见一磨镜少年，生爱而嫁。魏博节度使田季安聘之，欲刺陈许节度使刘昌裔，聂隐娘却改投之，并帮助刘击溃了田季安所派刺客精精儿和空空儿。

剧情是典型的武侠剧。作为四大名旦中，武戏身手可拔头筹的程艳秋，以其深厚的武术功底，在《聂隐娘》中将一套"单剑舞"发挥到了极致。剧中配角，饰演李十二娘的吴富琴后来回忆说："这套剑舞与老路子不同，是根据武术中的剑法编制设计的。"

虽然在此之前，程艳秋在《红拂传》中已将"双剑舞"舞得名扬四海，南北各地的剧场皆是处处满堂彩，但在《聂隐娘》中刻意要创造一套单剑舞，比之双剑而言，更重其武术技艺的发挥，大有要将梅兰芳《霸王别姬》中的虞姬剑舞比下去的意思。

该剧中最具轰动效应的"特效"，当属聂隐娘最后回山见师时的"双舞单剑"。但见程艳秋一边舞剑走圆场，一边唱。

据当年看过程艳秋《聂隐娘》的一位戏迷说，他印象最深刻的，是程艳秋全部用京白，爽利甜脆，尤其是最后一段与刘昌裔的告白，如同珠走玉盘，和从前的程派念白完全不同。唱到"好比那小游仙御风而行"时，程先生走了一个大圆场，真的如同御风一样迅疾，"那时候的程先生，真是身轻如燕，观众们在台下，仿佛真的见了仙人，连鼓掌叫好都忘了"。场上的角儿如燕似仙，场下的观众如痴似醉，这情形是后世读者难以想象，更难以描述的。

当然，不单单是戏迷们过足了戏瘾，鼓红了手掌，资深票友、剧评家们也没闲着，他们都曾写诗赞叹这部《聂隐娘》及剧中的程艳秋剑舞。譬如，曾得到张謇赏识，并曾与之合作经商的工商巨头徐静仁（1872—1948），就曾写下过一首《玉霜簃主（程艳秋）饰聂隐娘即席口占写请吟正》，诗云：

剑光灼灼吐星芒，挥霍纵横似大娘。

不杀权奸不罢手，从无恩怨定行藏。

程艳秋，《聂隐娘》剧照之一　　　　　　　程艳秋，《聂隐娘》剧照之二

玉霜簃主饰聂隐娘即席口占写请吟正

静仁

剑光灼灼吐星芒挥霍纵横似大娘不杀权奸不罢手从无恩怨定行藏

再观程郎演聂隐娘寄示悔庐并博玉霜簃主人一粲

滌斋

剑光横雪宇生霜双绝轰传粉墨场听到临歧词侃侃金华才调压西堂尤作紧峭而别刘昌裔一段义正词严苦心警世全篇精神俱振更为西堂所未及

日下争呼菊部头玉龙双绕暑生秋却将儿女娇憨态变做幽并任侠流玉霜演此剧庄严英伟不似平时婀娜也

《霜杰集》之"咏玉篇"，此为咏赞程艳秋《聂隐娘》部分

霜杰集　贯珠篇　说明书

聂隐娘说明书

此剧取材於剑侠传而参考其他各书聂隐娘者唐贞元中魏博大将聂锋之女也有老尼自称赵国处女者有异术知隐娘颖异向聂锋求度其女为锋所斥逐尼曰任押衙藏铁拒中亦须偷去是夜隐娘在卧室读书尼隐身入室携女去俄顷至一深山大石穴中先有一女在名李十二娘亦老尼之弟子也能於峭壁飞行又精剑术决杀猿猴虎豹百无一失尼令隐娘从学剑居三年尼令试剑果

妻而巳陆少荘因患相思得瘋疾以死此剧以洞房覆衣及与母应别各场最为喫重程砚秋饰张玉贞描写贤孝贞静女子维肖维肖情节婉曲哀感动人雅俗共赏允称佳搆

十四

《霜杰集》之"贯珠篇"，《聂隐娘说明书》页面

又如署名滌斋的剧评家写有《再观程郎演聂隐娘寄示悔庐（编剧金仲荪）并博玉霜簃主（程艳秋）一粲》，诗云：

剑光横雪宇生霜，双绝轰传粉墨场。

听到临歧词侃侃，金华才调压西堂。

（尤西堂以隐娘事谱《黑白卫传奇》，此剧视尤作紧峭，而别刘昌裔一段，义正词严，苦心警世，全篇精神俱振，更为西堂所未及。）

日下争呼菊部头，玉龙双绕暑生秋。

却将儿女娇憨态，变做幽并任侠流。

（玉霜演此剧庄严英伟，不似平时婀娜也。）

节度跳梁日月昏，古今邱貉总难论。

奸人头脑知多少，谁试于阗玉上痕。

第一台前夜欲阑，公孙剑器动千官。

而今重顾当时曲，已在康猢局后看。

（乙丑初某当局盛时曾张乐第一舞台，烦玉霜演，此时已深夜，冠盖盈庭，掌声雷动，今当时达官星散尽矣。）

这位剧评家写了一组四首诗，有三首诗都加有附注，可谓引经据典；又与时俱进，联系了时事时局，就是要彰显一番与众不同的文艺格局。

剧评家找到了剧本源头，乃是清代早期文学家尤西堂所编著的《黑白卫传奇》，认为程艳秋所演的这个剧本，则比原著更胜一筹。剧评家又赞叹演出当天的盛况，达官贵人齐聚一堂，争睹程氏剑法，所谓"公孙剑器动千官"是也。

然而，程艳秋演《聂隐娘》，究竟如何如何精彩，如何如何令人拍案称绝，也只能从这些当年亲眼看过的观众、剧评家们的只言片语中去体会了。无论是忆述的激动之情，还是诗句的赞叹之意，都已无法完全再现该剧的原始风貌了。因为并没有现场录影存世，一切都只能是隔空揣摩而已。

另外，程艳秋排成此剧之后，虽大获好评与赞誉，但演出频率并不算高。究其原因，编剧在《聂隐娘说明书》中已经明言。一是因此剧"程艳秋饰聂隐娘唱念做打均极繁重，舞剑皆用单剑，盖用单剑须有真实功夫，较之双剑尤为难能可贵"；二则因此剧既如此难演，如此"难能可贵"，自然是当作特别的、拿手的、压轴的保留剧目，一般性质的出场是不会出演该剧的。此外，还有一个特别重要，也是特别现实的原因，制约着该剧在首演之后十年间的演出频率。那就是程艳秋日渐发胖，仅就体力而言，如频频出演该剧，实在是吃不消。

1933年8月8日，已改名"砚秋"的程氏，因为个人全力减肥的事迹，还登上了北平《世界日报》。该报道称：

名伶程砚秋自欧归国后，曾出演数次，极博一般人之赞誉。程近以身体日见发胖，与所演之旦角戏剧颇不相宜，日前特请德医某氏到寓诊治，经医生为之在两腿后方各割三刀，取出血液不少，现将就痊愈，割处亦已收口，身体则已稍疲，体重亦减，已恢复当年景象。闻程将在平休息若干日。俟秋凉后，仍照常公演各种戏剧云。

由此可见，为了快速减肥，为了恢复身段，程砚秋早在1933年左右就开始有意识地全力减肥，甚至不惜用手术"割腿"的极端方法。看来，早在20世纪30年代，《聂隐娘》这样的高难度剧目，即便早年有着武术根底的程砚秋，只是因身体发胖一项，已无法高频率出演了。

值得一提的是，就在以"割腿"这样极端的手术减肥两个月之后，程砚秋应南京当局电召，还特意到南京出演过一场《聂隐娘》。时为1933年10月19日晚，在南京中央体育场内，为慰劳第二届全国运动会的各省市运动员，程砚秋再次舞动他那著名的单剑舞，为来自南北各地的运动员们助兴添彩。后来为祝贺北平长安戏院开张，于1938年1月10日又演出过一次。此外，在上海或有零星几次演出；到1940年之后，则再无出演记录了。

无可否认，程砚秋的减肥并不成功，自20世纪30年代始，就一直发胖。

在长安戏院出演《聂隐娘》之前一年，
1937年1月2日，他还曾在怀仁堂出
演过《玉堂春》。虽然一挑帘子，观
众依旧来了个满堂彩，可他们还是发
现程砚秋"最近的身段和脸上越发胖
了"，"似乎有点'环肥'而不是'燕
瘦'了"。这场为迎接1937年新年的怀

程砚秋《聂隐娘》，北平长安戏院戏票（1938
年）

仁堂演剧，次日即被北平《世界日报》报道，新闻大标题之下，又添上一行
附注："程砚秋已成'环肥'而非'燕瘦'"。

　　看来，肥胖已经比较明显地影响了程砚秋的演艺事业，至于《聂隐娘》的
出演，也就显得更为遥不可及了。"七七"事变爆发之后，在长安戏院公演
《聂隐娘》之后不久，程砚秋不愿为日伪势力胁迫，坚决不为日伪势力出演任

程砚秋，家居生活存照

何剧目，不得已辗转于上海、天津等
地。他深感国难深重、民族危亡，艺
人生计更为艰难，自己也遭遇过特务
围捕，好在有武功根底，搏斗后得以
脱身。为此，他下定决心，为摆脱日
伪势力的"亲善"企图，正式脱离舞
台生涯。他正是以肥胖为理由，宣布
"不宜登台献艺"，最终到颐和园西北
的青龙桥当起了农民，过起了耕读隐
居的生活，直至抗战胜利。

胡适：故都影象与东方美学

◎ 为美国学者怀特影集撰序

《燕京胜迹》，［美］怀特著，［中］胡适序，上海商务印书馆，1927年出版

1927年，在北京开设了语言学校的美国学者怀特（Herbert C. White），精心挑选出在北京居留期所拍摄的七十幅照片，汇辑为一部影集，交由上海商务印书馆印制出版。

此书名为《燕京胜迹》（*Peking the Beautiful*），装帧极为精致，开本巨硕，长宽幅面尺寸达40cm×32cm，堪称一部豪华影集。封面乃深蓝色绸面烫金织印，书脊及封底绸面正中均烫金篆书

"燕京胜迹"四字，外覆彩印封套；内页选用高档手工纸，一页一图，与图页对应一页则为此图之英文介绍，图文左右对开，极尽图像之美观，观览之舒适。黑白照片为主，间有手工上色之彩色照片。

照片以建筑风景为主，主要景点包括：颐和园云辉玉宇坊、玉带桥；北海堆云积翠坊、九龙壁；正阳门城楼；玉泉山；观象台；端门；明陵；圆明园遗址；万寿山；南海瀛台；玉塔寺；午门；东岳庙；西山；御苑宝塔；大成殿；天坛；喇嘛寺；天安门；碧云寺；太和殿；皇后御寝；西便门；等等。

此书另一特别之处，乃是邀请了当时已蜚声海内外的著名学者，新文化与新文学运动代表人物胡适撰序。因序言以英文写成，加之年代久远，原书珍罕难求，故对于一般研究者与普通读者而言，尚少为人知。《胡适全集》亦未收录，可称"佚文"。在此，为分享这一宝贵文献，亦为便于后文据此略加考述，笔者不揣谫陋，试译全文如下：

《燕京胜迹》，胡适序首页

胡适 1927 年存照，摄于美国纽约

裴丽珠（Juliet Bredon）在其所著的颇具价值的《北京纪胜》①一书序言中，非常谦逊的说过：

"对北京真正的欣赏，绝不可能来自西方人的视野……自从了解了中国古老的历史，对于中国人的性格与信仰有了无限同情，对于中国老百姓的俗谚与民谣、街头的小调、工友间的谈话有了足够亲切的了解之后，就会发现，这些东西对于了解北京的作用，实在是不下于那些学者的思想与统治者的意图。"

在此，我完全同意这样睿智的判断，我希望为作为一位西方游客的裴女士对北京所作的考察做一点补充。在她看来，西方游客对北京的欣赏，无论是从北京城的艺术之美还是建筑之美方面，都远远超过了北京本地人。当然，中国人自己对北京的爱，绝不会比一位西方游客的爱少。但扪心自问，我们会发现我们自己之所以与北京紧密相联，是因为这里的气候与明媚的天空，或是因为这里的地界广阔，或是因为这里的社会氛围；确实很少有人注意到什么艺术之美或建筑之美，能超越上述这些习惯性的考察。

在此，可以列举部分中国人缺乏鉴赏力的几个显而易见的原因。数个世纪以来，皇家的宫殿与园林，对于民众而言皆是禁地，甚至对于高级官员而言，也是如此。在这里，每一个地方都有城墙，这些墙对于民众而言，极为不便，他们为了进南门，不得不先走出北门！民众每天看到的只是衰朽的帝国景象，以及红色的城墙与黄色的殿顶，这些东西对他们毫无魅力可言。帝制时代的诗人与文学家，在这座城里也无处可游，只能去陶然亭里聚会——这是一处位于

---

① 译者此书原名：*Peking — A Historical and Intimate Description Places of Interest*，意为："北京：历史名胜之地"，通行译名为《北京纪胜》，1919年初版于上海，1922年增订再版，1925年重印，1931年增订三版。

城市南端荒地上的小亭。所以，那时的北京人无视建筑之美，是因为这些东西与他们自身毫无关系。

然而，真正的解释，还需深入研究这个国家的哲学与文艺背景。中国人是注重实际、讲求实用的族类，由于过于专注于实用与功利方面的考虑，始终固守着物件如无实用之价值，便无艺术之美的思想立场。孔子就曾因为强调音乐与舞蹈的重要性，而受到墨子学派严厉的批评。然而，即使是孔子自身，也受到过实用主义的束缚。他在颂扬传奇的禹王时，有一个特别的描述，称其"身居陋室，却终生致力治理水灾"。①这就十分逼真的为传奇君王尧与舜，勾勒出了一张居所图景，那是茅草屋顶的房子，还有土门石阶的形象。②这些德行简朴的事例，被历代文人大臣频频引用，皆是用于表达反对专制者建筑豪奢、大兴土木的意愿。

《燕京胜迹》之"禁城全景"

---

① 译者注：此语即"卑宫室而尽力乎沟洫"，出自《论语·泰伯》。
② 译者注：此语即"尧之王天下也，茅茨不剪，采椽不斫"，出自《韩非子·五蠹》。

自然主义哲学家（通常被称作道家），也反对发展精深的艺术。老子在这方面是最为坚决者，他谴责所有让人们远离自然的文化。对这些哲学家而言，自然就是一切，而艺术却是反自然的，就是有害的。事实上，这种以"自然"去反对"艺术"的思想立场，却又从自身内部催生出了独特的艺术形式。事实上，这样的思想立场，对后世产生的"自然诗派"影响极大。他们为静默的花朵与潺潺的小溪歌颂，为雄壮的山川，也为农夫与织工的生活歌颂。从自然主义诗人中又诞生了自然主义画家，他们是绘制自然诗意的画家，他们可以从一棵树中发现美与人性，然后赋予其个人的情感与思想，通过独特的艺术技法表达出来。当然，这样表达出来的"自然"，是碰巧能够打动他们的那一部分"自然"。

正如自然主义哲学家经常居住在茅屋陋室中一般，自然主义艺术家提取灵感的方式，往往来自于崎岖的山石、低垂的柳树、雄壮的松树。建筑之美，引不起他们的兴趣，因此，建筑学也无法跻身美学之列。木匠与建筑师的工作，被认为不过是为了迎合财富与权力，其技艺皆显露浮夸与奢侈罢了。

《燕京胜迹》之"正阳门城楼"

自然主义的哲学与艺术传统，协力促成了中国人忽视所有建筑艺术的宏伟与壮丽的习惯。由于这一思想立场在一部分艺术家与智识阶层（不包括风景画家）中长期保持一致，使得中国建筑学直到今日，还被视作只是木匠的建筑行业而已。他们一直在学习《营造法式》，这是一部初版于1103年的关于建筑方法与图样的书；这一现象表明，数个世纪以来，中国建筑学在实践上几乎没有任何变化，对于帝制时代的木工实践也没有任何进步与超越可言。艺术家们轻蔑的忽视中国建筑，崇尚实用的儒家学派更常将其视作经济上的奢侈浪费，认为大兴建筑就是挥霍人民血汗。如今，北京建筑的富丽堂皇，他们不还是以这种传统观点视之吗？

譬如夏宫①，一直被视作那个邪恶的皇帝遗孀②从海军军费中挪用二十四万两白银所建造。真正豪壮可观的班禅喇嘛纪念塔③，被裴丽珠视作北京现代石雕中的最杰出作品（本书第49页），而中国人则会认为，此塔与同类建筑并无本质上的差异，唯一的差异是其巨大惊人的奢侈与浪费，且花费这笔钱的建筑竟然还是为了纪念一个宗教领袖。再来看长城，被视作世界第七大奇迹，但千百年来贯穿于长城的主题却是数以千百计的哀歌与抗议，里边有无数的、无名的奴隶与劳工的悲剧，中国人一直在谴责因之而起的战争与贪欲。正是战争与贪欲，才使得长城千百年来一直在修建与重建。

对于西方游客而言，所有这些关于艺术与道德上的预判，都只是事实的一部分。他首度旅行，来到了北京，就会爱上北京。他为红色的城墙、各色的店

---

① 译者注：即颐和园。
② 译者注：即慈禧太后。
③ 译者注：即建于北京德胜门外的西黄寺中的清净化城塔。

《燕京胜迹》之"颐和园长廊"

《燕京胜迹》之"黄寺石塔"，即胡适序中所言
"班禅喇嘛纪念塔"

招、美丽的荷花池、巨大的柏树，尤其会为那富丽堂皇的建筑之美感到惊喜。

他渴望通过本国公使馆的批准，去参观那些庙宇与宫殿，直到最近几年，这些地界对公众都还是关闭的。不久，他得以探看冬宫、夏宫与行宫，以及更远一点的西山上的庙宇。稍后，他又去长城和明陵。之后，他开始租房，要住下来了。他在北京工作，依然不能让自己置身于这座城市的美景之外。他还要深入学习这些建筑背后的荣耀历史，那些关涉宗教、权力与财富的过往。

作为北京的热切仰慕者，这本《燕京胜迹》的作者怀特（Herbert C. White），是上海时代标记出版公司的艺术总监。他于1922年抵达北京，在其兄弟创办的北京语言学校待过一段时间。兄弟俩发现，自从到达北京的第一天开始，他们都深深的爱上了北京。在为期一年的中文学习生活中，他们利用每个假期和闲暇的每一分钟，去参观那些与艺术、建筑学有关的名胜古迹。在

《燕京胜迹》之"万里长城"

《燕京胜迹》之"颐和园玉带桥"

这一年时间里，他们在北京及近郊拍摄了七百张照片。

自从到上海任职之后，怀特先生每年夏天回北京一次。如今，他搜集的照片已达三千张，这本影集里所展示的正是其中的七十张。1925年，他的两张照片，荣获亨德森摄影比赛（Henderson Photographic Competition）一等奖。这两张照片，印在这本画册的第1页和最后一页上了。

起初，使用格莱弗莱克斯（Graflex）相机拍摄，怀特先生感到有些困难。因为拍摄物体要么距离太远、要么自身尺寸过于宽大，普通相机很难适应这样的拍摄。对艺术的执着之心，使得他尽可能改善装备，以便应付各种紧急情况。书中第87页，有一张醒目漂亮的照片，展示着宫殿与大理石桥，没有特殊镜头的帮助，是不可能完成拍摄的。又如那张神奇的钟鼓楼照片，是从白塔上遥望而成的景观（第41页），这也只有在特殊装备下的相机才能拍摄下来。

午門

《燕京胜迹》之"午门"，即胡适序中所言"有一张醒目漂亮的照片，展示着宫殿与大理石桥"

这些照片有一些将成为历史记录。譬如第33页的圆明园大喷泉遗址照片。这就是一个案例，说明如今消失了的景象，可以用照片来记录。关于圆明园，记得一位耶稣会神父曾于1767年写过，称"世间没有什么东西能与这座园林相媲美，它代表着世界园林"，而它毁于1860年的战争。如今留给世人的遗址，只有巴德尼（Attiret）大喷泉①等几处尚可观摩。遗憾

《燕京胜迹》之"钟楼与鼓楼"，即胡适序中所言"那张神奇的钟鼓楼照片，是从白塔上遥望而成的景观"

的是，这座融汇中西风格的园林建筑之美已不可见，只有一小部分遗址可以通过现代摄影艺术存留了。

关于这些呈现于书中的北京的照片，我说了如此之多，并非仅仅是为了向来自西方的朋友介绍北京这座城市，或者是为了让他们爱上北京；而是觉得这本书有助于中国人抛开自己的传统偏见，学着去欣赏与接受那些只属于北京的颇有价值的艺术遗产。让我们忘记那些发生在宫殿里的种种

---

① 译者注：从清乾隆十二年（1747）起，长春园开始兴筑欧式宫殿，由意大利人郎世宁设计，法国人王致诚（又名巴德尼，Jean Denis Attiret，1702—1768）等协助建造。欧式宫苑建在园北狭长的地带内，包括六幢欧洲文艺复兴后期巴洛克式建筑、若干水法（喷水池，亦称喷泉），这些喷泉景观俱可称为巴德尼（Attiret）大喷泉。

罪恶，忘记那些因酷刑致死于帝国庭院中的明代臣僚，忘记那个挥霍海军军费的帝国遗孀；如今，应当感谢那些比帝国海军和帝国本身更为美丽的事物。让我们以平静的心情登上白塔，让自己的思想穿过那些可怕的密宗仪轨，回到萧皇后Queen Hsiao（或为李夫人？）为她的信仰密宗的鞑靼皇帝①修建更衣亭的美丽故事中去吧。最后，让我们忘记，至少在这一刻忘记，忘记所有曾让人迷失自我的悲伤与哀哭，为北京之美投以激赏的凝视吧。

胡适

中国上海

1927年11月10日

◎向裴丽珠与怀特学习，重新发现故都之美

胡序以裴丽珠（Juliet Bredon，？—1937）所著《北京纪胜》开篇，抛出了外国人眼中的北京何以总比北京当地人眼中的北京更为美丽动人的问题。在切入这个问题的研讨之前，需要约略了解一下裴丽珠。

裴丽珠是英国人，她的父亲裴式楷（Robert E. Bredon），与声名显赫的叔叔赫德爵士（Sir Robert Hart），都曾在中国海关机构担任要职。裴丽珠在北京居留时间颇长，几近一生时光。她中文流利，喜与北京当地百姓交流，熟悉这座大都市的每一个角落、每一条胡同和它的社会习俗。在北京居留期间，她勤于考察，乐于著述，除了《北京纪胜》一书之外，还著有《赫德爵士传

---

① 译者注：即辽道宗耶律洪基（1032—1101）。

奇》《中国人的阴影》《阴历年：中国风俗节日记》《百坛记》《中国的新年节日》等。

　　比《燕京胜迹》早八年出版的《北京纪胜》一书，在当时被认为是向西方世界介绍北京最全面的外文著述。此书亦是图文并茂，以八十七幅北京名胜古迹、人文风俗照片与六幅北京城区地图的丰富图像，为西方世界展现了裴氏眼中古老优雅且富于生活情趣的老北京风貌。应当说，八年之后出版的《燕京胜迹》在图片印制、图书装帧方面，较《北京纪胜》一书略胜一筹，但书中所采撷的城市图像与人文风貌，则与《北京纪胜》大同小异，并无特别的差异。于此，就不难理解，胡适在为《燕京胜迹》撰序时，自然而然地联想到了《北京纪胜》一书，序言开篇也将裴氏书中的观点径直拈提出来，作为中西方文化交流的话题来研讨了。

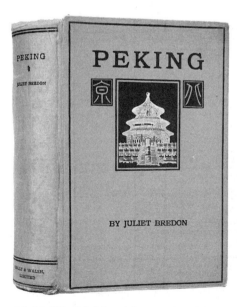

《北京纪胜》，［英］裴丽珠著，1919 年上海初版，此为 1922 年增订再版

《北京纪胜》，［英］裴丽珠著，1919 年上海初版，此为 1931 年增订三版

"WHITE DAGOBA"—PEI HAI

北海白塔，辑自《北京纪胜》，《燕京胜迹》胡适序
中所言"让我们以平静的心情登上白塔"，即指此塔

胡适在序言开篇抛出的问题，这一问题存在的历史背景及文化渊源，随后在他自己逐条剖析中，渐次明晰呈现。在胡适看来，在实用主义与自然主义的双重影响之下，中国建筑的美学表现力历来被漠视，千百年来已不再成为中国人审美标的。在这种情势之下，更由于政治与道德因素的裹挟，彻底导致中国人对中国建筑缺乏兴趣，更不愿深入了解其艺术之美。这也可以解释，为什么外国人眼中的北京，始终比北京人眼中的北京，要多一份美感，多一种美观了。

为此，胡适呼吁，国人应当暂时收敛千百年来忽视建筑美学的传统眼光，向那些来自异国他乡的外国游客学习，学习他们那种发现美感与呈现美观的眼光与视角。事实上，胡适本人早已身体力行，早已如他在序言中所呼吁的那样，静下心来，细细品味与体悟着北京之美。胡适为《燕京胜迹》撰序时，虽已身在上海，但却能对画册中众多的北京景物一一品评，如数家珍，与其在北京居留期间的深切感受息息相关。

两位美国舞蹈家，在北京天坛前起舞，约摄于 1920 年代

◎摄影爱好者胡适，评介"发烧友"怀特

身为新文化与新文学代表人物的胡适，为《燕京胜迹》撰序之时，早已名扬海内，炙手可热。这位"暴得大名"的新派学者，对新生事物向来持有开放热忱之态度，必欲先行"尝试"而后快，对于当时国内民众还难以企及的照相机及摄影活动，是早有接触且相当熟稔的了。

可以说，作为摄影"发烧友"的怀特，与作为摄影爱好者的胡适，因《燕京胜迹》一书而结缘，大有相见恨晚之意，更有忽逢知音之感。这样的意味与感怀，从胡适序言里的一系列介绍与评述中，就可见一斑。

◎胡适的"尝试"与呼吁

应当说，没有与时代风尚相匹配的摄影常识与操作实践，没有对同时代各种照相机品牌、型号及相关性能的基本了解，胡适是不可能写得出上述这些关于怀特作品的评介之语的。

须知，生前留下过大量个人及亲友照片的胡适，可能是中国近现代历史上留下照片最多的学者之一（友人赵元任更有过之）。诚然，这个"最多"的定义，并不一定代表着其人即是同时代最了解照相机与摄影术的学者。只不过，从十几岁的少年时代至七十岁的晚年时光，无论驰骋于国内南北各地，还是辗转于海外欧美各国，均拍摄保存有大量个人及亲友照片的胡适，仅从热衷于被拍照这个层面上考察，还的确称得上是同时代学者圈子里难得的摄影爱好者的。

另外，胡适并非仅仅停留在乐于被拍照的层面上，而确实曾亲自使用照相机，留下自己的摄影作品。譬如，早在1923年秋，与友人赴西湖游玩时，胡适就为徐志摩、蔡元培等人拍摄过照片。再如，就在为《燕京胜迹》撰序不到两年之后，1929年3月间，当徐志摩与陆小曼接待来访的泰戈尔时，胡适又自告奋勇，尝试了一次随行摄影师的角色。时为3月19日当天，胡适在徐、陆二人精心准备的两间不同装饰风格的客房中，为来访的泰戈尔各拍摄了一张照片。这两张照片洗印出来之后，胡适又亲自在照片上题跋，赠予徐、陆二人。所有这些胡适个人拍摄的照片作品，或以原片实物，或以出版物插图的方式，流传至今，均已成为弥足珍贵的时代存照。

无论是痴迷于拍摄"燕京胜景"的美国人怀特，还是热衷于为自己与亲友拍摄肖像照片的胡适，都乐于从摄影术这一发明中，表达自己所体验到的美感与时代感。从这个意义上讲，怀特与胡适，当然可以互称同好，引为知音，而无分彼此的种族、国籍、语言、职业及身份等等。

或许，也正是从这一视角出发，当时身在上海的胡适，在为《燕京胜迹》所撰的序言末尾，对于一直深陷于内忧外患之中，在动荡时局中艰难生活的国人，发出品味与鉴赏故都之美的衷心呼吁。

◎为赫威史《故宫鸟瞰图卷》题跋

事实上，正是基于对北京的喜爱与留恋，胡适不但欣然为《燕京胜迹》撰写了英文序言，还曾为外国友人所绘关涉北京的画作，有过至少两次题诗、题跋的事迹。

2013年，中国嘉德国际拍卖有限公司在香港举行的春季艺术品拍卖会上，一幅名不见经传的外国画家所绘《故宫鸟瞰图卷》，成交价达到了70余万元。应当说，一幅作于1936年的非著名外国画家的作品，能有这样的成交价格，虽不算太高，也颇为理想。绘画者赫威史是位外国女性，其生平无从确考，但此图因有胡适题跋，遂得重视。胡适的题跋为：

殿宇崔嵬一望中，依然金碧映晴空。

才人秀笔描摹得，六百年来大国风。

赫威史女士为克罗希夫人作此皇城全景，笔意壮丽细密。

作此题之。一九三六年五月，胡适。

胡适的这则题跋，见于《胡适日记》1936年5月6日的记载，是明确无误的真迹。仔细观察图卷，会发现图卷的题名除了有两处张伯英所题"故宫鸟瞰"之外，轴头尚有胡适所题"北京皇城全景，克罗希梅丽氏藏"的字样。这应当是胡适应此画原藏者克罗希梅丽夫人所请而写。对于一生倡举新文学，坚持用白话文写作的胡适而言，为一幅外国人所绘故宫图卷题跋了一首古体诗，实不多见。或许，北京的故宫与皇城，在胡适眼中，自有一番自然而然的古意与亲切罢。在这种亲切感之下，他也自觉不自觉地要题写一两句古体诗来。

其实，说起故宫，胡适还真与之机缘不浅。他是与中国最后一位皇帝溥仪通过电话，进过宫，聊过天的现代学者，也是直接见证"紫禁城"化身"故宫"，并亲身经历皇家禁地化身国家博物院的现代学者。所有这些"前缘"，或许也是胡适欣然为这幅外国画家所绘故宫题跋的原因所在罢。

此外，此图的题跋者除胡适外，尚有张伯英、溥儒、周肇祥、邵章等时贤名流。其中，书法家、鉴赏家张伯英（1871—1949）为此画题了两幅引首。第一幅引首题大字"故宫鸟瞰"，附注：

试渊鉴斋砚，淳化轩墨题此，皆故宫物也。丙子（1936）清和，彭城张伯英。

张氏在题写引首时特意注明，所用墨、砚皆为宫中旧物，专门用来题"故宫鸟瞰"，亦真可谓名实相符，颇为讲究。第二幅仍题"故宫鸟瞰"，足见郑重其事。

后纸添加的题跋，爱新觉罗皇族的旧王孙溥儒（1896—1963）所题为一首诗：

玉阙金台入碧空，神州佳气郁葱茏。

挥毫不异图王会，万古乾坤绕汉宫。

时任古物陈列所所长的周肇祥（1880—1954）所题亦为一首诗：

幽燕自古帝王都，俯揽宫城入画图。

展卷不胜兴废感，漫将人事诿天乎。

时任北京法政专门学校校长的藏书家邵章（1872—1953），所题仍是一首诗：

城阙嵯峨蓟树烟，冕旒万国记当年。

只今赢得鲛绡画，禁扁宫名待续编。

这些题跋、题诗，皆出自名家之手，其诗文内容，也皆是吟咏故宫，感怀故都，与《故宫鸟瞰图卷》相得益彰，相映成趣。且题跋者的身世与身份，或多或少皆与故宫有所关联，又皆为当时北平文化圈子里的名流宿儒，他们的题跋足以使画作平添一份历史与文化价值。

俗话说，"一经品题，身价倍增"，正因如此，一幅非著名外国画家笔下的故宫图卷，在绘成近八十年后，有了颇为理想的艺术价值与市场价值。

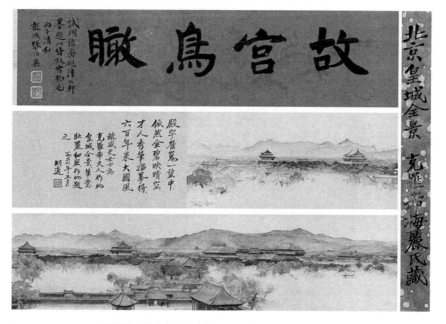

赫威史《故宫鸟瞰图卷》，胡适题跋及轴头题名局部

◎为约翰逊夫人故宫风景画题跋

无独有偶，查阅1939年3月8日的《胡适日记》可知，胡适还曾为另一位外国女性画家所绘故宫风景画题跋。只是这一幅画作如今还未见诸拍卖会或展览，故而不能一睹真容。但胡适的题跋，是完整地记录在了日记之中的，从中不难揣想那位外国女性画家的画境与胡适的心境。日记原文如下：

为 Mrs. Nelson T. Johnson（纳尔逊·T.约翰逊夫人）题画两幅，其一幅为侯女士画的北平美使馆楼上所见紫禁城风景，我为题小诗云：

从你们的窗子上，

你们望见的是那一排排绿树高头，

那没有云的青天底下，

那澹澹的宫墙，

拥簇着映日的琉璃瓦。

你们望不见的，

而我心里怪惦念的，

是在那故宫北面，景山脚下，——

那儿曾有我的工场，

那儿曾是我的家！

胡适为其画作题跋的这位 Mrs. Nelson T. Johnson（纳尔逊·T.约翰逊夫人），其生平无从确考，与前述《故宫鸟瞰图卷》的作者赫威史一样，皆是未见载于艺术史中的外国女性画家。这一次所绘的乃是"北平美使馆楼上所见紫禁城风景"，这对当时已身在美国，赴任中国驻美全权大使的胡适而言，难免触景生情，泛动乡愁。

遥想当年在北平的美国驻中国大使馆楼间阳台上，静伫观赏紫禁城风景的约翰逊夫人，惬意悦然的挥毫画下了自己眼中的风景。而此时在美国华盛顿中国驻美国大使馆中，因抗战爆发暂弃学术、远赴重洋寻求外援的胡适，看到这幅故国故都的风景之时，百感交集中挥毫写下了自己读画的心境。他由此联想到了自己在北平的旧居——位于米粮库胡同4号的旧居，发出了"那儿曾是我的家"的慨叹。

胡适在中国驻美大使馆双橡园中闲坐休憩、阅览报刊。美国《生活》杂志存档，美国摄影师阿尔弗雷德·艾森斯塔特（Alfred Eisenstaedt）摄

　　两天之后，3月10日，胡适"将题Johnson（约翰逊）画二则译为英文，交与Miss Elizabeth Johnson（伊丽莎白·约翰逊小姐）带到Cody, Wyo.（怀俄明州，科迪）交给Johnson夫妇"。3月24日，胡适在其官邸双橡庄园中感到"天气忽然大暖"，看到"庄园中玉兰花忽然怒开"，他在日记中写道，这一切"使我想念北平"[①]。

　　胡适两题故宫风景画，皆是为外国女性画家的作品题跋。所题两首诗，一为旧体七言诗，一为自由体新诗。其实，诗文格式无论新体旧体，胡适在诗中所表达的家国情怀与乡愁意绪，皆跃然纸上。

---

　　①　以上内容征引自《胡适日记全编》，安徽教育出版社，2001年。

刘半农：昆弋学会二三事

◎小引：先驱也曾是守护者

新文化运动已过百年，那个觉醒年代的新青年们，如今都成了教科书上的历史人物。为中国女性专门发明了一个"她"字的刘半农（1891—1934，原名刘复），相信读者诸君都不会陌生。如今，刘氏既被公认为新文化运动先驱，又被视为中国近现代女权运动乃至妇女解放运动的先行者。

微风吹动了我的头发，教我如何不想她？

正是在刘半农的这一诗句里，中国女性的第三人称代词"她"字方才诞生，现代汉语中方才出现了有性别区分的第三人称。当年，这一"新潮"之举，曾引来各界骂声一片，各种抨击不断；刘氏硬着头皮，咬紧牙关，顶住了沉重压力，终于把"她"扛进了字典、词典，送入万千国人的心中、笔下。

刘半农

正是这样一位发明了"她"字的新文化人物，却还曾对中国传统文化及非物质文化遗产颇为热心，曾为之苦心筹划与守护。这的确与其一贯的"破旧立新"的文化先锋立场和做派，不太吻合；也正因如此，这样的事迹自然会被世人忽视与遗忘，成为其少为人知的另一面。

◎以学术的名义维持"昆弋"

据考，刘半农曾于1933年底在北平发起创办"昆弋学会"（又称"昆弋维持会"）。学会旨在提倡和研究昆曲弋腔艺术，整理编演昆弋剧目，介绍昆弋剧团到国外演出，维持昆弋班社。这是刘氏继跨界参与摄影爱好者团体"光社"之后，再次跨界至传统戏剧研究与实践领域，而且这一次还是发起人与创办人之一，自然颇令时人关注。

然而，由于昆弋学会创办之后，仅过了半年多一点的时间，刘半农因赴西北考察时染病猝亡，学会的运营陷入名存实亡的境地，实际上也随即宣告结束。据曾参与该社活动的著名戏剧演员韩世昌忆述称，"到了一九三四年半农先生感染时疫逝世，这个会便没人提倡了"[1]。因此，这个实际运营不过半年时间的昆弋学会，留存下来可资研究的史料极少，目前人们获知的学会史事点滴，大多来自部分参与者的零星忆述，很难精确。即便是昆弋学会创立

---

[1]　引自《燕都艺坛》一书，北京出版社，1985年。

时间，都还一直有着1923年与1933年两种不同的说法。当然，1923年创立昆弋学会的说法，显然是不能成立的。须知，1923年时，刘半农还在法国留学，1925年方才归国。此后任北京大学国文系教授，并兼任中法大学中国文学系主任、中央研究院历史语言研究所研究员等职。诚然，昆弋学会的实际运营时间短暂，自然无从搜求太多相关史料；那么，关于昆弋学会创办的史实，却是可以通过相关史料去确证的——譬如当年的报刊报道之类，应当还是有迹可查的。

1933年12月30日，天津《北洋画报》第21卷第1031期之上的戏剧专刊（第241期），图文并茂地刊发了一篇题为《北平成立昆弋维持会》的报道。这是目前比较容易搜寻到的，能够基本了解昆弋学会创立时间及相关情况的一篇报道：

北平成立昆弋维持会

尧

北平昆弋名家汪申伯、余上沅、张恨水、齐如山、刘半农、郑振铎、郑颖生等，因昆弋具有真善美诸长，足可代表中国之戏剧。乃近数十年来，因国人趋向皮黄，致昆弋歌社，已如硕果晨星，仅十数伶人，为衣食所驱，勉强支撑于潮流激荡之中，力竭声嘶，难图一饱，沦落憔悴，垂垂待尽。为补苴掇拾，俾得振兴兴趣起见，特组织昆弋维持会，已于本月二十四日晨九时，假北平大学第二院宴会厅，开第一次茶话会。事前遍发请柬，并附缘起，邀请名流及爱好昆弋者，一致参加。当推定北大教授刘半农氏为昆弋维持会会长。将来昆弋之发扬光大，可预期也。

北平昆弋维持会成立之报道，以及新选出之会长刘半农君，原载《北洋画报》

上述二百余字的简要报道，还配发了一张题为"北平昆弋维持会新选出之会长刘半农君"的图片，署为"李尧生摄寄"，应当与此报道作者署名"尧"者，实为同一人。据查，李氏乃北平知名摄影记者，20世纪三四十年代活跃于平津各大画报类刊物，除受聘为《北洋画报》特约记者之外，还曾为《旅游》《天津商报》等刊物长期供稿。此图文报道，出自李氏现场采访而来，所述事实应当确凿可信。

据此报道可知，北平昆弋维持会成立时间为1933年12月24日；成立地点即首届大会地点为北平大学第二院宴会厅；推选会长为刘半农。当然，因版面所限，报道不可能十分详实地记述会议内容，出席会议的各界人士，尤其是刘半农、齐如山等的会议致辞等细节，无从详究。

殊不知，比《北洋画报》报道还要早五天发布，即北平昆弋维持会成立后次日，即曾有过一篇内容可称详实的公开报道。这篇报道，刊发于1933年12月25日刊行的北平《世界日报》上。

笔者经年搜求，终于查获到了这篇报道。至此，关于昆弋学会确切创办时间，参与人员名单，学会宗旨及条例，乃至刘半农与齐如山的会议致辞，终于全部有了确切可靠的文献记载，可供考证与探研。笔者酌加整理，转录原文如下：

北平市昆弋维持会昨在北大二院开成立会
刘复报告开会宗旨　齐如山报告组织经过
通过简章六条选出职员三人

大学教授，与艺坛名流所组织之昆弋学会，昨日（二十四）上午十时，假北大二院宴会厅，开全体大会，到会者有郑振铎、马裕藻、杨梦游、齐如山、李董凤、许之衡、段子真、齐竺山、张次溪、王芷章、周萤生、赵六方、孙云生、杜款陶、傅惜华、萧种亭、舒又谦、刘复、陆颖明、顾美季、夏康农、范莲青、陶贤棣、施天侔、戴梦松、杨丙辰、陈绵、张恨水、汪申、孙楷弟、季道时、曾觉之、盛城、汪逢春、郑颖孙、傅泾波、刘海云、华胥民、王溥泉、李尧生、赵荫棠等四十余人。名流学者，长幼咸集，济济一堂，颇极一时之盛。首先推定刘复为主席，报告开会宗旨，详情如下：

刘复报告

略谓：近数十年来皮黄崛起，举国风行，而中国三百年来流风余韵之"昆弋"则不见传于社会，势将从此掩盖。吾人为提倡中国数百年来之艺术，爰集合同人举办"昆弋"维持会，掇拾既起，齐力维系。近查北平市昆弋演艺伶人，以艺术言，堪称优秀，但返观彼等生活状况，竟力疲声嘶，不得一饱。同仁既以提倡"昆弋"为宗旨，集合救济硕果仅存之数伶人坚持演出。今日召集开会意义，尚期共同讨论云。

组织经过

次由齐如山报告组织经过，略谓：中国戏剧近颇见流行于外国，最近法国宣传部长某君曾有提倡中国戏剧之论公诸社会，但欧西人士所喜见者，为中国皮黄新剧。而自明朝以来，最富有艺术价值之"昆弋"，尚未寓目。吾人这一时期，允宜竭力提倡"昆弋"，以古来最完美戏剧供之参观，方为正道。"昆弋"之在今日变成广陵散，所得见传于社会亦仅北平昆弋十余人而已。考察其生活状况，至为艰难。如白云生每月五十元，侯永寿等每月不过二十元之谱，如此支出月需八百元即足。但如不足此数，彼等即按成折扣分配，故吾人规定办法拟先代为销票，使之能以固定彼等生活为前提，然后再求为提倡与推广。查该班伶人表演身段殊有价值，盖中国新剧，纯为曲线之表现，如青衣之"指"与老生、小生、花脸、小花脸之"指"及各个角色之"咳"，以及武戏之"走边"等，均完全不同。非有曲线表演，则不合板眼。（言时并以手作势）又如梅兰芳新剧，全为余所授，票价传至二元，尚卖满座，但若令余登台亲自奏演，票价至两大枚，恐亦无人问津，此固内中自有各种秘诀，可意会不可言传

云云。报告毕，旋进行讨论简章，修正通过如下。（简章内容从略）

选举职员

简章通过后，次进行选举事宜，当用记名式投票方法选举主席、书记、会计各一人，结果刘复以二十四票当选主席。傅惜华当选书记。齐如山当选会计。选出后，刘复当场宣读，全体鼓掌，至十二时许散会。

据上述报道内容可知，1933年12月24日，当天上午10时，在北大二院召开了昆弋维持会（昆弋学会）成立大会，四十余位知名学者与艺坛名流参会。

会议推选刘半农为主席，傅惜华为书记，齐如山为会计。会上，刘、齐二人分别致辞，都对昆弋没落、皮黄流行的剧坛现状深感关切，希望通过此会来维持昆弋，守护古剧传统。说到这里，就有必要对"昆弋"这一概念做一番简要介绍。

◎《刘半农日记》中的"北昆"岁月

所谓"昆弋"，即中国古典戏曲声腔中昆山腔与弋阳腔的合称。昆山腔（清代称"昆曲"）早在元末明初之际（14世纪中叶）产生于江苏昆山一带，昆山腔与起源于浙江的海盐、余姚腔和起源于江西的弋阳腔，被称为明代四大声腔，同属南戏系统。

清朝初年，诞生于江南的四大声腔中的昆山、弋阳腔传至北方，常常两个剧种联合演出，被称为昆弋班。而弋阳腔作为后来形成的北方高腔之源，颇具戏剧史与音乐学上的研究价值。在长期的传播演变过程中，传至北方的昆曲一改南方水磨腔调的细腻婉转、缠绵温柔，变得磅礴大气、粗犷豪放，其中的大武生戏《棋盘会》《兴隆会》《反五关》《反西凉》《三挡》《倒旗》等，都是南昆没有的剧目，形成了所谓"北昆"的独特形态。

此外，南方昆曲传统剧目《西厢》《夜奔》《思凡》等，亦被"北昆"所改造，别具一番"南腔北调"的风味。北方昆弋联演的状况，见证了南北戏曲交融的历史。近代以来，韩世昌、白云生、侯玉山等"北昆"名角都来自河北农村。刘半农发起创办的昆弋学会，正是要致力于保护与提倡这一延续百余年的北方昆弋联演传统，要将与南昆相对应的"北昆"传承与发展下去。

诚如齐如山在报告中所言："'昆弋'之在今日变成广陵散，所得见传于社会亦仅北平昆弋十余人而已。"

昆弋学会成立之际，"北昆"已濒临绝迹，只有苟延残喘之力了。为此，齐如山发起昆弋学会会员为昆弋演员代销戏票的行动——这一行动在刘半农接下来只有半年多一点的生命历程中，仍给予了积极的响应。

《昆弋曲词》，北平中华印书局，1935 年版

昆弋学社编印《最新昆弋曲谱》

昆弋学社韩世昌《思凡》剧照

昆弋学社王益友《夜奔》剧照

白云生、韩世昌、马祥麟出演《西厢》剧照

据刘半农日记①，1934年2月9日这一天有这样的记载：

齐如山等发起以昆弋剧会名义为白云生戏班推销戏票二场。嘱余代销二十票，价十元，余无可代销，唯有自买请客，今晨白云生自来取去，亦大可怜也。

可见，刘半农自掏腰包，买下了二十张昆弋戏班演出票，却没有对外推销，而是自己或家人同去看戏。这样的做法，当然是出于对昆弋演员的同情，以及对昆弋维持的一份贡献。

---

① 刘半农日记内容摘自《父亲刘半农》一书，刘小蕙著，上海人民出版社，2000年。以下征引刘半农日记内容，俱出此书，不另出注。

此外，刘半农还深入考察过中国学人与艺人在旧剧理解上的差异，认为即便是齐如山本人的传统戏曲研究，也还不够充分与深入。1934年1月16日这一天，刘半农在日记中有这样的表述：

下午到北大上课，课毕，听齐如山演讲旧剧，只以模拟剧中一二声调手势见长，并未能于理论历史有所阐发。中国学人与艺人分家已久，如山只是艺人一派，欲融会学艺于一炉，尚须更待若干时也。

1934年4月8日，刘半农"上午到北大二院开昆弋剧社常会"，"到者十余人，议决数案，加推干事八人，分别交办"。4月28日，昆弋学会会员王芷章（1903—1982，号二渠）撰成《腔调考原》一书，恳请刘氏为之撰序推介；6月8日，刘序完稿。虽然此书著者是一位不过三十岁出头、名不见经传的青年学者，可刘氏对此书的出版，还是寄予了相当大的热情与肯定。或许，此书的出现，让刘氏看到了在"中国学人与艺人分家已久"的状况之下，终于出现了在中国传统戏曲领域内就"理论历史"深入探研者；这样一部新人新著，终于令人感受到了新时代的新气象。刘序开首即将这一时期的相关研究者来了一次"点将"：

朋友中研究中国戏曲史很努力，而已有相当的成功的，要算齐如山、周志辅、马隅卿、赵斐云、孙子书诸先生。

接下来，话锋一转，特别强调称：

王二渠先生所作《腔调考原》，虽然只有小小一本，我却认为可以列于齐、周诸先生著作之林，而独树一帜。

随后，刘氏指出之所以这样评判的理由：

因为，研究腔调的流变，就性质说来，是戏曲史中最重要的一部分。

接着，又是这样一番解说道：

戏曲中所重者唱与做，而唱尤重于做。所谓腔调，拆穿了说就是唱法，就是歌唱时用的谱子。要是研究戏曲史而把这一件事忽略了，那我敢胆大的说，这一部戏曲史是永远不能完成的。正如要替某甲画一个肖像，把他的衣冠姿态、手足发肤都画了，却留着面上是白白的一块，没有给画上耳目口鼻。

刘半农指出腔调对于戏曲的重要性犹如五官之于人，若舍弃了腔调而研究戏曲，即是舍本求末，必不能得其要领。应当说，刘氏创立昆弋学会的初衷，与其早在1918年即创办"歌谣研究会"的初衷是相一致的，皆是为了以"融会学艺于一炉"的视野，去探寻中国语言、歌谣、戏曲三者之间的源发、互动、流变与融汇的秘密。

遗憾的是，为《腔调考原》一书撰序一个月之后，赴西北考察归来的刘半农，因染病猝亡，其人创办的昆弋学会以及种种未竟探研，只能就此戛然而止。

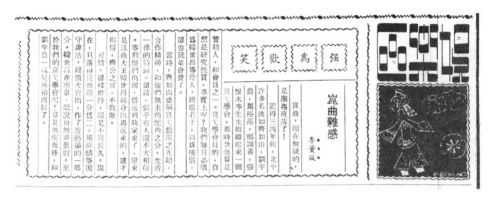

李薰风《强为欢笑：昆曲杂感》，原载《华北日报》，1937 年 7 月 8 日

李薰风像，附于其作《小说杂谈》篇首，原载《实报半月刊》第 6 期

◎余音：李薰风的《强为欢笑：昆曲杂感》

1937 年 7 月 8 日，《华北日报》的"娱乐区"栏目头条，刊发了一篇题为《强为欢笑：昆曲杂感》的文章，署名李薰风。原文如下：

昆曲，现在无疑的，是渐趋没落了！

记得三四年前，北平许多名流如齐如山、刘半农、马裕藻、郭颖苏、张恨水等先生组织起来一个昆弋学会。那时我也算是赞助人，和会员之一。昆弋学会目的，自然是研究性质，事实上呢？我们每月必须为韩世昌等伶人，销票若干，以为提倡，这也就是会费了。

当时，齐如山盛称昆弋戏班之互助，合作精神，和他们无主角配角之分，生活一律的特点。这话，似乎有人还不大相信。等到他们出演，票送到我家来了，原来是昆曲大王韩世昌亲身出马送来的。这才相信，齐公之言，不我欺。

可惜，这样维持，还是不能长久。现在，只落得昆曲班一分为二。马祥麟等困守津沽，贱价大卖出，作了游艺场的一部分。韩世昌在南京，听说也无非敷衍。至于我们的昆弋学会呢？算是无疾而终，和刘半农一块儿拂袖西归了。

这篇不过三百余字的短文，寥寥数句忆述，仿佛随意闲侃，却入木三分地刻画出了昆弋学社成立前后"强为欢笑"的无奈情状。

作者随意拈提的这么一段往事，不过仅仅是三四年前的旧事，可经这位当年的学会会员这么"亲临现场"般的一说道，仿佛是多年前的旧事一般，还真有点"白头说玄宗"的意味了。

据查，此文作者李薰风，是一当时北平报界的知名撰稿人，长期活跃在小说散文、曲艺评弹、民俗掌故等各个写作领域。《北洋画报》《实报半月刊》《立言画刊》《小说月报》《华北日报》等大小报刊之上，屡见其文；尤以长期在各报连载长篇小说而为时人所知。此外，此人在社会公益活动方面也有参与，不时位列赞助人与捐款者群体之中。另据1947年2月24日印行的《一四七画报》第10卷第5期所刊《小说人物志》文中所言，可知当时李薰风的年龄为四十一岁，据此推算，其生年约为1906年。那么，昆弋学会正式成立之时，其人年龄二十多岁，正值壮年。

吴梅：少年情事"折子戏"

◎第一折：子虚乌有暖香楼

《红楼梦》第五十回回目是"芦雪庵争联即景诗，暖香坞雅制春灯谜"。暖香坞是惜春的住所，名字虽然动听，但只是小说中一个虚构的处所。而"暖香楼"则是吴梅在一本杂剧中虚构出来的处所，虽然与惜春无关，但却与一个真实的女子有关。

1906年，二十三岁的苏州人吴梅[①]创作了一本杂剧《暖香楼》。按照他自己在序言中的说法，"丙午岁，乡居杜门不出，杂取各家笔记读之"，他创作的这本杂剧，就是根据明末才子余怀所作《板桥杂记》里记载的一则文人轶事演绎出来的。原来的故事，书中记载如下：

---

① 吴梅（1884—1939），字瞿安，号霜厓，江苏长洲（今苏州）人。一生精研曲学，以执教为业，自1905年至1916年，先后在苏州东吴大学堂、存古学堂、南京第四师范学校、上海民立中学任教。1917年至1937年间，在北京大学、东南大学、中央大学、中山大学、光华大学、金陵大学任教授。对诗、文、词、曲研究精深，朱自清、田汉、郑振铎等都曾向其问学，梅兰芳、俞振飞等也曾向其学艺。辑有《霜厓诗录》《霜厓曲录》《霜厓词录》等行世，著有《中国戏曲概论》《顾曲麈谈》《词馀讲义》《南北词简谱》《元剧研究ABC》等。

莱阳姜如须，游于李十娘家，渔于色，匿不出户。方密之、孙克成并能屏风上行，漏下三刻，星河皎然，连袂间行，经过赵、李，垂帘闭户，夜人定矣。两君一跃登屋，直至卧房，排闼开张，势如盗贼。如须下床跪称："大王乞命！毋伤十娘！"两君掷刀大笑，曰："三郎郎当！三郎郎当！"复呼酒极饮，尽醉而散。盖如须行三郎当者，畏辞也。如须高才旷代，偶效樊川，略同谢傅，秋风团扇，寄兴扫眉，非沉溺烟花之比，聊记一条，以存流风余韵云尔。

　　一个叫姜如须的文人，在秦淮名妓李十娘家中留恋声色，不愿出门与朋友交游。两位朋友装作盗贼模样，夜闯李十娘家，惊扰了姜如须的闭门春梦。当然，这是一个文人雅士才玩的把戏，带有"雅谑"的意味。在秦淮风物中，自然因这个四百年前的"雅谑"，平添风韵。吴梅正是把这个故事情节非常简单的风韵旧事，按照古典戏剧的格式，重新演绎了出来，貌似一本喜剧。

　　遥思那十六岁的少年吴梅，因追怀"戊戌变法"六君子，在这六个"乱党"被砍头之后一年，提笔写下《血花飞》传奇，吓得父亲连夜焚稿，深恐因此惹祸。其人二十二岁时，完成的《风洞山》传奇，也是写明末抗清的悲烈故事；无论是《血花飞》还是《风洞山》，其忧愤追怀、借古讽今的意味都非常明显。生逢

吴　梅
M. Wu
國學教授
Professor of Chinese Literature

吴梅，任光华大学国学教授时存照

晚清乱世的少年吴梅，一直是壮怀激烈的热血书生。可此时的他，为什么会选择看似结构简单、毫无波澜的一桩文人琐事作为创作的素材呢？

吴梅在《暖香楼》杂剧自序中称：

《暖香楼》之作，非独寄艳情，亦且状故国丧乱之态，虽谓之逸史可也。

如果按照这个说法，似乎这是以儿女情长为故事线索，借情事映衬史事，以此来表露世态沧桑的剧本。《桃花扇》《长生殿》等名剧都是这个套路，这是家喻户晓的剧本创作经典技法。然而，《暖香楼》自序中的"自说自话"，却很难自圆其说；因为与这些名剧相比，无论从故事本身还是创作手法而言，似乎根本没有相提并论的可能。这仅有一折内容的新派"折子戏"，不但篇幅极其有限，难以展开；所采素材本来近乎玩笑，实在看不出任何寄情于兴亡的意味。

吴梅的"逸史"说，也并不充分。《板桥杂记》中并没有提到过李十娘的住所名为"暖香楼"，只有《桃花扇》里的李香君居所名为"媚香楼"，似乎与此比较接近而已。吴梅自序中提过一句"暖香楼，盖即李十娘所居也"，完全是一笔而过的交代，根本没有线索可寻。或许，当年类似于妓馆青楼之所，都可以叫作"×香楼"吧。

尽管尚有诸多疑问难以解释，这个吴梅花一天时间就完稿的《暖香楼》杂剧，第二年还是相当顺利地在好友黄摩西主办的《小说林》杂志第1期中刊登了出来（1907年2月）。刊登出来的反响应该不错，引来一些报刊的转载。当年《小说林》第3期刊载有一则带有维权性质的"特别广告"：

《小说林》第 1 期

本社所有小说，无论长篇短著，皆购有版权，早经存案，不许翻印转载。乃有□□报馆将本社所出《小说林》日报第二期《地方自治》短篇，改名《二十文》更换排登；近又见□□报馆将第一期《暖香楼传奇》直钞登载，于本社版权大有妨碍。除由本社派人直接交涉外，如有不顾体面，再行转载者，定行送官，照章罚办，毋得自取其辱。特此广告。

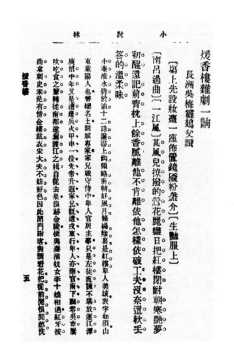

吴梅《暖香阁》，刊于《小说林》第 1 期

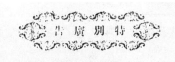

《小说林》之"特别广告"

由"盗版"已然出现可知,《暖香楼》杂剧当年受欢迎的程度。虽然故事内容简单,但因事涉香艳,一般读者的猎艳之心还是被调动了起来。自写《暖香楼》那一年(1906)开始,吴梅给自己的书房取了一个古怪的名字——奢摩他室。"奢摩他"是一个梵语词汇,在佛教经典中意为"止"。

吴梅在这一年想"停止"什么呢?在自家那间书房中,其人真的想心若止水,就此了断什么样的事物呢?在《暖香楼》序言中提到的"杜门不出",难道与佛家修炼有关?在序言中谈到一大堆前朝旧事、人情伤怀之类的话语之后,吴梅接着又以一种隐晦的幽怨笔调写道:

> 余自甲辰以来,颓唐抑郁,江郎才尽矣。今以儿女之事,乃复盗我笔墨。冯妇下车,刘伶赌酒,岂故朝遗事大足以医我懒耶。然而寄托如斯,亦足自伤。或者谓天不为人恶寒而辍其冬,人亦不为穷困而劫其才。吾辈生于斯世,正赖丝竹陶写,步兵隐于酒,秘演隐于浮屠,汤若士亦谓其次致曲。而子反以为忧夫子,犹有蓬之心乎。嗟乎,人世之事,犹桴鼓也。击之则声,勿击则平。余不知何所感慨而为此言情之书也。抑亦有托而然也。

吴梅所说的甲辰之年,即1904年,时年二十一岁的他正以饱满的热情,花了整整一年时间创作了传奇剧本《风洞山》,为什么会"颓唐抑郁,江郎才尽"?也许是长时间的写作,心生厌倦?"今以儿女之事,乃复盗我笔墨"句中的那个"复"字,说明在此之前,还有因"儿女之事"付诸笔墨的?最后的那句感叹,"嗟乎,人世之事,犹桴鼓也。击之则声,勿击则平",是否说明在此之前,吴梅遭遇了某种"不平"之事,因之要再操笔墨,以抒心中块垒?

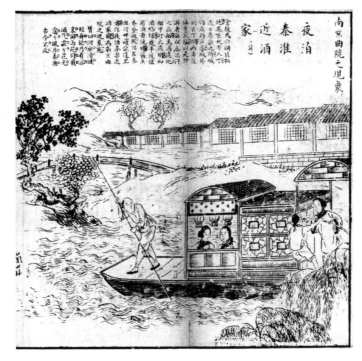

南京曲院之现象之一：夜泊秦淮近酒家，原载《图画日报》第319期，1910年

末尾处那句欲说还休的话，"余不知何所感慨而为此言情之书也。抑亦有托而然也"，基本上已经否定了《暖香楼》是一部儿女情长抒写王朝兴亡的历史剧，而又回到了托物言志、借景伤情的个人心路上来。那么，这样一部短短的《暖香楼》杂剧，究竟寄托了吴梅怎样的悠长情怀呢？一座子虚乌有的暖香楼，又会有着一段怎样的传奇故事？

◎第二折：迷楼幻作七宝阁

1910年，苏州临顿路南艺林斋，吴梅的剧作《暖香楼》第一次以木刻本的形式刊行。在此之前，《风洞山》传奇及《奢摩他室曲丛》等都是以连载的方式发表于报刊之上，尚称不上专著。即便后来《风洞山》传奇得以结集出版，也只是简单的铅字排印，绝非木刻线装这么古雅、这么郑重其事的印制。

《暖香楼》杂剧，第一次以吴梅专著的形式面世；然而这自费刊刻的作品，印出的线装本并非正式出版物，只是用于文人雅士间的持赠传阅，并没有太大的社会反响。《暖香楼》这个简单的香艳故事，和吴梅那一篇幽怨的序言，在1910年作为《奢摩他室曲丛》其中的一种剧本匆匆闪现后，并没有再重版或者加印过。毕竟，二十三岁少年的试笔之作，在声誉日隆的曲学家吴梅的众多著述中微不足道。

1927年，时年四十四岁的吴梅已历任北京大学、北京高等师范学院、东南大学教授，曲学大师之名早已南北驰誉。这一年春，因东南大学停办，其人回到苏州，开始重新校订《奢摩他室曲丛》，根据自己收藏的各种戏曲善本、孤本，编选出百余种，并已与商务印书馆协商妥当，将于次年推出初集、二集。

这一次的出版物与十七年前的木刻印制不同，商务印书馆采取了更为便捷的铅字排印方式，装帧则仍为古雅的线装方式。也许，那一部《暖香楼》的少年习作，这一次又将改头换面，以铅印线装本的方式再度面世。

须知，这一次吴梅作为曲学名师，与十七年前的自费印书有着天壤之别。这一次出版这么多书籍，不但不用自己掏一个铜板，还要接受商务印书馆一笔数额不小的稿酬。依常理而言，作为当年印制的《奢摩他室曲丛》第一种的《暖香楼》，这一次也理应入选，作为其少年创作的纪念。然而，奇怪的是，此次却并没有见到这一"少作"辑入丛书。事实上，就在同年5月间，《奢摩他室曲丛》校订工作完成之后，吴梅单独将《暖香楼》拈出，修订完稿后改称《湘真阁》，仍是要自费印行。

"湘真阁"这个名号的由来，吴梅仍然没有给出确凿的"史实"依据。只不过，湘真阁的名号比之暖香楼而言，似乎更为接近晚明史实；因为《板桥杂记》中有交代，"李十娘，名湘真"。湘真阁比暖香楼更容易让人联想到李十娘这个历史人物，但以湘真阁命名的这座建筑，在秦淮河边也是找不到的。李十娘居所的确切名称，已不可考。无论暖香楼还是湘真阁，或皆出于吴梅一己之杜撰。

名称可能并不重要，换汤不换药，《湘真阁》仍旧是当年《暖香楼》的内容，变化不大。只不过，这一次吴梅要为整部剧本谱曲，要将其从文人的案头读物变为可唱可演的专业剧本。他亲自将当年的《暖香楼》全文抄录，每一段曲词旁加注工尺谱，并将原有的内容分为四折，成为一本完全遵照元代杂剧格式的"曲本"。一般而言，这样的曲本交付给戏班，直接就可以上台演戏唱曲了。吴梅在《湘真阁》曲本的序言中写道：

此吾丙午岁乡居时作。匆匆二十余年矣。事见《板桥杂记》，非吾臆造也。时喜搜集明季事作院本，实不脱云亭山人窠臼。此作词华尚蕴藉，单太艳耳。适吴中有新剧班，遂作谱，付之登场一演。亦足见少年情状，非如此日鬘丝禅榻光景也。丁卯六月霜厓居士自题。

此时，吴梅自称"霜厓居士"，已不见"奢摩他室"的名号。在苏州蒲林巷的吴梅居所中，醒目的是那个面积更为敞阔、藏书更为丰富的"百嘉室"。所谓"百嘉"，意为收藏有一百种以上的明代嘉靖年间刊行的古籍善本；这当然不是当年那个闭门苦读，在"奢摩他室"中怅然若失的少年所能做到的。

吴梅著《暖香楼》杂剧，正文首页

吴梅著《暖香楼》杂剧，1910 年印制

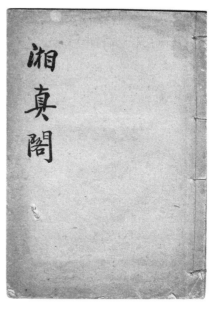

吴梅著《湘真阁》曲本，吴梅自序手迹

吴梅著《湘真阁》曲本，1927 年苏州利苏印书社出版

吴梅在北京大学任教授的数年间，薪俸可观，囊中闲银渐多，于是常游走于琉璃厂、隆福寺等多处书肆；之后任教东南大学，又于南京和苏州等地搜购古籍，所藏渐成规模。但此时吴梅在序言中看不到任何洋洋自得之意，甚至于落款中也看不到颇令同仁称羡的"百嘉室"名号。其人自称"霜厓居士"，似乎仍沉浸于当年"止"的禅定氛围之中。

序言中最后一句感慨，"亦足见少年情状，非如此日鬓丝禅榻光景也"；那么，吴梅的"少年情状"究竟若何，从《暖香楼》到《湘真阁》，仍然是一个无法破解的"哑谜"。

如今翻检这两部"哑谜"式作品，仔细比照《暖香楼》与《湘真阁》原文，或许是洞察吴梅"少年情状"的唯一方法。可以看到，在《湘真阁》中，除了为更适于唱曲而改动的字词细节，吴梅还直接删去了原序和友人题词。此外，《湘真阁》还删去了原有的两支曲子和两段对话。

这两支被删掉的名为"梁州新郎"的曲子，与一前一后另两支同为"梁州新郎"的曲子，原本一气呵成，无可挑剔。四支曲子的末句同为"春色炫，春风腻，人生艳福非容易。论恩爱，我和你"，可谓极尽香艳之能事，可以称为当年《暖香楼》中最为"香艳"的部分。吴梅于十七年后将其删去，除了去其冗繁、便于搬演之外，难道还担心会有"有伤风化"之嫌？这其中，是否另有隐情呢？

据考，吴梅改订完成了《湘真阁》曲本之后，当年即在苏州上演此剧。演出当天，其人填词《寿楼春·观演〈湘真阁〉南剧》一首以作纪念：

过春风旗亭，记长干系马，消受闲情。此际南州留滞，怨歌重听。身未老，心先惊，动乱愁梅花江城。纵茂苑人归，青溪梦好，枯树伴兰成。云屏外，霜猿鸣。指斜阳霸国，金粉飘零。漫向琼楼怀旧，板桥寻盟。淮水碧，钟山青，恨隔江无多商声。剩词客哀时，萧萧鬓星，弹《广陵》。

"怨歌重听"的吴梅，此刻坐在戏台下静思前事，回忆过往。"身未老，心先惊"的一代曲学名师，在四十四岁时仍旧守口如瓶。虽然少年情怀似乎已经可以释怀，但《暖香楼》这出戏从纸上到台上，从笔下到口中，仍然还只是停留在"前明旧事，秦淮遗韵"的解释层面。

无论在当时，还是近百年后的今天，就一般读者而言，《暖香楼》似乎仍然与作者吴梅本身的际遇无关，更何况后来还改作了《湘真阁》。

南京曲院之现象之二：初为霓裳后绿幺，原载《图画日报》第 320 期，1910 年

◎第三折：湘真阁外少年游

1935年3月7日，晴。

时任南京中央大学教授的吴梅，早起阅书的习惯仍未改变。翻开《淮海词》与《诗词丛话》，读了几页，感到有一丝倦乏。正搁卷闭目之际，书商周鉴秋登门求售。他拿来两本元代的古书，一本是《通鉴纲目》，一本是《韵府群玉》，因为索价过高，吴梅没有买下。

下午，吴梅仍旧去兼职的金陵大学讲课，困乏不已，归家后就想卧床睡去。可亲友们络绎来访，直聊到天黑方才罢休。家中吃过晚饭之后，吴梅又伏案读书，忽而什么也看不进去了，搁下书籍，复去欣赏和把玩自己收藏的字画。

其中有一幅《藕舫忆曲图》，令其凝神注目，一时郑重异常。但见画面上一叶孤舟静游于水巷板桥之间，透过船腹开启的窗户一隙，可以看到有一个少年书生正在伏案作书写状，而一旁则有佳人舞袖，似在浅吟低唱。吴梅看罢，长叹一声，径直展纸挥毫，写下了一支《仙吕长拍》的曲子，填词曰：

薄醉当风，薄醉当风。微吟延月，此际闲情难话。佳期如梦，绮语满纸，恨匆匆镜中年韶，鹦鹉记呼茶。傍玉兰干畔，并肩歌罢。我未成名汝未嫁，同惜取锦年涯（一样未开花），谁料盟言都是假，剩藕舫残卷，怅望蒹葭。

"藕龄残卷"中的女子是谁？当天在日记中写下这首曲子的吴梅，也没有过多解释。其人只是在"同惜取锦年涯"一句旁加题了一句"一样未开花"，似乎可以彼此替换。"我未成名汝未嫁，同惜取锦年涯"，这一句听上去似乎更雅致一些，但近乎文人词藻，总费琢磨；用来唱曲可能并非上口响亮，通俗易懂。而如果改作"我未成名汝未嫁，同一样未开花"，则曲味更浓，听者易懂。但无论是读者还是听者，无论是"锦年涯"还是"未开花"，这一句感慨都极容易让人联想到少年吴梅，或曾有过某一段伤心情事？否则怎么会在年过半百之际，作为曲学名家的吴梅发此浩叹，暗自感慨那一段"我未成名汝未嫁"的旧时光，进而发出"谁料盟言都是假"的幽怨呢？

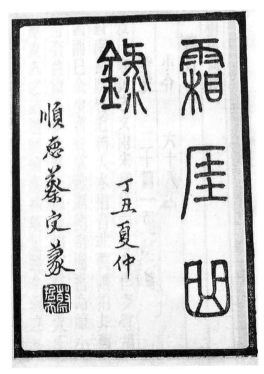

《霜厓曲录》扉页

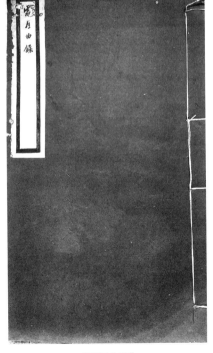

《霜厓曲录》

1931 年 7 月 22 日，吴梅在苏州青年
会演讲时存照，原载《苏州明报》

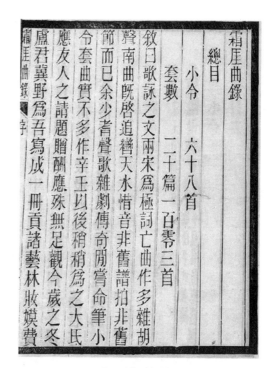

《霜厓曲录》首页

　　一年之后（1936），吴梅的弟子卢前自费刊刻了一套"饮虹簃曲丛"，这是一套搜罗详尽的明清两代散曲专集。须知，卢前曾蒙吴梅许可，一度入"奢摩他室"中埋首苦读，读尽了室中所珍藏的各种明清以来印行的古本剧曲，方才成就了这么一套丛书的辑选。此际，其人将师尊多年散曲创作辑入丛书，既有敬佩赞赏的成分，也有感恩回馈的成分。总之，无论如何，吴梅的这一支《仙吕长拍》的近作肯定入选，毋庸置疑。丛书出版时，中有一册《霜厓曲录》，即是吴梅的散曲专集。那一首长拍曲，被重新题名为《仙吕长拍·重读〈藕舲忆曲图〉，感少年事》，词句也略有改动，如下：

薄醉当风，薄醉当风。微吟延月，此际闲情谁话。佳期如梦，绮语满纸，恨匆匆镜中年华。鹦鹉记呼茶，傍玉阑十二，枕肩歌罢。我未成名汝未嫁，同一样未开花。谁料盟言都是假，剩藕舻残卷，惨淡云霞。

细细品味，不但题目的"感少年事"更为直截了当，曲词也更加明了易懂，似乎幽怨的意味更为明显。而在《霜厓曲录》卷二的第一支套曲《南吕懒画眉·赠蕙娘》中，据卢前为此曲所加"按语"可知，年过半百的吴梅终于吐露心声，曾向其弟子提及了少年情事，在忆述中浮现出了一个叫"蕙娘"的女子来。且看卢氏"按语"云：

蕙娘为金阊妓。吾师尝语前云："此词成，蕙喜极。教之度声，积半月而[懒画眉][金络索]略能上口。后委身虞山富人。存此以志少年之迹。"

一支记述吴梅少年情怀的曲子，悠长宛转，恍若隔世般幽幽唱来：

【南吕懒画眉】曾记相逢九华楼，恰好的天淡云闲夜月秋。当筵一曲乍回头，怎生生种下双红豆，把一个没对付的相思向心上留。

【商调金络索】[金梧桐]重来北里游，亲把铜环叩，人立妆楼，比初见庞儿瘦。晶帘放下钩，[东瓯令]看梳头，你也凝定了秋波冻不流。我年来阅遍章台柳，[针线箱]似这一朵幽花何处求。[解三酲]难消受，[懒画眉]怕云寒湘水怨灵修。[寄生子]印鸳鸯风月绸缪，端正好画眉手。

【黄林封白袍】[黄莺儿]不让媚香楼，赋芳华你在第几流。你小名儿恰称着兰花秀，［簇御林］素心儿应傍我梅花守。［一封书］两相投，乍勾留。［白芙蓉］一枕梨云如病酒，正花弱不禁秋。［皂罗袍］欢踪如梦，脂温粉柔；年华似锦，花秾叶稠，护幽香莫被东风漏。

【琥珀解酲】［琥珀猫儿坠］疏帘淡月，一笛度清讴，九曲回肠曲曲柔，不堪重作少年游。［解三酲］谁能够把风尘妙种，移植红楼？

【尾声】国香也要人生受，早偎暖了啼红翠袖。怎肯说不及卢家有莫愁？

　　或许，那"不让媚香楼"的蕙娘，就住进了吴梅用笔墨韵律造就的"暖香楼"中。"谁能够把风尘妙种，移植红楼"——或许在现实生活中，吴梅也做不到将风尘妙种，移植红楼。否则也不会有蕙娘最终"委身虞山富人"，而令

南京曲院之现象之三：为郎笑把临流盏，原载《图画日报》第 321 期，
1910 年

他发"不堪重作少年游"的慨叹。

少年才俊们痴怀难舍的温柔乡，往往系于一人一时之间，湘真阁、暖香楼，都是这样梦魅一般的场所。而年过半百，驰名南北的吴梅，此刻回首少年游迹，这一支当年在"暖香楼"上唱彻风月的南曲，实在是逞尽才华，华艳依然。曲终一句"国香也要人生受，早偎暖了啼红翠袖"，令世人终于可以明白了"暖香楼"这个名字的来由。当然，在蕙娘口中唱出的这一曲"我未成名汝未嫁"时的情怀，只有当年的曲中人，此时的曲学家，才可冷暖自知。

◎第四折：暖香楼下情怀旧

据卢前在《奢摩他室逸话》中的回忆，吴梅在1935年3月7日作那一支《仙吕长拍》的曲子之后，曾"录《藕舫忆曲图本事诗》"，"凡关涉蕙娘事者，皆汇钞卷中，追忆甲辰年月，以志少年游冶之迹焉"。这一组《本事诗》并没有流传下来，关于"蕙娘"种种，只得雪泥鸿爪，难以真切感受。不过，在1910年《暖香楼》自序中，吴梅提到的"余自甲辰以来，颓唐抑郁，江郎才尽矣"的说法，再次得到印证。甲辰岁月（1904），可能正是吴梅流连于"暖香楼"中之时。

1904年，时年二十一岁的吴梅两赴南京应江南乡试不中，郁郁难堪。羁旅之中，吴梅用整整一年时间完成《风洞山传奇》，以抒怀抱。这一年时间是否正是在"暖香楼"上度过，不得而知。《暖香楼》自序中提到的"今以儿女之事，乃复盗我笔墨"，除去他曾为蕙娘唱曲所作的那一支《懒画眉》套曲之外，在《暖香楼》中吴梅究竟有哪些笔墨可能事涉蕙娘，这却是可以重新查考的。

事实上，《暖香楼》改为《湘真阁》之后，由于《湘真阁》是附谱的曲本，搬演场次渐多，《湘真阁》之名遂远播南北，成为近代中国文人自撰杂剧搬演频度最高的一个剧本。《暖香楼》作为《湘真阁》的曾用名，渐为人们所淡忘。

1933年，在1927年《湘真阁》曲本基础之上，吴梅再次改编此剧。他将科白、排场部分全部删除，只保留部分可用于清唱的清曲，重新标注工尺谱，与另两部剧作合刻为一部剧作专集《霜厓三剧》。至此，《湘真阁》再度改编出版，读者离"暖香楼"也更为疏远，更无从揣摩那一段少年情态。

《霜厓三剧》的出现，《湘真阁》顺理成章地作为一个技法纯熟的剧作亮

吴梅遗像

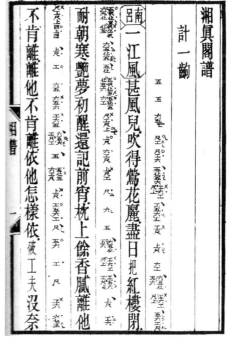

吴梅著《霜厓三剧》中的"湘真阁谱"，1933年出版

霜厓居士（吴梅）五十揽揆全家摄影，1933 年

相，已"知天命"的吴梅，业已将这一段少年情事碾落成泥，重塑金身。《湘真阁》作为其最重要的早期剧作之一，仅仅是因为"工于曲，利于唱"而著称于世，不再成为少年情态的存照。更多的人以寄史实于情事的心态打量此剧，自然也是无可无不可，痴人不再说梦也好。

1942年7月，吴梅死后三年，《霜厓词录》由友人夏敬观整理出版。集中有一首《吴梅年谱》中无法确定其写作年代的词作，其中意味，似又回到"暖香楼"中。其一《秋思·读旧作〈落叶诗〉，次梦窗韵》，词曰：

曾倚雕阑侧，伴翠娥来试故园秋色。明月二分，禁霄三五，花药低窄。正螺墨题情，个侬初见寸黛抑。面映红，樽劝碧，算话别前踪，惜香今恨，纵有素衣蔫泪，俊游空忆。幽夕。重听漏滴，对镜骂想象容饰。画楼调瑟，星辰依旧，义山发白。记出浴妆成少年，双鬓妆成少年，双鬓蝉罢翼，笑座客浑未识。叹病榻茶烟，何时欢事再得？况隔天南地北。①

旧作《落叶诗》，引发感慨，作了一首词。一幅《藕舲忆曲图》，引发感慨，作了一支曲。而无论《落叶诗》还是《藕舲忆曲图》，现在都无从观瞻；吴梅曾提到的那个钞本《藕舲忆曲图本事诗》，更不知下落。 看到过《藕舲忆曲图》的柳亚子，曾赋诗《题瞿安〈藕舲忆曲图〉》云：

樽前容易几回肠，凄艳温馨两擅场。
语到《暖香楼》上事，销魂岂独孔东塘！

虽然在众多看客听众中，第一次将《藕舲忆曲图》与"暖香楼"联系了起来，但柳亚子的"暖香楼"是带了书名号的暖香楼，他眼中的《暖香楼》是与孔尚任的《桃花扇》一样，是作为一副专治文人兴亡伤怀的"大药"而存在的。

当年站在暖香楼下的吴梅，和所有传统文人一样，除了伤怀之外，只能离去。而当世人读到《暖香楼》杂剧原文，或听到改编为《湘真阁》的唱词时，摘选的不是艳情即是兴亡，如此而已。所有的风物、事物与人物，或都只能在诗韵词律中，婉转漫漶地呈现出来，虽然诗情画意，却不复真实自然。

---

① 本文所征引的吴梅日记、曲词内容均摘自《吴梅全集》，河北教育出版社，2002年。

南京曲院之现象之四：满船明月载花来，原载《图画日报》第 322 期，1910 年

◎楔子：木刻本上的"未删版"原文

吴梅在1927年改编《暖香楼》杂剧之际，究竟删掉了一些什么样的内容？当吴梅与"蕙娘"的这一段少年情事隐约浮现于其曲集、词集、诗集之后，这部分删掉的内容颇耐人寻味。

据查，除却1907年2月，在《小说林》杂志第1期的首发版本，以及1910年以木刻本刊行的《暖香楼》杂剧之外，后世各类吴梅著述之出版物（包括

吴梅《暖香阁》之"梁州新郎"页面，刊于《小说林》第1期

《吴梅全集》）均不见这些原本文字。也就是说，只有上述两个版本的《暖香楼》中，才能听得到那一支缠绵悱恻的"梁州新郎"，才能感受得到那镂心刻肾的少年心曲。

在此，谨以木刻本为底本，参校《小说林》刊载本，酌加整理，转录原文如下，以酬如笔者辈好事者的嗜痂之癖：

"梁州新郎"（旦）花儿低亚，人儿偎倚。如此风光①有几。良辰美景②，何妨烂醉如泥。便是奴家得遇官人，好不侥幸也。承你知疼着热，体贴温存。百样相怜惜。是两情和合也。莫轻离，畅好把湖上风华细品题。（生）只是今日早起，未免有些乔性子儿。（旦）谁叫你早起来。（各笑介）（合）春色炫③，春风腻④，人生艳福非容易。论恩爱，我和你。

［前腔换头］（生）数平生落落无奇，算知音聊聊无几。偏偏的秦淮河上为你，来风流旖旎。（旦）这也是一定的缘份了。你是个人间仙吏，天上文星。

---

① "风光"，《小说林》刊载本作"良辰"。
② "良辰美景"，《小说林》刊载本作"赏心乐事"。
③ "炫"，《小说林》刊载本作"好"。
④ "腻"，《小说林》刊载本作"利"。

也消的①青衣婢，②怕秋风团扇也硬分离。到大来，酒冷香销乌夜啼。（合）春色炫③，春风腻④，人生艳福非容易。论恩爱，我和你。

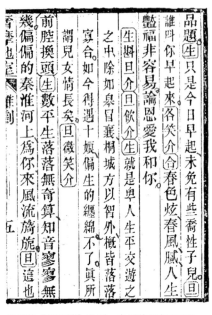

吴梅著《暖香楼》杂剧，未删节原文页面之一

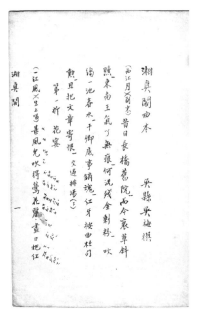

吴梅著《湘真阁》曲本，正文首页

---

① "也消的"，《小说林》刊载本作"少不的个"。
② "怕"字之前，《小说林》刊载本有"只"字。
③ "炫"，《小说林》刊载本作"好"。
④ "腻"，《小说林》刊载本作"利"。

黎明晖：毛毛雨里的摩登时代

◎小引：旧唱片里的噝噝沙沙

如今，如笔者辈的外地人，一谈到"旧上海"，脑子里升腾起来的时代想象——最常见的往往是听觉上的想象——还是那一首从古铜色留声机喇叭筒子里钻出来的歌声：

夜上海，夜上海，你是个不夜城……

随着唱片匀速转动，悠悠回环着放送出来的，噬噬喳喳的低回妩媚的女音，因为唱片年代久远，凹凸的胶木声槽已有些磨损，夹杂着噝噝沙沙、窸窸窣窣的嘈响，反而愈发有一种幽幽的怀旧感，那一丝丝、一股股混杂其间的微妙音声，着实挠得听者心痒痒。

你也许会说，听这种老式留声机播放旧唱片的感觉，就像站在一直下着毛毛雨的城市街道上，去听街对面的歌厅里隐隐约约传过来的歌声一般。是的，

留声机之今昔观，原载《良友》杂志第34期，1929年1月30日

都市休闲一景：播放留声机，原载《新中华画报》第5卷第3期，1943年

正是这种毛毛雨的感觉，仿佛赋予了那个时代所有都市流行歌曲的听觉特征。

　　或许只是因为留声机与唱片本身的老旧质感，或许只是因为当年的灌音与录制效果本就不尽如人意，可这恰恰成就了这独一份的怀旧感与朦胧感。似乎整个时代的曼妙节奏，仿佛整个上海的摩登气派，就都在这咝咝沙沙、窸窸窣窣的嘈响中，款款走来。

◎《毛毛雨》来了，林语堂没有提及，鲁迅是真不喜欢

　　大约在1933年末，在上海刚搬进一所新租洋楼的林语堂，心情愉悦，颇感快慰。这次之所以很快决定要租新房，搬新家，林语堂有自己的考虑：

因那房后面有一片荒园，有横倒的树干，有碧绿的池塘，看出去是枝叶扶疏，林鸟纵横，我的书窗之前，又是夏天绿叶成荫冬天子满枝。

林语堂觉得"在上海找得到这样的野景"，"不能不说是重大的发见"，"所以决心租定了"。因为新住所的周边环境不错，不由得令他"想到避暑的快乐了"，于是伏案写了一篇《说避暑之益》。文中提到当时能在上海租住洋楼的阶层避暑时的时髦习惯之一：

你可以带一架留声机，或者同居的"避暑家"总会带一架，由是你可以听到年头年底所已听惯的乐调，如《璇宫艳舞》《丽娃栗妲》之类。

显然，林语堂眼中的洋楼租户们，避暑时总是要带上一架留声机，无论是轻便易携的盒式，还是稍显沉重的台式，总之，都得想办法弄去。至少，同居一处的避暑旅伴里，也是要携带留声机的罢。这是那个时代，那个阶层，应当拥有的生活方式。可想而知，平日里是更少不了留声机的，简直可以说是居家"标配"了。至于播放唱片的内容，当然应该都是"年头年底所已听惯的乐调"，至于是不是"如《璇宫艳舞》《丽娃栗妲》之类"，则还要看是在哪个年头了。

林语堂

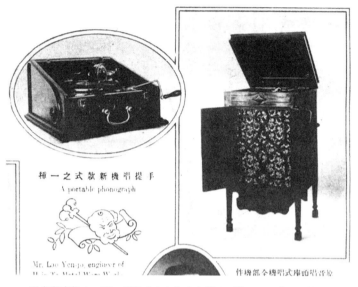

国产留声机之一斑，原载《良友》杂志第62期，1931年10月　　　立柜式留声机，原载
　　　　　　　　　　　　　　　　　　　　　　　　　　　　　《良友》杂志

　　林语堂在这里提到的，"如《璇宫艳舞》《丽娃栗妲》之类"的唱片，应当就是1933年度洋楼租户们的最爱。那是两部外国歌舞影片的插曲，自然是洋气十足的，也自然是足够时髦的罢。

　　为说明林语堂所言非虚，在此捎带介绍一下，当年洋楼租户们对《丽娃栗妲》之类歌舞剧的热衷与追捧，甚至还在上海郊外催生出了一个"丽娃栗妲村"，在这里创办了一个专属于中产阶层的"消夏同乐会"。1932年的《时代》杂志第2卷第11期上，曾特意为这处十分洋气的避暑胜地，做了一次图文并茂的专题报道，记者对配发的一组实景图片，有着如下的简要介绍：

　　丽娃栗妲村位于沪西僻静地，广约十数亩，面临小河，沿滨老树，并立浓荫，覆地河水不甚深，极合游泳。村中并有小艇、考而夫球场，及饮食等设备，诚上海居民唯一之消夏地也。

1933年，这一年在上海也租定新房、搬了新家的鲁迅，没有林语堂及洋楼租户们那么闲情逸致，那么时髦洋气。1933年4月间，因一向发表激进言论而恐招惹事端的鲁迅，为了尽可能保障自己的人身安全，在日本友人内山完造的帮助下，以内山书店职员的名义，从拉摩斯公寓搬进了大陆新村九号。这是一处"越界筑路"的民居，具有半租界性质——鲁迅便从"租界"两字中各取一半，为自己的书斋取名"且介亭"，后来还把这一书斋名用在了自选文集的书名上。

事实上，这里不但地处半华半洋的地界，房屋类型也是介于新式石库门住房与新式里弄房屋之间的一种房型；从地界到房型，都可以说是"土洋结合"。租住在这样的地界与房屋里，鲁迅"年头年底所已听惯的乐调"，自然不会是"如《璇宫艳舞》《丽娃栗妲》之类"的歌曲。

搬到这里住了一年多，鲁迅心情并不好，岂止是不好，简直是糟透了，只

丽娃栗妲村消夏同乐会，原载《时代》杂志第 2 卷第 11 期，1932 年

是因为这里一位外国人邻居家里的女仆。1934年年底，鲁迅就为这事儿专门写了一篇微型小说《阿金》，这女仆就叫"阿金"，鲁迅开篇第一段就只写了这么一句话："近几时我最讨厌阿金。"

这女仆阿金，为什么这么讨厌呢？因为她的生活起居，已经严重地影响到了鲁迅的写作，到了几乎写不下去的地步，到了只能写写她，发几句牢骚的地步。鲁迅坦承当时居住条件不宜写作，以及华洋杂居的诸多不便，小说开首曾有这样的言语：

不幸的是她的主人家的后门，斜对着我的前门，所以"阿金，阿金！"的叫起来，我总受此影响，有时是文章做不下去了，有时竟会在稿子上写一个"金"字。

当然，这可以说是鲁迅搬家决策仓促，没有预先花时间做一点人居环境考察，也就不得不承受这般室外嘈杂噪声。一般而言，作家特别喜欢清静无扰的环境，便于构思与写作，这自然是情理之中，可以理解的。可限于自身生存条件，女仆阿金有自己的生活规则，这本也无可厚非。一位邻居的女仆，竟给鲁迅的生活造成这么大的困扰，成为鲁迅生命中最后两年里，难得的一部微型小说里的女主角，也实在是令人颇感意外。

好在后来阿金终于被洋主人辞退了，"补了她的缺的是一个胖胖的，脸上很有些福相和雅气的姨娘"，"已经二十多天，还很安静"，为此，鲁迅终于松了一口气。不过，更令人感到意外的是，在这岁月静好的二十多天里，这位胖胖的姨娘，很会享受生活，居然还自己掏钱，"叫了卖唱的两个穷人唱过一回

'奇葛隆冬强'的《十八摸》之类"。此时，心情平复且舒适的鲁迅，也远远地
"听到了男嗓子的上低音（barytone）的歌声"，"觉得很自然"；鲁迅觉得这歌
声"比绞死猫儿似的《毛毛雨》要好得天差地远"。

　　鲁迅这里提到"男嗓子的上低音（barytone）"，也就是男中音的意思。
《十八摸》里能听到"很自然"的男中音，这自然是他的那么一点略带调侃色
彩的小小风趣。至于这民间流行已久的低俗小调，能让鲁迅得出"比绞死猫儿
似的《毛毛雨》要好得天差地远"的评价，或许也是在以左翼文学的思路来一
番借题发挥，言下之意是说劳苦大众的"黄色歌曲"，也比小资产阶级的"流
行歌曲"更接地气，更真实自然，更让人听着舒坦。

　　恐怕当时的南京政府相关部门，也是从这部以讨厌女仆阿金为主题的小说
里，嗅出了一点借题发挥的"言外之意"，原拟发表在《漫画生活》上的这部

鲁迅，1933 年上海存照

上海大陆新村鲁迅寓所

小说，被扣下审查，禁止刊发。为此，鲁迅大感懊恼，自我解嘲称："这真是不过一篇漫谈，毫无深意，怎么会惹出这样大问题来的呢，自己总参不透。"

一时还"参不透"的鲁迅，索性把《阿金》直接收入自选集《且介亭杂文》里。书末的"附记"里，专门为《阿金》未能公开发表，作了一番解释，最后一句话是："我们活在这样的地方，我们活在这样的时代。"

◎《毛毛雨》来了，张爱玲很喜欢，还翻译成了英文

同一个时代，林语堂与鲁迅，都是上海的租住户。他们"活在这样的地方"，耳朵里听到的歌曲，"年头年底所已听惯的乐调"却完全不同，彼此完全不搭调。这样的情形，就如同当时的上海分作租界、公共租界、华界，还有"土洋结合"与"华洋杂居"的交界地带一样。

不得不承认，"《璇宫艳舞》《丽娃栗妲》之类"，"'奇葛隆冬强'的《十八摸》之类"，以及"绞死猫儿似的《毛毛雨》"，各种彼此毫无关联，"天差地远"的腔调与旋律，在20世纪30年代的大上海，虽交相迭响却又各行其道，各有各的收听者与追随者。

不过，林语堂没有提及，鲁迅真不喜欢的那首《毛毛雨》，却是当年上海华界广为流行，租界里也曾一度流行，可谓"跨界"度很高的一首都市流行歌曲。

如今的相关研究者，更是将这首《毛毛雨》视作中国流行歌曲的开山之作，宣称这首歌早在1927年即已开唱，在国内流行乐坛的开创期有着极为重要的历史地位与研究价值。无论如何，要想探究当年上海流行歌曲的实情究竟如何，恐怕既不能完全参照林语堂的洋气生活，也不能随意取信鲁迅的牢骚小说。

张爱玲，1944 年存照

张爱玲《雨伞下》，原刊于《新中国报》

这不，就在鲁迅发出"绞死猫儿似的《毛毛雨》"的那一番牢骚十年之后，时至1944年，被后世读者誉为现代文学及小资文化"祖师奶奶"的张爱玲（1920—1995），就要与读者谈一谈上海的雨天，以及《毛毛雨》的种种好处。

1944年5月11日，上海《新中国报》第二版"学艺"栏目中，头条文章刊发的乃是张爱玲的一篇短文《雨伞下》。短文是真短，只有百余字，分作两段。开首一段，写的是在上海大街小巷之中，那些衣冠楚楚的红男绿女，一旦遇着雨天的尴尬状况。

"毛毛雨"还好一点，尤其是遇着大雨天，那狼狈不堪、东遮西掩却终免不了一身稀湿的境况，虽确实尴尬，却也是都市一景：

下大雨，有人打着伞，有人没带伞。没伞的挨着有伞的，钻到伞底下去躲雨，多少有点掩蔽，可是伞的边缘滔滔流下水来，反而比外面的雨更来得凶。挤在伞沿下的人，头上淋得稀湿。

显然，大雨天的上海，是不那么岁月静好的。张爱玲更爱上海的毛毛雨，恐怕也正因如此，喜欢上了《毛毛雨》这首歌。原来，张爱玲曾经将《毛毛雨》的歌词翻译成了英文，还特意为这首歌写了一篇简要的介绍说明：

我喜欢《毛毛雨》，因为它的简单的力量近于民歌，却又不是民歌——现代都市里的人来唱民歌是不自然，不对的。这里的一种特殊的空气是弄堂里的爱：下着雨，灰色水门汀的弄堂房子，小玻璃窗，微微发出气味的什物；女孩从小襟里撕下印花绸布条来扎头发，代替缎带，走到弄堂口的小吃食店去买根冰棒来吮着……加在这阴郁龌龊的一切之上，有一种传统的，扭捏的东方美。多看两眼，你会觉得它像一块玉一般地完整的。

仍然是短短的，还不到两百字的介绍，却把张爱玲对《毛毛雨》的喜欢，以及毛毛雨中的上海滩如何令人动容，都表达得清清楚楚，描述得栩栩如生。令人不由得感叹，鲁迅的那一句"我们活在这样的地方，我们活在这样的时代"，由张爱玲对上海生活及流行歌曲的观察来加以表达，竟然又是另一番模样，别一番境况。

张爱玲前夫胡兰成有《记南京》一文，于1944年7月发表在了《淮海月刊》七月号上。因为谈到上海的毛毛雨，胡兰成认为这是一种上海特有的都市情调，并捎带比较了一下南京。文中这样说：

可是这种情调只在上海有，或者别的几个中国的都市也有。南京是没有的。南京虽有小街小巷，还有高等住宅区，却没有那种弄堂房子。倘使下雨，地面上的泥浆就直溅进店铺或人家里来，风吹着人们的衣裳，虽在屋子里，也像是在旷野里的没处躲。上海的雨是人间的雨，南京的雨可是原始的。但住在南京的人并不原始，所以只见得不调和。在那不调和里，人性被弯曲，产生的也只能是另一种传统的扭捏的英雄的热闹。不但没有弄堂房子，也没有大公司、大戏院。南京不是市民的世界。在上海，人们到店铺里不买东西，光看看也有一种满足。在南京的街上，可是没有这种情味。而在另一方面，过去全盛时候有过的英雄的热闹，现在也没有。

《淮海月刊》这本月刊，当时在徐州和南京发行。试想，这两地的读者看完杂志之后——但凡家里有留声机的，会不会也找来一张《毛毛雨》的唱片，在"绞死猫儿似的"女声唱腔里，去重温一下那"近于民歌，却又不是民歌"的情调呢？去体味一下自己居住的这座城市里究竟有没有这种毛毛雨式的情调呢？

可能是兴之所至，可能是意犹未尽，也可能还想进一步表达，自己对《毛毛雨》这类流行歌曲的喜爱，不久，张爱玲又撰发了《谈音乐》一文。

1944年11月，此文刊发在了胡兰成主编的《苦竹》杂志创刊号上，算是郑重其事的一篇带有专业研究范儿的"准论文"。文中专门提到了中国的流行歌曲，专门解释了那"绞死猫儿似的"女声唱腔，究竟从何而来，如今又怎样了。文中这样写道：

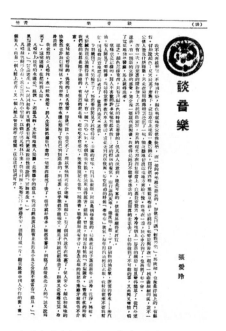

张爱玲《谈音乐》，原载《苦竹》创刊号

《苦竹》杂志创刊号

《毛毛雨》歌谱封面，1929 年第五版

《毛毛雨》歌谱，1929 年
第五版，封底广告

中国的流行歌曲，从前因为大家有"小妹妹"狂，歌星都把喉咙逼得尖而扁，无线电扩音机里的《桃花江》听上去只是"价啊价，叽价价叽家啊价……"外国人常常骇异地问中国女人的声音怎么是这样的。现在好多了，然而中国的流行歌到底还是没有底子，仿佛是决定了新时代应当有的新的歌，硬给凑了出来的。所以听到一两个悦耳的调子像《蔷薇处处开》，我就忍不住要疑心是从西洋或日本抄了来的。

原来，那"绞死猫儿似的"女声唱腔，是因为当时都流行如"小妹妹"（实指演唱者黎锦晖）一般的尖声高音，所以"歌星都把喉咙逼得尖而扁"。从《毛毛雨》到《桃花江》都一样，都是这般尖声细气的唱法。

不过，到了张爱玲的那个时代，也即20世纪40年代的上海，这样的状况已然"好多了"。然而，张爱玲还是认为"中国的流行歌到底还是没有底子"，"仿佛是决定了新时代应当有的新的歌，硬给凑了出来的"。

于是乎，当1942年上映的中国电影《蔷薇处处开》，由出演影片女主角的龚秋霞演唱的同名主题曲，一度大为流行之际，张爱玲仍然"忍不住要疑心是从西洋或日本抄了来的"。

换句话说，此时虽然距离《毛毛雨》在上海开唱已过去十余年，可张爱玲心目中那一首"近于民歌，却又不是民歌"，"有一种传统的，扭捏的东方美"的《毛毛雨》，仍然是保持着最初的完美，契合着她的"初心"。

◎《毛毛雨》何时开唱？几时唱红？

那么，《毛毛雨》究竟是怎样一首流行歌曲，为什么这样的开山之作，在

黎锦晖与黎明晖，父女合影，约摄于1926 年

鲁迅与张爱玲那里，有着大相径庭的评判呢？

俗话说，"不怕不识货，就怕货比货"。还有一句俗话说，"萝卜白菜，各有所爱"。这两句俗话搁在一块儿，感觉是这么个理——那就不妨先来看看《毛毛雨》里究竟唱了些啥：

毛毛雨，下个不停；微微风，吹个不停；微风细雨柳青青，哎哟哟，柳青青。小亲亲，不要你的金；小亲亲，不要你的银；奴奴呀，只要你的心，哎哟哟，你的心。

毛毛雨，不要尽为难；微微风，不要尽麻烦；雨打风吹行路难，哎哟哟，行路难。年轻的郎，太阳刚出山；年轻的姐，荷花刚展瓣；莫等花残日落山，哎哟哟，日落山。

毛毛雨，打湿了尘埃；微微风，吹冷了情怀；雨息风停你要来，哎哟哟，你要来。心难耐等等也不来，意难揣再等也不来；又不忍埋怨我的爱，哎哟哟，我的爱。

毛毛雨，打得我泪满腮；微微风，吹得我不敢把头抬；狂风暴雨怎么安排，哎哟哟，怎么安排，莫不是生了病和灾？猛抬头，走进我的好人来，哎哟哟，好人来。

　　显然，这是一首情歌，而且还是一首带有浓郁民歌色彩，情真意切，朗朗上口的情歌。这一首近百年的情歌，虽然通俗，但不低俗，更不庸俗。歌中那一句"小亲亲，不要你的金；小亲亲，不要你的银；奴奴呀，只要你的心"，三观还很正，体现的不是唯利是图的金钱婚姻观，而是自由恋爱的爱情至上观。

　　据考，《毛毛雨》的作者，湖南湘潭人黎锦晖（1891—1967），曾于1927年2月，在上海爱多亚路（今延安东路）966号创立"中华歌舞专门学校"，这一学校运营至1928年初，因各方面因素，难以支撑下去，遂又转租上海小东方附近的房舍，成立"美美女校"，得以勉强维持。

　　有研究者指出，正是1927年2月至1928年初这段时间里，即"歌专"时

本劇的著者
黎錦暉先生

黎锦晖，存照之一

本劇第一次導演者
黎明暉女士

黎明晖，存照之一

期，黎氏开始创作第一批以《毛毛雨》为代表的民国都市流行歌曲。当时，这些歌曲既没有出版，也没有灌录唱片，但"歌专"的学生已经唱得很熟练了。那么，事实果真如此吗？

据笔者查证，并非在"歌专"时期，而是在此之前，至迟在1926年底，黎氏即已创作出了《毛毛雨》，且由其女儿黎明晖演唱这首歌的新闻报道，已然见诸上海各大报刊。此外，"歌专"已经将《毛毛雨》等歌曲印制成书，在校内发售，每本大洋二角的消息，也早在1927年6月登报宣传了。

迄今为止，可以查阅到的旧报刊记载，《毛毛雨》这首歌的开唱时间，可以追溯至1926年11月11日。当天上午11时，上海新闻记者联欢会举行五周年纪念大会，来宾陆续到场，规模在千人以上。至12时聚餐之后，安排有游艺节目，其中就有由黎明晖演唱《毛毛雨》的环节。次日，上海《时事新报》以较大篇幅报道了此次盛会。可以说，这篇报道，不但成为《毛毛雨》这首歌"首唱"之记录，也足见这首歌一出场，其传播效能与社会影响力应当就是非同凡响的。

果不其然，不到一个月之后，12月4日，苏州爱国女校开歌舞会，由于坊间盛传黎明晖小姐将到场演唱《毛毛雨》，"苏人如饮醍醐，狂走相告曰：小妹妹来苏，小妹妹真来苏矣，于是多引颈以瞻星光"。可是，在众多歌迷期待之中，歌舞会现场却没能等来这位明星，不久竟还下起了毛毛雨——《苏州明报》的记者，在次日的报道中也感慨道：

昨日黎虽未届，而风使雨神，到大歌黎氏之新曲"毛毛雨"，岂亦以餍苏人望黎之切心耶。苏人为《毛毛雨》所引故，青年会得以济济一堂矣。

由这一报道可知，《毛毛雨》及其演唱者黎明晖，在开唱不到一个月之后，俨然已是苏沪地区家喻户晓的明星了。以至于苏州一所学校搞一次歌舞会活动，因为有了黎小姐将到场演唱的传言，一时歌迷蜂拥而至，热闹非凡。现场来抢热点新闻的记者，没能等到预期中的明星现身之际，却偏偏又遇一场突如其来的毛毛雨，禁不住发出了上述那么一句感叹。

值得注意的是，报道中两次提到"小妹妹"，后来张爱玲在《谈音乐》一文中，也曾提及"从前因为大家有'小妹妹'狂"，这两处"小妹妹"，显然都指同一个人。

这两处提及的"小妹妹"，虽然从字面意思上看，可以理解为年纪不大的女孩子、女学生、女歌手等等，但在当年歌迷口中说出来的这个"小妹妹"，就是指黎明晖本人。

黎明晖（1909—2003），原名黎泽悌，是黎锦晖与首任妻子徐珂珊的女儿，湖南湘潭人。在上海长大，因深得父亲陶冶培养，自幼能歌善舞，在音乐歌舞方面显露出惊人的才华与热情。早在1922年，年仅十三岁的她，即在大中华唱片公司灌录了七张唱片，内容为其父创作的《葡萄仙子》等七部歌剧。小小年纪，竟能有如此成就，各大报刊争相报道评述，可谓轰动一时。

这样的状况，与张爱玲一再强调的"出名要趁早"之说，倒是非常吻合的。事实证明，黎明晖后来的歌、舞、影跨界发展，成就"三栖"明星的人生计划，非常成功。灌录歌剧唱片之后不久，1925年，她迅即由歌舞领域转投电影界，在神州影片公司的影片《不堪回首》中初次出镜，饰演一个配角。时年十六岁的黎明晖，在影片中扮演一个天真烂漫的少女，可谓"本色出镜"，既真实自然，又活泼可爱，也因此在影坛内外有了"小妹妹"的外号。

同年"大中华"与"百合"两家影片公司合并成为大中华百合影片公司，黎明晖转入该公司，开始担任主角。从1925年到1928年，先后主演了《小厂主》《透明的上海》《可怜的秋香》《美人计》《意中人》《柳暗花明》等数部影片。虽然仍是小小年纪，这位不到二十岁的"小妹妹"，出名实在是太早，转眼间就红透了半边天，星光亮遍了上海滩。

由此可见，由"小妹妹"来唱《毛毛雨》，从某种程度上讲，并不是这首歌捧红了黎明晖，恰恰相反，是黎明晖唱红了这首歌。换句话说，《毛毛雨》这首歌是与"小妹妹"一并成长起来的流行歌曲——只要"小妹妹"一直活跃在歌、舞、影三界，只要"小妹妹"还是当红明星，这首歌就会一直在上海滩

封面女郎：黎明晖女士，上海《良友》杂志第3期，1926年4月15日

黎明晖存照，原载《红玫瑰》杂志第2卷第46期，1926年9月印行

的华、洋、华洋杂居三界流行下去。无论鲁迅是真不喜欢，还是张爱玲的喜欢得不得了，《毛毛雨》都还会一直流行下去，"毛毛雨，下个不停"的状况，谁也无可阻挡。

◎ "小妹妹"的社会形象，"融媒体"式的整合传播

既然直到20世纪40年代，张爱玲还会想到去翻译《毛毛雨》的歌词，以及在《谈音乐》一文中拈提《毛毛雨》的流行唱法，可以想见，这首歌与"小妹妹"黎明晖，流行热度一直没有减退，仍是家喻户晓的上海金曲。

"小妹妹"出道甚早，出名也早，至20世纪40年代，年纪也不过三十多岁。虽然作为女明星，此时已不再是事业的黄金期，可毕竟二三十年代的事业成就，仍在发挥作用，正处于事业的"守成"阶段。概观从20年代的早早出名，到30年代的一举成名，再到40年代的功成名就，不难发现，黎氏"父女档"在专业领域上的强强联手、通力配合，以及在公共文化领域实现了"融媒体"式的整合传播格局，乃是确保"小妹妹"二十年来无限风光、星光依旧的两大重要因素。

前边已经提到，《毛毛雨》于1926年底的开唱场合，是上海报刊界精英齐聚的千人大会，初次登台亮相，就已然非同凡响。这一切，乃是以演唱者黎明晖在前一年的初入影坛之初次出镜，即以"小妹妹"形象获得观众热捧的基础之上，方才得以实现的。正是因为有了这样还算不错的受众基础，这样规模与规格的大会，才有可能邀请这位时年仅十七岁的"小妹妹"登台献艺。

可想而知，有了这样的平台，"小妹妹"一旦"开唱"，《毛毛雨》这首歌的周知度，迅即提升。之后，这首歌便频频出现在上海市内各种歌舞游艺会场

所，演唱者"小妹妹"的知名度，也节节攀升。且由于当时尚未印制歌谱，也未灌录唱片，一律由黎明晖本人演唱，并无其他歌手传唱。这样的情况，一直持续到了1927年6月前后，也即《毛毛雨》歌谱印制发售，"小妹妹"出场频率开始减少，其他歌手开始广为传唱。

也正是在这一期间，黎明晖本人仍然会择选一些重要场合，亲自登台演唱这首歌。譬如，上海民众庆祝北伐胜利大会，"蒋总司令就职周年纪念大会"等，举办规模与社会影响力都相当可观的大型团体活动，都应邀参与，多次登台，也因之赢得了空前的关注度与社会美誉度，无形中培养了一批又一批歌迷及追随者。加之这一年又应大中华唱片公司之邀，为《毛毛雨》专门灌录了唱片，这首歌的传唱率与流行度也与日俱增。

由于歌、舞、影跨界发展的需要，很快在电影界迎来跨越式发展的黎明晖，除了迎来所在电影公司的包装宣传之外，还迅即受到南北各地报刊媒体的普遍重视与大力宣传。

须知，20世纪20年代中后期，正是国内平津沪宁各大都市画报类图文刊物大行其道、爆发式增长的黄金时期。黎明晖等歌舞影剧类娱乐业明星，也恰逢这一公共传播的黄金时期。一方面，明星群体可以成为画报这一特定媒体的重要内容生产者，为之提供源源不断的，带有"软广"或"硬广"性质的图文新闻；另一方面，画报方面则以高频、高效、高质量的公共传播予以回报，对明星群体同样具备无法拒绝的吸引力。显然，二者之间能够形成充分互动、合作双赢的良好关系。

在此前提之下，一方面，明星群体以长期获取并不断提升"三度"，即周知度、知名度与美誉度为基本诉求；另一方面，"画报"方面则以确保合乎数量与质量标准的图文内容，不断提升的订户数量，以及在此基础之上获取稳定的广告收益为根本目的。在合作前提与诉求两相契合之下，明星群体与画报方面，可谓一拍即合。

因为黎明晖成名甚早，在那个歌、舞、影三栖明星众多的时代里，胡蝶、阮玲玉、王人美、周璇、黎莉莉、龚秋霞、王莹等，都还只能算是排在她后面的"后起之秀"。因此，在国内各大早期画报类刊物中，黎明晖的倩影时常占据封面或重要版面，可谓二三十年代公共媒体上出镜率最高的"小姑娘"。

尤其是在1925至1935年，这十年间，也即黎明晖十六至二十六岁的年龄段，诸如上海的《中国画报》《上海画报》，天津的《北洋画报》《天津商报画刊》，北平的《世界画报》《晨报·星期画报》等南北各地多种画报，各个年

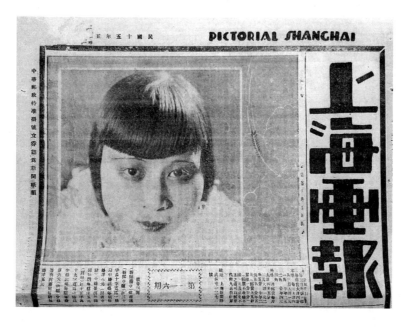

封面女郎：电影明星黎明晖，《上海画报》第116期，1926年5月30日

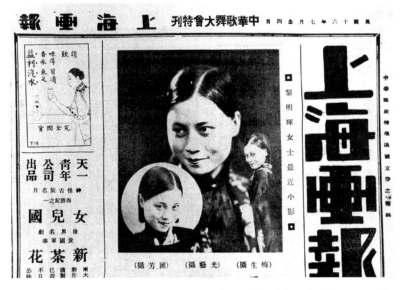

封面女郎：黎明晖女士最近小影，《上海画报》之"中华歌舞大会特刊"，1927 年
7 月 24 日

度、每个月度的"封面女郎"，经常都是这位"小妹妹"。这种多地多期、滚动刊发同一明星的各式照片的做法，几乎达到了"月份牌"式的密集宣传效果。

除了这些定位大众读者的都市画报之外，受众定位较为精准的"画刊"类杂志，也频频出现这位"小妹妹"的倩影。

譬如，著名的《良友》杂志，读者群体定位于都市小资与中产阶层，"小妹妹"早在1926年，也即《毛毛雨》的开唱那一年，就在此做起了"封面女郎"，早已接受过众多小资歌迷的顶礼观瞻。又如，被张爱玲称为"一九三〇年间女学生们几乎人手一册"的《玲珑》杂志，因每期都要向女学生报道电影文艺方面的最新资讯，遂采取将这方面的资讯内容辑为《幕味Movie》刊中刊；呈前后对开，如同两期杂志合订本一般，形式新颖，携读便利。《幕味

Movie》之上，也曾多次出现"小妹妹"的音容笑貌。

至于专门刊载电影业界动态及电影文艺类杂志，诸如《电声》《中国电影》《明星》《时代电影》之类，作为业界先进的"小妹妹"，更是频频现身，或为"封面女郎"的单身照片，或为正在热映的影剧照片，或是与众多新近"晚辈"女星的合影，令人目不暇接。

再如，"鸳鸯蝴蝶派"代表人物周瘦鹃，在其主编的《紫罗兰》杂志上，也曾多次以图文并茂的方式推介这位"小妹妹"。几乎与此同时，周氏在《上海画报》主笔期间，也曾撰有一篇《少女派歌舞的三杰》介绍"小姑娘"。

1927年7月23日，那一期《上海画报》，虽名为"中华歌舞大会特刊"，

"小妹妹"黎明晖参加本市中学运动会时对运动场拍摄照片，原载《玲珑》总第94期之附刊《幕味Movie》，1933年5月10日

张爱玲手绘摩登女郎图，为上海《杂志》月刊扉页插图

却办成了"黎明晖特刊"。一期仅仅四个版面的画报之上，年仅十八岁的黎明晖，刊发的个人与合影照片竟达十张之多，创下了《上海画报》的个人单期刊发图文纪录——即便梅兰芳赴沪演出的特刊，也无法超越这一纪录，实在是空前绝后的"待遇"。正是在这期特刊上，有主笔周瘦鹃的专文介绍。与此同时，也可以想见作为另一份杂志主编的周氏，感到这个"小妹妹"实在优秀兼可爱，捎带着也将她送上《紫罗兰》推介一番，也属顺水推舟，顺理成章之举罢。

就在各大画报、杂志或遥相呼应，或同城联手；或特意造势，或捎带顺势，为"小妹妹"不断提升"三度"（周知度、知名度与美誉度）之际，带有学术总结性质的一些简要评述，也开始出现在20世纪30年代初期的一些主流传媒之上。譬如，1931年的上海《申报》之上，就已然将黎氏父女作为时代楷模一般的人物来加以评价了，对他们有着这样的赞誉：

中国新歌舞剧之创始人，其作品旨趣纯正，取材高洁，歌词明畅，乐曲自然，特别注重国语韵调，辅助学校教育，改良民众艺术，……其发扬民族音乐之效果，……且使国人了解西乐之知能渐次提高，……沟通中西文化之成绩，岂浅鲜哉。

这样的赞誉，实在是无以复加的赞美；这样的评价，也实在是一个时代能够给予的最高褒奖了。虽然这样的评价，出自"大中华国货唱片"的广告语，难免有些溢美之嫌，不过，从客观上起到的总结与定论效果，还是由此确立，且将这一潜移默化的定性式结论，延续到了20世纪40年代末。

封面女郎：黎明晖女士，上海《时代》杂志，
1932 年第 3 卷第 5 期

封面女郎：电影明星黎明晖，天津《北
洋画报》第 922 期，1933 年 4 月 20 日

黎明晖女士：专为百代唱片灌音，原载《中
国电影女明星照相集》，1934 年第 1 卷第
8 期

八大明星合影：后排左起：叶秋心、黎明晖、
胡蝶、阮玲玉、徐来，前排左起：袁美云、陈
燕燕、王人美，上海《电声》杂志 1934 年
第 3 卷第 36 期

◎ "小妹妹"的个人形象，"泛文化"的个性演绎

不过，也应当注意到，"融媒体"式的传播与宣传，虽然是积极整合社会资源的客观效果，但如果没有"小妹妹"黎明晖个人的个性化魅力与个体化特色，即便一时能达到"融媒体"式的传播效果，也不可能维系二十年之久。

翻检这一时期的各式报道，不难发现，黎明晖的个人魅力与特征，在同时代女明星中都非常突出，很是出挑。她身材娇小，性格活泼，一头齐耳短发，一身摩登奇装，更兼一副丰富夸张的表情，很有不同于东方女性的一种异国风情。简言之，很有一点"混血"魅力。这样的"小妹妹"，还经常主动出入于各式公共场合，制造出引人瞩目的公共话题，自然就成了各路媒体频频追随，也因之频频出镜的焦点人物。

十几岁就在各式歌舞剧中施展身手，尽最大可能表现角色与自我，这样的舞台表演经历，使黎明晖在现实生活中的"表演"，可谓游刃有余，无往不利。她乐于尝试各种角色，各式服装，以各种令人意想不到的方式出镜，以各种令人咋舌的方式，在各种场合展现个人魅力。自少女时代"触媒"以来，"小妹妹"在"融媒体"层出不穷、花样百出的各式报道宣传中，很好地拓展了个人的知名度，并得以长期保持住了"小妹妹"这一形象的社会影响力。

"小妹妹"成名近二十年后，年少十一岁的张爱玲，不但对《毛毛雨》这首歌青睐有加，多次拈提评述，还将"小妹妹"这一形象，悄然写入自己的小说。著名的《红玫瑰与白玫瑰》里，小说中的男主角振保在英国认识了一位名叫"玫瑰（Rose）"的小姑娘，这位"小姑娘"的父亲是英国商人，母亲是广

东女子，是那个年代常见的英籍华裔。这位振保的初恋女子身上，有着小说里后来演绎出来的两位女主角"红玫瑰"与"白玫瑰"的综合性人格。对这样一位"小姑娘"，小说里有这样的一番外貌描写：

> 她的短裙子在膝盖上面就完了，露出一双轻巧的腿，精致得像橱窗里的木腿，皮色也像刨光油过的木头，头发剪得极短。脑后剃出一个小小的尖子。没有头发护着脖子，没有袖子护着手臂，她是个口没遮拦的人……

翻检20世纪二三十年代画报，在众多女明星的照片里，很容易就能将黎明晖的照片与这位张爱玲小说中的"玫瑰（Rose）"小姐对上号。类似这样的摩登风貌，类似这样的异国风情，在黎明晖的照片里，表现得尤为显眼，甚至已经强烈到有些夸张了。

张爱玲的这部小说，连载于1944年5、6、7月间的上海《杂志》月刊之上，三期杂志上的连载内容，后来又被选入著名的《传奇》一书，就此成为张氏小说里的经典之作。

这部小说的刊发时间，不禁令人联想到，本文前边已经提到过的，张爱玲于同年5月撰发的《雨伞下》；以及胡兰成于同年7月撰发的《记南京》一文中，忆述的张爱玲翻译及评述《毛毛雨》的相关内容；还有张爱玲于同年11月撰发《谈音乐》一文中，也曾提到的"中国的流行歌曲，从前因为大家有'小妹妹'狂"云云。这三篇在同一年度接续撰发的，与《毛毛雨》有关的文章里，如果再加入这么一部小说《红玫瑰与白玫瑰》，似乎即刻就有了一条关于"小妹妹"的清晰线索——这条线索在张爱玲笔下，若隐若现，有意无意，

黎明晖，原载《中国电影》杂志，第1卷第11期，1928年

顾影自怜：黎明晖女士，原载《电影画报》，1934年第16期

张爱玲手绘"玫瑰"肖像，为《红玫瑰与白玫瑰》刊发时插图

张爱玲《红玫瑰与白玫瑰》，连载于1944年5、6、7月间的上海《杂志》月刊

鲁迅，1935 年在上海大陆新村寓所附近留影　　黎明晖，原载《中华》杂志，1935 年第 31 期　　张爱玲，1954 年香港存照

产生了一种类似于"融媒体"式的传播效果。

　　那么，1944年的张爱玲写作生涯里，在这位时年二十四岁的，在文坛出名也算很早的才女笔下，因出于对《毛毛雨》的喜爱与记忆犹新，有意无意将那位时年三十五岁的超级女明星，早在二十年前就红遍上海滩娱乐圈的"小妹妹"，悄然纳入自己的小说，使之成为女主角原型之一，恐怕也是这一年上海文坛与娱乐圈众多历史事件中，颇值得研究的又一桩"新案"罢。

　　可以说，作为反面意见领袖的鲁迅，与作为正面意见新锐的张爱玲，正是这一历程中，有意无意的参与者之一。鲁迅与张爱玲身后的追随者与批评者群体，也必然随之成为《毛毛雨》流行文化时尚中有意无意的参与群体。正是这一贬一褒、一扬一抑的隔空互动，从"泛文化圈"的层面，印证与助推了《毛毛雨》所带来的流行文化时尚，且将这一本属听觉感受方面的时代风尚，以文学作品的方式，定格于都市文化历史的时空之中了。

王莹："人人敬慕之女杰"

◎ "人人敬慕之女杰"，徐悲鸿为她画像

2007年4月7日，一幅由徐悲鸿绘制的名为《放下你的鞭子》的油画，在香港苏富比拍卖会上，以人民币7128万元成交，这在当时不仅大幅刷新了徐悲鸿油画的拍卖纪录，也创下了中国油画拍卖的世界纪录。

这幅油画为徐悲鸿于1939年在新加坡创作完成，距今已八十余年了。画面描绘的是抗战街头剧《放下你的鞭子》的演出场景，是一位女性表演者的演出瞬间。画上有徐悲鸿的题字与落款："人人敬慕之女杰，王莹。廿八年十月悲鸿写。星洲"。其实，目前尚存的徐悲鸿人物素描画稿中，还有一幅名为《中华女杰王莹》，所描绘的人物形象也是该油画中的"人人敬慕之女杰，王莹"。

据考，1940年1月15日，上海《良友》杂志第150期，以"悲鸿近作"为题，首次向中国读者介绍了《放下你的鞭子》这幅作品。介绍词如下：

悲鸿近作

应东方学院之请遄赴印度讲学之中国名画家徐悲鸿教授，抗战期间曾在香港、星加坡等地举行画展，以所得贡献国家，深获全国青年美术界之敬仰。近将抗战话剧《放下你的鞭子》绘成巨幅油画（左）并为该剧主角王莹女士造像（下）顷得徐教授将该画摄影自星加坡寄沪，适值本志出版一百五十期纪念，急为制版刊出，以供国内外读者之观摩。惜因原作在星加坡，未便寄递，借以制成彩色版，故徐教授笔下之丰厚色彩，及雄健笔触，无法传出，是为憾事耳。

此外，1941年9月1日，上海《永安》月刊第30期，也曾刊发过徐悲鸿所绘《放下你的鞭子》的照片，可能事前不知道画作原名，或者也有可能是"自作主张"，径直将画名改作了"王莹像"。另据存世的徐悲鸿与该油画及"画中人"王莹本人的合影两帧，可知徐悲鸿在观剧之后创作油画的初衷，可能并非只是宣传《放下你的鞭子》这部抗战街头剧本身，而是要直接表达对"中华女杰"的敬意与赞赏。目前尚存国内的一幅《中华女杰王莹》素描画稿，以及《良友》杂志上介绍的那幅"该剧主角王莹女士造像"之油画，已然印证着那份敬意与赞赏。须知，徐氏画作中的单幅人物肖像画，大多以男性名人为主，如孙中山、陈三立、傅增湘、泰戈尔等，鲜有为女性演员绘制肖像的记录。

那么，王莹究系何人，竟能让徐悲鸿如此赞佩，并为之既创作主题油画，又绘制单幅肖像画呢？

据查，王莹的生年有两种说法，一说为1913年，一说为1915年；原名喻

悲鸿除道西洋画法外，兼长国画，自中央大学迁渝后，近作则所作的历史画幅，不免恃才使气，至其佳作则巴人设色，巴师负箧写生壶，绘长图壶，自中央大学迁渝后，曾……（徐悲鸿作，原载《永安月刊》第30期）

《放下你的鞭子》剧中之王莹，徐悲鸿作，原载《永安月刊》第30期，1941年9月

志华，又名王克洵，乳名桂贞。她是安徽芜湖人，做过童养媳，又做过护士，十七岁加入中国共产党，在上海演话剧、拍电影，时人誉为"镁光灯下的热血少女"，在1930年代的上海演艺圈中是著名的"左翼影星"。

她于1930年加入共青团，同年加入中国共产党，积极从事革命活动，曾四次被捕。1930年在上海艺术剧社参加话剧《炭矿夫》演出，后加入复旦剧社，演出《少奶奶的扇子》《酒后》等剧。1932年积极投身左翼话剧运动，与袁牧之等著名演员同台演出。同年入明星电影公司，主演《女性的呐喊》（1932年）、《铁板红泪录》（1933年）、《同仇》（1934年）等影片，而这三部影片当时被视作该公司及整个上海影业的经典之作。

因对电影界纸醉金迷的腐朽现象不满，王莹于1934年发表《冲出黑暗的电影圈》一文后去日本留学；1935年初归国后进电通股份有限公司，在夏衍编剧的《自由神》中成功地饰演冲出封建家庭束缚的五四新女性陈行素，电影艺术家赵丹在自己的回忆录中，讲述了观看王莹演出时的情景，"我当时去看她演出的时候，演完以后整个静场，过了很快，底下掌声像暴风雨般响起。我是佩服得五体投地"。因《自由神》的演出好评如潮，王莹又被时人誉为中国影业的"自由女神"。

抗战爆发后，王莹又参加组织救亡演剧二队，到十五个省区巡回演出抗战戏剧，大量出演抗战街头剧。1939年任新中国剧社副团长兼主要演员，带领文艺工作者赴中国香港、新加坡、马来西亚等地募捐演出，宣传抗日救国，深受当地侨胞欢迎；并在陈嘉庚协助下，购买药品，支援抗日。

上述种种有目共睹的王莹"壮举"，让身在新加坡，同样为抗战奔走的徐悲鸿感慨万千。他为此创作了《放下你的鞭子》，这幅油画充分体现了王莹

王莹17岁存照，摄于上海

王莹，加入电通公司时存照

《铁板红泪录》主角王莹，原载上海《明星》杂志第1卷第5期，1933年

在那个时代所独具的演艺才华与成就，作为"左翼影星"的她，有着区别于同时代其他电影明星之独特魅力，所有这一切，都凝聚在了徐悲鸿的画笔之下，其形象熠熠生辉。

◎四角恋爱：臧克家＋叶灵凤＋袁牧之＋王莹

作为"左翼影星"的王莹，在1930年代的中国影坛星光闪耀、魅力四射之际，自然也追求者众多，各路名流才俊，争相结交。就在1934年短暂赴日归国之后，上海影艺圈内开始盛传王莹同时被三位才子追求的传闻，称其正陷入"四角恋爱"之中。

1935年4月，上海《电声》杂志率先刊出《四角恋爱中之王莹》一文，披露了王莹被三位才子竞相追求的近况。报道原文，转录如下：

<blockquote>

四角恋爱中之王莹

臧克家诗集请她挂校对空名

叶灵凤约看影戏上了一次当

袁牧之运气顶好希望似无穷

不久以前，在日本出过风头的王莹，她的行动，极为一般影迷所注意，这当然的，一个美丽的青年女作家，又是剧场的红角，银幕的明星，那有不令人倾倒呢？她散文的动人，她诗的伤感，种种都表现她是一多情的柔物，据领教过她的人说，她是喜欢青年的，因之有几个在文坛上很负盛誉的中年作家，对她拼命追求，结果都令他们自惭形秽，得不到美人的青睐，原因只是为了年龄稍为大了一些。现在追求她的最显著的三位，就是袁牧之、叶灵凤，和臧克家

</blockquote>

了。臧克家是一位年青的诗人，他在他的诗集《烙印》再版的时候，极力要求王莹做该书的校对，王以情面难却，不得不允，事实上她并没有校对过，书上写着的"王莹校对"，完全是一种求爱的恳切的拉拢。叶灵凤是一位恋爱小说作家，艳福素来是有的，他的手段的确不错，可是有一次买下了戏票邀王莹看电影，约好却不见来，叶灵凤第二天就将为她买的戏票寄给她，票上画了戏院里坐着一个以泪洗面的人，旁边空了一个位，寓意是如何深刻，谁知那晚王小姐已应了袁牧之的约呢？袁牧之是电通公司的红人，他是向来自视甚高，目中无人的。可是对于王莹他便时常顺从屈服了，王莹和他也的确好，否则就不会放叶灵凤的生而应他的约。现在王莹虽在三角色包围的四角恋爱之中，但是事实上王、袁二人同在电通服务，朝夕相见，机会甚多，感情亦好，王莹的前途，将要交托在袁牧之一人身上了。

1935年《自由神》上映后，《电通》画报出一期"自由神特辑"，封面女郎为女主角王莹

王莹小姐，上海《电声》杂志封面，第5卷第3期，1936年

据上述报道可知，王莹当时身陷众多追求者的"包围圈"之中，而其中最为著名的三位追求者乃臧克家、叶灵凤与袁牧之，更为当世才俊，皆富才华。

◎臧克家与"文字上的知己"

报道中提到的，著名诗人臧克家（1905—2004）的诗集《烙印》，早已脍炙人口，流播南北。据查，《烙印》一书由上海开明书店初版于1934年3月，当年10月即再版。在"再版本"的"再版后志"中，臧克家也确实提到过"友人王莹就近代为校定，不胜感谢"之语。

这本诗集，风行于1930年代的中国诗坛，之后多次再版重印，发行数量巨大。抗战爆发之后，开明书店曾内迁至桂林，于1943年8月曾将此书改版重印，称为"内一版"；抗战胜利后，开明书店迁回上海，又于1947年4月重版此书，称为"三版"；至1949年2月时，此书的"三版"也已八次印刷，可想而知，其发行之广，流行之久。

纵观所有这些版本，从1934年10月"再版"至1949年2月的"三版"第八印，十五年间，那篇"再版后志"一直附印于卷末。换句话说，臧克家对"友人王莹就近代为校定，不胜感谢"的表达，确实一直呈现于读者面前的。如果真如报道中所称，这"完全是一种求爱的恳切的拉拢"，那么，臧克家对王莹的情感表达之恳切，二人关系之密切，由此即可见一斑。

据著名作家、藏书家唐弢（1913—1992）所作《臧克家诗》一文，也曾忆述《烙印》一书的"再版后志"称：

王莹是当时的话剧红演员，据说她读克家的诗，一往深情，常常独自流泪。她确是作者文字上的知己，代为校定，就充分说明了这一点。

试想，如果王莹确为臧克家"文字上的知己"，那么，二人即便不能成为恋人，应当也并不妨碍他们的友谊罢。

另据臧克家与早年参加过左翼文学活动、后以中医名世的王任之（1916—1988，笔名英子）的通信来考察①，臧克家与王莹之间可能确有"隐情"。

臧信中曾明确提醒英子，称"在你的信里可以不提到王莹友的名字，女监察员盯着我呵（我的灵魂不能自由的呵）"，旁边还加有一个附注"王莹信祈即寄去"（1934年8月13日信）。这里提到的"女监察员"究系何人，是臧当时的恋人还是另有所指，不可确知。

臧后来的通信中提到王莹，均称"克洵"，且一再让英子代为转寄信件给王莹，同时又屡次提醒英子，称"来信勿提克洵事"；"如没关克洵的话即直寄我（勿提上次来信及我这封回信的话，怕她起疑）。如有关克洵事可写'山东临清中学李香亭收'，内称号可署一K字，你的名字也不要写真的"；"来信提克洵事可代以王淑明，真王淑明以淑明代，至要！"等等。

如此种种迹象表明，臧克家有意回避与掩饰与王莹的交往，其中究竟有何重大"隐情"，以至于如此隐秘行事，目前仍不可确知。但这些通信至少表明，臧克家与王莹的交往，绝非一般文友的泛泛之交，应当有比较深入、持续的交往。可能只是因王莹"地下党员"的身份所限，或者因臧克家某种不便外人知晓的"隐情"所致，二人的交往十分隐秘，几近"地下"。

---

① 以下引述相关通信内容，皆摘自《英子文友书简·英子作品选》，安徽人民出版社，2005年。

直到王莹逝世后，臧克家曾表达过深切悼念，并撰成《忆念王莹同志》[①]一文。据文中表述可知，二人在抗战早期的宣传活动中尚有交集，二人的交往一直保持到了1938年前后（经臧向第五战区介绍与牵线，王莹所在的上海救亡演剧第二队曾赴台儿庄慰问演出）。因王莹在南洋、香港等地为抗战筹款巡演之后，于1942年7月赴美国留学，直至1954年才归国；在这段远隔重洋的岁月中，臧克家与这位"文字上的知己"的交往可能就此中断。

事实上，与臧克家频频通信的英子，也与王莹保持着密切的通信联络。1934年7月12日，王莹在写给英子的信中，首次提到她与臧的朋友关系，并将二人的相识历程作了简要介绍，信中这样写道：

了解的友情，比什么恋爱之类的事是更可爱的。我还有一个和你一样没有见面的友人——也只在街上偶而的一瞥——那是去年夏天在青岛的时候遇着的，他是臧克家，你知道的吧，我本想把他介绍给你的，我知道他不会损害你而且你也会喜欢他的，不过，遗憾的很，他在青大毕业了，我搬了屋子，连友人也搬了，此刻他在什么地方我不知道。以后知道了介绍给你好吗？

据此可知，王莹与臧克家的相识，可能完全事出偶然，且到她留学日本之前，也还只有一面之缘。当时，她完全不知道臧的下落，也一直未有通信联络。1934年8月30日，王莹在写给英子的信中，提到过臧的诗集《烙印》，当

---

① 此文发表于《散文》杂志1980年第7期。

时二人仍未通信。为此，她还在信中向英子问询道：

克家常有信给你吗？诗集请不要买，自己朋友的书还要去买有点不大愿意。他以后会寄来的，不过迟些时日罢了。克家大概和你一样吧，爱写信的，你喜欢他吗？你推测着他也喜欢你吗？

时至1934年10月30日，臧、王二人的通信，似乎也时断时续，并不十分频繁。王莹在写给英子的信中，曾这样记述当时的情形：

克家处不曾写过一封信，自己颇为怠惰，想自己能够没有那么提心着"何时能把日文弄好"的问题后，再和他还有别的几位朋友通信的，克家一定是有点见怪了，因此，他那样地写信给你。他的事情我知道得很多，大半都是他自己说的，他的生活一切是并不见得幸运的。人，是一个怪好的、热情的，并且是感伤的，和他做朋友是很好的事。

直到从日本东京归国，王莹在上海与英子通信中，仍在强调她与臧一直没有通信。1935年8月2日，她在信中写道：

克家没有通讯过，最近《文学》上的《春旱》我觉着也没有什么好，不过这不能对他说的，因为他太自信了。

1935年8月22日，王莹自感与臧的友谊陷入低谷，可能难以维系。为此，她在致英子的信中提道：

> 克家差不多和陌生者一样了，长久没有音信，连他现在什么地方我也不明白，对于这样的朋友也不愿再多惹麻烦了。

从上述这些王莹通信中所表达出来的信息考察，似乎王莹在赴日本留学之后，与臧克家的交往便不再密切，通信已然中断。但据臧克家《忆念王莹同志》一文中的忆述，与王莹所述又略有出入。文中这样写道：

> 大约是三四年春夏之交，她来信说，要摆脱上海令人烦扰难耐的环境到日本去学习一个短时期。……到了日本，很快来了信，把生活环境，住房和房东对待的温和态度，亲切有味地描绘了一番。她在信上说，夏天到了，要去海滨游泳，多希望得到一顶大草帽遮遮太阳呵。我给她用特制的大木匣子寄去了一顶宽边细致的大草帽，另外，还附上了一首小诗，其中仿佛有这样两个句子：我眼前一个很大很大的影子，在海滨的沙滩上晃荡。

关于二人初识的场景，臧克家与王莹的说法也不尽相同。臧文中这样忆述道：

> 时间回溯到一九三三年。我的第一本诗集《烙印》刚刚问世，王莹同志到青岛拍电影的场景来了。她到我所在的大学来访我，我回家了，等到暑期过后我回到学校，才见到了她留给我的一条小字，意思是访我没见到，很怅怅，希望给

她寄本诗集去。看了她的留字，我心中惘然。

臧克家

这里提到的"一九三三年"，与王莹在写给英子的信中所提到的二人初识时间相同；但《烙印》一书是1934年3月才初版首印的，臧克家将诗集初版时间与初识王莹的时间等同，应当是记忆有误。

又据臧文忆述，王莹这次初访不遇之后，二人便一直保持着书信联系。臧文中有这样的忆述：

我按照她留下的地址，给她寄去了一本《烙印》。从此，书信往还，我们成了亲密的朋友。当时上海发生了一些流言，而且作为新闻登在电影刊物上。实际上呢，我和王莹同志相交四十多年，可以说是"久而敬之"。最先我们并不认识，函件频繁，每周必有，因此，也就成为神交之友了。

这样的说法，又与王莹于1934年8月在写给英子的信中所表示的仍在等待臧克家赠书的说法完全不一致。此外，臧所称二人从此"书信往还""函件频繁，每周必有"的说法，也与王莹在1934年、1935年间的说法大相径庭，二人当时的交往状况究竟若何，恐怕再也无从确考了。最后，臧提到的"流言"，应当就是指当年上海坊间流传的他追求王莹的传闻——这样的传闻出处，或许就来自上海《电声》杂志上的那篇报道。

臧克家诗集《烙印》，1934 年初版

影星而兼女文豪王莹，原载上海《青青电影》杂志第 2
卷第 2 期，1935 年

◎叶灵凤约看电影被爽约

叶灵凤（1905—1975）是著名作家、学者，兼藏书家。他早年毕业于上海
美专，1925 年加入创造社，擅长写小说，刻画人物尤其重视性心理分析，与穆
时英等的"新感觉派"小说可划为一类。

因为在其小说《穷愁的自传》中借主人公之口，说什么"照着老例，起身
后我便将十二枚铜元从旧货摊上买来的一册《呐喊》撕下三面到露台上去大
便"云云，极其刻薄地讥刺了鲁迅，被鲁迅多次在文章中加以反击，在上海文
坛中遂有"流氓才子"之称。

叶灵凤不但擅写小说与杂文，还擅长为书籍绘制配图，以及为报刊绘制漫
画、简笔画等等。所以，鲁迅又在好几篇杂文中，对其模仿比亚斯莱风格的装

饰画和插画大加嘲讽，斥之为"生吞活剥"，并封了个"新的流氓画家"的尊号。总之，在1930年代的上海文坛，叶灵凤顶着"流氓"二字，依旧我行我素，也算是一位极具个性的作家。

报道中称叶灵凤约王莹看电影，被爽约之后，他寄去电影票，并在票上"画了戏院里坐着一个以泪洗面的人，旁边空了一个位"的场景，以叶的行事风格及绘画习惯来看，是极有可能的。虽然在叶后来留下的众多文章中，从未提及与王莹的这段交往，这桩约看电影被爽约的逸事，仍可视作一桩颇具兴味的文坛掌故。

在王莹致英子的众多信件中，有一封写于1934年留学东京时的信中首次提到了叶灵凤。信中有言：

新近有一位朋友到东京来考察新闻事业，在谈话中顺便提到了《万象》（时代出的）第一期上叶灵凤君的一篇《夜明珠》有一点是引了我做模型的。"他只捉住了你的一点，那是薄幸"朋友开玩笑似的说了，可是，我自己还没见着哩。我和叶君没有通信，我不喜欢他，可也不恨他，从前他写过一篇《丽丽斯》，也是写我的。他待我的确是非常好过，但，这种好对于我，对于他自己又有些什么呢！认识了一年之久，现在连信也不通了，那是我，我觉着这样继续下去没有什么意思，反而给一般闲得专在"谣言"上打主意的人，更多一些无谓说笑的资料——真正的友谊比什么都可贵的。

1934年5月20日，叶灵凤与张光宇创办《万象》月刊，由上海时代图书公司出版发行。《万象》创刊号上，叶灵凤创作的小说《夜明珠》首发。在该小说中，"夜明珠"是一个人的名字，也是一种人的概括，更是一种生活方式的象征。黑夜给了夜明珠释放光辉的舞台，同时也成了钳制夜明珠生命的枷锁。在舞厅里，人"失去了理解旁人理解自己的灵魂"，人是充满谎言的幻象，而在清醒的白天，人又仿佛生活在另一个完全不同的世界里。小说通过"夜明珠"这类人群，吐露了人对都市既依赖又厌倦的心态，表达了1930年代这类人群的无奈——想摆脱黑夜的控制，却又不得不在黑夜里发光。

应当说，"夜明珠"很好地呈现与诠释了以王莹为代表的这类都市人群的身心状况与生活状态，从王莹自己的各类书信及文章中都可能得到明确印证。叶灵凤在小说创意及人物建构上，的确可能就是以王莹为原型，进行了某种艺术加工。

《丽丽斯》为叶灵凤1933年底创作的小说。"丽丽斯"本是来源于中东传说的一个人物，因为不肯顺从亚当却跟撒旦结合而被《圣经》抹杀。小说显然只截取了丽丽斯不肯顺从亚当的一面，说她"不曾沾染人世的罪恶"而自以为"纯洁"，因此一直孤独地流浪。小说把丽丽斯塑造成一个无束缚亦无依附的意象，用来象征女性自由独立的一面。同时，叶灵凤为这一外国神话人物灌注了新的现代意象，一方面，丽丽斯所要摆脱的是男性的主宰，这象征着女权主义；另一方面，小说中的女性人物不但向往丽丽斯的自由与独立，还渴望摆脱都市，她已经深深意识到，都市已经给她种下了鸦片的瘾，因此她不"需要刺激"却又得"寻找刺激"，她想去"一座幽静的小园子"过"平淡的日子"，时时怀念自然和母亲。叶灵凤以取自宗教传说的人物作为意象，并将其与现实中向往丽丽斯的女性糅合，从而升华出一种崭新的、融汇着都市女性意识的"丽丽斯精神"。

这里的丽丽斯人格类型，和当年王莹的性情及言行颇为相近；且王莹自己透露该小说是以她为原型所写，可以据此推测应当是小说著者叶灵凤亲自告诉

她的。因此，《丽丽斯》这部小说，与《夜明珠》一样，同样可以视作叶灵凤

在与王莹交往过程中产生的灵感，自然也是二人交往的另一种证据罢。

正在读《良友》画报的叶灵凤，刊于《良友》
第 100 期

《叶灵凤杰作选》，1947 年上海新象
书店初版

《叶灵凤杰作选》，以王莹为人物原型
的小说《夜明珠》《丽丽斯》均入选

王莹照片，《文艺电影》杂志创刊号封面，
1935 年

◎袁牧之只是同事关系

最后，报道中判定的王莹所中意的另一位追求者——袁牧之（1909—1978），则非文坛中人，而是影坛明星与著名导演。

其人原名袁家莱，生于浙江宁波。受新戏剧运动的影响，他童年时代即学演文明戏，十三岁时到上海，开始在洪深组织的戏剧协社演戏。1927年，在上海上大学的袁牧之，开始参加戏剧的革新运动，成为辛酉剧社的主要演员。他主演了俄国安特列夫的《狗的跳舞》、契诃夫的《万尼亚舅舅》和日本武者小路笃实的《桃花源》。袁牧之对人物精密的设计和构思以及造型的逼真，都是表现派艺术中的精华。在其创造的众多角色中，对人物的神态刻画尤为突出，故有"千面人"的称誉。

1934年，袁牧之编剧并主演的《桃李劫》，在当时引起很大的反响，成为左翼电影的经典，也是中国第一部真正的有声影片。1935年他自编自导的《都市风光》是中国电影史上第一部音乐喜剧故事片。1937年，他编导的《马路天使》成为中国电影史上的经典之作。这部由赵丹、周璇主演的影片被认为是中国有声电影艺术走向成熟的标志。而在报道的这一年，袁牧之与王莹只是同事关系，当时他们同在电通公司工作。在此之前，王莹于1932年参加左翼话剧运动，与袁牧之等著名演员同台演出过，他们之间的交谊应当就始于此。

在致英子的信中，王莹提到了她对男女友谊的个人理解，对自己的男性朋友圈有这样的描述：

　　我的最知己的朋友……男的也有两三个，那是不为一般卑污的头脑所理解的。为了只是一个纯洁的友谊，便永是这么淡淡地有时也像手足似地继续了三四年没有变改。

　　这里提到的"最知己的朋友"，男性朋友"两三个"里边，应当也有袁牧之。在同一封信中，王莹也确实提到了袁牧之，有这样的评价：

　　老实说我是不喜欢袁牧之那一流纯上海味的浮华少年的，一个人应该不断地朝好的地方去努力的，只卖点小聪明，也许一时博得一点靠不住的荣誉，但，那是很快便会被时代所遗弃的。

袁牧之，1936 年存照

王莹秋装，原载上海《影坛》杂志第 4 期，1935 年

王莹与谢和赓

事实上，王莹最终没有选择报道中的任何一位追求者，包括报道中判定的最具可能的袁牧之。王莹的第一位夫君乃是1936年出演夏衍编导的新剧《赛金花》中的李鸿章的男主角金山（1911—1982），与金山分手后，又与白崇禧的机要秘书谢和赓（1912—2006）结为夫妻。当时，金、谢二人皆为中共地下党员，王莹的婚姻与家庭，是典型的红色婚姻。

◎ 1942—1954 年：十二年旅美生涯

就在徐悲鸿为之画像后不久，1940年，新加坡、马来西亚在日军压力下，将王莹等华人驱逐出境。1941年，辗转赴香港参加"旅港剧人协会"未久，日军占领香港，再次被迫撤离，转至重庆。1942年，王莹离开重庆，去美国留学。从此时起，王莹及其演艺事业，在国内逐渐淡出了人们的视野，很长一段时间里，各大报刊上没有了她的踪迹。

1954年12月21日，王莹出现在广州港口的一艘美国轮船上，阔别故土十二年后，终于归国。那么，这十二年来，她究竟经历了什么，做了些什么呢？

笔者有幸获见一张王莹本人填写的《回国留学生登记表》，正是其抵达广州之际，填报给当时的广东省政府教育厅的，被编为"特字59号"。在表格上的"本人国内外学习及工作简历"一栏上，有如下记录：

1942年至1944年：在美贝满大学研究文学（免费）；

1944年至1945年：在耶鲁大学免费研究生；

1945年至1948年：与美女作家赛珍珠女士合作组中国剧团，在美各地演英文剧，同时并任中西文化协会的理事；

1949年至1952年：写成长篇小说（廿五万字）；

1953年至1954年：与美作家Miss Pnuitt将创作《石榴开花的时候》译成英文，已交英美出版公司。

上述这百余字的简历，是王莹十二年旅美生涯的最为简要的概括。这一王莹本人手写的简历，与其去世后众多友人发表的忆述文章的内容，譬如夏衍所撰《不能忘却的纪念》《王莹小传》，赵清阁所撰《忆王莹》等，都是基本相符的。

这段旅美生涯，大致的情形在王莹遗著《两种美国人》[①]中，也有透露。结合上述这些基础材料，可以推知王莹旅美生涯大致情形如下：

---

① 此书由中国青年出版社于1980年出版。

1942年7月，在中共党组织的协作下，王莹与谢和赓以国民党政府"选派留学生"的名义，前往美国学习。在耶鲁大学攻读文学期间，王莹常与美国女作家赛珍珠、史沫特莱，戏剧家勃莱希特交往，并帮助史沫特莱拟定《朱德将军传》。

此外，王莹还担任了美国民间组织"中西文化协会"的理事兼中国戏剧部主任，组织在美国的中国文艺工作者到美国各地演出抗战戏剧，介绍中国抗战的情况。1943年，应美国政府的邀请，王莹在白宫表演了话剧《元配》和街头剧《放下你的鞭子》，美国总统罗斯福及其家人、副总统华莱士以及白宫高级官员、各国驻美国使节等均到场观看，演出获得空前成功。

1946年，王莹开始自传体小说《宝姑》（即《石榴开花的时候》）的创作，这部约三十万字的小说，耗时约两年。其间，她还将这部小说翻译成英文，拟在国外出版。这部小说可以视作王莹试图将演艺生涯向文学生涯转变的试笔之作，她在《回国留学生登记表》中"回国后工作志愿"一栏，填写的"写作"二字，也正反映着她此时的人生预期。

然而，天有不测风云。1949年中华人民共和国成立以后，中美外交恶化，美国"麦卡锡主义"盛行，美国政府开始实施针对中共人士的政治大清洗。1954年，王莹与谢和赓遭到拘捕，友人赛珍珠也成为审查对象。

由于王莹夫妇拒绝加入美国国籍，被当局流放到专门拘押外国移民的纽约州爱丽丝岛（Ellis Island）。为此，中国政府出面与美国正式交涉，二人才被释放回国。她在《回国留学生登记表》中"回国经济来源及数目"一栏，填写"被美国逐回，船费由美国付"，在"护照"一栏，填写"被美国军拿去"，反映了她当时在美国的遭遇。

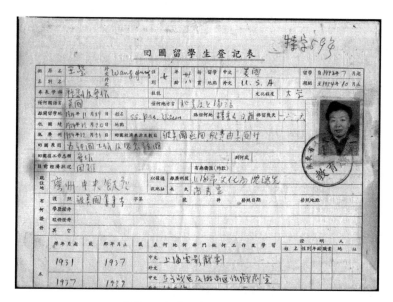

王莹的回国留学生登记表（1954 年）

◎王莹生年成谜

值得注意的是，《回国留学生登记表》中"年龄"一栏，王莹填写的是"卅八"。依此推算，其生年应为1916年（若以虚岁计，则亦可能为1915年），这与后来公布的、如今较为通行的其生年为1913年的说法不符。其中究竟有何隐情，尚无从查考。

值得一提的是，笔者曾获见谢和赓于1981年致沈基宇的一通信札，信中称"综合所有我阅读过的有关王莹

王莹小姐，上海《电影新闻》杂志，第2卷第1期，1935年

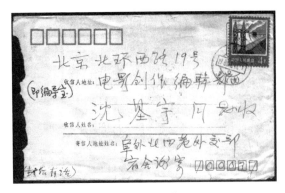

谢和赓致沈基宇信函

的材料，有两点，拟请您在撰文时注意到：（一）是她的出生时间是1913年阳历3月8日"。须知，沈氏乃受《中国电影年鉴》编委会之托，专门为此书编撰王莹简历，遂向谢氏咨询相关事宜；谢信

中的答复也相当明确，似乎不容置疑。但信中所称"综合所有我阅读过的有关王莹的材料"云云，似乎又在说明，谢氏本人可能也并不十分确定王莹的确切生年，否则何需"综合"阅读外界各种材料？

所以，从这个意义上讲，王莹的确切生年，究竟是谢和赓一直强调的，如今也已通行的1913年，还是据王莹本人填写的《回国留学生登记表》之年龄推算出来的1915年或1916年，恐怕都还需更可靠、更充分的史料文献出现之后，才能定论。

谢和赓致沈基宇信札

赛珍珠：《大地》公映的台前幕后

◎**小引：赛珍珠的诺奖小说，米高梅的金像奖影片**

北京时间2022年3月17日晚间消息，亚马逊（Amazon）公司宣布，已完成以85亿美元收购米高梅影业（MGM Studios）交易。在完成收购前几天，亚马逊收购米高梅交易，获得了欧盟反垄断监管机构的批准。

几乎有着一个世纪辉煌历史的米高梅电影公司（Metro-Goldwyn-Mayer，MGM），创立于1924年，乃是美国好莱坞八大影业公司之一，也是美国电影和好莱坞的象征；公司旗下葛丽泰·嘉宝、查尔顿·赫斯顿、克拉克·盖博、凯瑟琳·赫本、加里·格兰特等众多国际知名影星的名字，至今仍令众多影迷记忆犹新，津津乐道。

据统计，米高梅出品的影片，共获得过一百七十项奥斯卡奖，在好莱坞各大影片公司中独占鳌头。公司旗下巨星云集，曾创造每周推出一部电影的神话。那么，这样一家国际知名、业绩卓越的电影公司，如今竟也不得不接受被网络电子商务公司收购的命运，也从一个侧面反映出了，欧美电影产业及相关行业链条在历经一个世纪的发展之后，所必将面临的时代变革与再造。

当然，米高梅留给中国观众的难忘记忆，并不仅仅只是那些星光熠熠的欧美电影明星，也不仅仅只是那些曾一度全球流行的欧美经典影片。尤其特别的记忆，乃是八十余年前，米高梅曾以著名作家赛珍珠（Pearl S. Buck，1892—1973）的小说《大地》为故事底本，在美国国内布景与拍摄，并启用美国影星饰演中国农民，演绎中国农村生活故事，复又到中国内地拍摄外景，最终摄制成了一部名为《大地》（The Good Earth）的影片，曾在美、中两国相继上映，一度引发过诸多评论与热议。

当年，这部影片在美国曾获得广泛好评，上映之初，即登上《生活》（Life）杂志，获得第十届奥斯卡金像奖（1938）五项提名、两项大奖（最佳

《大地》，美国首映时的电影海报之一

《大地》，美国上映时的电影海报之一

女主角与最佳摄影）。而影片所据小说《大地》的原著作者赛珍珠，亦于奥斯卡金像奖评颁当年，荣获诺贝尔文学奖。当年，一部《大地》小说及其改编影片，所囊括的众多重要奖项，足令西方世界为之倾倒。

然而，中国国内关于这部影片及其原著小说的评价，却并非是众口一辞的赞誉之声，来自公共文化、文学与知识界的质疑与批评之声，时有闪现。中外两种评价的声音，此起彼伏，并不一致，这样的情形，也几乎成为某种特殊的国际"文化现象"。总而言之，《大地》这部影片，从摄制伊始到中美两国上映，再到对影片乃至原著本身的研讨与评论，都可以视作当年国际文化圈子里的"现象级"事件。

◎中国驻美国旧金山总领事邀请胡适观看并点评《大地》

1934年初，米高梅公司呈请中国政府，需在华拍摄《大地》影片外景，并根据合同，由中国政府派遣专员赴美，驻场监制。

1936年9月，影片摄制完竣。中国政府委派驻旧金山总领事黄朝琴，对影片内容进行专项审查。在审查过程中，因发现影片中确有部分有损我国声誉及与国情不符的情形，遂令删除。为慎重起见，黄氏决定让米高梅公司就近邀请一些旅美华人观影，请他们逐一提出批评意见及相关建议，将这些意见及建议汇总后，再一并向驻华盛顿大使馆报告。

此前，黄氏曾在9月20日的《罗安琪时报》上看到过著名作家、学者林语堂对《大地》的影评。《罗安琪时报》，即《洛杉矶时报》（Los Angeles Times），当时是美国西部最大日报，其影响与地位仅次于《纽约时报》《华盛顿邮报》，被誉为美国的第三大报。林语堂在该报刊发的《大地》影评，应当就是华人观众乃至华语世界里，对这部影片最早公开发表的影评。这样的影评，当然至关重要，黄氏自然也是要搜集到汇报材料里去的。摘要转译如下：

> 此片描摹华人生活，甚为确切，艺术高超，配制完美，人生之奋斗，喜怒哀乐，描摹尽致，灵犀通者，类能爱之。余意此片，能忠实述出原书大意，即我华人之乐天知命，坚毅勤朴是也。

显然，作为这部影片原著者赛珍珠的好友林语堂，对该片的影评全是赞美之辞，毫无批评之处，颇有为之代言与大力推广的一番美意。应当说，林氏此举无论是作为私谊酬答，还是作为友好互动，仅就个人行为而言，无可厚非。可这样的影评，在中国政府审查该片的全权代表黄朝琴看来，恐怕并不算客观严谨的意见。

本已对影片内容提出多项整改意见的黄朝琴，当然不可能接受林语堂的"一面之辞"。不久，他又请来了当时赴美参加哈佛大学三百周年纪念会，尚在美国逗留的胡适，希望听到更有针对性的批评意见，吸纳更富建设性的建议。

我国新任驻旧金山总领事黄朝琴夫妇近影，原载《北晨画刊》第 5 卷第 1 期，1935 年 5 月 18 日

时为 1936 年 10 月 27 日，胡

适在好莱坞米高梅公司观看了《大地》送审影片之后，即刻对邀其观影的黄总领事表述了个人观感与意见。其主要观点大略如下：

林语堂与赛珍珠（Pearl S. Buck）

赛珍珠（Pearl S. Buck）推介林语堂之短文，有林氏签名

《胡适之蒋百里林语堂等对于〈大地〉影片之意见》，原载上海《电声周刊》第6卷第11期

（一）此片根据Pearl Buck之小说，原书著者本非第一流作家，观察中国农村情形，亦多隔膜，故原书颇多疵瑕可指摘，其根本毛病，在于写王龙夫妇，在革命时期，忽发"横财"拾得珠宝金子，因此起家，此是一种Melodrama写法，不是第一流小说的写法。本书用意，要写一个勤俭起家的农夫，今忽"暴富"，Getting rich quick岂非矛盾？

此是致命之伤，影片依据此书，故不曾改削。及今改削，已大不易。我曾告公司中人，补救之法，宜减轻王龙妻所得财宝，使其仅足资归家之费，稍有余财，以为复兴家业之资。此后刻苦成立基业，全靠自己的气力，如此则全书主人翁不失为一个Self made man。

（二）王龙少子与父妾恋爱一节，颇堕俗套，甚不大方。"睡鞋"一节，我曾劝公司中人修改，他们颇感觉困难。

（三）王龙妻初次生产。王龙竟不知何处可得产婆，竟提议要到城中黄大户家去寻一个女人来帮忙，生产为人生大事，无论如何穷乡僻壤皆有接生婆子，而Pearl Buck不知，岂非笑话。

（四）王龙妻病危时，家中备棺材，"冲喜"本属可能，但无棺材抬到病房中之理。何况其时外边正在娶媳妇大宴客哩。

以上所记除第一点是文学技术上之根本毛病，其余均不关大重要。平心来说，此片用外国人扮演中国人，其用心揣摩，颇费苦心。女主角Miss Rainer最为成功，扮王龙之Paul Muni虽有稍过火之处，亦甚不易得。此是可取之点。原书有许多不近情理之处，此片稍有改削，似胜原书。如王龙妻在原书中实嫌过于柔顺，过于沉默，甚不像一个村妇。Rainer演此妇甚见风骨，似胜原书。

《大地》在北平开拍，原载《良友》杂志第 95 期，1934 年 10 月 1 日

又开篇王龙妻一节，亦大胜原书。其余添入各段，如"蝗虫"一段，亦胜原书，此片实有胜于原书之处，是可取之点二。

听说最初的稿片尚多过火之处，经黄总领事指摘后，皆已删改，此次我所见片子，比较颇少可指摘之点。此种服善的精神，亦属可取。

鄙意我国人对于此片应赞许其用心之勤，鼓励其成功之各点，赞许其服善之勇。吾人似不宜过存隐讳之态度，示人以不广（例如婢女译作 Slave girl 并非错误，古今男为奴，女为婢，婢正是 Girl slave 也）。

Shakespeare 在 *Merchant of Venice* 名剧中描画一重利盘剥的犹太人，从未闻犹太民族群起而攻之，吾人

《大地》在北平开拍：美国摄影师工作照

《大地》在北平开拍：中美摄影师工作照　　　　《大地》在北平开拍：两位儿童演员在五塔寺前

不宜失去大国民的风度也。

　　上述八百余字的影评，乃是胡适观看已经黄朝琴删改之后的影片之总体评述。大致说来，胡适对该影片给出了一个褒贬参半的评价，即批评与赞赏之处相当，总体上还是给予了勉强认可。

　　不难发现，胡适批评意见首当其冲者，并不是影片本身，而是直接指向了剧本源头——赛珍珠的原著小说。开首即明确指出，"原书著者本非第一流作家"，"观察中国农村情形，亦多隔膜，故原书颇多疵瑕可指摘"。这样的定性之语，可谓一针见血，不留情面。

◎胡适曾当面批评赛珍珠翻译《水浒传》

　　这样的影评开篇语，倒是很容易令人联想到，另一桩胡适当面批评著者赛珍珠的轶事来了。

原来，早在两年之前的某个夏日，即1934年夏，赛珍珠在北平参加美国驻华公使詹逊夫人的一次宴会时，席间偶遇胡适，二人曾有叙及中国历史文化的相关话题。当言及赛珍珠新近完成的英译本《水浒传》时，胡适竟当面指出其译本"纰缪甚多"；随之还即席举出一处"误例"，称其将"三十六计，走为上策"译为"walking is the best one of the thirty six ways of a escaping"是不对的，这样的译法"实与原语之意，大相径庭"。胡适当即指出，如果这样英译的话，那么这句英文通过中文再翻译出来的意思，就变成了"走是三十六种逃法中之最好的一种"了，与这句中国成语的原意确实完全背离。

可想而知，这样的当面批评，自然是相当有力度的，也是不留情面的。不过，据说当时"夫人甚感胡氏"，"谓将于再版中勘正之"。不妨这样设想，美国驻华使馆席间出现这样的情形，并未见得有多"煞风景"——那胡适"知无不言"，可谓"诤友"；而赛珍珠"知错即改"，也颇有风度，二人之间的这番文学切磋，似乎也不失为一桩中美文坛乃至中美文化交流史上的佳话。此事或许可以就此一笔带过，也无须深究细品了。

不过，联系到赛珍珠当时在国际文坛，尤其是中美文坛上的声誉已非同小可，而胡适时任北大文学院院长，早已在新文化与新文学运动中暴得大名，也是为时人所熟知的公共人物——两位中美文坛名流在大使馆席间切磋文学的轶事，自然又不能与一般意义上的学者或作家私人交流等量齐观，是迟早会为外界所传扬并周知的。

无可否认，当时赛珍珠在海内外确已声名鹊起，以中英文双语兼通的"中国通"作家之特殊身份，跻身于国际文化交流舞台之上。因其虽出生于美国，幼年却一直在中国生活的特殊经历（随身为传教士的父亲来到中国），以反映中国农村生活为基调的著作《大地》，一经面世，即有着举世瞩目的独特魅力。《大地》英文版于1931年在英国伦敦与美国纽约同期初版，1933年9月，由胡仲持翻译的《大地》中文版，又在中国上海，由开明书店初版。

此次宴会大约半年之后，1935年1月20日，杭州《东南日报》之上，即有某知情者以《英译水浒传》为题，向坊间大众抛出了这桩轶事，饶有兴味地为读者讲述了这桩"驰誉美国文坛"的赛珍珠夫人，是如何即席领教胡适当面批评的。

四年之后，1939年10月31日，因日军侵占杭州，被迫西迁金华继续出版的《东南日报》，仍然有关涉此事的文章刊发，文中又补充了一点胡适当面批

The Good Earth，1931年4月美国纽约初版；此为1939年第十九版；外封照片取自《大地》影片剧照

赛珍珠（Pearl S.Buck），获颁诺贝尔文学奖时存照

赛珍珠《大地》，胡仲持译本，1933 年 9 月初版　　《大地》杂景，即影片剧照，原载《宇宙风》杂志第 37 期，1937 年

评赛珍珠的细节。文中提道：

　　赛珍珠女士译的《水浒传》（*All men are Brothers*）初版本，把"好汉子"译作"Good Son of Han"，有一次在席间，经胡适之先生提出修正。

◎蒋百里点评《大地》，与胡适所见略同

　　不难发现，当胡适向黄朝琴表达观影感受时，除了对赛珍珠原著《大地》这部小说的诸多批评之外，对经过米高梅公司改编之后摄制的同名影片，却颇有赞许之意。评价中有"原书有许多不近情理之处，此片稍有改削，似胜原

书"云云，意即影片本身反倒胜过了原著，尚有可取之处。

值得注意的是，在此之前，胡适本人可能已经与米高梅公司有过接触，且对影片《大地》的一些故事情节及演绎细节有着相当的了解。当胡适向黄朝琴建言时，有"我曾告公司中人，补救之法……"，又有"我曾劝公司中人修改，他们颇感觉困难"等语，可见其早已对影片制作方直接提出过整改建议了。不过，因为相关史料记载的缺乏，胡适与米高梅公司方面的前期接触究竟若何，这些接触是因"公干"委派还是仅仅出于个人热心，目前还无从确考。

此外，在胡适的影评中，还有一颇可玩味之处。且看其"影评"末尾有总结之语有云，"鄙意我国人对于此片应赞许其用心之勤，鼓励其成功之各点，赞许其服善之勇"，这一番看似对影片制作方的同情与认可之言，反过来也可以从中折射出另一番言外之意，即对赛珍珠原著的根本否定。简言之，原著不行，影片还行。

概言之，当黄朝琴对影片内容已有初步审查与删改之后，复经胡适的细节点评与总体认可之后，《大地》在中国上映基本上已经不成问题了。

为尽可能广纳各界意见，就在黄朝琴请来胡适观影点评次日，即1936年10月28日，又请来当时正在欧美各国考察军事的著名军事教育家蒋百里观影。蒋、胡二人的观影感受及相关意见，基本一致，可谓"英雄所见略同"。蒋氏对影片的评价，后来也由黄氏写入了《大地影片审查报告书》之中，其人大致观点如下：

鄙意就大体言，此片"阿兰"为主角，述中国人对于土地之爱着心，以勤勉成家为主体。原是赞美中国人之意，故中国对此片应大体表示同情。惟美人好奇，以未见者为贵，故间有不满于国人者，然经黄总领事多数剪去，在我目中认为并无辱及吾人之处。就影片本身之技术论，鄙意与适之见相同。盖既以刻苦成家为主旨，而中间忽发"横财"，未免前后矛盾。中间如娶妾乱伦之事，或为国人所不满，能以隐约出之则更善矣。盖"蝗虫"一节，本为娶妾之象征，不必以修鞋等事表演之也。"修鞋"一段，能改至佳，盖既不合国情，亦无补于观者之兴趣也。总之，此电影公司，既对中国表示好意，似不可过于与之为难，以留待将来随时演中国影片时，可以监督修正之权，不然，彼在美编剧，在美演艺，我即干涉，为时已晚也。

应当说，蒋百里对影片的评价，与胡适大略相同，这看似因为二人向有私谊、观念相近的缘故，实则更有在当时的中美关系及时代背景之下，二人对国际局势所见略同的微妙因素。

显然，在全民族统一抗战大局即将形成之前，

《好莱坞的中国农村》，原载《良友》第 120 期，1936 年 9 月 15 日

蒋、胡二人对中美文化交流之必要性，皆足够重视；对战时应当尽可能争取广泛充分的文化同情与国际援助，皆有共识。因此，当影片中"间有不满于国人者，然经黄总领事多数剪去"的前提下，二人均表示该影片"原是赞美中国人之意，故中国对此片应大体表示同情"，皆表达了基本认可的意向。

与胡适略有不同的是，作为军事教育家的蒋百里，在参与研讨这部影片内容时，还表现出国际关系处理技巧上的灵活策略与专业经验。其影评之末，主张《大地》这类影片应当"既对中国表示好意，似不可过于与之为难"，意即可以尽快"放行"至中国上映。如此一来，尚可以随时"监督修正"，否则，"彼在美编剧，在美演艺，我即干涉，为时已晚也"。

《大地》摄制处，共占地五百英亩，完全用人工翻造成中国农村景物，布置逼真，使人惊佩

《大地》之一幕，男女主角与导演佛兰克林研究中国农夫之割禾姿势

好莱坞的中国农村：男女主角保罗茂尼及露薏丝兰娜之又一场面

好莱坞的中国农村：中国技术顾问李时敏氏与男主角保罗茂尼合摄

◎《大地》原著及影片与中国抗战的因缘

1937年1月29日，影片《大地》在美国好莱坞首映，黄朝琴等中国外交官员代表，出席了首映典礼。一个多月之后，上海《电声周刊》（第6卷第11期）率先向国内观众通告了消息，并以《胡适之蒋百里林语堂等对于〈大地〉影片之意见》为题目，将黄朝琴曾向中国驻美大使施肇基汇报的《大地影片审查报告书》主体内容，摘要列刊，公之于众。

又过了两个月，同年4月22日，南京传出官方消息，影片《大地》通过了政府审查，即将在中国上映。孰料，不到三个月之后，日军竟悍然发动"七七"事变，启动全面侵华战争，中国全民族统一抗战也随之拉开序幕。紧接着，"八一三"事变爆发，电影娱乐产业最为发达的上海，也迅即成为炮火纷飞、生灵涂炭的战地前沿。在这样的时局情势之下，《大地》在中国的上映，并没有引起国内民众的十分关注，批评或赞赏的意见，并不多见。

仅据笔者所见，1938年1月6日，晚间8：30，在上海北京路贵州路口的丽都大戏院，曾举办过《大地》首映仪式，并为之印制过影片介绍手册。这可能是目前能够寻获的，有确切记录的，该影片在中国影院上映时间相对较早的一次。

十个月之后，1938年11月11日，瑞典斯德哥尔摩（Stockholm）传来消息，本年度诺贝尔文学奖决定授予"中国问题作家"——《大地》作者赛珍珠女士。这一消息，于次日即见诸国内各大报刊之上。这样的结果，恐怕也是当年称赛珍珠"本非第一流作家"的胡适，始料未及的罢。

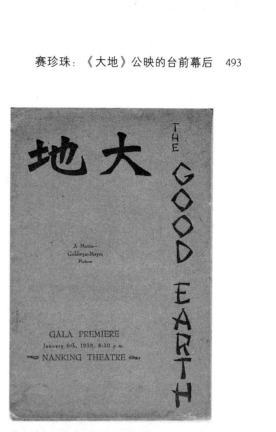

《大地》，中国上映介绍手册之一，1939
年1月25日，上海丽都大戏院首映

《大地》，中国上映介绍手册之一，1938年
1月6日，南京剧院首映

美国新女作家勃克夫人（Pearl S. Buck）之中国
衣装，原载《微言》杂志第2卷第1期，1934年

赛珍珠（Pearl S. Buck），晚年存照

不过，此时的胡适，已然出任中国驻美全权大使，在华盛顿的使馆中正式履职，为争取中国抗战的国际同情与美国援助，正倾尽全力、紧锣密鼓地开展各项外交工作，早已为之殚精竭虑，无暇他顾，更遑论国际文坛上的这么一点风吹草动。

大约三年之后的1941年，胡适竟然又与"本非第一流作家"的赛珍珠，邂逅于纽约的"全美助华联合总会"举办的一次宴会之上。二人竟还同席同桌，拍了一张合影；这张合影，迅即传回国内，又在上海《良友》杂志第166期上刊发了出来。

全美助华联合总会宴席上之嘉宾：威尔基、赛珍珠及中国驻美大使胡适博士，原载上海《良友》杂志第 166 期，1941 年

无论如何，《大地》原著及影片与中国抗战的因缘，胡适等点评赛珍珠的尘封往事，至今仍然是相当一部分中国读者，尤其是对中国现代文学史和国际文化交流史抱有浓厚兴趣的那部分读者，还饶有兴致去谈论与研讨的话题。

聂耳："死于敌国，为憾无极"

◎ **小引：国歌作曲者的非正常死亡**

中华人民共和国国歌《义勇军进行曲》的作曲者聂耳（1912—1935），于1935年7月17日在日本游泳时不幸溺水身亡，年仅二十四岁。当时，消息传至国内，友朋同仁无不痛惜万分，各类报道与追悼活动也连续开展。

关于这方面的史料，后世研究者多有论及，但往往只停留于概述层面，未有细致考察与深入探研，且尚有不少关涉聂耳生平及死因细节信息的史料有所遗漏。在此，笔者将近年所获见且少为外界所知者酌加整理，原文转录并略加考述，以期对聂耳生平及死因，有一番更为完整与充分的再现。

聂耳遗像，雕刻版信封图案，1950年代制作

◎聂耳原名或为"聂颂信"

北平《世界日报》，乃是华北地区最先报道聂耳死讯的报媒。1935年7月26日，该报报道原文如下：

青年音乐家聂耳在日溺毙　沪上友好将开追悼会

【上海二十五日下午十一时电】著名青年音乐家聂耳赴日游历，十七日下午二时在日神奈川县海浴场游泳，不幸为海浪所卷，没项溺毙，其尸身迄今犹未捞获。二十五日沪上聂之友好接得噩耗，均同声哀悼，已定下月初举行一盛大追悼会，并弹奏其一生所作名曲志哀。按，聂字颂信，二十四岁，湖南人，未婚，毕业于北平某中学。

《关于聂耳之死》，原载上海《时事新报》，1935年7月26日

这则百余字的简讯，除了发布聂耳的死讯之外，还透露了一个重要信息，即聂耳"字颂信"，聂耳的原名实为聂颂信。这就与如今通行的说法，聂耳原名"聂守信"有一个字的出入。只是聂耳"字颂信"的说法，目前仅见这一则报道，事实究竟如何，还有待进一步考证。

◎聂耳死因尚有疑点

1935年8月，上海《电声》周刊第4卷第31期，刊出封面标题《〈渔光曲〉作曲者聂耳溺毙》，内文实为《聂耳在日本海浴场溺毙》《聂耳之死发生疑点》两篇文章，较为详实地披露了聂耳溺亡于日本的全过程，以及在验尸过程中的一些疑点。现将这两篇文章原文，转录如下：

（一）

艺坛又一损失
《大路》等电影歌曲作曲家聂耳在日本海滨浴场溺毙
电影、音乐两界筹备追悼

今年殆为电影界不吉之年，阮玲玉自杀事件震撼未已，电影界元老郑正秋遽归道山，关念先生者之哭声未哀，而噩耗传来，著名电影界作曲家聂耳又于日本海浴场溺毙。国产影业，犹未抵繁荣之境，而噩耗频传，巨柱屡折，使电影界愈呈风雨飘扬之象。我不仅为阮、郑、聂三艺人哀，且将为整个中国影坛悲矣。

聂氏履历

聂耳，字守信，湖南人，孑身未婚。幼时，颖慧异常，卒业北平中学。小学时代，对音乐，即发生兴趣。出校后，矢志研究音乐。八年前学拉梵华玲，五年前开始弹奏钢琴。因其具有音乐天才，故进步极神速，后又搜集世界名曲，孜孜研究不倦。曾随黎锦晖从事音乐运动，旋以意见不合，脱离歌舞团组织，埋头从事制谱作曲。数年前应友人邀入联华影片公司第一厂，负责剧务。后膺百代公司之聘，任音乐部副主任，并兼为联华第二厂及电通公司等担任制曲作歌之责。今年春，决心出洋从事深造，先赴日本，拟由日转赴法德俄诸国研究音乐。七月中旬应友人邀赴京都参加"新协"音乐会，途过神奈川县，赴藤泽町鹄沼海浴，致罹灭身之痛，享年仅二十有四，悲矣！

作品一斑

聂氏作品，共有四十余曲，其处女作为《母性之光》中之《开矿歌》。旋为《桃李劫》作《毕业歌》，声调甚佳，风行一时，允为电影歌曲中之优秀作。《大路中》之《大路歌》《开路先锋》并《新女性》片中各曲亦皆聂氏所作，《新女性》金城献映之日联华公司声乐队之学生登台歌唱时，有一少年衣青布短褂裤，在台上领导唱歌者即为聂氏。艺华公司亦曾以作曲事相委，作有《飞花歌》《牧羊女》二阕，亦称佳构。聂氏平日爱好戏剧，尝编演《扬子江暴风雨》一剧，今者惨死东海，我人仅能于聂氏遗作之际，追慕其人而已。

遭难经过

聂氏出国，益欲再求深造，拟游历欧洲大陆，并至法德俄等国研究音乐，预定七八年归国，以期在我国音乐界中，得有更大贡献。其兄侨商大阪，故先作日本之行。抵日后，侨居兄家潜心研究日本戏曲，并曾往日本各地游历。本月中旬作东京之行，十七日下午二时，在横滨附近之神奈川县藤泽町鹄沼海浴场偕三友人同浴。因聂不谙游泳，偶一不慎，致为巨浪所卷，为伍波臣，逐流东去，不复归来，遗尸失踪，想已葬身鱼腹。

筹备追悼

聂氏溺毙之不幸消息传至国内，电影、音乐两界无不同声惋惜。聂氏生前知友，刻正为其筹备追悼，并搜集遗作举行遗作展览以资纪念。

聂氏评价

阮、郑、聂三人之死，均为中国影坛重大损失。或谓阮虽可惜但凭纠纷来源，似亦失于自检。郑年高体重，前途亦已有限。若聂氏则年事方轻，来日方长，锦绣前程未可限量。遽尔夭折，乃倍觉可惜耳。

（二）

惊人消息

聂耳之死发生疑点

据云尸体已发现七窍流血

关于聂耳之死，兹据国内音乐界前辈×××氏自日本方面获得惊人消息云：聂君于遭难之日，曾作公开演奏，颇受欢迎。事后应某方邀宴，食酒不

故名作曲家聂耳先生

Late Mr. George Njal, well Known Chinese Music Compos

1935 年 8 月 16 日，上海《电通》半月画报，推出著名音乐家聂耳逝世专辑

少，宴毕赴游泳场游泳，同去者共有多人。聂君一去，即不复返，同泳者归来则云聂自入水后未曾浮起，度已溺毙。其后，聂之尸体，果于水中发现，但七窍流血，厥状可怖，因此留学生方面对于聂君之死是否溺毙，发生疑点云。

上述《聂耳在日本海浴场溺毙》一文，透露有价值史料有两个方面。一是聂耳有兄，侨居日本，究系何人，值得细考。二是在当年的影艺界，聂耳溺毙与阮玲玉自杀、郑正秋病逝被视为 1935 年的三大噩耗，且撰文者认为聂耳之死更值得痛惜，因阮之死源于行为失检，郑之逝无关前途。这一观点，虽未必全面客观，但从一个侧面反映了聂耳在中国影艺界的声望。

另一篇《聂耳之死发生疑点》，则透露了聂耳酒后游泳，导致溺毙，算是比先前的简讯报道只称溺毙，又更进了一步。后来尸体找到，发现七窍流血，却极可能属中毒症状，这就为其死因又增疑点。试想，饮酒——中毒——游泳——溺毙，如果这条推演线索成立，那么，聂耳之死，还大有可探究之处。

上述这两篇文章，均被《电声》周刊社原封不动地选入《影戏年鉴（1935）》一书，并于 1936 年出版，将其视为 1935 年中国影艺界重大事件之史料。由此可见，时人对文中观点的重视与认可程度。此外，上海《电通》半月画报（双周刊）也于 1935 年 8 月 16 日推出追悼聂耳特辑，除了展示遗像、遗

1935 年 8 月，上海《电声周刊》第 4 卷第 31 期，刊发《聂耳在日本海浴场溺毙》

1935 年 8 月，上海《电声周刊》第 4 卷第 31 期，刊发《聂耳之死发生疑点》

1937 年 7 月 18 日，上海举行的聂耳逝世二周年追悼会

稿、遗作之外，还拟出了一个悼念主题语，即"我们谨以至诚追悼我们的朋友，现中国划时代的乐曲作者聂耳先生"。1937年10月1日，聂耳的骨灰归葬云南昆明西山华亭寺附近时，竖立起铭刻着"划时代音乐作曲家聂耳之墓"的墓碑。由此可见，聂耳本人的"划时代"成就，以及聂耳之死的"划时代"影响，在当时确实是众所瞩目的。

◎滨田实弘报告聂耳死因

1935年12月31日，在日本东京的中国留学生自费印制的《聂耳纪念集》一书中，辑入了聂耳溺亡当天一起游泳的日本友人滨田实弘的报告书。这份报告书，是聂耳溺亡事件亲历者的最直接、最及时的表述，具有极其重要的史料价值。现将原文转录如下：

聂耳遭难时之情形

滨田实弘

昭和十年（民国廿四年）七月十七日午后一时半左右，张君，李君，家姐，厚（我九岁的外甥）一起到鹄沼海岸去洗海水浴。到的时候，是两点钟左右。李君独自先下海，聂君等着家姐换衣服，三人随后一同下海。

那天，风浪很大，有很多人和小学生们，也在那里游泳，因此各人都没有特别关照。在海里，李君是单独一人，聂君则在水深齐胸的地方独自跳浪游着。同时，家姐是在水浅的地方，招呼着厚一同泳着。约有一个多钟头，家姐和厚一同上岸来，就遇到李君，说预备在先回去，要寻聂君打个招呼。寻聂君不见，那时听遇在一起的李君也说，下海后，一回也没有见到他。于是李君到海里，家姐在岸上寻。（时三时半多）直到四点半都没有寻得，便连忙通知监视所，分头在海岸一带寻觅。我接到报告，到海岸去的时候，已是六时左右，潮已经涨上了，仍未发见其踪影。其后李君听当地人们说，要到十堂、茅崎那一带去寻，仍无下落（注——直到如今，在鹄沼海岸溺死的人，常在离那场所一里内外的茅崎捞上来的。）夜晚江之岛方面也去寻过。但是，此刻除了专待明早潮退再寻外，别无他法了。十一点钟左右，只得回家。次日早上，也仍然寻不着。回家时，可巧接到警察报告说，死体已经打捞上来，我就忙到那里去看。

聂君的死体，是普通一般的溺死人样子，不难看，也没有吃着水，仅只是从口里流着少许血，应是窒息死。捞到死体的地方，是在游泳地西南约三十米的海底。关于死体处置，因为是外国人的事，我们不便作主去办，由警察厅方面去和贵国领事馆交涉，但聂君未曾登过记而绝口不承认这个尸体。因此，只好等着冀君的来，（冀君系李君与聂君共同朋友，时在东京）办理善后的处置。一面洗了死体，穿上洋服，装入棺里交警察收去。此后的一切，贵下和冀君都尽知了。（本文系聂耳君住居其家之滨田实弘所写的报告，由张鹤君译出）

上述这份不足八百字的报告书，将聂耳的死因明确定义为溺亡，

1935年12月，日本留学生自费印制的《聂耳纪念集》

1935 年 7 月，在日本举行的聂耳追悼会

并无别的解释与揣测。1935 年 7 月 17 日下午 2 点，聂耳与一起下海游泳的朝鲜友人李相南、房东的姐姐滨田秀子及其九岁的儿子松崎厚，是各自在不同水域中游泳的，彼此缺乏关照，故酿成惨剧。

据《聂耳日记》可知，聂耳从 7 月 9 日起借住在舞台灯光专家滨田实弘家里；孰料八天之后，房东竟成了验尸人。他描述聂耳的死状称，"聂君的死体，是普通一般的溺死人样子，不难看，也没有吃着水，仅只是从口里流着少许血，应是窒息死。"这样的描述，与后来国内报道称聂耳尸体"七窍流血"有着很大的区别。

聂耳的尸体，最终在日本火化，骨灰由其生前好友郑子平和张鹤护送回上海。1937 年 10 月 1 日，聂耳的骨灰安葬在了昆明西山华亭寺附近，关于聂耳死因的种种猜测与争议，似乎应当就此告一段落。然而，即使在聂耳死后二十年，关于其死因是否确实只是普通的溺亡，当年在日本写诗悼念过聂耳的著名学者郭沫若（1892—1978）仍持保留意见，并将这一意见写进了聂耳的墓志铭。

1954年，云南省人民政府重修聂耳墓地之际，请郭沫若题写墓碑和墓志铭。这一年2月，郭氏书题"人民音乐家聂耳之墓"碑，铭文如下：

聂耳同志，中国革命之号角，人民解放之鼙鼓也。其所谱《义勇军进行曲》，已被选为代用国歌，闻其声者，莫不油然而兴爱国之思，庄严而宏志士之气，毅然而同趣于共同之鹄的。聂耳乎，巍巍然，其与国族并寿，而永垂不朽乎！聂耳同志，中国共产党党员也，一九一二年二月十四日生于风光明媚之昆明，一九三五年七月十七日溺死于日本鹄沼之海滨，享年仅二十有四。不幸而死于敌国，为憾无极。其何以致溺之由，至今犹未能明焉！

郭沫若认为，聂耳"不幸而死于敌国，为憾无极。其何以致溺之由，至今犹未能明焉"这样的论断，恐怕还是代表着当年万分痛惜聂耳早逝，多方探求聂耳死因的大多数国人的立场罢。

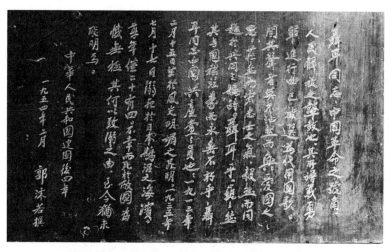

郭沫若题写"人民音乐家聂耳之墓"碑铭，1954年2月

◎纪念聂耳与抗战救亡

1937年7月17日，上海《立报》的"言林"副刊开辟专版，纪念聂耳逝世二周年。时值"七七"事变爆发十日，纪念聂耳与抗战救亡，自然而然地结合在了一起。

纪念专版洋溢着敬悼逝者、激励生者的昂扬斗志，慷慨激昂之语遍见于白纸黑字之间。版面撰稿者有冼星海、周钢鸣、金性尧、易文等多人，规模可观。冼星海的文章被置于版头，属"社论"性质的领头文章，颇具感染力。原文照录如下：

向你致最诚恳的敬礼

冼星海

聂耳的创作精神和不断的努力是在中国一般青年音乐作曲者中我很佩服的一个，我虽然没有和他会过面，我却被他大众歌曲所感动。他给我们力量，他给我们鼓励和希望。目前中国处在一个非常时期当中，我们忘不了聂耳给予国家的最宝贵的贡献；并且他指示一条新的路径给年青的中国音乐作曲者们，并且慰藉了千千万万的英勇战士们。

我们纪念聂耳，我们不忘聂耳，我们向他致最诚恳的敬礼！

拿我们的努力来纪念死者！

文史学者金性尧，一贯以文史考证及散文写作名世，这一次为纪念聂耳，却写成了一篇简明激昂的短文。原文照录如下：

伟大的歌手

金性尧

次殖民地的新兴文化，是在侵略者的摧残与压迫之下生长起来！

不久以前，本埠的外滩公园有几个青年因唱救亡歌曲而被捕房捉去，到如今，各报还未记着他们释放的消息。

在我们的土地上，我们连偶然唱唱歌曲的自由也遭横干涉，这痛苦，这耻辱，这愤怒，是只有靠我们的不屈不挠的斗争才能涤除，洗尽的！这才是今天纪念这位伟大的歌手的最重要的意义。

◎聂耳死于谋杀之揣测

在聂耳逝世一周年之际，曾撰发《悼聂耳》一文，在北平《世界日报》上发表的易文，此次又为上海《立报》撰写了《革命歌人聂耳》一文来纪念聂耳逝世两周年。

特别值得注意的是，虽然易文此次在上海《立报》撰发的文章内容，与一年之前的《悼聂耳》大同小异，无非仍是追述逝者生平、寄托生者哀思的基本框架，但此次却明确表达了作者对聂耳死因的质疑，他认为聂耳之死绝非普通的溺亡，而是极有可能出于谋杀。

此文开篇这样写道："我一直到今天止，还不敢相信他是给水淹死的，虽然他的日本朋友，朝鲜朋友和日本医生都证明他是在海水里闷气致死。为什么呢，因为他死的所在是日本！"此刻，因抗战已全面爆发，中日关系前所未有的恶化，虽然并没有什么明确的证据在手，易文开篇即称不敢相信聂耳是溺亡的，只因出事地点在日本。这恐怕受了时局的影响，其从感性角度出发，对敌国充满愤恨，对聂耳在敌国溺亡自然大有质疑。

紧接着，易文列举了聂耳在抗日救亡运动中创作活动及主要作品种种，并因此得出结论称，"也许就因为这样，他遭遇到敌人的妒忌和痛恨，但他太纯洁了，太天真了，他并没有想到，他是身在虎口之中"。篇末，还有更加明确的判定与呼吁，"聂耳，他是中华民族的革命歌人，是中国革命战士的号兵！同时，他是我们敌人的敌人！虽然有人证明他是给海水淹死，但我始终怀疑他是给我们敌人杀死的！"

因为易文可能是最早提出聂耳死于谋杀者，笔者对其生平遂特别关注。据查证，易文（1920—1978），原名杨彦岐，生前曾在香港从事电影编剧及导演工作。他出生于北京，1937年"七七"事变爆发后，全家迁往上海定居，就读于上海圣约翰大学文学系。1948年迁居香港，正式以"易文"为名，开始从事电影编剧及导演工作，直至病逝于香港。大致了解易文生平之后，可知《革命歌人聂耳》一文，乃其十七岁时所写，当时尚只是圣约翰大学的一名在校大学生。那么，从写作年龄及生活阅历来判断，当时的易文之所以认定聂耳死于谋杀，应当是在很大程度上归因于对日军侵华的愤恨，而产生的联想与揣测，不太可能掌握或获见真凭实据。

值得一提的是，《革命歌人聂耳》一文发表两天之后，即1937年7月19日，此文又改题为《悼聂耳》，投至北平《世界日报》的"明珠"副刊上发表了出来。耐人寻味的是，此文的"北平版"有一些显而易见的改动，恐怕是出于安全因素的考虑。譬如，删除了"上海版"开篇所言的"为什么呢，因为他死的所在是日本"；又如，删除了"上海版"篇末所言的"同时，他是我们敌人的敌人！虽然有人证明他是给海水淹死，但我始终怀疑他是给我们敌人杀死的"。这些文句上的删除，表明"七七"事变后的北平城里，对于"反日"与"抗日"的任何言论都是被严加管控的，不做这样的删除与改动，报社本身的安全都是堪忧的。毕竟，此时岌岌可危的北平城，两个月之后，完全沦陷于日军铁蹄之下。

◎余音：追悼会上奏响《义勇军进行曲》

1937年7月18日，聂耳逝世二周年追悼会在上海大戏院召开。次日，上海《立报》报道了此次会议的基本内容。报道原文，转录如下：

本市各音乐团体昨追悼聂耳　并定"七一七"为音乐节

新音乐运动的创始者聂耳，二年前的七月十七日在日本海滨溺死。昨天下午本市各音乐团体为了追悼他，特地在上海大戏院开纪念大会。

大会在一时起举行，到的有青年学生，工人以及文化界人士二千多人。纪念会的主席由周钢鸣、唐纳、张曙、郑君里担任，仪式很简单，向聂耳遗像致敬礼，默哀后，就由全场唱聂耳挽歌：

"听千万人唱着你的谱写的雄歌，你应在九泉含笑，对着惊心的噩耗，望着无际的波涛。你可知故国的友人，今朝，带着破碎的心，在向你凭吊！"

歌声悲怆壮烈，充分流露出群众对聂氏的景仰和哀伤。歌毕，主席张曙报告聂氏生平；聂氏生前的好友蔡楚生演说，他用着热切的语调说出为纪念聂氏而认识聂氏应注意的三点：（一）批判的精神，（二）人生的再创造，（三）工作的严肃态度。蔡演说后大会主席团提出以"七一七"聂耳逝世忌日为中国的音乐节，与响应撤消租界戏曲、电影检查权运动二提案，当经一致通过。

末由各歌咏团登台歌唱聂氏遗作：《开路先锋》《毕业歌》《新女性》等七曲。最后全场连唱《义勇军进行曲》三遍后，始散场。

这篇报道，透露出了三个重要的历史信息：一是继聂耳逝世当年、次年在上海举办过追悼会之后，聂耳逝世二周年追悼会的举办规模更大，会议内容更为充实。此次会议正式发布了"聂耳挽歌"，成为纪念活动的最强音。二是此次会议提议将每年的7月17日，即聂耳逝世之日，作为一年一度中国音乐节，以作永久纪念。这是中国现代音乐史上第一次提出国家音乐节的概念，也是第一次以现代音乐家逝世之日作为国家音乐节的集体提议。三是此次会议接近尾声时，以连唱《义勇军进行曲》三遍的方式终场，或为国内重大会议集体唱"中华人民共和国国歌"的先例之一。

◎遗响：三登"国家名片"与郭沫若悼词删句

1982年，中国人民邮政发行《人民音乐家聂耳诞生七十周年》纪念邮票，邮票图案为聂耳像与《义勇军进行曲》手稿。这是继1979年《中华人民共和国国歌》纪念邮票之后，聂耳的名字再次登上"国家名片"。1983年，《中华人民共和国第六届全国人民代表大会》纪念邮票发行，其中的一枚仍为《中华人民共和国国歌》的词曲全谱图案，聂耳之名第三次登上了"国家名片"。

1980年，位于昆明西山龙门与太华寺之间的聂耳墓地，重建一新。墓地左屏风墙上，镌刻着郭沫若撰书的碑铭，但奇怪的是，碑铭末尾的两句话，即"不幸而死于敌国，为憾无极。其何以致溺之由，至今犹未能明焉"一并被删除了。这又是为何？

聂耳于 1933 年由田汉介绍加入中国共产党，图为二人在上海合影

原来，1954 年 2 月，郭沫若为聂耳题写碑铭时，中日两国尚无正式外交往来，彼此仍以"敌国"视之。不难理解，墓志铭中的"不幸而死于敌国，为憾无极。其何以致溺之由，至今犹未能明焉"之语，既出于郭对聂耳死因确有质疑，也出自当时的政治环境与外交形势。

事实上，有相当一部分日本民间人士，对聂耳之死一直还是深感痛惜的。就在郭沫若题写碑铭九个月后的 11 月 1 日，藤泽市鹄沼海岸聂耳遇难地附近，建立了聂耳纪念碑。1963 年，又重建"耳"字形的花岗石纪念碑，日本戏剧家秋田雨雀先生撰写介绍聂耳生平的碑文，并请郭沫若为纪念碑题名。当时，郭沫若为之题了"聂耳终焉之地"六个大字。

1972 年，中日建交之后，文化交流活动频繁。1980 年 5 月，聂耳殉难地日本藤泽市的领导人来到昆明市，在聂耳墓地手植云南名花杜鹃花和藤泽市市树——藤树，表达对聂耳的怀念之情，并希望两市以聂耳为纽带，建立友好城市。云南省和昆明市人民政府回应日本友好人士的热情，决定迁葬、重建聂耳墓地。墓碑仍用郭沫若题字，碑铭虽仍继续使用，就当时的政治环境与外交局势而言，决定删掉语涉"敌国"之句。

1982年初，云南省文化局将这一想法，报请文化部批准。按照上级指示，昆明市人民政府在墓地左屏风墙上重新雕刻了郭沫若的碑铭，并删去了碑铭末尾的两句话。

胡适 :《南游杂忆 》重绎

◎南游跨年：博士学位与两广游历

1935年，这一年一开年，时年四十五岁的胡适，喜提新年"大礼包"——香港大学授予其名誉法学博士学位；赴港领受学位之际，又因得公费资助，顺道赴广东、广西游历。这一趟新年大旅行，既有来自华南学术界的荣誉加冕，又能捎带南渡访友，新年来临之际有这么一番由北平至两广的南游避寒之旅，真可谓学术、游乐两不误，心情自然大好。

1935年元旦一大早，胡适即从上海登船赴港。且说1934年岁末这一晚，与1935年元旦这一早，胡适在上海忙于与友人共贺新年，一直忙到凌晨，只睡了一两个小时。他在新年元旦的这一天日记中写道：

1934 年胡适自题存照

昨夜原放弟兄三人在我房里谈到今早三点才走，我想索性不睡了罢。把"中国文学史"学期测验的题目写出，封寄与卢逮曾。还办了几件事，直到了四点。我脱衣小睡。睡正浓时，被旅馆仆人打门叫醒，正是预约的六点半。

七点，中国旅行社的人来，慰慈带了薄外套来。行李先行，慰慈和我吃了早饭，上渡船，八点开。上President Harrison（哈里生总统号）船，九点送慰慈回去，九点半，船开。

◎飞机上饱览桂林山水，四天游览总结科学成因

时至1935年1月11日，胡适飞往广西梧州，受其中国公学校友、时任广西大学校长的马君武之邀，次日晨在梧州中山纪念堂公开讲演一次。之后，又赴南宁，逗留至1月19日，再赴柳州。1月20日始飞赴桂林，至1月24日晨又飞往柳州、梧州两地，作在广西的最后逗留。次日晨，胡适从梧州飞往广州，结束了广西之行。

话说1935年1月24日上午10时，胡适一行乘坐飞机离开桂林，赴柳州、梧州，准备次日飞赴广州。当天，胡适一行"本决定由桂林沿漓江直下梧州"，"飞过良丰时，飞绕一周"，"以践昨夜之约，又饱看良丰山势"，但当时"飞过阳朔，云雾甚重，山头皆被云遮"，遂不得不"决定改道向柳州西飞"。至此，胡适的桂林之旅正式终结。

事实上，胡适的广西之旅，通过其著《南游杂忆》①一书，及《胡适日记全编》②等相关文献记载，不难摸索出游程大概。胡适眼中的桂林山水，胡适笔下

---

① 上海国民出版社，1935年10月初版
② 安徽教育出版社，2001年10月。

的桂林名胜，别是一番独特风光，自是近现代桂林旅游文化史上的特别篇章。

此行在广西境内逗留达两周时间，但由于公务繁忙，加之私谊交游之邀甚多，胡适在桂林只停留了四天时间，即1935年1月20日至24日。虽只有短暂的四天游程，胡适笔下的桂林山水却依然旖旎多姿，展现着新文化运动视角之下的独特风光。

首先，不同于历代名士游览桂林山水之后大发感叹的惯常情态，胡适本着"科学至上"的精神，试图找出桂林山水之所以奇绝天下的科学成因。且看《南游杂忆》中涉及广西行程的篇章，胡适开篇即语，"广西的山水是一种特异的山水"。接着，又征引"南宋大诗人范成大在他的《桂海虞衡志》"所言，称此地山水特色第一是诸峰"悉自平地崛然特立，玉笋瑶簪，森列无际"；第二是"山皆中空，故峰下多佳岩洞"。通过实地探访的初步考察，胡适进一步得出结论称：

这两点都是广西山水的特色。这样"怪而多"的山都是石灰岩，和太湖石是同类；范石湖所指出的"山多中空，故多佳岩洞"，也正和太湖石的玲珑孔窍同一个道理。在飞机上望下去，只看见一簇一簇的圆锥体黑山，笋也似的矗立着，密密的排列着，使我们不能不想着一千多年前柳宗元说的名句："桂州多灵山，发地峭竖，林立四野。"这种山峰并不限于桂林，广

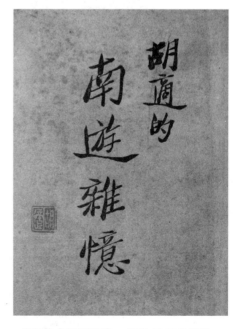

胡适著《南游杂忆》，1935年10月初版

西全省有许多地方都有这种现象。

　　我们在飞机上望见贵县的南山诸峰，也是这样的。武鸣的四围诸山，也是这一类。我们所游的柳州诸山，还有我们不曾去游的柳州北面融县真仙岩一带的山岩，也都和桂林阳朔同一种类。地质学者说，这种山岩并不限于广西一省，贵州的山也属于这一类。翁文灏先生说，这种山岩，地质学家称为"喀尔斯特"山岩（Karstic），在世界上，别处也有，但广西、贵州要算全世界最大的统系了。

广西漓江风景，原载《南游杂忆》

广西阳朔山景，原载《南游杂忆》

桂林城外之滩江景色，原载《南游杂忆》

◎徐霞客留下遗憾，胡适登临独秀峰

除了桂林山水独特风貌的科学成因，胡适还特别注重考察桂林山水的文脉及其文化地理学的种种史料考据。据《胡适日记》可知，1月20日飞抵桂林当天下午，胡适即"先游风洞山，次游独秀峰"。在这两处桂林城中的著名景点，胡适大过"考据瘾"，把相关文史记载与实地考察相结合，充分地记述在了日记与《南游杂忆》之中。日记中称：

风洞山又名桂山，因旧多桂花树，今已无存。山上有岩洞，名北牖洞，冷风逼人，故名风洞，夏日多游人，因其地凉爽故也。

《胡适日记》中描述风洞山的这段话，《南游杂忆》也曾录入，但略有改动。虽然着墨不多，胡适似也充分认可风洞山的自然景观，《南游杂忆》中这样写道：

　　城中人士常游的为象鼻山，伏波山，独秀峰，风洞山。其中以风洞山的风景为最胜。风洞山有北牖洞，虽曲折而多开敞之处，空气流通，多凉风，故名风凉，有小亭阁，下瞰江水，夏日多游人在此吃茶乘凉。

　　可见，或因游程匆促，或因精力所限，胡适对风洞山的文史考据比较概略，只是简笔勾勒了一下而已。桂林风洞山即如今习称的叠彩山，旧名桂山，位于桂林市区东北部，漓江之畔；包括四望山、于越山和明月、仙鹤两座山峰，是唐代桂管观察使、文学家元晦开发的旅游胜地。宋代以后，按照《广西路图经》所载"山以石文横布，彩翠相间，若叠彩然"，将其正式命名为叠彩山。叠彩山濒临漓江，与城中的独秀峰、漓江畔的伏波山鼎足而立，历代均奉为桂林绝佳胜地。山中佳景甚多，有叠彩亭、于越阁、瞿张二公成仁碑、仰止堂、仙鹤洞、风洞、叠彩楼、望江亭和拿云亭等。

桂林风洞山，原载《旅行杂志》第 12 卷第 11 期封面，1938 年

桂林叠彩山仙鹤洞（徐霞客曾至此考察），洞口望桂林诸峰

胡适看重的独秀峰，更是大名鼎鼎，声名远播的。《胡适日记》与《南游杂忆》中，对独秀峰都有大段描述，不吝笔墨。《南游杂忆》中，胡适就以如数家珍般的，娓娓道来的笔触，这样写道：

凡听说桂林山水的，无人不知道桂林的独秀峰。图画上的桂林山水，也只有独秀峰最出名。徐霞客游遍了广西的山水，只不曾登独秀峰，因为独秀峰在桂林城中，圈在靖江王府里，须先得靖江王的许可，外人始得登览。徐霞客运动王府里的和尚代为请求，从五月初四日直到六月初一日，始终不得许可，他大失望而去。

著名的明代地理学家、旅行家徐霞客（1587—1641）没能登览"圈禁"在靖江王府中的独秀峰，无比失望、挥袖而去的三百年后，新文化与新文学运动的代表人物胡适，有幸得以登临独秀峰。此刻，胡适以"今人定胜古人"的姿态，大感快慰之余，将那登临独秀峰的独特观感信笔勾勒出来：

独秀峰现在人人可以登临了。其实此峰是桂林清峰中的最低小的，高不过一百多尺！有石级可以从山脚盘旋直上山顶，凡三百六十级，其低可想！此峰所以独享大名，也有理由。徐霞客已说过"其异于他峰者，只亭阁耳"，现时山腰与山顶尚有小亭台可供游人休憩，是一胜。此山在城中，登山可望全城和四围山水，是二胜。诸峰多是石山，无大树木，独秀峰上稍有树木，是三胜。桂林诸大山以岩洞见奇，然而岩洞都是可游而不可入画的；独秀峰无岩洞，而娇小葱茏，有小亭阁，最便于绘画，故画家多喜画独秀，是四胜。有此四胜，就使此峰得大名！徐霞客两度到桂林，终以不得登独秀峰为憾事。我们在飞机上下望桂林附近的无数石山，几乎看不见那座小小的石丘，颇笑徐霞客的失望为大不值得！

《胡适日记》中，还对独秀峰所在的靖江王府有过一番评述。他写道：

独秀峰在皇城内。皇城即明初靖江王府，元末因是顺帝潜邸，在此地建万寿殿，故人民称为皇城。后来桂王即在此称帝。元明两朝都终于桂林，可谓巧合。桂林多石头，故城墙全用大方石块砌成，皇城也是石砌的。城墙不高，而全用石砌，为全国最坚固的城墙。俗话有"天生重庆府，铁打桂林城"，即是因此。

桂林独秀峰，原载《南游杂忆》

独秀峰，"桂林山水甲天下"诗碑原刻

　　如今游览靖江王府，与胡适当年所观也大致相仿。那独秀峰矗立于王府景区尽端，皇城禁苑的森严与一峰独峙的奇秀，在此既特异又融洽地予以呈现；其景况之殊绝，非亲临其境者不可揣度。

八桂景色：独秀峰上俯视桂林，原载《东方画刊》第 1 卷第 10 期，1939 年

桂林山水甲天下：桂林城东南鸟瞰，原载《星光》杂志第 13 期，1940 年

至于胡适提到的"桂王即在此称帝",乃是指明神宗朱翊钧孙、明代第三任桂王,即后来成为南明王朝永历帝的朱由榔(1623—1662)。清兵入关之后,他于广东肇庆称帝,在位十五年,被清兵追逼而逃入缅甸,后为吴三桂索回绞杀于昆明,终年仅四十岁。

其实,胡适在游独秀峰之前所游风洞山(即叠彩山),尚有追随桂王抗清的广西巡抚瞿式耜(1590—1650)殉国遗迹,只是胡适游程匆促,可能未曾发现,否则极可能会将这桂王皇城遗址与瞿氏殉国遗迹联系起来,做一番关乎明亡清兴的考据与慨叹罢。

◎观象山,渡浮桥,"东渡春澜"已无存

1935年1月21日,胡适在当时桂林县长等当地官员的陪同下,游览象鼻山、七星山、伏波山、虞山等处,景观丰富,游程紧凑。当时,胡适所见到的象鼻山,今辟为象山公园,早已声名远播,为国内著名风景名胜,也是初至桂林的旅客必游之处。胡适游象鼻山,似乎只是远观,并没有登临其上,在其日记中只有一句描述说:

先到象鼻山,旧名漓山,在漓江西岸,山不很高,一头伸入漓江与阳江合流处,下成岩洞,远望去似象鼻入水,故名象鼻山。[①]

《胡适日记》中还提到"桂林八景"之"东渡春澜"。此景观主题乃是在桂林东门观览浮桥所生观感——春水弄潮之际,观波盈桥晃,若踏桥而过,则恍

---

① 此句未录入《南游杂忆》。

广西桂林象鼻山，原载《图画时报》第689期，1930年

象鼻山，原载《中华月报》第1卷第5期，1933年

若凌波微步，犹如踩波踏浪，是谓"东渡春澜"。胡适为之写道：

　　出东门，过一绝长浮桥，用长铁链锁船，架成木桥，行人来往不绝，为桂林八景之一。[①]

　　此景今已不存，因浮桥所在原址早已改建成钢木桁架结构的解放桥。据考，从唐代开始，历代都在桂林东门此段建有浮桥。宋代《静江府城图》载，在现解放桥位置的附近修建有东江桥（拖板桥），是由船体连接而成的简易浮桥，时常因水流湍急摇晃得很厉害。这可能即是"桂林八景"之"东渡春澜"的肇始。明清两代之后，此处仍建有浮桥，改称永济桥，是为"桂林八景"之"东渡春澜"的成形阶段。

　　据此可知，胡适看到的浮桥景观，应当还叫永济桥。胡适此行四年之后，

————————

　　① 此句未录入《南游杂忆》。

桂林象鼻山

桂林浮桥一景：长桥卧波，原载《特写》杂志第 7 期，1936 年

1939年即拆除浮桥，改建为钢木桁架结构的"中正桥"了。时值抗战军兴，由于桂林是中国南方的军事重镇，因而多次遭到日军敌机的空袭；为了疏散市区里的市民，乃建此"中正桥"。然而，钢架结构的"中正桥"寿命也不长，从1939年建成到1945年被日军炸毁仅历时六年而已。1946年2月，桂林东门仍复建浮桥，即"中正浮桥"；至1951年，当地政府决定在原址上重修1939年那样的钢木桁架结构桥梁，并更名为"解放桥"。

◎七星山寻古访碑，"栖霞真境"里跌跤摔伤

胡适远观象山、步出浮桥之后，当天的大量游览时间，集中在了七星山景区。该景区今辟为七星公园，是桂林市最大的综合性公园，位于桂林市区漓江东岸，距市中心仅二公里左右，占地达百余公顷。这里有古名栖霞洞者，因洞中鬼斧神工、幻石如画，洞外林深泉幽，霞映云掩，仿佛世外仙境，故有"栖霞真境"之誉，也是"桂林八景"之一。

据说，从天空上俯瞰，七星公园的七座山头布局如北斗七星，前面三座山峰如斗柄，名月牙山；北面四座山峰如斗勺，名普陀山。此处两山七峰，故又合称七星山；所谓七星公园与溶洞七星岩也因此而得名。当年胡适在此处的行迹，基本覆盖了整个景区；既细察人文遗迹，又饱览自然奇观。

在七星山景区，除了拿着火把逛徐霞客游览过的奇特溶洞（栖霞洞、曾公岩）之外，胡适最感兴趣的是遍布山石洞穴之上的古代题刻，而其中最令人称赏的乃是两大早已蜚声海内的宋代摩崖碑刻，即《平蛮三将题名碑》与《元祐党籍碑》。胡适为之细察精研，考述甚详，在《南游杂忆》中有这样的评说：

七星山的对面就是龙隐岩，在月牙山的背后，洞的外口临江，水打沙进洞，堆积颇高，故岩上石刻题名有许多已被沙埋没了。龙隐岩很通敞，风景很美。岩外摩崖石刻甚多，有狄青等《平蛮三将题名碑》，字迹完好。

龙隐岩往西，不甚远，有小屋，我们敲门过去，有道士住在里面。此屋无后墙，靠山崖架屋，崖上石刻题记甚多，那最有名的《元祐党籍碑》即在此屋后。我久想见此碑，今日始偿此愿。元祐党籍立于徽宗崇宁元年（一一〇二），最初只有九十八人，那是真正元祐（一〇八六至一〇九三）反新法的领袖人物。徽宗皇帝亲写党籍，刻于端礼门；后来又令御史台抄录元祐党籍姓名"下外路州军，于监司门吏厅，立石刊记"。到崇宁三年（一一〇四）六月，又把元符末（一一〇〇）和建中靖国（一一〇一）年间的"奸党"和"上书低讥"请人一齐"通入元祐籍，更不分三等"（三等是原分"邪上尤甚"，"邪上"，"邪中"各等）。这个新合并的党籍，共有三百九人，刻石朝堂。此碑到崇宁五年正月，因彗星出现，徽宗下诏毁碑，"如外处有奸党石刻，亦令除

桂林七星岩洞口，原载《南游杂忆》

毁"。除毁之后，各地即无有此碑石刻。现今只有广西有两处摩崖刻本，一本在融县的真仙岩，刻于嘉定辛未（一二一一）；一本即是桂林龙隐岩附近的摩崖，刻于庆元戊午（一一九八）；这两本都是南宋翻刻的。桂林此本乃是用蔡京写刻拓本翻刻，故字迹秀挺可爱。两本都是三百九十人，已不是真正元祐党籍了，其中如章惇，曾布，陆佃等人，都是王安石新法时代的领袖人物，后来时势翻覆，也都列名奸党籍内，和司马光、吕公著诸人做了同榜！

桂林龙隐岩，原载《南游杂忆》

元祐党籍碑，下为明万历年间观碑题刻

元祐党籍碑，广西桂林龙隐岩摩崖石刻　　　　　元祐党籍碑，广西真仙岩石刻拓片

　　另一方面，拿着火把穿行于山崖洞穴之中的胡适，除了有寻古访碑的雅兴之外，还兼有倡举科学开发，促进文明旅游的一番公共事业关切之意。当时，因洞中黑暗难行，他就在《南游杂忆》一书中建议道：

　　千百年中，游人用的松明烟与煤油烟，把洞壁都熏黑了。其实这种岩洞大可装设电灯，可使洞中景物都更便于赏观，行路的人可以没有颠跌的危险，也可以免除油烟熏塞的气闷。

　　对于指导普通游客游览这些深藏山林中的幽暗洞穴，胡适还有增设导游的建议，《南游杂忆》里有这样的记述：

向来做向导的村人，可以稍加训练，雇作看洞和导游的人，而规定入门费与向导费。如此则游人不以游洞为苦。若如现状，则洞中幽暗，游人非多人结伴不敢进来，来者又必须雇向导，人太少又出不起这笔杂费。

八十余年后的今天，《南游杂忆》中关于桂林溶洞中应当装设电灯以及安排导游之建议，早已施行。如今，桂林的溶洞景观开发成熟，游览便利，早已成为国内游客到此的必游项目，桂林也成为国内著名的旅游城市之一。

值得一提的是，胡适当年的建议并非纯粹的"好为人师"，而是确有切身经历，方才有感而发，胡适曾在游览岩洞时跌跤摔伤，《胡适日记》中有这样的记载：

我在洞内跌了两交，左手撞在石头上，去了一块皮。我劝同游的夏煦苍军长及市政处长吕竞秋提倡在岩内装置电灯，以便游人……

◎密切关注、殷切寄望广西及桂林石刻研究

可能正是因为在岩洞中跌跤摔伤之故，胡适的游兴暂且有所收敛。《胡适日记》在接下来的记述中提道："本来想游伏波山，因同行人多，归途分散……没有去。"

当天游程终结于虞山，由于山中仍遗存有大量古代摩崖石刻，胡适游兴渐次浓厚。虞山，古传为虞帝（即舜帝）曾巡视游历之山。虞山之麓有洞南北穿，古时前临松林，后对皇潭。南风送暖之际，松涛阵阵，风穿岩洞之声，与

流水滴流之声交响如乐，仿佛为舜帝所作之曲《韶乐》。故此洞名"韶音洞"，此景又被誉为"舜洞熏风"，列入"桂林八景"之一。试想，虽略有跌跤摔伤之败兴，可一旦身临此史迹与传说迭现，自然与人文俱美之地，于向来对文史考据兴趣浓厚的胡适而言，恐怕也会即刻振作精神，复又做一番兴味盎然的考据之旅罢。当天的《胡适日记》中这样写道：

后来在公园会齐，同游虞山，又名舜山。虞山旧有舜庙，崖上有石刻大字《舜庙碑》，是唐建中元年韩云卿撰的。此是桂林最古摩崖石刻，不幸为妄人凿磨损坏了一部分，很可惋惜。

舜山有岩洞，名韶音洞，虽不甚深，而风景清幽，洞中有张栻的《韶音洞记》，已不能全读。洞前有庙，登楼小坐，前有清流，远望桂林四围诸峰，在晚照中气象很雄奇。

在《南游杂忆》一书中，胡适对虞山石刻的记述，则转述为对桂林乃至整个广西石刻的总评。他写道：

广西的岩洞内外，有唐宋元明的名人石刻甚多。石灰岩坚固耐久，历千百年尚多保存很完整的。如舜山的摩崖《舜庙碑》，是唐建中元年（七八〇）韩云卿所立，距今已一千一百五十五年了。又如我们从栖霞洞下山，路旁崖上有范成大题名，又有张孝样题名，这都是南宋大文人，现在都在路旁茅草里，没有人注意。此类古代名人题记，往往可供历史考据，其手书石刻更可供考证字画题跋者的参考比较。广西现有博物馆，设在南宁；我们盼望馆中诸公能作系统的搜访，将各地的古石刻都拓印编纂，将来可以编成一部"广西石刻文字"，其中必有不少历史的材料。

正如胡适所寄望的那样，此行之后不过十年间，桂林那些遍布于山崖岩洞之中的历代摩崖石刻，引起了国内文史研究者及文物工作者、文博机构等各方面人士的持续关注与浓厚兴趣。

1946年9月，在时任广西省主席、陆军上将黄旭初（1892—1975）的支持之下，"广西省历代石刻展览会"隆重举办，傅斯年、马衡、徐悲鸿等各界名流纷纷致函致电致辞，表示祝贺与期许，文教界及学术界乃至公共文化领域，对此都予以了普遍关注。当年10月，满载着名流题词、致辞与考证论文的《广西石刻展览特刊》应运而生，由广西省政府秘书处编译室负责编印并向全国各界发送。

当时，卸任驻美大使一职不久，在美国从事外交工作九年之后，已归国出任北大校长的胡适，不但应邀为这本特刊题签，还于当年8月致信黄旭初，再次表达了对广西石刻的关注，这一通信札亦被收录于《广西石刻展览特刊》之中。

值得注意的是，因此信未辑入《胡适全集》《胡适书信集》《胡适文集》及胡适生前刊印的各类文集之中，《胡适日记》《胡适年谱（修订本）》《胡适之先生年谱长编初稿》等关涉胡适生平研究的基础性文献中亦未提及，确为难得一见的"佚信"，对研究胡适学术旨趣及交游事迹均有相当价值。为此，笔者不揣谫陋，酌加整理，转录此信原文如下：

旭初先生：

去国九年，归来远承盛意欢迎，十分感谢。今夜又得读七月廿五日航空函，知省府有搜集全省石刻展览之盛举，承远道征文，并嘱题笺。因期限已迫，不及作文，敬题特刊签字，久不执毛笔作字，愧不能惬意，姑且奉寄，敬答厚意。昔年遍游桂林、阳朔、柳州诸岩洞，最萦念于元祐党籍两碑，与张孝祥、张栻、范成大诸公题字，与狄青平蛮碑。甚盼省府能利用今日摄影新法，早日编印成书，以飨全国学者。匆匆奉复，敬祝大安。

　　　　　　　　　　　　　　　　　弟胡适敬上

　　　　　　　　　　　　　　　　　卅五年八月十四夜

昔年同游之罗钧任、刘沛泉两兄，均已作古人，念之腹痛，所喜者，当日东道主人，如德邻、健生诸公与公均为国立功，健旺康强，最可欣慰！　适之

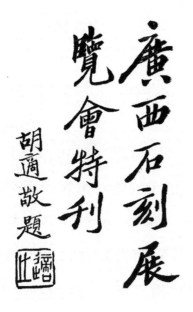

《广西石刻展览特刊》，胡适题签

《广西石刻展览特刊》，1946 年 10 月印行

据此信可知,《广西石刻展览特刊》不但曾邀胡适题签,还曾向其征求过相关论文。只是当时胡适刚刚归国,又即刻出任北京大学校长,校内外事务纷繁,更兼国内时局异常混乱,实在是无法静心撰文,故仅为特刊题签,并向黄旭初致函说明了近况。

值得一提的是,时至2013年,《广西石刻展览特刊》印行六十七年之后,胡适桂林之旅七十八年之后,《桂林石刻总集辑校》一书由中华书局正式出版。此书出版标志着桂林境内古代石刻搜集、辑录与校订工作的总体完成,胡适一直萦绕心怀的"将来可以编成一部'广西石刻文字'"的宏愿,业已基本实现。

◎楔子一:钟情阳朔山水与民歌

言归正传,再来看胡适完成桂林石刻考察之后的阳朔之旅。1935年1月22日晨10点左右,胡适等七人雇小船两只,向阳朔驶去。沿途景观,胡适在日记中称:

> 船行漓水中,两岸山峰清秀,间有石山,但土山颇多,颇有树木。漓水土名抚河,水极清。

胡适的游程是先由桂林乘船去阳朔,再由阳朔乘车返回桂林(与如今国内游客的游程一致),前后共计两日。因为这样的游程,始终都是纯粹的观景,即在船上观"船景",在车上观"车景",是无法亲身登临山林之间的。胡适游览当天又恰逢落雨,他在日记中不无遗憾地写道:"雨中不能遍游,但粗粗看得个大概"。

末了，胡适还在日记本上抱怨说："两日辛苦而来，到了阳朔，只能坐汽车看山，不能攀登一两处石岩，颇感失望。"

尽管如此，胡适仍然对阳朔山水景观给予了很高的评价。他在《南游杂忆》中总结道：

广西人说："桂林山水甲天下，阳朔山水甲桂林。"我们游了桂林，决定坐船去游阳朔。一路上饱看漓水（抚河）的山水，但是因为我要赶香港船期，所以到了阳朔，只有几个钟头可以游览了。在小雨里，我们坐汽车到青厄渡，过渡后，下车泛览阳朔诸峰，仅仅能看一个大概。阳朔诸山也都是石山，重重叠叠，有作牛角双尖的，有似绝大石柱上半截被打断了的，有似大礼拜寺的，有似大石龟昂头向天的。远望去，重峰列岫，行列凌乱，在轻烟笼罩中，气象确是很奇伟。桂林诸山稍稍分散，阳朔诸山紧凑在江上；桂林诸山都无树木，此间颇有几处山上有大树木，故比较更秀丽。

此次阳朔之旅，胡适还另有一番学术研究上的收获。其人亲自"用笔记出二三十首山歌，其中很多绝妙民歌"，甚至评价说"这些山歌使我们明白七言绝句体的由来"。这样的评述，足见其通过搜集考察广西民歌，仍是要为新文化、新文学运动提供学术资源的。于此也不难理解，游山玩水与借景抒情固然是文士学者的常态，但如胡适这样的新文化运动领袖、新文学运动巨擘，则更看重史料、史实与现在、未来的关联。

值得注意的是，胡适在日记中记录了二十三首广西民歌，而辑入《南游杂忆》时却仅仅挑选了其中九首。这一方面固然体现了胡适个人从学术研究价值

阳朔九马画山（旧称阳朔画山）

阳朔月亮山（旧称阳朔城门山）

阳朔山水，原载《旅行杂志》第 22 卷第 6 期，1948 年

着眼的严格甄选原则，另一方面则体现了其尽可能剔除民歌中"诲淫诲盗"内容的一番苦心。或许，胡适本人虽然也认可民歌原本就是以直率简朴为基本特征的，但其中有一部分歌词情感表达过于热烈，间有情色挑逗之嫌的内容，还有一部分由于表达得过于直白而缺乏美感，出于"有伤风化"的担心，这样的民歌就不太适宜呈现给大众读者了。所以，只能将这一部分苦心搜采的民歌，全部筛选了出来，排除在其撰著的正式出版物之外了。比方说，《胡适日记》中记录的第十六首歌，歌词如下：

豆腐干来豆腐干，几时和妹吃一餐。

几时和妹睡一觉，死在黄河也心甘。

又如日记中记录的第七首歌，歌词如下：

燕子飞飞叠翠岩，一边湿来一边干。

我们连双先讲过，一脚莫踏两边船。

诸如上述这样的民歌，这些日记中原本搜采誊写下来的广西民歌，皆未能入选《南游杂忆》。

◎楔子二：雁山园中谱"相思"，无名岩洞从此名"相思"

在旅途中甄选民歌，胡适自有心得，也自有收获。一路迤逦行来，阳朔山水与广西民歌，胡适可谓"左右逢源"，大有相见恨晚之意。从阳朔返归桂林途中，他又顺道游览了雁山园。

雁山园始建于清末，原是清代广西桂林士绅唐岳的私家园林，名为"雁山园别墅"。后由两广总督岑春煊以纹银四万两买下，改名"雁山园"，世称"桂林佳境，一园看尽"。雁山园占地约三百亩，建成之时即被誉为"岭南第一园"。此园不但浓缩了桂林山水的真实风貌，更以古典园林构建法则来加以集中呈现；园内的方竹、绿梅、红豆、丹桂各色植物丰茂，近世名流来桂林游玩，多在此雅聚，如孙中山、蒋介石、林森、马君武、杨东莼、陈寅恪等均在此或流连或居住过。

1935年1月23日，傍晚时分，胡适在雨中游览雁山园。他在日记中这样记述雁山园：

园中有山原名雁山，清咸丰、同治之间，桂林唐岳筑墙作园，把山围在园里，名雁山园，园中颇有丘壑亭榭，一时称为桂林的名园。唐氏后人把园送给岑春煊，岑又转赠省政府，故称为西林公园。

当天晚餐之后，胡适等人游兴不减，拎上汽油灯继续在雁山园游览，并进入了其中一个岩洞。胡适在日记中如数家珍地写道：

洞中也多石乳，中有清泉，流出岩外成池塘。岩洞中凉风甚大，故岩口大岩下设有桌椅，想夏间必是清凉佳境。岩上有石乳所成龙骨形，甚奇伟。

这个岩洞，当时并无命名，显然还不是一处特别知名的"名洞"。因为雁山园中多红豆树，附近又有相思江，胡适就径直将其命名为"相思岩"。游完这个岩洞之后，胡适乘车返归桂林。临行前，他对送行诸友说："明早南飞过良丰时，必绕山飞一周，以代辞行。"

◎楔子三：飞机上写歌赋诗，寄题"相思"，咏赞"飞行"

1935年1月24日上午10时，胡适一行乘坐飞机离开桂林，赴柳州、梧州，准备次日飞赴广州。当天，胡适一行"本决定由桂林沿漓江直下梧州"，"飞过良丰时，飞绕一周，以践昨夜之约，又饱看良丰山势"，但因当时"飞过阳朔，

飞机望下来的中国：桂林山水，《新型》杂志第 2 期，1938 年

云雾甚重，山头皆被云遮"，遂不得不"决定改道向柳州西飞"。至此，胡适的桂林之旅正式终结。

从上午 10 时飞离桂林到 12 时飞抵柳州，胡适在飞机上对桂林山水依旧恋恋难舍，颇有意犹未尽的思恋之情。他自称，"我在飞机上想起这个相思岩来，就戏仿前夜听得的山歌，作小诗寄题《相思岩》，且看诗云：

相思江上相思岩，相思岩下相思豆。

三年结子不嫌迟，一夜相思叫人瘦。

胡适对自己即兴创作的这首山歌，不甚满意，非常自谦地评价说，"这究竟是文人的山歌，远不如小儿女唱的道地山歌的朴素而新鲜"。随即，他"在空中又作了一首小诗，题为《飞行小赞》，且看诗云：

看尽柳州山，看遍桂林山水，

天上何须半日，地上五千里。

古人辛苦学神仙，妄想出三界。

看我凡胎俗骨，也飞行无碍。

值得一提的是，这一首《飞行小赞》，胡适自己可能比较满意，后来还将之题写赠予友人，受赠者中有学者江绍原之妻朱玉珂女士（1902—1969）。据新近发现的胡适题赠朱氏的这一诗作，与日记中的"原诗"有所差异，饶有意趣：

看尽柳州山，看遍桂林山水。

天上只消半日，地上已千里。

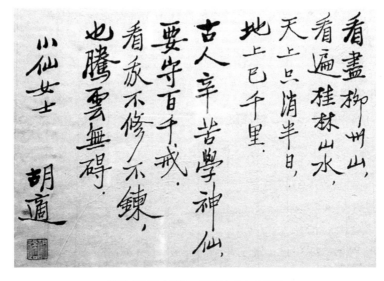

胡适《飞行小赞》，题赠小仙女士手迹

古人辛苦学神仙，要守百千戒。

看我不修不炼，也腾云无碍。

从1935年1月20日始飞赴桂林，至1月24日晨又飞离桂林，胡适的桂林之旅，只有四天时间。其中，两天在桂林市区游览，两天在阳朔周边游历，整个游程是比较匆促的。虽然游历时间不算充足，但此地山水之美，史迹之丰，民歌之奇，人文之盛，都让胡适不虚此行，各方面的收获都堪称丰硕。

尽管这样的游程，并非纯粹的私人游历，其中间杂着不少公务与私谊之事，可胡适仍尽可能从中抽身而出，完成了一次文史考察与山水游历紧密结合的特别之旅。事实证明，胡适个人对此行所见所感颇为重视，先是以日记方式记录，不久略加修订，于1935年3月至8月间，连载于他自己主编的《独立评论》之上。之后，又将其汇辑成书，于同年10月正式出版了《南游杂忆》。

胡适的桂林之旅，就这样成为近现代文化、文艺、文旅史上的特别篇章，值得近九十年后倾心于桂林山水、游览桂林山水的游客细心品读，耐心品味。

◎春节北平畅谈："剧透"旅行见闻与新书内容

时至1935年2月4日，恰逢这一年春节大年初一，刚从香港乘船北返，在上海、南京稍作停留之后即返归北平家中的胡适，正与家人团聚，欢度佳节。这一天下午，兴致不错的胡适，接受北平《世界日报》记者的上门专访，次日访谈内容见报。

那么，时值大年初一，刚刚北归的胡适，跟记者聊了些什么新鲜话题呢？在此，不妨细读这一份八十余年前的旧报纸，看一看那泛黄发脆的故纸之上，漫漶模糊的油墨铅印之中，透露着怎样的历史风情与音容笑貌：

胡适昨日返平

记者往访时胡在院中大放其爆竹

对记者谈南行经过后并赋粤讴一首

【本市消息】北大文学院长胡适上月因赴香港，接受香港大学之名誉法学博士学位之便，特赴广州游览名胜。一月十一日赴广西，参观该省全省各项建设事业，历十五日，行三千余里。前月二十六日由香港启程北返，在京沪等处，略有耽搁，于昨日上午十时二十四分返平，其夫人及胡之友好十余人，皆在车站欢迎。昨适为阴历元旦，胡氏下车后，频向欢迎者握手贺年，嗣即乘自用汽车返私寓。记者在站叩询其南行经过及感想，胡略举要者相告，并邀下午至其私寓详谈。记者届时应约前往，适逢胡与其家人用毕午餐，在院内与戚友率数幼童放爆竹，其乐也融融。旋让记者至书房，书桌上堆有信件甚多，想为胡氏离平期间所收到者。略为寒暄后，胡即谈南行经过与感想如下：

余此次南行，主要目的系接受香港大学名誉法学博士学位，故在香港耽搁五天，继在广州逗留两天半，略游各名胜，即于一月十一日赴梧州，参观广西全省，计留十五天。乘飞机行三千里，广西全省，可谓为完全看遍，感想已零碎在沪港各报发表，兹再择要者相告。吾人觉得该省能在经济窘迫中，能力求建设，在目前之中国，为难得者。其最大之事业，即为对于兽医的研究。盖该省每年以牛马羊之类为大宗出口品，故全省饲养畜兽为多，若遇有瘟疫，则蒙受最大损失。如前年发生瘟疫，损失竟达三千万元以上，是以该省当局，特设家畜保育所，与兽医人员养成所。前者为试验兽医性质，预定经费三十万元，聘请美国人罗铎主其事，现正研究制造各种家畜血清，为预防瘟疫之用。果将来完成后，匪为全国之惟一重要兽医机关，恐在东亚，亦无伦比者。兽医人员养成所，则专为训练此项人材者，将来该省兽畜类出产之增加，定为意中事也。又该省厉行普及义务教育，本月起颁布普及义务教育法，凡是八岁至十二岁之儿童，必须受两年之义务教育，由官家出资，实行成功后，全国将以该省之文盲为最少矣。

二十六日，复由香港启程北返，在沪耽搁三天，南京逗留一天，皆为私事。仅在南京时，与王世杰先生到中央通信社参观，盖余时闻人言及该社成绩优良也。返平途中，在山东境，在梦中隐约闻有爆竹声，想山东人民对旧历年亦表示庆贺也。至广州学校方面之误会，余则毫不介意，因学术上之讨论，不应用意气，否则反易被人讥为"小孩子"。最后胡适并谓，余虽在广东日子甚短，但学会几句广东话，当（即）信笔为记者草成《黄花冈粤讴》一首，兹录于后：

黄花冈上自由神，手揸火把照乜人？

咪话火把唔够亮，睇佢吓倒大将军！

记者按：以上四句若译为白话，则为"黄花冈上自由神，手拿火把照谁人？别说火把不够亮，看他吓倒大将军！"

上述这篇千余字的报道，刊载的乃是《世界日报》记者于1935年2月4日，正是当年春节（大年初一）这一天在胡适家中的访谈记录。因赴香港接受香港大学名誉法学博士学位，顺道游览两广归来的胡适，兴致勃勃地为记者讲述此次南游之行的见闻与观感。其中，竟还有大谈广西兽医及义务教育的内容，且还在访谈行将结束之际，现场"即兴"创作一首粤语诗等诸多细节。

诚如胡适在访谈中所言，此次南游"感想已零碎在沪港各报发表，兹再择要者相告"，可知其人之所以要在记者面前大谈广西兽医等南游观感，是特意要将未发表过的一些感言之外的观感，向北平的媒体首度"爆料"。

实际上，胡适在广西畅游桂林等地的经历与感言，当年即已将曾在沪港各报发表的"零碎"化零为整，结集为《南游杂忆》（上海国民出版社，1935年10月初版）一书，正式出版面世了。此次访谈中提及的广西兽医，也有相关内容被辑入此书，但在记述细节上又略有出入。当然，此书出版已是此次访谈八个月之后的事；因此，胡适此次对北平记者所言，的确也算是提前"剧透"了。

◎胡适为广西兽医事业点赞并建言

但凡读过《南游杂忆》者，不难发现，此书并不全然只是游记。书中除了有一些游程上的必要交代之外，诸如"秀甲天下"的桂林山水如何如何秀美之类的记叙与抒情，都并不多见。胡适在书中记述较多的，除了如本文前边提到的，对于一些重要古迹的寻访见闻与简要考证之外；其关注颇多，评述也颇为详细的，还是当地社会经济与民生事业的发展状况。

除此之外，更令人意想不到的是，在这样一本看似学者游记性质的，应当带有相当文学色彩，至少也是有着文史修养风范的书里，竟然不吝笔墨，记述了胡适此行对广西兽医事业的赞赏，认为广西"最有希望的事业似乎是兽医事业"，"这是因为主持的美国罗铎（Redier）先生是一位在菲律宾创办兽医事业多年并且有大成效的专家"。据此推测，胡适此行可能还曾待在广西的兽医基地里，颇为仔细地观察过一番，方才得出书中的这一结论的。且看胡适在书中这样写道：

我们看他带来的几位菲律宾专家助手，或在试种畜牧的草料，或在试验畜种，或在帮助训练工作人员，我们应该可以明白一种大规模的建设事业是需要大队专家的合作的，是需要精密的设备的，是需要长时期的研究与试验的，是需要训练多数的工作人员的。

对广西兽医引进外国专家，遵从科学发展的态势，胡适颇感满意，但同时也表达了自己的担忧。因为当时广西兽医事业虽然已经有了好的开局，"然而邕宁人士的议论已颇嫌罗铎的工作用钱太多了，费时太久了，用外国人太多了，太专断不受商量了"。为此，胡适告诫广西当局及相关人员称：

求治太急的毛病，在政治上固然应该避免，在科学工艺的建设上格外应该避免。有为的政治有两个必要的条件：一是物质的条件，如交通等等；一是人才的条件，所谓人才，不仅是廉洁有操守的正人而已，还须要有权威的专家，能设计能执行的专家。这种条件若不具备，有为的政治是往往有错误或失败的危险的。

事实上，胡适上述这番告诫并非心血来潮，突发奇想，并不是要拿一位美

国兽医来借题发挥，来借机表达自己的政治主张。胡适是真心希望当地本着
"科学发展观"的立场，来可持续地发展经济与民生事业，而不应急于求成，
更不应排斥引进专家。

此次访谈两个月之后，当时身在上海、尚在养病的胡适，听说广西当局在
罗铎当年5月约满后不拟续聘，很是着急，于1935年4月22日致电白崇禧，竭
力陈述挽留罗铎的重要性和必要性：

邕宁白健生先生：

病中闻绰庵兄谈及罗铎不续约，适深为惋惜。有为政治要在得人。贵省建
设，鄙意以兽医为最有望，因罗铎确是最适宜的专家。今中道换人等于前功尽
弃。此事效果关系全国，伏枕进言，伏乞考虑。

六天之后，4月28日，胡适收到了白崇禧复电，称广西省政府此前已与罗铎续
订两年之约，请他放心。为此，他非常高兴，将此事写入当天的日记中，颇为自得
地认为："我费了九元六角钱做这打抱不平之事，广西人民将来受惠这不小。"

除了对广西兽医事业的激赞与关注之外，胡适对广西普及义务教育也抱以
热切希望，称"实行成功后，全国将以该省之文盲为最少矣"。所有这些，与
胡适一贯崇尚科学、重视教育的态度相契合，自然对此颇感欣慰。这也与其在
广西梧州中山纪念堂所作《中国再生时期》讲演，以及在香港华侨教育会所
作《新文化运动与教育问题》等十余次讲演主旨相契合。胡适坚信经历文化革
新与教育变革之后的中国，将迎来再生与复兴时代，曾在讲演中不无乐观地
宣称：

桂林山水图版，原载《特写》杂志第 7 期，1936 年

这个再生时期为历来所未有。最少，其前途的进展可与欧洲的再生时期的洪流相比。

◎广州之行的"误会"与"即兴"创作粤语诗

与在广西逗留两周之久，以及对广西建设各项事业大感欣慰截然相反，胡适的广州之行为期甚短，只是"逗留两天半，略游各名胜"而已，还发生了"广州学校方面之误会"。虽然，胡适称对这一"误会"毫不介意，但当时这一"误会"曾一度发展成为"冲突"，确是事实，这在《胡适日记》及《南游杂忆》中均有明确记载。

原来，1935 年 1 月 6 日，刚刚抵达香港两天的胡适，在香港华侨教育会所作《新文化运动与教育问题》讲演中，曾提道：

> 现代广东很多人反对用语体文，主张用古文，不但古文，而且还提倡经书。我真不懂，因为广州是革命策源地，为什么别的地方已经风起云涌了，而革命策源地的广东反而守旧如此！

讲演中非但有如此不客气的指摘，胡适还进一步认定广州不够开化，已经落后于中原文化了。为此，广州中山大学国文系教授、精通古文尤擅古学的古直发起，该校教授钟应梅等人公开致电当局，认为胡适在香港的讲演言论有辱国家，有辱广东人民，实属造谣惑众，应当"法办"。

当然，这本属于学术见解，至多是思想立场上的不同，还不至于到了需要"法办"的程度，广州当局对此事并未有任何明确表态。而古直等对胡适的"隔空问责"，也随着胡适的离去而告结束。所以，胡适后来在访谈中对此事一笔带过，也坦言对此"毫不介意"，理由是："因学术上之讨论，不应用意气，否则反易被人讥为'小孩子'。"

1935 年 1 月，胡适在香港大学，获颁名誉博士学位时留影

不过，当时中山大学校方反应还是比较激烈的，并不如胡适声称的"误会"那么轻描淡写。当时，该校发表校内布告，对胡适在香港的讲演内容表示公开抗议，并宣布取消原定邀请其来校讲演的计划：

国立中山大学布告　第七十九号

为布告事。前定本星期四五两日下午二时请胡适演讲。业经布告在案。现阅香港华字日报。胡适此次南来接受香港大学博士学位之后，在港华侨教育会所发表之言论，竟谓香港最高教育当局。也想改进中国的文化。又谓各位应该把他做成南方的文化中心。复谓广东自古为中国的殖民地等语。此等言论。在中国国家立场言之。胡适为认人作父。在广东人民地位言之。胡适竟以吾粤为生番蛮族。实失学者态度。应即停止其在本校演讲。合行布告。仰各学院各附校员生一体知照。届时照常上课为要。此布。

中华民国二十四年一月九日　校长邹鲁

当时，原定在中山大学举办的胡适讲演，就因这一纸布告宣告取消。可想而知，胡适在后来返归北平之后，面对《世界日报》记者专访中随意言及的那一场"误会"，对当时的广东学界乃至整个国内学界而言，都不啻一场轩然大波。

至于访谈行将结束之际，胡适即兴写下的那首粤语诗，后来也被收入了《南游杂忆》之中。记者以为是胡适"即兴"所作，其实不是。《南游杂忆》中明确交代了这首粤语诗的来龙去脉。胡适在书中这样写道：

（1935年）一月二十六日早晨，胡佛总统船开了。我在船上无事，读了但怒刚先生送我的一册《粤讴》。船上遇着何克之先生，下午我到他房里去闲谈。见他正在做黄花冈凭吊的诗。我一时高兴，就用我从《粤讴》里学来的广州话写了一首诗。后来到了上海，南京，我把这首诗写出请几位广东的朋友改正。

据此可知，胡适给记者呈现的《黄花冈粤讴》一诗，乃是其在离港北返之际初次创作，后又经友人修订之后的作品，并非返归北平之后接受专访时的"即兴"之作。当然，这首改定于1935年1月底的粤语诗，迅即于2月5日即发表于北平《世界日报》之上，虽非"即兴"之作，却也算是原创"首发"的作品，对于初次读到这首诗的华北读者而言，应当还是颇感兴趣的罢。

广州中山大学 1935 年 1 月 9 日布告，对胡适的香港讲演公开表示抗议，并宣布取消原定邀其讲演之计划

◎楔子四：梁启超曾指导胡适学"粤讴"

然而，令人颇感疑惑的是，胡适乃安徽绩溪人，曾长期生活在北平、上海两地，如果说他对徽州、北平、上海方言都很熟悉的话，对粤语应当没有什么

接触，更谈不上熟悉。事实上，1935年新年来临之际的这一趟南游，也是胡适人生中第一次踏上两广之地，第一次涉足粤语流行地区。那么，其人何以对"粤讴"如此关切，还能在游程之末"即兴"创作一首呢？

其实，早在十余年前，胡适可能即对以"粤讴"为代表的粤语方言文学投以关注，有过一些初步研究。而引起胡适关注"粤讴"的，正是来自"粤讴"之乡的著名学者，有"维新健将"与"新学首领"之誉的广东新会人梁启超。

原来，早在1920年3月，胡适的新诗集《尝试集》初版之时，梁氏读到此书之后致信胡适，就明确提到了希望胡适在创作新诗时注意用韵，并且以"粤讴"为例，提醒其注意研究。原信如下：

《尝试集》读竟，欢喜赞叹得未曾有，吾为公成功祝矣！然吾所尤喜者乃在小词或亦凤昔结习未忘所至耶？窃意韵意最要紧的是音节。吾侪不知乐，虽不能为必可歌之诗；然总须努力使勉近于可歌。吾乡先辈招子庸先生创造粤讴，人能歌之，所以益显其价值，望公常注意于此，则斯道之幸矣！厌京华尘浊，不欲数诣，何时得与公再续良晤耶，惟日惟岁，手此敬上适之吾兄，启超。①

◎楔子五：胡适"进宫"不忘研究"粤讴"诗人画作

可能正是在梁启超的建议与提醒之下，胡适开始有意无意地关注"粤讴"及整个粤语方言文学。就在收到梁氏致信两年之后，时为1922年5月30日，三十岁出头的胡适，应约前往故宫觐见末代皇帝溥仪。

---

① 信文引自《台湾发现一批梁启超、胡适手稿》，原载《中国出版》杂志，1986年第5期。

正是在这一天，故宫里悬挂的一幅"粤讴"大诗人招子庸的画作，引起了胡适的浓厚兴趣。他在日记中详细记载了"进宫一日游"的全过程，其中特意提到了招子庸的画作：

今日因与宣统帝约了去见他，故未上课。

十二时前，他派了一个太监，来我家接我。我们到了神武门前下车，先在门外一所护兵督察处小坐，他们通电话给里面，说某人到了。我在客厅里坐时，见墙上挂着一幅南海招子庸的画竹拓本。此画极好，有一诗云：

写竹应师竹，何须似古人？

心眼手如一，下笔自神通。

道光辛丑又三月，南海招子庸作于潍阳官舍。

招子庸即是用广州土话作"粤讴"的大诗人；此诗虽是论画，亦可见其人，可见其诗。

后来，胡适对招子庸的这首题画诗念念不忘，常将此诗题赠给友人。直到1943年，还曾将此诗题赠给画家王少陵（1909—1989，广东台山人）。或许，正是有了对招子庸其人其作品的初步认识与研究，胡适对"粤讴"及整个粤语方言文学在中国方言文学中的地位与影响力，有了较为客观与确切的认识。胡适曾在《海上花列传序》中明确指出：

中国各地的方言之中，有三种方言已产生了不少的文学。第一是北京话，第二是苏州话（吴语），第三是广州话（粤语）。

胡适此语一出，即在20世纪20年代就划定了中国方言文学的版图。应当说，这一以"北上广"三地为核心区的划分，至今依然有效，还依然流行。胡适还强调说：

粤语的文学以粤讴为中心；粤讴起于民间，而百年以来，自从招子庸以后，仿作的已不少，在韵文的方面已可算是很有成绩的了。

可想而知，既然"仿作的已不少"，作为研究者与评判者的胡适本人，自然也不妨偶尔加入到仿作者的序列中去，在两广游历之际"入乡随俗"，即兴仿作。

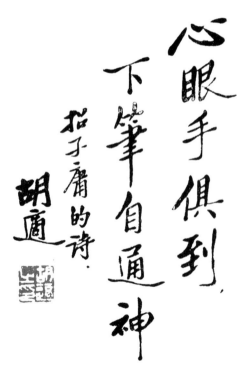

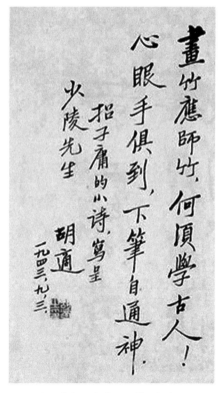

胡适抄录招子庸题画诗，原画曾悬挂于故宫　　　　胡适书招子庸诗，题赠王少陵

◎楔子六：胡适创作"粤讴"调侃"自由神像"

至于这首《黄花冈粤讴》的创作背景，当然是胡适游览了黄花岗七十二烈士墓之后的抒写。《南游杂忆》一书中，胡适提及其在广州两天半的游览历程，所游景点还是不少的，主要景点基本都见识过了。诸如：

黄花岗，观音山，鱼珠炮台，石牌的中山大学新校舍，禅宗六祖的六榕寺，六百年前的五层楼的镇海楼，中山纪念塔，中山纪念大礼堂，都游遍了。

对这些景点，仅就建筑风格及设计水准而言，胡适本人更青睐中山纪念塔而非黄花岗七十二烈士墓。书中有着这样的评价：

中山纪念塔是亡友吕彦直先生（康南尔大学同学）设计的，图案简单而雄浑，为彦直生平最成功的建筑，远胜于中山陵的图案。黄花岗七十二烈士墓是二十年前的新建筑，中西杂凑，全不谐和，墓顶中间一个小小的自由神石像，全仿纽约港的自由神大像，尤不相衬。我们看了民元的黄花岗，再看吕彦直设计的中山纪念塔，可以知道这二十年中国新建筑学的大进步了。

值得注意的是，这里胡适很是赞赏的"中山纪念塔"，实为"中山纪念碑"。之所以胡适将碑误作塔，可能是因为此碑体量巨硕，远观如塔，近可登临，难免令其误会。

墓　士　烈　岗　花　黄

黄花岗烈士墓，原载《南游杂忆》

黄花岗七十二烈士墓旧影，原载上海《申报·图画特刊》第 8 号，1934 年 4 月 9 日

坐落于广州的中山纪念碑，建于1929年，由我国著名建筑师吕彦直设计。胡适看到此碑时，还是刚刚建成六年的"新作"；不仅是中山纪念碑这样的"新作"，众所周知的，当时与之一体化设计的中山纪念堂，以及闻名天下的南京中山陵，都出自吕氏之手。

中山纪念碑和纪念堂，当时是一体化的设计，两者都建在广州市老城区的中轴线上，形成了前堂后碑的雄伟气势。碑身用花岗岩砌成，高37米，外呈方形、尖顶。碑身由五十九块砖砌叠而成，恰与孙中山先生的寿辰吻合。

颇为特别的是，从首层石拱门进入，内有旋梯直通碑顶，此乃可以登临的类似于塔式建筑的创新设计。第一、二层外有回廊，四边可以凭栏俯瞰，其他每层都有窗可以向外远眺。碑基四面，还刻有二十余个羊头石雕，象征着孙中山革命策源地——羊城。

广州中山纪念塔，原载《南游杂忆》

中山纪念碑旧影，摄于 1930 年代

　　显然，在胡适眼中，中山纪念碑简直是此次广州之旅中印象最为深刻的建筑物，也是最为欣赏的本地名胜了。此碑"图案简单而雄浑"，甚至"远胜于中山陵的图案"，自然更胜过了"中西杂凑，全不谐和"的黄花岗烈士墓的建筑设计水准。为此，胡适还总结并认定，中山纪念碑这样的建筑作品，标志着"这二十年中国新建筑学的大进步了"。

　　看过胡适上述评价之后，再返过来品读《黄花冈粤讴》中的"黄花冈上自由神，手揸火把照乜人？"之句，恐怕这样的诗句既有"自由引导人民"之高远寓意，也有调侃仿雕的自由神像在此处建筑中"全不谐和""尤不相衬"之意。